CATALOGUE

MÉTHODIQUE

DE LA

BIBLIOTHÈQUE COMMUNALE

DE LA

VILLE D'AMIENS.

JURISPRUDENCE.

AMIENS.
TYPOGRAPHIE LAMBERT-CARON,
IMPRIMEUR-LIBRAIRE.
1864.

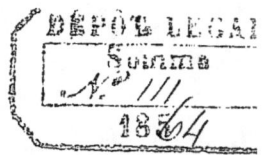

CATALOGUE

MÉTHODIQUE

DE LA

BIBLIOTHÈQUE COMMUNALE

DE LA

VILLE D'AMIENS.

JURISPRUDENCE.

CATALOGUE

MÉTHODIQUE

DE LA

BIBLIOTHÈQUE COMMUNALE

DE LA

VILLE D'AMIENS.

JURISPRUDENCE.

AMIENS.
TYPOGRAPHIE LAMBERT-CARON,
IMPRIMEUR-LIBRAIRE.
1864.

A M. le Maire de la Ville d'Amiens,

Monsieur le Maire,

Les ouvrages de Jurisprudence qui composent ce huitième volume du *Catalogue de la Bibliothèque communale*, auraient dû trouver place dans celui qui contient les livres relatifs aux Sciences et aux Arts, à côté de la Philosophie et de la Politique.

Ce classement eût été plus logique peut-être. J'ai cru cependant pouvoir les en détacher et suivre en cela l'exemple qui m'était donné par les bibliophiles les plus estimés, M. Brunet entr'autres, et en faire une division spéciale. J'ai adopté ce parti pour deux raisons : le grand nombre d'ouvrages de droit civil et de droit canonique que nous possédons, et qui chaque jour peut s'accroître; l'impossibilité où j'étais, faute d'espace, de les ranger dans la classe des Sciences sans des difficultés matérielles très-grandes. Déjà même j'ai dû les placer dans un local particulier, en dehors de la grande salle devenue trop petite.

J'ai fait subir à la classification adoptée généralement des modifications dont il me faut dire un mot. Ainsi je n'ai conservé dans cette division que les livres traitant de la Jurisprudence seulement, renvoyant en leur lieu les ouvrages d'Economie, de Politique et d'Histoire qui n'y tenaient que par un point.

Je n'ai point classé dans le droit canonique les statuts des corporations religieuses qui ordinairement y sont placés. Il m'a semblé qu'ils faisaient partie de l'histoire, de l'ordre et c'est là qu'il faudra les chercher. J'ai également reporté à l'histoire de l'Eglise de France un grand nombre d'ouvrages et de pièces qui sont plus historiques que juridiques ; et, par une raison analogue, j'ai réservé pour la Théologie les livres où certains actes, l'usure par exemple, sont considérés sous le rapport moral bien plus qu'au point de vue du droit.

Le chapitre consacré au droit canon de France paraîtra peut-être fort court, et beaucoup de traités rangés ailleurs auraient pu l'augmenter. Je me suis surtout attaché à l'esprit des livres, et, quand l'objet y était étudié d'une manière générale et seulement accommodé, comme on dirait, aux lois et aux règlements de la France, je les ai rangés dans le droit commun. C'est pour cela que ce chapitre ne contient que les ouvrages traitant uniquement du droit canonique de France et renfermant seulement les lois, les traités de nos souverains, et les arrêts de nos cours.

Je n'ai pas donné l'inventaire des recueils d'édits, de déclarations, d'arrêts ; le classement par ordre chronologique des mille pièces qu'ils renferment m'ayant paru suffisant. J'ai d'ailleurs, quand les pièces sur une même matière étaient assez abondantes, formé des collections spéciales ; on en trouvera concernant les eaux et forêts, le commerce, les corporations de métiers, les rentes, la noblesse, les offices, les ordonnances et les règlements militaires, les monnaies, etc. Il sera donc facile à chacun de trouver ce dont il a besoin et de faire connaissance avec nos richesses.

J'ai la confiance que cette classification paraîtra satisfaisante ; les subdivisions y sont assez nombreuses pour que chacun puisse d'un seul coup d'œil y rencontrer l'objet de ses recherches.

Il me reste maintenant une grande tâche, l'impression du catalogue de la Théologie, ma copie est prête ; et, si l'imprimeur veut bien me seconder, l'année prochaine verra la fin d'une œuvre que j'ai autant hâte que les plus pressés de voir arriver à la fin.

Je m'estimerai heureux, Monsieur le Maire, si vous trouvez dans ce nouveau volume la preuve du dévouement avec lequel je m'occupe de cette partie des fonctions que l'Administration m'a confiées.

LE CONSERVATEUR DE LA BIBLIOTHÈQUE D'AMIENS,

J. GARNIER.

Amiens, à la Bibliothèque, le 5 Juin 1864.

CATALOGUE

DE LA

BIBLIOTHÈQUE COMMUNALE

D'AMIENS.

JURISPRUDENCE.

INTRODUCTION A L'ÉTUDE DU DROIT.

1. —*Joan. Thomæ* Freigii Partitiones juris utriusque, è Conradi Lagi methodo expressæ... His adjectæ sunt partitiones feudales, ex clarissimorum J. C. Udalrici Zasii et Francisci Hotomanni commentariis deductæ.
    Basileæ. 1581. Henricpetrus. 1 vol. in-fol.

2. —Topica *Claudii* Cantiunculæ.
    Basileæ. 1520. And. Cratander. 1 vol. in-fol.
    À la suite :
    —Progymnasmata fori, seu de iis qui in juditio versantur, et de actis civilium juditiorum libri duo. Item Viridarii conclusionum juridicarum tomus primus. Autore *Friderico* Schenck.
    Halæ Suevorum. 1537. Pet. Brubachius. in-fol.

3. —Oratio de artibus, futuro jurisconsulto et necessariis et frugiferis, comparandis. Item Consilium de compen-

diaria discendi jura civilia ratione. Authore *Christophoro* HEGENDORPHINO.
    Haganoæ. 1529. Joh. Secer. 1 vol. in-8º.

4. —Discours prononcé par *Fr.* DE LAUNAY, en la salle du Collége royal, le 28 décembre 1680, à l'ouverture de ses leçons.
    Paris. 1682. Le Mercier. 1 vol. in-8º.

5. —Règles pour former un avocat, tirées des plus célèbres auteurs anciens et modernes (par BIARNOY DE MERVILLE). Contenant une histoire abrégée de l'ordre des avocats... (par *A. G.* BOUCHER D'ARGIS). Avec un index des livres de jurisprudence les plus nécessaires à un avocat. Nº édit.
    Paris. 1753. Durand. 1 vol. in-12.

** Pour l'éloquence judiciaire, voyez : *Belles lettres.*

6. —La république des jurisconsultes. Ouvrage de M. GENNARO. Traduit par M. l'Abbé DINOUART. (1)
    Paris. 1768. Nyon père. 1 vol. in-8º.

** Pour la bibliographie, consultez : *Histoire littéraire.*

TRAITÉS GÉNÉRAUX SUR LES LOIS.

** De l'origine des lois, des arts et des sciences, et de leurs progrès chez les anciens peuples (par *A. Y.* GOGUET et *A. C.* FUGÈRE.)
    Voyez *Histoire des sc. des lett. et des arts.*

7. —ΠΛΑΤΩΝΟΣ Μίνως, ἢ περὶ νομοῦ. — Νόμων, ἢ περὶ νομοθεσίας, λόγοι δώδεκα. — Ἐπινομίς, ἢ φιλόσοφος. — PLATONIS Minos, sive de lege. — De legibus, seu de legum latione, libri 12. — Appendix legum, vel philosophus.
    Lovanii. 1531. B. Gravius. 1 vol. in-4º.

** Vide : PLATONIS opera.
    Sciences et arts. Nº 29 à 35 et nº 83.

---

(1) DINOUART (*Joseph-Antoine-Toussaint*), né à Amiens le 1 novembre 1716, mourut à Paris, le 23 avril 1786.

8. — ΠΛΗΘΩΝΟΣ νόμων συγγραφῆς τὰ σωζόμενα. — Pléthon. Traité des lois, ou recueil des fragments, en partie inédits, de cet ouvrage ; texte revu sur les manuscrits, précédé d'une notice historique et critique, et augmenté d'un choix de pièces justificatives, la plupart inédites, par *C.* Alexandre (1) ; traduction par *A.* Pellissier.

Paris. 1858. F. Didot fr. 1 vol. in-8º.

** M. T. Ciceronis de legibus libri tres.

Voyez : *Œuvres de* Cicéron.

9. — La philosophie civile et d'estat. Divisée en l'irenarchie et la polemarchie. Par *Jean* d'Arrerac.

Bourdeaus. 1598. Millanges. 1 vol. in-8º.

10. — Leges politicæ ex Sacræ Scripturæ libris collectæ. Auctore *Fr.* Raguello. His interpretamenta ex virorum pietate et doctrina præstantium lucubrationibus adjiciebat *Laur.* Bochellus. Accessit ejusdem *Laur.* Bochelli accuratus in leges M. T. Ciceronis de jure publico commentarius.

Parisiis. 1615. N. Du Fossé. 1 vol. in-4º.

** *Fr.* Suarez tractatus de legibus.

Vide : F. Suarez *opera*. (*Théologie*.)

11. — *J.* Boscagerius de justitia et jure. In quo exquisitissima juris utriusque principia accuratissimè proponuntur... Studio et opera M. *Jo. Car.* Le Sache.

Parisiis. 1689. De Launay. 1 vol. in-12.

** G. G. Leibnitii jurisprudentia.

Vide : Leibnitii *opera*, *IV*.

12. — Essais de jurisprudence divisez en quatre dialogues. Par M. Mongin.

Paris. 1676. Cochart. 1 vol. in-12.

---

(1) Alexandre (*Constant-Adolphe*), naquit à Amiens le 4 juin 1797.

13. — De l'esprit des loix ou du rapport que les loix doivent avoir avec la constitution de chaque gouvernement, les mœurs, le climat, la religion, le commerce, etc., à quoi l'Auteur a ajouté des recherches nouvelles sur les loix romaines touchant les successions, sur les loix françoises, et sur les loix féodales. (Par Ch. DE SECONDAT DE MONTESQUIEU. 1re édition.)
Genève. 1749. Barillot et fils. 2 vol. in-4º.
Voyez aussi : *Œuvres* de MONTESQUIEU.

14. — Défense de *l'Esprit des loix*, à laquelle on a joint quelques éclaircissemens (par Ch. DE MONTESQUIEU).
Genève. 1750. Barillot et fils. 1 vol. in-12.

15. — Pièces pour et contre *l'Esprit des loix*. En trois parties.
Genève. 1752. Ant. Philibert. 1 vol. in-8º.

1re PARTIE.

1. — Réponse à la *Défense de l'Esprit des loix*.
2. — Remerciment sincère à un homme charitable, attribué à M. DE VOLTAIRE.
3-4. — Première et seconde lettre au P. B. Jésuite, sur *l'Esprit des loix*.

2me PARTIE.

5. — Suite de la *Défense de l'Esprit des loix*, ou Examen de la Réplique du *Gazetier ecclésiastique* à la Défense. (Par L. A. DE LA BEAUMELLE).

3e PARTIE.

6. — Apologie de l'Esprit des loix, ou Réponses aux Observations de M. l'abbé de la Porte, par M. de R. (BOULLENGER DE RIVERY.) (1)

16. — Les principes naturels du droit et de la politique. (Par L. DESBANS. Publiés par DREUX DU RADIER).
Paris. 1765. Robustel. 2 en 1 vol. in-12.

17. — Théorie des loix civiles, ou principes fondamentaux de la société. (Par S. N. H. LINGUET.)
Londres. 1767. 2 vol. in-12.

---

(1) BOULLENGER DE RIVERY (*Claude-François-Félix*), né à Amiens le 12 juillet 1725, mourut à Paris le 24 décembre 1758.

18. — De la législation, ou principes des loix. Par M. l'Abbé DE MABLY.
    Amsterdam. 1776. 2 en 1 vol. in-12.
  ** Voyez aussi : *Œuvres* DE MABLY.

19. — Essais sur l'esprit de la législation, favorable à l'agriculture, à la population, au commerce, aux arts, aux métiers, etc. (Pièces couronnées par la Société œconomique de Berne.)
    Paris. 1766. Dessaint. 2 en 1 vol. in-8°.
    Cet ouvrage comprend :
— Premier essai par M. *J.* BERTRAND. — Second essai par M. *Benjamin* CARRARD. — Troisième essai par M. SEIGNEUX DE CORREVON. — Quatrième essai par M. *Ab.* PAGAN. (La question avait été posée par M. le Cte Mniszech.)
  ** Politique et législation par VOLTAIRE.
    Voyez : *Œuvres de* VOLTAIRE.
  ** Voyez aussi : *Œuvres de* CONDORCET, VII à XII.

20. — La science de la législation, par M. *Gaetano* FILANGIERI. Ouvrage traduit de l'italien, d'après l'édition de Naples de 1784, (par *J. A. G.* GALLOIS). 2e édit.
    Paris. An 7. Dufart. 7 vol. in-8°.

21. — Science du publiciste, ou traité des principes élémentaires du droit considéré dans ses principales divisions. Par M. *Alb.* FRITOT.
    Paris. 1819-1823. Feugueray. 11 vol. in-8°.

22. — Traité de législation ou exposition des lois générales suivant lesquelles les peuples prospèrent, dépérissent ou restent stationnaires ; par *Ch.* COMTE. 2e édit.
    Paris. 1835-36. Chamerot. 4 vol. in-8°.

** — Législation primitive, considérée dans les derniers temps par les seules lumières de la raison, suivie de divers traités et discours politiques; par M. le Vte DE BONALD, 3e édition.
    Paris. 1829. Ad. Le Clere. 3 vol. in-8°.
    Voyez : *Œuvres de* M. DE BONALD, II, III IV.

23. — Principes métaphysiques du droit suivis du projet de paix perpétuelle par *Emm.* Kant. 2ᵉ édition en français, corrigée et augmentée des divers fragments du même auteur sur le droit naturel; avec une introduction et des notes, par *Joseph* Tissot.
   Paris. 1853. Ladrange. 1 vol. in-8°.

24. — De l'influence des mœurs sur les lois, et de l'influence des lois sur les mœurs. Par M. Matter.
   Paris. 1832. F. Didot frères. 1 vol. in-8°.
   * Voyez aussi: *Sciences et arts. Science politique et sociale.*

PREMIÈRE DIVISION.

DROIT PUBLIC.

a. — *Droit de la nature et des gens.*

25. — *Joannis* Seldeni de jure naturali et gentium, jxxta disciplinam Ebræorum, libri septem.
   Londini. 1640. R. Bishopius. 1 vol. in-fol.

26. — Jus naturale rebus creatis à Deo constitutum. Ex observatione P. Ivonis Parisini.
   Parisiis. 1658. D. Thierry 1 vol. in-fol.

27. — *Guilielmi* Grotii de principiis juris naturalis enchiridion, novis animadversionibus illustratum curante *Joh. Georg.* Simone. 2ᵃ edit.
   Ienæ. 1682. Fleischer. 1 vol. in-16.

28. — Traité philosophique des loix naturelles, où l'on recherche et l'on établit, par la nature de choses, la forme de ces loix, leurs principaux chefs....: on y réfute aussi les Elémens de la morale et de la poli-

tique de Thomas Hobbes. Par le docteur *Richard* Cumberland. Traduit du latin, par M. Barbeyrac. Avec des notes du traducteur, qui y a joint celles de la traduction angloise.
Amsterdam. 1744. P. Mortier. 1 vol. in-4°. fig.

29.— Les devoirs de l'homme et du citoien, tels qu'ils lui sont prescrits par la loi naturelle. Traduits du latin de feu M. le baron de Pufendorf, par *Jean* Barbeyrac. Avec quelques notes du traducteur.
Amsterdam. 1708. 1 vol. in-12.

30.— Même ouvrage. N° édit. rev. et augm. d'un grand nombre de notes du traducteur, de ses deux discours sur la *Permission et le Bénéfice des loix;* et du jugement de M. de Leibniz sur cet ouvrage avec des réflexions du traducteur.
Amsterdam. 1722. P. de Coup. 1 vol. in-12. Port.

31.— Le droit de la nature et des gens, ou système général des principes les plus importans de la morale, de la jurisprudence et de la politique. Par le baron de Pufendorf, traduit du latin par *Jean* Barbeyrac. Avec des notes du traducteur; et une préface qui sert d'introduction. 5ᵉ édit.
Amsterdam. Paris. 1734. Briasson. 2 vol. in-4°. Port.

32.— Même ouvrage. Nouv. édit.
Trévoux. 1740. Impr. de S. A. S. 3 vol. in-4°. Port.

33.— Principes du droit naturel. Par *J. J.* Burlamaqui.
Genève. 1748. Barillot et fils. 1 vol. in-12.

34.— Même ouvrage. Nouv. édit.
Genève et Coppenhague. 1756. Philibert. 1 vol. in-4°.
A la suite :
— Principes du droit politique.
(Genève). 1754. in-4°.

35. — Principes du droit naturel et politique. Par J. J. Burlamaqui. Nouv. édit.
Genève et Coppenhague. 1764. Philibert, 3 vol. in-12.

" — Essai analytique sur les lois naturelles de l'ordre social, ou du pouvoir, des ministres et du sujet dans la société. Par M. de Bonald.
Paris. 1840. Ad. Le Clerc. 1 vol. in-8°.
Voyez : Œuvres de M. de Bonald. I.

36. — Cours de droit naturel, professé à la Faculté des lettres de Paris (1833-1834), par M. Th. Jouffroy.
Paris. 1834. 1842. Joubert et Hachette. 3 vol. in-8°.
— Le 3e volume a été publié en 1842 par M. Ph. Damiron.

b. — *Droit public proprement dit.*

37. — *Alberici* Gentilis de jure belli, libri III. Nunc primùm in lucem editi.
Hanoviæ. 1612. Hæredes G. Antonii. 1 vol. in-8°.

38. — *Hugonis* Grotii de jure belli ac pacis libri tres. In quibus jus naturæ et gentium : item juris publici præcipua explicantur. 2ª edit.
Amsterdami, 1631. Blaeuw. 1 vol. in-fol.

39. — Idem opus. Editio nova cum Annotatis auctoris, ex postrema ejus ante obitum cura. Accesserunt Annotata in Epistolam Pauli ad Philemonem, et Dissertatio de mari libero.
Amstelædami. 1670. Blaeu. 1 vol. in-8°.

40. — Le droit de la guerre et de la paix, par M. Grotius : divisé en trois livres, où il explique le droit de nature, le droit des gens, et les principaux points du droit public, ou qui concerne le gouvernement public d'un Etat. Traduit du latin en françois, par M. de Courtin.
Paris. 1687. Seneuze. 2 vol. in-4°.

41.— *Johannis* A FELDEN annotata in Hug. Grotium de jure belli et pacis.
    Amstelodami. 1653. Janssonius. 1 vol. in-16.

**— Discours de l'état de paix et de guerre par *Nic.* MACHIAVEL.
    Voyez: *Sciences et Arts*, n° 1113-1114.

42.— *Hugo* GROTIUS de mari libero et *P.* MERULA de maribus.
    Lugd. Batav. 1633. Off Elzeviriana. 1 vol. in-16.

43.— Le droit public de l'Europe, fondé sur les traités. Par M. l'Abbé DE MABLY. N° édit.
    Genève. 1748. Compagnie des libraires. 2 vol. in-12..
    Consultez : *Sc. polit. et soc.* et aussi : *Hist.*, n° 1189 à 1207.

SECONDE DIVISION.

DROIT CIVIL ET CRIMINEL.

CHAPITRE Ier.

DROIT DES ANCIENS PEUPLES
AUTRES QUE LE PEUPLE ROMAIN.

44.— Histoire de la législation, par M. le marquis DE PASTORET.
    Paris. 1817-37. Imprimerie royale. 11 vol. in-8°.

45.— De Romanorum et Græcorum magistratibus libri III. Authore *Joach.* PERIONIO.
    Parisiis. 1560. C. Perier. 1 vol. in-4°.
    Dans ce volume :

—*Nicolai* VALLÆ de rebus dubiis et quæstionibus in jure controversis tractatus XX.
    Parisiis. 1571. J. Borellus. in-4°.

— Arrest du Parlement de Tolose, contenant une histoire memorable et prodigieuse, avec plusieurs belles annotations de M. M° *Jehan* DE CORAS.
>Lyon. 1561. A. Vincent. in-4°.

46. — L'Ordre, formalité et instruction judiciaire, dont les anciens Grecs et Romains ont usé ès accusations publiques, conféré au stil et usage de nostre France : par *Pierre* AYRAULT.
>Paris. 1588. M. Sonnius. 1 vol. in-4°.

47. — Discours sur le barreau d'Athènes et sur celui de Rome. Par M. l'Abbé LE MOINE D'ORGIVAL.
>Paris. 1755. Prault et Le Clerc. 2 vol. in-12.

48. — De l'organisation de la justice répressive aux principales époques historiques, par M. *Jh.* BÉCOT.
>Paris. 1860. Durand. 1 vol. in-8°.

a. — *Hébreux*.

49. — Jus regium Hebræorum è tenebris rabbinicis erutum et luci donatum *à Wilhelmo* SCHICKARDO.
>Argentinæ. 1625. Lazarus Zetznerus. 1 vol. in-4°.

50. — De legibus Hebræorum ritualibus, et earum rationibus, libri tres. Authore *Joanne* SPENCERO. 2ª edit.
>Hagæ-Comitum. 1686. Arn. Leers. 1 vol. in-4°.

51. — De legibus Hebræorum ritualibus et earum rationibus, libri quatuor. Auctore *Joanne* SPENCERO. Cum testimoniis auctorum recensuit *Leonardus* CHAPPELOW.
>Cantabrigiæ. 1727. Crownfield. 2 vol. in-fol. Port.

b. — *Grecs*.

**— Consultez sur les institutions des Hébreux.
>*Histoire :* nᵒˢ 748 à 758.

**— De magistratibus Athenensibus liber, *Gulielmo* Postello authore.
Parisiis. 1541. M. Vascosanus. 1 vol. in-4°.
Voyez : *Histoire*, n° 4730.
Voyez aussi : n°s 802-803.

**— De la constitution de la république d'Athènes et de celle des Lacédémoniens, etc. Par *P. Ch.* Levesque.
Voyez : *Mém. de l'Acad. des Scienc. mor. et pol.* III-IV.

52.— Leges atticæ. *Sam.* Petitus collegit, digessit, et libro commentario illustravit.
Parisiis. 1635. C. Morellus. 1 vol. in-fol.

CHAPITRE II.

DROIT DES ROMAINS.

a. — *Introduction et Histoire.*

53.—Historia juris civilis Romanorum, quâ ejus tum origo, et progessus, autoritas, et utilitas : tum Justinianæi partes, atque ordo partium demonstrantur. Ubi et Gallici juris origo perstringitur. Exarabat *Joannes* Doujatius.
Lutetiæ. 1678. J. de La Caille. 1 vol. in-12.

54.— Histoire du droit romain, contenant son origine, ses progrès ; comment et en quel temps les diverses parties dont est composé le corps du droit civil ont été faites ; l'usage que l'on fait en France du droit romain ; son excellence, et la manière de l'étudier. Par M. *Claude-Joseph* de Ferrière. 2ᵉ édit.
Paris. 1734. Saugrain. 1 vol. in-12.

55.— Histoire de la jurisprudence romaine, contenant son origine et ses progrès depuis la fondation de Rome jusqu'à présent.... Par Mᵉ *Antoine* Terrasson.
Paris. 1750. Cavelier. 1 vol. in-fol.

56.— Précis historique et chronologique sur le droit romain, avec des notes et des éclaircissemens; traduit de l'anglais d'*Alexandre* C. Schomberg, par *A. M. H.* Boulard. 2ᵉ édit.
   Paris. 1808. Cellot. 1 vol. in-12.

57.— Traité de droit romain, par M. *F. C.* de Savigny; traduit de l'allemand par M. *Ch.* Guenoux.
   Paris. 1851-1857. F. Didot fr. 8 vol. in-8°.

58.— Histoire du droit romain au moyen-âge, par *F. C.* de Savigny; traduite de l'allemand et précédée d'une introduction par M. *Charles* Guenoux.
   Paris. 1830. A. Mesnier. 2 vol. in-8°.

59.— Histoire de la barbarie des lois au moyen-âge; de la civilisation et des mœurs des anciens, comparées à celles des modernes; de l'église et des gouvernements; des conciles et des assemblées nationales chez differents peuples, et particulierement en France et en Angleterre; par Toulotte et *Ch.-Th.* Riva.
   Paris. 1829. Dureuil. 3 vol. in-8°.

60.— *Francisci* Polleti historia fori Romani restituta, illustrata, et aucta corollariis et prætermissis, quibus series affecta conficitur per *Phil.* Broidæum. Accesserunt ejusdem Broidæi argumenta singulorum librorum et capitum, cum indice.
   Duaci. 1572. L. de Winde. 1 vol. in-8°.

— *H. F.* Salomon de judiciis et pœnis Romanorum.
   Voyez: *Thesaur. antiquit. Rom.* III. *Hist.* 4746.

61.— Esprit des loix romaines, ouvrage traduit du latin de *Jean-Vincent* Gravina. Par M. Requier.
   Paris. 1766. Saillant. 3 vol. in-12.

62.— Synopses enucleatæ in libros juris Justiniani, studio et opera *Claudii* Mongin.
   Parisiis. 1659. 1 vol. in-fol. (*Gravé par Lhuilier.*)

b. — *Constitution des Romains.*

63. — *Caroli* Sigonii de antiquo jure civium Romanorum libri duo. Ejusdem de antiquo jure Italiæ libri tres. Ab ipso auctore multis in locis aucti.
Parisiis. 1573. Allardus Julianus. 1 vol. in-8°.

64. — *Caroli* Sigonii de antiquo jure civium Romanorum, Italiæ, provinciarum, ac Romanæ jurisprudentiæ judiciis, libri XI. — Ejusdem de Republica Atheniensium, eorumque ac Lacedæmoniorum temporibus, libri quinque. Quibus adjecti sunt ejusdem de Republica Hebræorum libri septem : et in B. Sulpicii Severi historicos libros duos, commentarii duo.
Hanoviæ. 1609. Wechel. 1 vol. in-fol.
Voyez aussi : Histoire n° 4752, 4753, 4754.

65. — De l'origine du droit, des magistras, et des jurisconsultes. Les lois des XII tables. De la signification des mos, et les titres des cinquante livres du Digeste. Nouvelle traduction avec les notes du sieur B. D. F. A. E. P. (*Bonaventure* de Fourcroy.)
Paris. 1674. Piget. 1 vol. in-12.

c. — *Dictionnaires et répertoires.*

66. — Vocabularius utriusque juris alphabetice ordinatus.
S. n. n. l. 1483. 1 vol. in-fol.

67. — De copia verborum et rerum in jure civili ... per D. *Joannem* Oldendorpium.
Coloniæ. 1542. Gymnicus. 1 vol. in-fol.
On trouve à la suite :
— Variarum lectionum libri ad juris civilis interpretationem. Per D. *Joannem* Oldendorpium. Adjecta

est Lex Pomponii de origine juris, illustrata scholiis D. *Udal.* Zazii.

Coloniæ. 1540. J. Gymnicus. in-fol.

68.— Lexicon juris civilis, per *Jacobum* Spiegel ex variis probatorum autorum commentariis congestum.

Lugduni. 1552. Gryphius. 1 vol. in-fol.

69.— Lexicon juris civilis, per *Jac.* Spiegelium postremò auctum et recognitum.

Basileæ. 1564. J. Hervagius. 1 vol. in-fol.

On trouve à la suite :

— B. Brissonii de verb. quæ ad jus pertinent significatione libri xix. Per ordinem litterarum dispositi... His accesserunt appendix prætermissarum quarumdam vocum. — Παρεργων liber singularis.

Lugduni. 1559. Joan. Tornæsius. in-fol.

70.— *Barnabæ* Brissonii de verborum quæ ad jus pertinent significatione libri XIX.

Parisiis. 1596. S. Nivellius. 1 vol. in-fol.

71.— *Fr.* Hotomani commentarius de verbis juris : antiquitatum Ro. elementis amplificatus.

Lugduni. 1569. Gryphius. 1 vol. in-fol.

A la suite :

— *Franc.* Hotomani variarum disputationum volumen primum.

Lugduni. 1569. Ant. Gryphius. in-fol.

72.— Lexicon juris civilis et canonici : sive potius, commentarius de verborum quæ ad utrumque jus pertinent significatione, antiquitatum Romanarum elementis, et legum pop. Rom. copiosiss. indice adauctus. Olim quidem *Pardulphi* Prateii diligentia informatus : nunc verò denuò doctiss. aliquot virorum industria ita constructus.... ut nihil desiderari possit. 3ª edit.

Lugduni. 1580. G. Rovillius. 1 vol. in-fol.

73.—Lexicon juridicum juris Rom. simul et Pontificii à Doctorib. item et Practicis in schola atque foro usitatarum vocum penus. Et hic *Simonis* SCHARDII post omnes omnium vigilias cygneus labor.

Basileæ. 1582. E. Episcopius. 1 vol. in-fol.

74.—Lexicon juridicum juris cæsarei simul, et canonici : feudalis item, civilis, criminalis : theoretici, ac practici : et in schola et in foro usitatarum, ac tum ex ipso juris utriusque corpore, tum ex doctoribus et glossis, tam veteribus, quam recentioribus collectarum, vocum penus.... Studio et opera *Joannis* CALVINI, alias *Kahl*. Editio postrema... cum præfationibus D. *Dion*. GOTHOFREDI et D. *Herm*. VULTEII.

Genevæ. 1622. Ph. Albertus. 1 vol. in-fol.

** Dictionnaire de jurisprudence par LERASLE.

Paris. 1782-1789. Panckoucke. 2 vol. in-4°.

Voyez : *Encyclopédie méthodique*.

75.—Repertorium aureum eximii utriusque juris interpretis Domini *Johannis* BERTACHINI DE FIRMO cum additionibus.

Venetiis. 1494. Georgius de Arrivabenis. 3 vol. in-fol.

Dans le 3ᵉ volume :

—Lectura eximii juris luminis d. BAR (BARTHOLI) de SAXO FERRATO super autenticis.

S. n. n. l. n. d.   in-fol.

76.—Regularum utriusque juris tam civilis quam pontificii, quæ à clarissimis jurisconsultis varie conscriptæ ac collectæ hactenus circunferebantur, tertia hac editione multo auctiorum, emendatiorumque, ac in duo volumina congestarum, tomi duo.

Lugduni. 1579. C. Pesnot. 2 en 1 vol. in-fol.

d. — *Droit romain avant Justinien.*

77.—Catalogus legum antiquarum per *Joannem Ulricum* Zasium collectus. A L. Charonda locupletatus, et annotationibus illustratus, cui præfixæ sunt veteres regum Romanorum et xii tab. leges ab ipso Charonda restitutæ. Omnia diligentius ad antiquitatis Romanæ cognitionem quàm anteà edita.

Parisiis. 1578. Æg. Gorbinus. 1 vol. in-16.

78.—Legis xii tabularum collecta, et interpretamentum. Utrique iterata nunc editione, multum accessit. *Theodori* Marcilii.

Parisiis. 1603. D. Douceur. 1 vol. in-12.

79.—*Antonii Clari* Sylvii commentarius ad leges tam regias, quam xii tabularum mores, et canones, Romani juris antiqui.

Parisiis. 1603. Orry. 1 vol. in-4°

80.— (*Joannis* Crispini) juris civilis Rom. initia et progressus. Ad leges xii tabularum brevis commentatio. Ex Ulpiani fragm. tituli xxix selectis notis illustrati. Caii ex veter. jurisprudentiæ fragm. institutionum libri duo.

S. l. 1572. Off. Crispiniana. 1 vol. in-12.

A la suite :

—Tituli tractatus que juris c. studio in primis necessarii. —De origine juris : et omnium Magistratuum : et successione Prudentium. — De verborum significatione; etc. — De diversis regulis juris antiqui: annotationibus delectis illustrati.

1572. Off. Crispiniana. in-12.

** — Commentaire sur la loi des douze tables par *M. A.* BOUCHAUD.
Voyez: *Mém. de l'Acad. des Inscrip.* XL.

81. — Juris civilis cloga qua, cum Justinianeis Institutionibus, Novellisque 118 et 127, continentur: GAII Institutionum commentarii IV, ULPIANI Regularum liber singularis, PAULI Sententiarum libri V, et breviora quædam veteris prudentiæ monumenta; præmissis GAII et POMPONII fragmentis quibus constat Pandectarum titulus *de origine juris*, tribusque de jureconsultorum auctoritate constitutionibus ad usum prælectionum. (BLONDEAU, DUCAUROY et JOURDAIN ediderunt.)

Parisiis. 1822. Cellot. 1 vol. in-12.

82. — Codicis Theodosiani libri XVI. Quibus sunt ipsorum principum autoritate adjectæ Novellæ. THEODOSII. VALENTINIANI. MARTIANI. MAIORIANI. SEVERI. CAII Institutionum libi duo. *Julii* PAULI Receptarum sententiarum libri V. GREGORIANI Codicis lib. V. HERMOGENIANI lib. I. PAPIANI tit. I. Hiis nos adjecimus ex vetustissimis bibliothecis, eò quod ad jus civile pertinerent, et alterius etiam responsa passim in Pandectis legerentur, L. VOLUSII METIANI lib. de asse. *Julii* FRONTINI lib. de controversiis limitum, cum AGGENI URBICI commentariis.

Basileæ. 1528. Henricpetrus. 1. vol in-fol.

83. — Codicis Theodosiani libri XVI quam emendatissimi, adjectis quas certis locis fecerat ANIANI interpretationibus. Ex his libris nunc primùm integri prodeunt VI, VII, VIII, XVI. Ceteri aucti sunt innumeris constitutionibus. Novellarum THEODOSII, VALENTIANI, MARTIANI, MAIORIANI, SEVERI, libri V. Cum ANIANI inter

pretationibus. Ex his etiam novellis multæ tenebris auferuntur.... Hæc omnia curante *Jacobo* Cujacio.
Lugduni. 1566. G. Rovillius. 1 vol. in-fol.

84.— Codex Theodosianus cum perpetuis commentariis *Jacobi* Gothofredi. Præmittuntur chronologia accuratior, cum chronico historico, et prolegomena.... Opus posthumum.... recognitum et ordinatum ad usum Codicis Justinianei opera et studio *Antonii* Marvillii.
Lugduni. 1665. Huguetan et Ravaud. 6 en 4 v. in-fol.

85.— E libris constitutionum Theodosii A. libri priores octo longè meliores quàm adhuc circunferebantur : sed ab Alarico rege Gotthorum ita deminuti, ut vix decima pars in his hodie appareat eorum, quæ in Theodosiano codice continebantur. Posteriores octo integri, nunc primùm post M. annos in lucem revocati *à Jo.* Tilio.
Parisiis. 1550. Guillard. 1 vol. in-8º.

86.— Appendix codicis Theodosiani novis constitutionibus cumulatior. Cum epistolis aliquot veterum Conciliorum et Pontificum Romanorum, nunc primùm editis. Opera et studio *Jacobi* Sirmondi.
Parisiis. 1631. Seb. Cramoisy. 1 vol. in-8º.

87.— Jurisprudentiæ Papinianeæ scientia, ad ordinem institutionum imperialium efformata, in qua universum jus civile nova methodo ad propria et indubitata sua principia refertur, et ex iis clarissimè ac certissimè demonstratur. Opus *Antonii* Fabri.
Lugduni. 1607. Chouet. 1 vol. in-4º.

e. — *Droit de Justinien.*

1º Corps du droit.

88.— (Corpus juris civilis Justinianei) : cum collatione Accursianæ lectionis ad castigationes *Angeli Politiani, Baptistæ Egnatii, Bartolini Pii, Raphaelis Volaterrani, Philippi Beróaldi, Catelliani Cottæ, Antonii Nebrissensis, Udalrici Zazii,* inprimis vero *Guilielmi Budæi* et *Andreæ Alciati.* Perpensa etiam sunt ea quæ *Lazarus Baifus* ad Longolii exemplar raptim notaverat....

Lugduni. 1528-1530. Fr. Fradin. 5 vol. in-fol.

89. — (Corpus juris civilis Justinianei notis auctum et locupletatum studio et diligentia *Julii* PACII.)

Atrebatibus. 1580. Eust. Vignon. 4 en 1 vol. in-fol.

90. — (Corpus juris civilis). Commentariis ACCURSII, scholiis CONTII, paratitlis CUJACII, et quorundam aliorum observationibus, novæ accesserunt notæ ad Accursium *Dionysii* GOTHOFREDI, in quibus glossæ obscuriores explicatæ... Additus est huic editioni novus et sextus tomus, in quo thesaurus alphabeticus glossarum ACCURSII: remissiones singularium intellectuum ad singularia juris capita, authore *Pet.* BROSSEO : notarum ad Accursium libri, authore *Joan.* HENNEQUINO continentur.

Lugduni. 1589. (Mouchet). 6 vol. in-fol.

91. — Corpus juris civilis, in IIII partes distinctum. His accesserunt notæ repetitæ tertiæque lectionis, *Dionysio* GOTHOFREDO authore... His additæ sunt Institutionum, Novellarum JUSTINIANI, LEONIS et Feudorum epitomæ ad ordinem Edicti perpetui compositæ. 3ª edit.

Aureliopoli. 1604. J. Vignon. 2 vol. in-4º.

92. — Corpus juris civilis Justinianei : cum ACCURSII commentariis ex glossematicis scriptis *Irnerii, Placentini, Hugolini, Bulgari, Pilei, Martini, Joannis, Lotharii, Rogerii* et aliorum collectis. Ad Accursium

accessere 1. *Antonii* Contii scholia. II. Paratitla Cujacii et aliorum superioris seculi præstantium jurisconsultorum observationes. III. *Dionysii* Gothofredi notæ. — Accessit jam ab eodem Gothofredo, 1. Auctuarium notarum Accursianas glossas explanantium, 2° Synoptica præcipuarum glossarum distinctio.... Ad hæc index locupletissimus..., auctore *Stephano* Daoyz. Editio tertia.

Coloniæ Allobrogum. 1612. Steph. Gamonetus. 6 v. in-fol.

93. — Corpus juris civilis Justinianei : cum commentariis Accursii, scholiis Contii, et *Dion.* Gothofredi lucubrationibus ad Accursium.... : quibus novissima hac editione accessère *Jacobi* Cujacii notæ, observationes et emendationes, etc. Præterea ejusdem Cujacii paratitla in Pandectas et Codicem. — Successit repertorii loco juris civilis index, authore *Step.* Daoys. Accessère præterea Remissiones *P.* Brossei, etc.

Lugduni. 1618. J. Pillehotte. 6 vol. in-fol.

94. — Corpus juris civilis quo jus universum Justinianeum comprehenditur : Pandectis ad Florentinum archetypum expressis. Codice, cum optimis quibusque editionibus collato : cum notis repetitæ quintùm prælectionis *Dionysii* Gothofredi. Quibus inter cætera variæ lectiones, leges similes, contrariæ, abrogatæ : verborum legumque difficilium interpretationes, selectæ repetitiones, argumenta, compendia, atque epitomæ, anni singulis Codicis legibus additi continentur. Additæ et Institutionum, Novellarum Justiani, Leonis, et Feudorum epitomæ. Edictum perpetuum. Græcæ leges et constitutiones in Pandectis et Codice. Leges xii tabul. suo ordini restitutæ, eodem auctore. — Accesserunt Authenticæ seu Novellæ constitutiones græcæ, Justiniani, Leonis, Zenonis, Tiberii, He-

raclii, et aliorum Imperatorum cum latino sermone collatæ, quæ antea non prodierant. Item Canones Apostolorum, et græcè et latinè. Chronici canones et consulares usque ad Justiniani mortem....

.Lutetiæ. 1628. Vitray. 2 vol. in-fol.

95.— Corpus juris civilis, Pandectis ad Florentinum archetypum expressis, Institutionibus, Codice et Novellis, addito textu græco, ut et in Digestis et Codice, legibus et constitutionibus græcis, cum optimis quibusque editionibus collatis. Cum notis integris, repetitæ quintum prælectionis, *Dionysii* Gothofredi. Præter Justiniani edicta, Leonis et aliorum Imperatorum novellas, ac canones Apostolorum, græcè et latinè, feudorum libros, leges xii tabul. et alios ad jus pertinentes tractatus, fastos consulares, indicesque titulorum ac legum : et quæcunque in ultimis Parisiensi vel Lugdunensi editionibus continentur, huic editioni novè accesserunt Pauli receptæ Sententiæ cum selectis notis *J.* Cuiacii et sparsim ad universum corpus *Antonii* Anselmo observationes singulares, remissiones et notæ juris civilis, canonici, et novissimi ac in praxi recepti differentiam continentes; denique lectiones variæ et notæ selectæ Augustini, Bellonii, Goveani, Cujacii, Duareni, Russardi, Hottomanni, Contii, Roberti, Rævardi, Charondæ, Grotii, Salmasii et aliorum. Opera et studio *Simonis* van Leeuwen.

Amstelodami. 1663. Blaeu, L. et D. Elzevirii. 2 v. in-fol.

96.— Corps juris civilis. Editio nova, prioribus correctior.

Amstelædami. 1664. Blaeu et L. et D. Elzevirii. 2 v. in-8º.

97.— Corpus de droit civil romain, en latin et en français.

Metz. 1804-1811. Behmer et Lamort. 17 vol. in-4°.

Cette collection se compose des ouvrages suivants :

1. — Les Institutes de l'empereur Justinien, traduites en français par M. Hulot, et suivies d'une table générale des titres du Digeste et des Institutes par ordre alphabétique, tant en français qu'en latin.
   Metz. 1806. Behmer et Lamort. 1 vol. in-4°.

2. — Les cinquante livres du Digeste ou des Pandectes de l'empereur Justinien, traduits en français par M. Hulot, et pour les six derniers par M. Berthelot. Sur un exemplaire des Pandectes florentines, conféré avec l'edition originale de Contius, celle de Denis Godefroy par Elzévirs et plusieurs autres.
   Metz. 1804-1805. Behmer et Lamort. 7 vol. in-4°.

3. — Code et Novelles de Justinien; Novelles de l'empereur Léon, fragmens de Gaïus, d'Ulpien et de Paul. Traduction faite sur l'édition d'Elzévirs, revue par D. Godefroy, et qui avec la traduction des Institutes et celle du Digeste de M. Hulot, complète la traduction de tout le corps du droit romain. Par *P. A.* Tissot.
   Metz. 1806-1810. Behmer. 4 vol. in-4°.

4. — Les Novelles de l'empereur Justinien, traduites en français par M. Berenger fils, de Valence (Drome).
   Metz. 1811. Lamort. 2 vol. in-4°.

   A la suite :

   — Nouvelles constitutions de l'empereur Léon Auguste, ayant pour objet de réformer la législation; traduites (du grec en latin) par *Henry* Agyleus; traduites en français par M. Dunoyer de Segonzac.
   Metz. 1811. Lamort. in-4°.

5. — Le trésor de l'ancienne jurisprudence romaine, ou collection des fragmens qui nous restent du droit romain, antérieur à Justinien ; contenant : 1° Les fragmens de la loi des douze tables, 2° Les fragmens de Gaïus, traduits en français par *P. A.* Tissot; suivis : 3° Des codes Grégorien et Hermogénien ; 4° Des fragmens d'Ulpien; 5° Des sentences de Paul, aussi traduits en français par *A. G.* Daubanton.
   Metz. 1811. Lamort. 1 vol. in-4°.

6. — La clef des lois romaines, ou dictionnaire analytique et raisonné de toutes les matières contenues dans le Corps de droit, destiné à servir de complément à la traduction des Institutes et du Digeste de M. Hulot, à celle des douze livres du Code de M. Tissot, à celle des Novelles de M. Berenger fils, et à tous les ouvrages concernant la la législation des Romains; avec les renvois sur chaque article au Code Napoléon, etc. Par Fieffé-Lacroix.
   Metz. 1809. Lamort. 2 vol. in-4°.

2° Institutes et Commentaires.

98. — JUSTINIANI Institutionum libri IV cum glossis.
Maguntiæ. 1472. Petrus Schoyffer. 1 vol. in-fol.

99. — Instituta cum summariis et divisionibus.
Parisiis. 1499. Andr. Bocard. Jehan Petit. 1 vol. in-4°.

100. — Imperatoris JUSTINIANI Institutionum libri IV. Argumentis paragraphor. nec non annotationibus ac notis doctiss. scriptorum illustrati. — Quibus adjunximus Leges XII tab. explicatas. ULPIANI tit. XXIX adnotatos. CAII libros II Institut. Titulos tractatusque jur. civ. studio in primis necessarios. Studio J. CRISPINI et J. PACII.
Amstelædami. 1642. Blaeu. 1 vol. in-12.

101. — Imp. Cæs. JUSTINIANI Institutionum libri IIII : perpetuis doctiss. scriptorum notis illustrati. Adjunximus appendicis loco, Leges XII tabularum explicatas. ULPIANI Institutionum titulos XXIX adnotatos. CAII Institut. libros II.
Genevæ. 1668. J. Crispinus. 1 vol. in-12.

102. — Ινστιτουτιωνεσ ΘΕΟΦΙΛΟΥ ἀντιχήνσωρος. Institutiones juris civilis in græcam linguam per THEOPHILUM Anticensorem traductæ, ac fusissimè, planissimèque explicatæ, cura et studio *Viglii* ZUICHEMI primùm in lucem editæ, nunc denuo à *Rutgero* RESCIO recognitæ, adjectis etiam aliquot *Petri* NANNII annotatiunculis.
Lovanii. 1536. Rutgerus Rescius. 1 vol. in-4°.

103. — Ινστιτουτα ΘΕΟΦΙΛΟΥ ἀντιχήνσωροσ. Institutiones THEOPHILO antecessore, græco interprete. Imper. JUSTINIANI Institutionum libri IV. Paratitla et notæ ad eundem Theophilum græcum, latinumque ipsis Institutionibus latinis ἐκ παραλλήλου conjunctum com-

missumque. Græca titulorum de verborum significatione, et de regulis juris fragmenta hinc et inde collecta. *Dionysio* GOTHOFREDO authore.
    Lugduni. 1608. Frellon. 1 vol. in-4º.

104.— ΘΕΟΦΙΛΟΥ τοῦ ἀντικήνσωρος Ινστιτούτων βιβλία Δ — THEOPHILI Institutionum libri IV. *Car. Ann.* FABROTUS ex tribus mss. codd. Bibl. regiæ recensuit, et scholiis græcis auxit. Idemque *Jacobi* CURTII latinam interpretationem emendavit, et notas adjecit. 2ª edit.
    Parisiis. 1657. Du Puis. 1 vol. in-4º.

105.— THEOPHILI Institutionum libri quatuor, ex *Jacobi* CURTII latinà interpretatione. J. DOUJATIUS interpretationem, ubi opus videbatur, correxit; opus ipsum, tum selectis *Jac.* CUJACII, et *Car. Ann.* FABROTI, tum suis notis illustravit......
    Parisiis. 1681. Dezallier. 2 vol. in-12.

106.— Paraphase de THÉOPHILE, sur les Institutes de l'empereur Justinien, traduite de grec en françois, et à côté le texte latin du même empereur. Par Mº F. C.
    Paris. 1689. Le Gras. 2 vol. in-12.

107.— Institutiones imperiales. (*Johannes* CHAPPUIS commentavit.)
    Parrisius. 1503. U. Gering et B. Rembolt. 1 vol. in-4º.
    ** Jean Chappuis est l'auteur du commentaire; l'acrostiche de son nom se trouve au bas de la gravure dont cette édition est ornée.

108.— Institutionum civilium libri quatuor, una cum ACCURSII commentariis, ac multorum jurisdoctorum annotationibus : jam recens majore cura, quàm unquam antehac, ab *Ægidio* PERRINO emendati....
    Parisiis. 1548. Guillard. 1 vol. in-4º.

109.— Institutionum seu elementorum JUSTINIANI libri IIII, ex authoris ipsius authentico emendati : bipertito

commentario quàm brevissimè illustrati. Cujus particula prior jus Romanorum, posterior gallicum ad singulos titulos complectitur. Per *Eguinar.* Baronem. Adscriptæ sunt margini à *Mart.* Trehetio notæ...
  Lutetiæ. 1562. Vascosanus. 1 vol. in-fol.
 à la suite :

— *Eguinarii* Baronis ad τὰ πρῶτα Digestorum sèu Pandectarum ab Justiniano Cæsare editarum, perpetui commentarii. Quorum particula prior Romanum, posterior Gallicum jus ad singulos titulos complectitur. Accessit Haloandro lectionum varietas, tam ex tusco codice, quàm ex vetustissimo exemplari quo author utitur.
  Parisiis. 1548. Gazellus. in-fol.

110.— Dn. *Joachimi* Mynsingeri apotelesma, sive corpus perfectum scholiorum ad quatuor libros Institutionum juris civilis : jam denuò, sed multò felicius, quàm anteà, renatum.
  Basileæ. 1559. N. Episcopius. 1 vol. in-fol.

111.— *Francisci* Hotomani commentarius in quatuor libros Institutionum juris civilis. Secunda editio.
  Basileæ. 1569. Off. Hervagiana. 1 vol. fol.

112.— Expositiones in Imperatoris Justiniani Institutionum libros quatuor. In tres partes distinctæ. Authore *Francisco* Broeo.
  Lutetiæ Paris. 1622. Seb. Cramoisy. 1 vol. in-4°.

113.— *Joannis* Borcholten in quatuor Institutionum juris civilis libros commentaria.
  Parisiis. 1646. Besongne. 1 vol. in-4°.

114.— Dn. Justiniani Institutionum sive elementorum per Tribunianum, Theophilum et Dorotheum, libri quatuor emendatiss. ex editione Jacobi Cujacii. In eos-

dem *Jani* A Costa commentarius nunc primùm editus studio et operà G. N. (Nyvard).
Lutetiæ. 1659. E. Martinus. 1 vol. in-4°.

115.— *Arnoldi* Vinnii in quatuor libros Institutionum imperialium commentarius academicus et forensis. Edit. noviss. authoris notis aucta....
Lugduni. 1666. L. Anisson. 1 vol. in-4°.

116.— D. Justiniani Institutionum sive elementorum libri quatuor, notis perpetuis multo quam hucusque diligentius illustrati, cura et studio *Arnoldi* Vinnii.
Amstelodami. 1690. Boom. 1 vol. in-12.

117.— D. Justiniani imperatoris Institutionum juris civilis expositio methodica. *Fr.* Lorry opus posthumum.
Parisiis. 1757. Desaint et Saillant. 1 vol. in-4°.

118.— Les Instituts de l'empereur Justinien, en latin et en françois, nouvellement traduits par le Sieur du Teil. 4° édition.
Paris. 1669-1670. Loyson. 2 vol. in-12.

119.— Les Institutes de l'empereur Justinian, avec des observations pour l'intelligence de ce qui est obscur, ou de ce qui a été abrogé par le droit des Novelles. Par M°. *Claude* de Ferriere. N° traduction.
Lyon. 1702. Lions. 2 vol in-12.

120.— Lectura Baldi super Instituta.— Repeticio Bartholomei *de Saliceto*.
Lugduni. 1478. Martinus Hus. 1 vol. in-fol.

121.— Solennis et pene divina *Joannis* Fabri lectura super quatuor libros Institutionum multorum doctorum et nuperrime D. *Joannis* de Gradibus additionibus illustrata. Addito indice seu repertorio... per D. *Joan. Dominicum* de Rebacinis compilato....
Lugduni. 1523. Houdouart. 1 vol. in-8°.

122.— Opus préclarum D. *Angeli* Aretini super quatuor partes Institutionum : cum casibus longis *Francisci* de Aretio... (per *J.* de Gradibus compilatum.)
Lugduni. 1523. Antonius du Ry. 2 vol. in-4'.

123.— Dn. *Melchioris* Kling in quatuor Institutionum juris principis Justiniani libros enarrationes.
Lugduni. 1550. Mirallietus. 1 vol. in-8°.

124.— *Joannis* Schneidewini in quatuor Institutionum imperialium D. Justiniani libros, commentarii.
Lugduni. 1681. Guillimin. 1 vol. in-4°.

125.— Justiniani imperatoris Institutionum juris civilis methodica interpretatio. (Auctore *Michæle* Deloy.)
Parisiis. 1711. Collombat. 1 vol. in-12.

126.— *Antonii* Perezii institutiones imperiales erotematibus distinctæ, atque ex ipsis principiis regulisque juris passim insertis explicatæ.
Parisiis. 1682. G. de Luyne. 1 vol. in-12.

127.— *Cl.* Colombet synoptica Institutionum imperialium descriptio per definitiones et divisiones, in qua totum earum artificium expansum est : quam nunc primùm publici juris facit *Ant.* Bros.
Parisiis. 1685. Le Gras. 1 vol. in-12.

128.— Brevissimæ juris civilis institutiones præcipuis illius definitionibus ac divisionibus contextæ.
Parisiis. 1685. J. Jombert. 1 vol. in-12.

129.— *Joannis Arn.* Corvini elementa juris civilis, juxta ordinem Institutionum imperialium erotematice exposita ; additis *Germ.* Cousinii receptarum utriusque juris regularum partitionibus.
Amstelodami. 1664. Dan. Elzevirius. 1 vol. in-12.

130.— Series Institutionum imperatoris Justiniani, ex ipsis

juris principiis accuratè contexta. Opus posthumum *J.* Boscagerii. Ludovico Burgundiæ duci oblatum *à Joan. Car.* Le Saché.

<small>Parisiis. 1707. Charpentier. 1 vol. in-12.</small>

131. — Paraphrase des Institutions de l'empereur Justinian, contenant une claire explication du texte latin, avec beaucoup de réflexions morales et politiques. (Par *J.* Pélisson.)

<small>Paris. 1645. A. de Sommaville. 1 vol. in-8°.</small>

132. — Explication historique des Institutes de l'empereur Justinien, avec le texte, la traduction en regard, et les explications sous chaque paragraphe, précédée d'une généralisation du droit romain, d'après les textes anciennement connus, ou plus récemment découverts; par M. Ortolan. 3ᵉ édit.

<small>Paris. 1844-1845. Joubert. 2 vol. in-8°.</small>

3° Pandectes et Commentaires.

133. — Pandectæ Justinianeæ, in novum ordinem digestæ, cum legibus Codicis, et Novellis, quæ jus Pandectarum confirmant, explicant aut abrogant. Præfixus est index titulorum et divisionum omnium, quo totius operis specimen quoddam et quasi materiarum appendix exhibetur : subjecta quoque tabula, qua nominatim leges omnes cum suis paragraphis et versiculis ordini Digestorum restituuntur. Auctore *R. J.* Pothier.

<small>Parisiis. 1818-20. Fournier. 5 vol. in-4°.</small>

134. — Commentaria preclarissima domini Baldi de *Perusio* in primam et secundam partem ff. veteris cum novis ejusdem Baldi additionibus et aureis trac.

de pactis et de constitu. quos alia hucusque impressa non habent, nec non perutilissimis additionibus et apostillis dni. *Benedicti* DE VADIS, postremoque revisa per magistrum *Joannem* DE GRADIBUS ; additionibus etiam novis insertis.

A la suite:

— Lectura excellentissimi utriusque juris doctoris domini BALDI DE UBALDIS *de Perusio* super ff. novo, cum additionibus novis magistri *Joannis* DE GRADIBUS.
Lugduni. 1508. Nicolaus de Benedictis. 3 en 2 vol in-fol.

135. — Excellentissimi juris utriusque doctoris domini *Jasonis* DE MAYNO, *Mediolanensis*, lectura in prima parte ff. veteris. Cum apostollis novissimè impressa et diligentissime revisa.
Lugduni. 1508. Nicolaus de Benedictis. 1 vol. in-fol.

A la suite:

— *Jasonis* DE MAYNO in secundam Digesti veteris partem egregia commentaria, cum multis additionibus et postillis, que in alia impressione minime reperiuntur, locis suis oportune insertis.
Lugduni. 1508. Jacobus Saccon. in-fol.

136. — Domini *Jasonis* DE MAINO... in primam infortiati partem commentaria utilissima : cum additionibus ejusdem et aliorum....

A la suite:

— Lectura D. *Jaso.* DE MAYNO in secundam infortiati...
Lugduni. 1508-1509. J. Clein. 1 vol. in-fol.

137. — *Jasonis* DE MAYNO commentaria egregia in titul. prime partis Digesti novi... cum multis additionibus et postillis....

A la suite:

— D. *Jasonis* DE MAYNO lectura insignis super secunda

parte ff. novi. Cum apostillis novissime impressa. Et per ipsum dominum *Jasonem* diligentissime revisa.

— D. *Jasonis* DE MAYNO lectura in secundam secunde partis ff. novi cum apostillis....
Lugduni. 1507-1509. Nic. de Benedictis. 1 vol. in-fol.

138. — PAULI CASTRENSIS in primam et secundam Digesti veteris partem Patavinæ prælectiones, *Franc.* CURTII aliorumque omnium, qui in id hactenus insudarunt, quam doctiss. adnotationibus illustratæ, et ad vetustiss. exemplar manu typoque editorum veritatem novissimè recognitæ.

A la suite :

— PAULI CASTRENSIS Avenionicæ in Digest. vetus ac novum prælectiones sanè quàm doctæ....
Lugduni. 1544-1545. H. Penet. 2 en 1 vol. in-fol.

139. — PAULI CASTRENSIS in primam et secundam infortiati partem Patavinæ prælectiones....
Lugduni. 1545. 2 en 1 vol. in-fol.

140. — PAULI CASTRENSIS in primam et secundam Digesti novi partem Patavinæ prælectiones....

A la suite :

— Repertorium PAULI CASTRENSIS sententiarum ac rerum omnium, quas idem in elegantiss. suis prælectionibus omnib. in jus universum... tradidit.
Lugduni. 1545. H. Penet. 3 en 1 vol. in-fol.

141. — Digestum novum noviterque impressum cum plurimorum jurisperitorum summariis de recenti additis summa diligentia textu et glosa castigatum.
Lugduni. 1500. Nic. de Benedictis. 1 vol. in-fol.

142. — Annotationes *Gulielmi* BUDÆI in quatuor et viginti Pandectarum libros. Postremum auctæ et recognitæ.
Parisiis. 1535. Rob. Stephanus. 1 vol. in-fol.

A la suite :

— *G.* Budæi altera editio annotationum in Pandectas.
   Parisiis. 1535. Rob. Stephanus. in-fol.

143.— Eadem.
   Lugduni. 1551. Gryphius. 2 en 1 vol. in-8º.

144.— Paratitla in xlii priores Digestorum libros, auctore *Guilielmo* Marano.
   Tolosæ. 1628. R. Colomerius. 1 vol. in-fol. Port.

145.— *Arnoldi* Corvini Digesta per aphorismos strictim explicata. Editio postrema.
   Amsterodami. 1664. Off. Elzeviriana. 1 vol. in-12.

146.— *Antonii* Mornacii observationes in xxiv priores libros Digestorum, ad usum fori gallici, multo quam antea locupletiores et auctiores factæ ex propriis authoris schedis. Correctiores vero et meliori ordini redditæ prodeunt : curà et studio *Franc.* Pinssonii.
   Lutetiæ Paris. 1654. Ant. de Sommaville. 1 v. in-fol.

147.— *Antonii* Mornacii posteriorum vigenti sex librorum Pandectarum synopsis. Opus posthumum, ex ipsismet authoris schedis congestum curà et studio *Francisci* Pinssonii.
   Lutetiæ Paris. 1660. Ant. de Sommaville. 1 vol. in-fol.

148.— Medulla Justinianea, sive dilucida totius juris civilis, juxta Digestorum methodum explicatio. Authore *Nicolao* Beckmanno.
   Parisiis. 1666. Alliot. 1 vol. in-4º.

149.— *Claudii* Colombet paratitla in quinquaginta libros Pandectarum.
   Parisis. 1668. Alliot. 1 vol. in-12.

150.— *Cl.* Colombet in quinquaginta libros Pandectarum, seu Digestorum paratitla. Editio nova.
   Parisiis. 1682. Pocquet. 1 vol. in-12.

151.— Paratitla in libros L Digestorum seu Pandectarum Imperat. Justiniani. Opus *Jacobi* Cujacii. Cum notis *Alex*. Chassanæi et indice obligationum et actionum, et epitome in eundem indicem. Editio nova.
Tolosæ. 1686. Salabert. 1 vol. in-12.

152.— La clef du Digeste, par *François* Lagrené.
Paris. 1657. E. Loyson. 1 vol. in-4°.

4° Code et Commentaires.

153.— Excellentissimi juris utriusque doctoris Domini *Jasonis* de Mayno lectura insignis super prima et secunda parte Codicis cum apostillis novissime impressa, et per ipsum Dn. *Jasonem* diligentissime revisa.
Lugduni. 1508. Nic. de Benedictis. 2 en 1 vol. in-fol.

154.— Clarissimi profundissimique juris utriusque luminis ac monarche interpretisque subtilissimi domini Baldi *Perusini* lectura super novem libris Codicis, cum appostillis clarissimorum doctorum dni *Alexandri* de Imola et *Andree* Barbacie *Siculi* et postremo *Celsi Hugonis* Dissuti qui secundum diversitatem materiarum numeros variavit et distinxit, secundumque illum et folia singularium materiarum et notatu dignarum indicem seu repertorium qui prius nusquam fuit calci cuiusque libri subjunxit.
Lugduni. 1513-14. Jacobus Sachon. 3 vol. in-fol.

155.— Pauli Castrensis in primam et secundam Codicis partem Patavinæ prælectiones D. *Franc.* Curtii aliorumque omnium, qui in id hactenus insudarunt, quàmdoctiss. adnotationibus illustratæ....
Lugduni. 1545. H. Penet. 2 en 1 vol. in-fol.

156. — Cyni *Pistoriensis* super Codice et Digesto veteri lectura....
   Lugduni. 1547. Th. Bertheau. 1 vol. in-fol.

157. — *Augustini* Barbosæ collectanea ex doctoribus tum priscis, tum neotericis, in Codicem Justiniani. Editio ultima.
   Lugduni. 1657-1660. Borde. 2 en 1 vol. in-fol.

158. — Paratitla in libros ix Codicis Justiniani repetitæ prælectionis. Opus *Jacobi* Cujacii. *Caroli Annibalis* Fabroti ad ea enarrationes. Editio nova.
   Tolosæ. 1686. Salabert. 3 vol. in-12.

159. — *Antonii* Mornacii observationes in quatuor priores libros Codicis, ad usum fori gallici. Multo quam antea locupletiores, et auctiores factæ ex propriis authoris schedis. Correctiores vero, et meliori ordini redditæ prodeunt curà et studio *Francisci* Pinssonii.
   Lutetiæ Paris. 1654. Ant. de Sommaville. 1 vol. in-fol.

160. — *Antonii* Mornacii posteriorum octo librorum Codicis synopsis. Opus posthumum. Ex ipsismet authoris schedis congestum curà et studio *Franc.* Pinssonii.
   Lutetiæ Paris. 1660 Ant. de Sommaville. 1 vol. in-fol.

161. — *Antonii* Perezi prælectiones in duodecim libros Codicis Justiniani Imp. Editio ultima.
   Antuerpiæ. 1695. Verdussen. 2 vol. in-4º.

162. — *Lucas* de Penna super tribus postremis libris Codicis.
   Parrhisiis. 1509. Jacobus Parvus. 1. vol. in-fol.

163. — *D. Francisci* de Amaya in tres posteriores libros Codicis Imp. Justiniani commentarii. Quibus succedit Apologia ejusdem pro statuto Collegii majoris Conchensis, contra calumniam D. Joannis de Escobar.
   Lugduni. 1639. Jac. et Pet. Prost. 1 vol. in-fol.

164. — Quinquaginta Decisiones Imperatoris Justiniani quæ à secundo libro Codicis usque ad nonum diffusæ sunt : cum quadringentis præcipuis quæstionibus forensibus et conclusionibus earumdem, etc. Per D. *Petrum Franciscum* Linglois.
   Antuerpiæ. 1622. J. Keerbergius. 1 vol. in-fol.

165. — Compendiariæ titulorum Codicis Justiniani exegeses. Authore *Christophoro* Hegendorphino.
   Haganoæ. 1529. Joh. Secer. 1 vol. in-8º.

f. — *Droit romain après Justinien.* — *Droit des peuples barbares.*

166. — Αυτοκρατορων, ΙΟΥΣΤΙΝΙΑΝΟΥ, ΙΟΥΣΤΙΝΟΥ, ΛΕΟΝΤΟΣ νεαραὶ διατάξεις. — ΙΟΥΣΤΙΝΙΑΝΟΥ ἔδικτα. Impp. Justiniani, Justini, Leonis novellæ constitutiones. — Justiani edicta. Ex bibliothec. ill. v. Huldrici Fuggeri publicæ commoditati dicantur.
   Genevæ. 1558. H. Stephanus. 1 vol. in-fol.

167. — Novellæ constitutiones Dn. Justiniani principis, versæ quidem è græco in latinum à *Gregorio* Haloandro : collatæ verò nuper cum fidelissimo exemplari Scrimgeriano, et innumeris locis emendatæ, ut perpetuæ ad eas notæ indicabunt. *Francisco* Duareno auctore.
   Antuerpiæ. 1567. Chr. Platinus. 1 vol. in-8º.

168. — Lx librorum Βασιλικων, id est, universi juris Romani, auctoritate principum Romanorum græcam in linguam traducti, ecloga sive synopsis, hactenus desiderata, nunc edita, per *Joan.* Leunclaium. Ex *Joan. Sambuci* bibliotheca. — Item Novellarum antehac non publicatarum liber. — Adjunctæ sunt et adnotationes interpretis...
   Basileæ. 1575. E. Episcopius. 1 vol. in-fol.

169. — Impp. novellæ constitutiones græco-latinæ x. *Carolus* LABBÆUS multis in locis restituit, auctiores et emendatiores quam antea editæ à clariss. Cujacio, Bonefidio et Leunclavio, MSS Reg. ope fecit ; et notis illustravit.

    Dans le même volume :

— *Caroli* LABBÆI observationes et emendationes in synopsim Basilicωn. In quibus multa loca restituuntur, plurimæ lacunæ replentur ; quædam capita nunc primum in lucem proferuntur.....

— Veteres glossæ verborum juris quæ passim in Basilicis reperiuntur. Quas ex variis MSS codd. Bibl. Reg. *Carolus* LABBÆUS nunc primum eruit, digessit, et notis illustravit.

Parisiis. 1606. And. Beys. 3 en 1 vol. in-8º.

170. — *Constantini* HARMENOPULI promptuarium juris civilis latinè redditum per *Joannem* MERCERUM.

Lugduni. 1556. M. Bonhomme. 1 vol. in-4º

171. — *Petri* GUDELINI commentariorum de jure novissimo libri sex. Accessit *Maxœmiliani* WITTEBORT in authoris obitum oratio funebris, habita in exequiis 22 octob. 1619.

Antuerpiæ. 1620. Verdussius. 1 vol. in-fol.

172. — Barbarorum leges antiquæ cum notis et glossariis. Accedunt formularum fasciculi et selectæ constitutiones medii ævi. Collegit, plura notis et animadversionibus illustravit, monumentis quoque ineditis exornavit *F. Paulus* CANCIANI.

Venetiis. 1781-1792. S. Coletius et F. Pitterius. 5 v. in-f.

g. — *Règles du droit.*

173. — Commentarius mirabilis super titulo de regulis ju-

ris do. Dyni *Muxellani*, multò plus quàm unquam annotationibus auctus et recognitus.
Lugduni. 1540. Nic. Parvus. 1 vol. in-8º.
A la suite:
— Do. *Philippi* Decii *Mediolanensis* scripta sive lectura super titu. De regulis juris. ff. cum interprætationibus nonnullarum legum ejusdem tituli, necnon Apostillis ac etiam Repertorio do. *Hiero.* Chuchalon nuper additis.
Lugduni. 1539. Nic. Parvus. in-8º.

174.— Regulæ brocardicæ juris, à *Joanne* Kauffero conscriptæ. Quibus annexi sunt diversarum clausularum, documentis publicis inseri consuetarum, effectus et operationes, cum præcipuis materiarum sedibus.
Basileæ. 1584. Waldkirch. 1 vol. in-8º.

175.— *Petri* Fabri ad tit. de diversis regulis juris antiqui, ex libro Pandectarum Imperatoris Justiniani quinquagesimo, commentarius. Huic autem editioni recens accessit græcarum allegationum in toto opere passim occurrentium interpretatio latina.
Coloniæ Allobrogum. 1618. S. Crispinus. 1 vol. in-4º.

176.— Les règles du droit civil, dans la même ordre qu'elles sont disposées au dernier titre du Digeste. Traduites en françois avec des explications et des commentaires sur chaque règle. Par J. B. Dantoine.
Lyon. 1710. Plaignard. 1 vol. in-4º.

---

h. — *OEuvres des jurisconsultes qui ont écrit pour l'intelligence du droit romain.*

177.— D. *Andreæ* Alciati omnia quæ in hunc usque diem sparsim prodierunt usquam, opera, ab ipso quidem autore tomis digesta quatuor.
Basileæ. 1551. Mich. Isingrinius. 4 en 2 vol. in-fol.

178.— *Andreæ* Alciati Paradoxorum, ad Pratum, lib. vi. Dispunctionum lib. iiii. In treis lib. Codicis lib. iii. De eo quod interest lib. i. Prætermissorum lib. ii. Declamatio una. De stip. divisionib. commentariolus. Ex secunda authoris recognitione.

Basileæ. 1523. Andr. Cratander. 1 vol. in-fol.

A la suite :

—Intellectus singulares et novi in nonnulla loca juris civilis per dominum *Udalricum* Zasium diligenter et ex veritate collecti.

Basileæ. 1526. And. Cratander. in-fol.

179.— *Andreæ* Alciati parergon juris libri decem, partim nunc primum, partim multo quàm antea emendatius in lucem editi.

Basileæ. 1586. 1 vol. in-8º.

A la suite :

—Παρεργων juris libri duo ultimi, xi videlicet et xii. *Andrea* Alciato autore.

Lugduni. 1554. Gryphius. in-8º.

180.—Summa Domini Azonis. Jurisconsultorum principis aurea summa, nuperrime castigata : collatione facta cum aliis vetutisssimis codicibus manu scriptis, una cum summariis et apostillis : superadditis quibusdam additionibus per *Hieronymum* Gigantem....

Lugduni. 1546. Jac. Giunta. 1 vol. fol.

181.— *Augustini* Barbosæ tractatus varii : quorum I. De axiomatibus juris usufrequentioribus. II. De appellativa verborum utriusque juris significatione. III. De locis communibus argumentorum juris. IV. De clausulis usufrequentioribus. V. De dictionibus usufrequentioribus.

Lugduni. 1660. Borde. 1 vol. in-fol.

A la suite :

— *Augustini* Barbosæ repertorium juris civilis et canonici. Opus posthumum studio et industria *Simonis Vaz* Barbosæ, authoris fratris, digestum.
Coloniæ Allobrog. 1669. Gamonetus. in-fol.

182.— (Bartoli *a Saxoferrato* opera) hic primùm ab *Alex.* Losæo et *Jo.* Nicola restituta : novissimè autem et Venetiis à variis I. V. D. illustrata, auctaque : ac nunc demum (pax sit Reip. literariæ navantibus) rursus beneficio exemplarium, quæ quidem nullus ante nos attigerat, castigatiora multò prodeunt.)

Cette collection comprend :

— Bartoli *a Saxoferrato* in primam et secundam Digesti veteris partem — in primam et secundam Infortiati partem — in primam et secundam Digesti novi partem — in primam et secundam Codicis partem — in Autenticorum collationes — in tres libros Codicis partem commentaria. — Consilia, quæstiones et tractatus. — Repertorium in universum juris civilis pelagus....
Lugduni. 1544. Mathias Bonhomme. 12 en 5 vol. in-fol.

183.— *Barnabæ* Brissonii de formulis et sollemnibus populi Romani verbis, libri viii.
Parisiis. 1583. Seb. Nivellius. 1 vol. in-fol.

184.— *Francisci* Connani commentariorum juris civilis libri x. *Barth.* Faii præfatio totius juris œconomiam, institutique hujus à Connano operis rationem continens. Ejusdem epistola ad M. Hospitalem in eos qui Connanum ob Ulpianum et Scævolam ab eo reprehensos temeritatis arguerint....
Lutetiæ. 1552-53. Vascosanus. 2 vol. in-fol.

185.— *Antonii* Contii opera omnia quæ exstant, nunc pri-

mum, ex MMS. auctoris, in unum redacta, digestaque, studio et diligentia *Emundi* Merillii.
   Parisiis. 1616. Nic. Buon. 1 vol. in-4°.

186.— *Joannis* Corasii opera quæ haberi possunt omnia, collata, et in duos tomos distributa.... Nunc demum edita opera et studio *Val. Guil.* Forsteri. Præmissa sunt Cl. J. C. de Joanne Corasio testimonia.
   Witebergæ. 1603. Cl. Bergerus. 2 vol. in-fol.

187.— *Jacobi* Cujacii opera omnia quæ prodierunt ipso authore vel superstite, vel defuncto : in quatuor volumina distincta. Hac repetita editione.... aucta.... præcipuo studio et diligentia *Alexandri* Scot.
   Lugduni. 1614. Pillehotte. 4 vol. in-fol.

188.— *Jacobi* Cujacii operum posthumorum Papinianus, hoc est, in omnia Papiniani jureconsultorum coryphæi opera, recitationes accuratissimæ à multis multum expetitæ. Sunt autem in Questionum libros xxxvii. Responsorum libros xix. Definitionum libros ii. De adulteriis libros ii. Αστυνομικων librum singularem. Omnia ex MSS. codd. nunc primum.... edita.
   Francofurti. 1595. P. Fischer. 2 en 1 vol. in-4°.

189.— *Jacobi* Cujacii recitationes solemnes, in iv, v, vi, vii, viii, et ix, libros codicis.
   Francofurti. 1597. P. Fischer. 1 vol. in-4°.

190.— *Jacobi* Cujacii Recitationes solemnes in varios, eosque præcipuos Digestorum titulos.
   Francofurti. 1596. P. Fischer. 1 vol. in-4°.

191.— *Jacobi* Cujacii operum posthumorum Julius Paullus sive ad Julii Paulli jurisconsulti lxxx ad Edictum et xxv quæstionum libros recitationes solemnes.
   Francofurti. 1596. P. Fischer. 2 en 1 vol. in-4°.

192. — *Jacobi* Cujacii operum posthumorum opus paralipomenon, quo comprehenduntur ea omnia quæ ultra recitationes in Papinianum, Jul. Paulum, Codicem Justiniani, et Pandectas, operi posthumo adhuc deerant. Ex MSS. cod.
Francofurti. 1598. P. Fischer. 1 vol. in-4º.

193. — *Franc.* Duareni opera omnia, quæ in hunc usque diem edita extant in jure civili, ab ipso nunc demùm auctore recognita atque aucta.
Lugduni. 1558. G. Rovillius. 1 vol. in-fol.

194. — *Francisci* Duareni omnia quæ quidem hactenus edita fuerunt opera. Editio, ut postrema, ita et cæteris unquam antehac alibi egressis compluribus in locis ab *Huberto* Molinæo multò tersior et emendatior reddita.
Aureliæ Allobrog. 1608. P. la de Rovière. 1 v. in-fol.

A la suite :

— D. *Francisci* Duareni in libros iv Cod. et tertiam partem Digest. commentarii. — Ejusdem, disputationum anniversariarum lib. ii. — De jure accrescendi lib. ii. — De jurisdictione et imperio apologia adversus Eguinarium Baronem. — De ratione docendi discendique juris epistola. — De plagiariis et scriptorum alienorum compilatoribus. — In consuetudines feudorum commentarius. — De sacris ecclesiæ ministeriis ac beneficiis lib. iv. Quibus adjecti sunt comment. in titul. xxi lib. i et xlv lib. viii Cod. Editio postremò recognita, et plurimis mendis ab *Huberto* Molinæo tersa.
Aureliæ Allobrog. 1608. P. de la Roviere. in-fol.

195. — *Antonii* Fabri de erroribus pragmaticorum et interpretum juris opus varium. Editio postrema.
Colon. Allob. 1609-22. S. Crispinus. 4 vol. in-4º.

196. — *Andreæ* Fachinei controversiarum juris tomi tres, nunc primum uno volumine editi. 4ª ed.
Lugduni. 1601. Pillehotte. 1 vol. in-fol.

197. — *Jacobi* Gothofredi Animadversionum juris civilis liber : pro vero nonnullarum legum intellectu : et genuinâ earundem lectione.
Genevæ. 1628. Chouet. 1 vol. in-4º.

198. — *Emundi* Merillii observationum libri vi.
Parisiis. 1618-1626. Buon. 2 vol. in-4º.
A la suite :
— *Emundi* Merillii expositiones in quinquaginta decisiones Justiniani.
Parisiis. 1618. N. Buon. in-4º.

199. — *Emundi* Merillii ex Cujacio libri tres.
A la suite :
— *Emundi* Merillii observationum libri duo.
— *Emundi* Merillii liber singularis differentiarum juris, restitutus ex libris Manualium Julii Pauli.
Parisiis. 1638. Quesnel. 3 en 1 vol. in-4º.

200. — *Udalrici* Zasii in tit. ff. si certum petatur, lectura.
Basileæ. 1539. M. Isingrinius. 1 vol. in-fol.
A la suite :
— *Udalrici* Zasii in tit. ff. de re judicata, lectura.
Basileæ. 1538. J. Bebelius. in-fol.

---

i. — *OEuvres des jurisconsultes qui ont écrit sur différentes parties du droit, sans s'arrêter au droit romain seulement.*

---

201. — *Petri* Ærodii rerum ab omni antiquitate judicatarum, pandectæ. His accessit liber singularis ejusdem auctoris, De patrio jure, ad filium.
Parisiis. 1615. Sonnius. 1 vol. in-fol.

202.— *Petri* Ærodii rerum ab omni antiquitate judicatarum pandectæ, recognitæ à *Philippo Andrea* Oldenburgero. — Accesserunt Ærodii tractatus duo, alter De origine et auctoritate judiciorum, alter De jure patrio ad filium.
Genevæ. 1677. Sam. de Tournes. 1 vol. in-fol.

203.— Aureum ac pene divinum opus consi. et soluti Appolinis celeberrimi et subtilissimi juriscon. monarche Domini Baldi *Perusini*, qui nihil ignoravit, antea diversis elementis litterarum confusa, nuperrime emendata et expolita quam pluribus summariis additis. Volumina tria.
Lugduni. 1515. Sachon. 3 vol. in-fol.

204.— Decisionum universarum, et totius christiani orbis rerum omnium judicatarum, summa. Opus curiosum, utile.... *Camillo* Borrello auctore.
Coloniæ. Agrip. 1618-1626. Hierat. 2 vol. in-fol.

205.— Consilia D. *Bartholomæi à* Chasseneo.
Lugduni. 1588. Nath. Vincentius. 1 vol. in-fol.

206.— *Julii* Caponi disceptationum forensium, ecclesiasticarum, civilium et moralium, pluribus in casibus decisarum, tomi v.
Lugduni. 1677. Barbier. 5 en 2 vol. in-fol. Port.

207.— *Julii* Clari *Alexandrini* opera receptarum sententiarum omnia, quæ hactenus ab ipso auctore in lucem edita sunt. Accesserunt additiones et consilia sive responsa duo : unum de Syndicatu, alterum de Moneta Marchisana D. *Hieronymi* Giacharii. Item animadversiones *Manfredi* Goveani et *Jo.* Guiotii, priori editioni non insertæ.
Antuerpiæ. 1616. Bellerus. 1 vol. in-fol.
A la suite :
— Additiones et annotationes insignes ac solemnes ad

Julii Clari receptarum sententiarum librum v, sive practicam criminalem. Auctore *Jo. Bapt.* BAIARDO.
Antuerpiæ. 1616. Bellerus. in-fol.

208.— *Didaci* COVARRUVIAS *à Leyva* opera omnia : hac postrema editione... expurgata... et auctiora. Accessit tractatus in tit. de frigidis et maleficiatis....
Lugduni. 1606. Cardon. 2 en 1 vol. in-fol.

209.— Idem opus. Accesserunt *Joannis* VFFELII in variarum resolutionum libros notæ uberiores.
Lugduni. 1661. Boissat. 2 en 1 vol. in-fol.

210.— Tertii voluminis consiliorum D. *Philip.* DECII secunda pars, summariis et repertorio copiose decorata. — Consiliorum DECII IIII volumen.
Lugduni 1533. Joan. Mareschal. 1 vol. in-fol.

Dans ce volume :

—Commentaria Dni. *Fortunii* GARCIA super l. Gallus de liberis et posthumis ff. in quatuor repetitiones divisa.
Lugduni. 1518. J. Mareschal. in-fol.

—*Fortunius* GARCIA de ultimo fine juris canonici et civilis. De primo principio et subsequentibus preceptis. De derivatione et differentiis utriusque juris : et quid sit tenendum ipsa justicia. — Commentaria ejusdem *Fortunii* GARCIA super titulo de Justitia et jure usque ad l. ex hoc jure, diligenter castigata.
Lugduni. 1523. Joan. Moylin, alias de Cambray. in-fol.

—Commentaria argutissima do. *Fortunii* GARCIA in difficillimum ac uberrimum omnium contractuum parentem titulum ff. de pact. cum repetitione c. primi, eo titulo, cum additionibus, summariis, numeris ac alphabetico indice *Jo.* THIERRI.
Lugduni. 1523. Vincentius de Portonariis de Tridino. in-f.

211. — *Guilielmi* Durandi ejus cui Speculum titulum esse voluit operis, repertorium, eo ordine et industria constructum, ut citra omnem laborem et molestiam quæque notatu digniora sese primo intuitu offerant.
Lugduni. 1541. Gaspard Treschel. 3 vol. in-folio.

212. — Responsa sive consilia D. *Nicolai* Everardi.
Lovanii. 1554. S. Sassenus. 1 vol. in-fol.

A la suite :

— Loci argumentorum legales, autore D. *Nicolao* Everardo. Ab eodem ita recogniti et locupletati, ut opus novum videri possit.
Lovanii. 1552. S. Sassenus. 1 vol. in-fol.

213. — *Didaci Ybanez* de Faria additiones, observationes et notæ ad libros variarum resolutionum ill. ac rev. Didaci Covarruvias à Leiva.
Lugduni. 1676. Huguetan. 1 vol. in-fol.

214. — D. N. *Prosperi* Farinacii opera.
Duaci. 1618. Wion. 11 en 5 vol. in-fol.

Cette collection incomplète contient les ouvrages suivants :

1. — Praxis et theoricæ criminalis libri duo. Operum pars prima. —
— Tractatus de testibus in tres titulos distributus. Operum pars secunda. —
2. — Praxis et theoricæ criminalis pars quarta. Operum pars quinta.
— Operum criminalium pars quinta. De falsitate et simulatione.
— Operum criminalium pars sexta continens furti materiam et fragmentorum criminalium partem primam.
3. — Operum criminalium pars septima continens ejusdem tum consilia tum decisiones in prioribus tribus tomis allegatas.
— Decisionum Rotæ Romanæ centuriæ novem. Operum pars octava.
4. — Consiliorum sive responsorum criminalium continuatio sive liber secundus. Cui accesserunt resolutiones criminales sive capitales sexaginta duæ Dn. *Hier.* de Federicis.
— Praxis et theoricæ criminalis amplissimæ pars tertia.
5. — Decisiones criminales S. Rotæ Romanæ ccclxxii.
— Tractatus de *Hæresi*.

215.— *Prosperi* Farinacii opera.
   11 vol. in-fol.
   Cette collection comprend les ouvrages suivants.:
   1.— Repertorium judiciale cum fragmentis. Prodit nunc primum opera *Zachariæ Pasqualigi.*
   Lugduni. 1639. Boissat et Anisson. 1 vol. in-fol.
   — Decisiones sacræ Rotæ Romanæ ccclxxii criminum et testium probationem in secundo præsertim responsorum criminalium Prosperi Farinacii volumine pertractatam respicientes. Ab eodem *Prospero* Farinacio recollectæ.
   Lugduni. 1628. J. Cardon. in-fol.
   2.— Praxis et theoricæ criminalis partes iv.
   Lugduni. 1629-1635. Cardon. 5 vol. in-fol.
   3.— Operum criminalium pars quinta, de falsitate et simulatione.
   Antuerpiæ. 1618. Keerbergius. 1 vol. in-fol.
   — Tractatus de Hæresi. Ed. nov.
   Lugduni. 1650, Anisson. in-fol.
   4.— Consilia sive responsa atque decisiones causarum criminalium tomus primus. Editio postrema.
   Coloniæ. 1649. Gamonetus. 1 vol. in-fol.
   5.— Responsorum criminalium liber secundus. Cui ultra lxii resolutiones criminales *Hieronymi* de Federicis accesserunt sacræ Rotæ Romanæ decisiones ccclxxii criminum et probationum materiam respicientes.
   Lugduni. 1616. Cardon. 1 vol. in-fol.
   — Responsorum criminalium sive consiliorum liber tertius.
   Lugduni. 1650. Anisson. in-fol.
   6.— Repertorium de contractibus, cum fragmentis. Prodit nunc primum opera *Zach. Pasqualigi.*
   Lugduni. 1642. Boissat. 1 vol. in-fol.
   — Repertorium de ultimis voluntatibus, cum fragmentis. Prodit nunc primum opera *Zach. Pasqualigi.*
   Lugduni. 1644. Boissat et Anisson. 1 vol. in-fol.
   7.— Decisionum Rotæ Romanæ noviter novissimarum, a *Prospero* Farinacio collectarum ac publici jam primùm juris factarum, centuriæ novem: varias juris, tum civilis, tum canonici, decisiones, quæstiones, cautiones ac observationes continentes ab anno mdlxxii usque ad annum mdcx. Editio postrema.
   Lugduni. 1640. Boissat et Anisson. 1 vol. in-fol.

— De immunitate ecclesiarum et confugientibus ad eas, ad interpretationem bullæ Gregorii XIV. Appendix ad quæstionem xviii in titulo de carceribus, et carceratis. Cui accessit etiam ejusdem authoris fragmentorum criminalium pars secunda.
Lugduni. 1642. Boissat et Anisson. 1 vol. in-fol.

216.— Commentariorum, variarumque resolutionum juris civilis, communis, et regii, tomi tres. Autore *Antonio* Gomezio. Accesserunt eruditissimæ annotationes *Emanuelis* Soarez a Ribeira. Jam denuo recusi.
Francofurti. 1596. J. Feyrabend. 1 vol. in-fol.

217.— Idem opus.
Genevæ. 1622. S. Crispinus. 1 vol. in-fol.

218.— Syntagma juris universi, atque legum pene omnium gentium, et rerumpublicarum præcipuarum, in tres partes digestum. Auctore *Petro* Grégorio.
Lugduni. 1606. Pillehotte. 1 vol. in-fol.

219.— *Theodori* Hopingks consilia sive responsa juris posthuma à celeberr. diversarum Academiarum facultatibus juridicis approbata.
Francoforti ad Mœnum. 1654. F. Weissius. 1 vol. in-4º.
Dans ce volume :

— Jus maritimum Hanseaticum, olim germanico tantum idiomate editum, nunc vero etiam in latinum translatum.... Accesserunt diatriba de assecurationibus : item variæ illustres quæstiones ad jus maritimum pertinentes. Studio *Reinoldi* Kuricke.
Hamburgi. 1667. Hertelius. in-4º

220.— *Franc.* Hotomani consilia, tum in civilibus, tum in criminalibus causis exposita. Accessit ejusdem auctoris disputatio illustris de controversia patrui et nepotis in regni successione. Item *Joh.* de Terra Rubea tractatus de jure futuri successoris legitimi in regiis hereditatibus.
Atrebatibus. 1586. Vignon. 1 vol. in-fol.

221. — Dn. *Jacobi* Menochii consiliorum sive responsorum libri XIII.
   Francof. ad Mœn. 1625-28. Wecheliani. 13 en 6 v. in-f.

222. — *Jacobi* Menochii de arbitrariis judicum quæstionibus et causis, libri duo.
   Coloniæ Agrippinæ. 1628. A. Hierat. 1 vol. in-fol.

   A la suite :

   — *Jacobi* Menochii de adipiscenda, retinenda et recuperanda possessione doctissima commentaria. Item responsa causæ Finariensis, à multis Italiæ celeberrimis J. C. Collegiis reddita, eodem auctore edita.
   Coloniæ Agrippinæ. 1624. A. Hierat. in-fol.

223. — *Jacobi* Menochii de præsumptionibus, conjecturis, signis, et indiciis, commentaria.
   Coloniæ Agripp. 1628. Gymnicus. 1 vol. in-fol.

224. — Dubitationes et resolutiones partium juris scripti in sex paragraphos distinctæ. Authore *Alphonso* Moditio. In libros duos distributæ.
   Augustæ Taurinorum. 1611. D. Tarini. 2 en 1 v. in-4º.

225. — P. *Illuminati* Moroni centum responsa centum quæsitis, ex iis quæ illi in dies deferebantur solvenda.
   Venetiis. 1645. Combi. 1 vol. in-fol.

   A la suite :

   — Tractatus de nullitatibus in XIV rubricas divisus. Auctore *Blasio* Altimaro.
   Neapoli. 1678. Ant. de Fusco. 1 vol. in-fol.

226. — Tractatus de miserabilium personarum privilegiis, *Jo. Maria* Novario authore.
   Neapoli. 1669. Ant. de Fusco. 1 vol. in-fol.

   Dans ce volume :

   — Tractatus de insolutum bonorum datione juxta mentem Authent. Hoc nisi debitor. C. de solut. et ff. quod autem Authent. de fidejussor. *J. Maria* Novario authore. Excussæ sunt in calce integræ decisiones diversorum totius orbis tribunalium, etiam adhuc non impressæ, hac in materia emanatæ. Accesserunt pariter tractatus duo, quorum unus est de bonis insolutum dandis, et ad hastam vendendis; alter de bonis ad cridas ponendis *Julii Cæsaris* Glusiani.

Antuerpiæ. 1673. Van den Bergh. 1 vol. in-fol.

—De restitutionis incertorum, et male ablatorum privilegiis, fertilis et prægnans tractatus. Authore *Jo. Maria* Novario. Accesserunt in calce nonnullæ allegationes *Francisci* Severini.

Neapoli. 1669. Ant. de Fusco. 1 vol. in-fol.

—*Emmanuelis Alvarez* Pegas resolutiones forenses practicabiles. Nunc primum in lucem prodit.

Ulyssipone. 1668. Jo. à Costa. 1 vol. in-fol.

227.—Consilia singularia et quorum materia quotidie in practica in omnibus curiis tam ecclesiasticis quam secularibus versatur : per bone memorie quondam Dominum *Guidonem* Pape II.

Lugduni. 1519. J. Mareschal. 1 vol. in-4º.

228.—Hodogeta juris chartis brevibus viam scientiæ legetime simplicem atque rectam designans et edocens. Auctore *Johanne* Rebhan.

Argentorati. 1656. Spoor. 1 vol. in-8º.

229.—Consiliorum sive responsorum D. N. *Nicolai* Reusneri volumina tria.

Noribergæ. 1661. Enderus. 3 en 1 vol. in-fol.

230.—*Acacii Antonii* de Ripoll *Domicelli* variæ juris resolutiones, multis diversorum Senatuum decisionibus illustratæ.

Lugduni. 1630. J. A. et M. Prost. 1 vol. in-fol.

231.— Clarissimi utriusque juris monarce nec non equitis ac comitis insignis d. SEGNOROLI DE HOMODEIS *de Mediolano* quam castigatissima juris responsa et questiones per eum disputate.
Mediolani. 1497. Scinzenzeler. 1 vol. in-fol.

232.— *Nicolai* SUDORII disputationum civilium liber. In quo juris civilis quæstiones complures, difficiles atque obscuræ, accuratè tractantur.
Lutetiæ. 1578. F. Morellus. 1 vol. in-4º.

— *B.* BRISSONII de ritu nuptiarum liber singularis. — Ejusdem de jure conubiorum liber alter.
Parisiis. 1564. Rovillius. in-4º.

— Opus de mora, studiosæ legum juventuti non minus utile quam necessarium,.... Huic accedit de eo quod interest, et de usuris disputatio : qua veterum, et recentiorum juris interpretum altercationes, et quæstiones dialecticorum more propositæ et discussæ continentur. Authore *Joan.* DELAREBERTERIA.
Parisiis. 1567. F. Morellus. in-4º.

233.— Consiliorum seu responsorum Do. *Alexandri* TARTAGNI *Imolensis* partes VII. noviter expunctæ,... novisque selectis et aptissimis summariis et numeris ornatæ labore et industria *Caroli* MOLINEI.
Lugduni. 1544. Th. Bertheau. 2 vol. in-fol.

234.— Idem opus. Partes V.
Lugduni. 1552. J. Faure et Taco. 2 vol. in-fol.

235.— *Joannis* WAMESII responsorum sive conciliorum ad jus forumque civile pertinentium, centuriæ sex, ordine judiciario digestæ.
Lovanii. Antuerpiæ. 1625-45. 6 en 2 vol. in-fol.

236.— Practicæ observationes a duobus clariss. jurecon-

sultis *Bernhardo* Wurmsero à *Schafftalsshaym* et *Hartmanno* Hartmanni *ab Eppingen* collectæ...
Coloniæ Agripp. 1596. Gymnicus. 1 vol. in-4º.

237. — Quæstiones juris variæ ac selectæ... diversorum clarissimorum v. j. luminum veterum et recentium.
Lugduni. 1572. 1 vol. in-fol.

238. — Consiliorum sive responsorum doctorum et professorum Facultatis juridicæ in Academia Marpurgensi, volumina III. Opus congestum studio atque opera *Hermanni* Vulteji.
Marpurgi Cattor. 1606. P. Egenolphus. 3 en 1 v. in-fº.

---

k — *Traités spéciaux sur certains points de droit.*

---

239. — Dn. *Petri* Barbosæ de matrimonio et pluribus aliis materiebus, in tit. ff. soluto matrimonio quemadmodum dos pet. magistrali commentario explicatum incidentibus. Ed. noviss.
Lugduni. 1668. Huguetan et Barbier. 2 en 1 vol. in-fol.

240. — De viribus patriæ potestatis tractatus.... Authore *Philippo* Paschale. Cui accesserunt aureæ annotationes, et memorabilia *Fr. Mar.* Prati.
Venetiis. 1655. Bertani. 1 vol. in-fol.

241. — *Gabrielis* Palæoti tractatus singularis de nothis spuriisque filiis. Accessit huic editioni, tractatus utilissimus de libera hominis nativitate seu de liberis naturalibus, auctore Ponto Heutero.
Hagæ-Comitis. 1655. Verhoeve. 1 vol. in-8º.

242. — Commentarius juridico-historico-politicus de privilegiis, auctore *Reinoldo* Curicke.
Dantisci. 1652. Georg. Forsterus. 1 vol. in-12.

243. — *Georgii Acacii* Enenkelii, *baronis* Hoheneccii, de privilegiis parentum et liberorum tractatus.
   Tubingæ. 1618. Cellius. 1 vol. in-4º.

244. — Ad constitutiones Cod. de bonis maternis, doctissimi amplissimique commentarii *Arii* Pineli : quibus maternæ successionis jura feliciter explicantur.
   Francofurti. 1614. Egenolphus Emmelius. 1 vol. in-8º.

245. — *Rolandi* a Valle quæstiones cxi perutiles, quotidianæque, super statuto de lucro dotis.
   Venetiis. 1562. Fr. Bindonus. 1 vol. in-8º.

246. — *Joannis* Garsiæ de expensis et meliorationibus tractatus. Editio omnium postrema.
   Amstelædami. 1655. J. Ravesteynius. 1 vol. in-8º.

247. — *Johannis* Gryphiandri œconomicorum legalium sive de arte acquirendi et conservandi patrimonii libri duo. Nunc primùm in lucem editi operâ et studio *Ant. Gunt.* Gryphiandri.
   Bremæ. 1662. P. Colerus. 2 vol. in-4º. Port.

248. — De restitutione in integrum tractatus *Sfortiæ* Oddi.
   Venetiis. 1591. Pasinus. 2 en 1 vol. in-fol.

249. — Traduction des quatre premiers titres du quatrième livre du Digeste, où il est traité des restitutions en entier. Avec des remarques pour l'école et le barreau. Et un abrégé de l'histoire du droit et des jurisconsultes. (Par Leduc.)
   Paris. 1689. Auroy. 1 vol. in-8º.

250. — *Johannis* a Sande commentarii duo singulares, quorum primus est de actionum cessione, multo auctiùs, quam antè, nunc editus ; alter de prohibita rerum alienatione, cujus compendium, duabus re-

petitionibus in Academia Franequerana propositis repræsentatum, additum est.
Leovardi. 1633. Jansonius. 1 vol. in-4º.

251.— Repetitiones legum libri octavi Codicis imperialis tit. xxxviii de contrahenda et committenda stipulatione... Authore *Joanne Baptista* Schwartzenthaler.
Hanoviæ. 1603. Marnius. 1 vol. in-4º.

252.— *Viglii* Zuichemi *Phrysii* commentaria in decem titulos Institutionum juris civilis, recens ab autore recognita, quibus omnia penè testamentorum jura eleganter ac dilucidè explicantur.
Basileæ. 1552. Froben. 1 vol. in-fol.

253.— Tractatus de testamentis conjugum in v libros distinctus, authore D. *Petro* Peckio *Ziricæo*. Cui nunc accessit ejusdem auctoris paraphrasis utilissima in universam legatorum materiam.
Coloniæ Agripp. 1665. J. Busæus. 1 vol. in-8º.

254.— Alvearium juris mellifluum : in quo singulari prorsus, et inusitata methodo continentur omnium contractuum et actionum regulæ generales, etc. Authore *Vincentio* Boreo.
Lugduni. 1650. Champion. 1 vol. in-4º.

255.— *Ludovici* Postii de subhastatione tractatus singularis. Junctis ad materiam variis Rotæ Romanæ decisionibus. Edit. noviss.
Coloniæ Allobrog. 1670. De Tournes. 1 vol. in-fol.

256.— *Joannis* Verstegen dissertationes de jurisdictione, mixto et mero imperio, et servitutibus realibus. Item observationes academico-forenses de pactis, transactionibus, et usufructu.
Noviomagi. 1665. And. ab Hoogenhuysen. 1 vol. in-8º.

257.— Dn. *Jacobi* Menochii de imperio et jurisdictione

commentarii posthumi, duobus libris expositi. In quibus jurisconsultorum errores disceptantur.
Francofurti. 1622. Dan. et Dav. Aubrii. 1 vol. in-8º.

258. — De agrorum conditionibus et constitutionibus limitum, Siculi Flacci lib. I. Julii Frontini lib. I. Aggeni Urbici lib. II. Hygeni Gromatici lib. II. Variorum auctorum ordines finitionum. De jugeribus metiundis. Finium regundorum. Lex Mamilia. Coloniarum pop. Romani descriptio. Terminorum inscriptiones et formæ. De generibus lineamentorum. De mensuris et ponderibus. (*Petrus* Gallandius edidit.)
Parisiis. 1554. Turnebus. 1 vol. in-4º.

A la suite :

— *Joannis* Copi de fructibus libri quatuor.
Parisiis. 1535. Christ. Wechelus. in-4º.

— De restitutis a christianissimo Francorum rege Francisco literis, *Joannis* Copi oratio, cum de proposito fructuum jure esset responsurus.
Parisiis. 1535. Ch. Wechelus. in-4º.

259. — *Nicolai* Myleri *ab Ehrenbach* metrologia. Hoc est, de jure statuendi de mensuris, ponderibus et moletrinis. Ubi in specie quoque, de lapide terminali et torculis, tam privatis quam publicis ac bannalibus, singularia quædam et non vulgaria exhibentur....
Tubingæ. 1668. Geog. Cotta. 1 vol. in-4º.

260. — Tractatus novissimus, et absolutissimus, de tempore legali, in quo difficiliores, rariores, et nobiliores juris quæstiones de tempore in genere, de annis, mensibus, diebus, horis, et momentis, summo studio enucleantur et deciduntur, etc. Authore *Johanne Carolo* Antonello.
Ienæ. 1670. Krebsius. 1 vol. in-fol.

A la suite :

— *Johannis* Koppen, senioris, decisiones, in quibus quæstiones illustres in Germania quotidie occurrentes, et ad praxin juris communis, Saxonici et consuetudinarii Marchiæ accommodatæ pertractantur et deciduntur.
Ienæ. 1663. Fellgiebelius. 1 vol in-fol.

261. — *Sigismundi* Scacciæ tractatus de appellationibus in duas partes divisus.
Leodii. 1625. Jo. Alardus. 1 vol. in-fol.

262. — *Pauli* Rubei de validitate legali controversiæ forenses.
Romæ. 1664. J. Corbi. 1 vol. in-fol.

Dans le même volume :

— *Antonii* de Gamma decisionum supremi senatus Lusitaniæ centuriæ iv. Accesserunt hâc editione additiones *Blasii Florez* Diaz de Mena.
Antuerpiæ. 1650. J. Meursius. 1 vol. in-fol.

---

1. — *Droit romain conféré avec le droit moderne.*

263. — La conférence du droict françois, avec le droict romain. Par M. *Bernard* Automne. 3ᵉ édit.
Paris. 1629. Vᵉ Buon. 2 en 1 vol. in-fol.

264. — Compilation du droit romain, du droit françois et du droit canon, accommodez à l'usage d'à présent ; le tout par décisions des offices de judicature en particulier. Par M. Borjon.
Paris. 1685. J. Le Febvre. 1 vol. in-12.

265. — Abrégé de la jurisprudence romaine, divisé en sept parties, à l'imitation des Pandectes de Justinien, avec son rapport à ce qui est de nostre usage. Composé par Mᵉ *Claude* Colombet.
Paris. 1682. Vᵉ. Bobin. 1 vol. in-4º.

266. — Les loix civiles dans leur ordre naturel. (Par M. *Jean* Domat.)
   Paris. 1691-1701. Coignard. 5 vol. in-4°. rappareillés.

267. — Les loix civiles dans leur ordre naturel, le Droit public, et Legum delectus. Par M. Domat. N° édit rev. corr. et aug. des troisième et quatrième livres du Droit public, par M. de Hericourt; et des notes de feu M. de Bouchevret sur le *Legum delectus*....
   Paris. 1725. Gosselin. 2 en 1 vol. in-fol.

268. — Même ouvrage. N° édit. augm. des notes de MM. Berroyer et Chevalier.
   Paris. 1756. Nion. 2 en 1 vol. in-fol.

269. — Supplément aux loix civiles dans leur ordre naturel. Par M° *Louis-François* de Jouy.
   Paris. 1756. Knapen. 1 vol. in-fol.

270. — Observations du droict françois conférées au droict romain et coustumier de France : par M. F. François.
   Lyon. 1618. Ancelin. 1 vol. in-4°.

271. — Remarques du droit françois, sur les Instituts de l'empereur Justinien. Comment ils se doivent pratiquer en France, et se rapporter à l'usage du palais. Ou la porte et l'abrégé de la jurisprudence françoise. Par M° H. M. (*Hierosme* Mercier.)
   Paris. 1672. Bobin. 1 vol. in-4°.

272. — Methodica introductio ad jus Gallico-Romanum, seu Ludovicæum et Justinianæum ad usum fori candidatorum. Authore A. Toubel.
   Parisiis. 1685. Fr. Du Bois. 1 vol in-12.

CHAPITRE III.

DROIT FRANÇAIS.

a. — *Histoire du droit français.*

273. — Les ouvertures des Parlemens, faites par les Roys de France, tenant leur lict de justice : ausquelles sont adjoustées cinq remonstrances, autrefois faites en icelles au Parlement de Paris. Par *Louys* d'Orléans.
  Rouen. 1620. Le Mounier. 1 vol. in-8º.

274. — Recherches pour servir à l'histoire du droit françois. (Et recherches sur la noblesse utérine de Champagne.) (Par P. J. Grosley.)
  Paris. 1752. Vᵉ Estienne et fils. 1 vol. in-12.

275. — Analyse historique des principes du droit françois. (Par Duchesne.)
  Paris. 1757. Prault. 1 vol. in-12.

276. — Le droit public de France, éclairci par les monumens de l'antiquité. Par M. Bouquet.
  Paris. 1756. Desaint et Saillant. 1 vol. in-4º.

277. — Origines du droit français cherchées dans les symboles et formules du droit universel. Par M. Michelet.
  Paris. 1837. L. Hachette. 1 vol. in-8º.

278. — Travaux sur l'histoire du droit français, par feu *Henri* Klimrath, recueillis, mis en ordre et précédés d'une préface par M. *L. A.* Warnkoenig. Avec une carte de la France coutumière.
  Paris. 1843. Joubert. 2 vol. in-8º.

279. — Histoire du droit français, précédée d'une introduction sur le droit civil de Rome, par *M. F.* Laferrière.
  Paris. 1846-1858. Joubert et Cotillon. 6 vol. in-8º.

—Histoire du droit municipal en France, sous la domination romaine et sous les trois dynasties. Par M. RAYNOUARD.
Paris. 1829. Sautelet. 2 vol. in-8°.

Voyez : *Histoire*, n° 3025.

280.—Droit municipal au moyen-âge par *Ferd.* BÉCHARD.
Paris. 1861. Durand. 2 vol. in-8°.

281.—Analyse du songe du Vergier suivie d'une dissertation sur l'auteur de cet ouvrage célèbre, avec conclusion en faveur de Charles de Louviers, par *Léopold* MARCEL (de Louviers.)
Paris. 1863. Cotillon. 1 vol. in-8°.

—Histoire des offices judiciaires et des parlements.

Voyez : *Histoire*, n° 3104 et suiv.

Voyez aussi : *Histoire polit. de la France*, n° 3017 et suiv.

b. — *Institutions au droit français.*

—Li livres de jostice et de plet publié pour la première fois par RAPETTI ; avec un glossaire des mots hors d'usage par *P.* CHABAILLE (1).
Paris. 1850. Didot. 1 vol. in-4°.

Voyez : *Histoire*, n° 2352.

282.—Pandectes ou Digestes du droict françois. Par *L.* CHARONDAS LE CARON J. C. Corrigez et augmentez.
Paris. 1637. Est. Richer. 1 vol. in-fol.

A la suite :

—Coustume de la ville, prevosté et vicomté de Paris : ou droict civil parisien. Avec les commentaires de *L.* CHARONDAS LE CARON. Rev. corr. augm.
Paris. 1637. Richer.   in-fol.

283.—Maximes générales du droict françois. Divisées en trois livres. Par *Pierre* DE L'HOMMEAU. Avec les

---

(1) CHABAILLE (*François-Adrien-Polycarpe*), né à Abbeville, le 19 janvier 1796.

nottes et observations de M⁶. *Paul* CHALLINE sur les 285 dernières maximes....

Paris. 1657. H. Le Gras. 1 vol. in-4º.

284.— Institution au droit françois par M*** (*Gabriel* ARGOU), Avocat au Parlement. (Précédée de l'histoire du droit françois par *Claude* FLEURY). 3ᵉ édit.

Paris. 1710. Emery. 2 vol. in-12.

285.— Même ouvrage. 8ᵉ édit. rev. corr. et augm., conformément aux nouvelles ordonnances, par M. *A. G.* BOUCHER D'ARGIS.

Paris. 1753. Nyon. 2 vol. in-12.

286.— La découverte des mistères du Palais, où il est traité des parties en général, intendans des grandes maisons, procureurs, avocats, notaires et huissiers, etc. 2ᵉ édit.

Paris. 1694. M. Brunet. 1 vol. in-12.

287.— Nécessité d'une réforme dans l'administration de la justice et dans les loix civiles en France, avec la réfutation de quelques passages de l'Esprit des loix. (Par *S. N. H.* LINGUET.)

Amsterdam. 1764. 1 vol. in-8º.

Dans ce volume :

— Extrait du droit public de la France, par *Louis* DE BRANCAS, *comte* DE LAURAGUAIS. 2ᵉ édit. rev. et corr.

Londres. 1771. in-8º.

— Discours sur les devoirs des sujets envers le souverain. Par M. l'Abbé DE SAUVIGNY.

Paris. 1786. Poinçot. in-8º.

— Manuel propre à MM. les curés, vicaires, ou ecclésiastiques chargés de la partie des mariages, pour se mettre à l'abri de la rigueur des loix et se conduire conformément aux ordonnances du Royaume, etc. Par M. l'Abbé Thuet.

Paris. 1785. L'Auteur. in-8°.

c. — *Dictionnaires et Répertoires.*

288. — Indice des droicts royaux et seigneuriaux, des plus notables dictions, termes et phrases de l'estat, de la justice, des finances, et practique de France. Recueilli des loix, coustumes, ordonances, arests, annales, histoires du Royaume de France, et d'ailleurs. Par *François* Ragueau. 3ᵉ édit.

Paris. 1609. P. Chevalier. 1 vol. in-4°.

289. — Glossaire du droit françois, contenant l'explication des mots difficiles qui se trouvent dans les ordonnances de nos Roys, dans les coustumes du Royaume, dans les anciens arrests et les anciens titres. Donné cy-devant au public sous le nom d'*Indice des droits royaux et seigneuriaux*, par M. *François* Ragueau. Rev. corr. et augm. par M. *Eusèbe* de Laurière.

Paris. 1704. Guignard. 2 vol. in-4°.

290. — Nouvelle introduction à la pratique, contenant l'explication des termes de pratique, de droit et de coutumes. Avec les juridictions de France. Par M. *Claude Joseph* de Ferrière. Nᵉ édit.

Paris. 1729. Brunet. 2 vol. in-12.

291. — Dictionnaire de droit et de pratique, contenant l'explication des termes de droit, d'ordonnances, de coutumes et de pratique. Avec les juridictions de France, par M. *Claude Joseph* de Ferrière. Nᵉ édit. rev. corr. et augm. par M. (Boucher d'Argis).

Paris. 1762. Vᵉ Brunet. 2 vol. in-4°.

292. — Mémorial alphabétique des choses concernant la justice, la police et les finances de France. (Par H. Bellet Verrière.)
Paris. 1697. Cochart. 1 vol. in-8º.

293. — Même ouvrage. 3ᵉ édit.
Paris. 1713. Cochart. 1 vol. in-8º.

294. — Même ouvrage. 4ᵉ édit. rev. corr. et augm. des règlemens rendus depuis 1713.
Paris. 1724. Bienvenu. 1 vol. in-8º.

295. — Répertoire universel et raisonné de jurisprudence civile, criminelle, canonique et bénéficiale. Ouvrage de plusieurs jurisconsulte : publié et mis en ordre par M. G*** (*P. J. J. G.* Guyot).
Paris. 1775-1786. Dorez et Wisse. 81 vol. in-8º.

Il manque les tomes 5, 24, 29, 37 et 51.

"— Jurisprudence. (Par Lerasle et J. Peuchet.)
Paris. 1788-1791. Panckoucke. 10 vol. in-4º.

Voyez : *Encyclopédie méthodique.*

d. — *Droit privé des Français.*

1ʳᵉ Section. — **Droit ancien.**

1º Ordonnances générales. — Depuis le commencement de la monarchie jusqu'en 1789.

296. — Recueil général des anciennes lois françaises, depuis l'an 420 jusqu'à la révolution de 1789; par MM. Isambert, Jourdan, Decrusy et Taillandier.
Paris. 1822-1833. Belin Le Prieur. 29 vol. in-8º.

297. — Code de la religion et des mœurs; ou recueil des principales ordonnances, depuis l'établissement de

la monarchie françoise, concernant la religion et les mœurs ; par M. l'Abbé MEUSY.

Paris. 1770. Humblot. 2 vol. in-12.

2° SOUS LA PREMIÈRE ET LA DEUXIÈME RACE.

298. — Codex legum antiquarum, in quo continentur, Leges Wisigothorum. — Edictum THEODORICI Regis. — Lex Burgundionum. — Lex Salica. — Lex Alamannorum. — Lex Baivvariorum. — Decretum TASSILONIS Ducis. — Lex Ripuariorum. — Lex Saxonum. — Angliorum et Werinorum. — Frisionum. — Longobardorum. — Constitutiones Siculæ sive Neapolitanæ. — Capitulare KAROLI M. HLUDOWICI Impp. etc. — Quibus accedunt formulæ solennes priscæ publicorum privatorumque negotiorum, nunc primum editæ : et glossarium sive interpretatio rerum vocumque difficilium et obscuriorum. Ex bibliotheca *Frid.* LINDENBROGII J. C.

Francofurti. 1613. I. et A. Marnii. 1 vol. in-fol.

299. — Loi Salique ou recueil contenant les anciennes rédactions de cette loi et le texte connu sous le nom de *Lex emendata,* avec des notes et des dissertations par *J. M.* PARDESSUS.

Paris. 1843. Imp. royale. 1 vol. in-4º.

300. — La legge salica della Francia ridotta al morale, e sziffrata dal dottore *Gio Battista* VESTELUNGA.

Hamburgo. 1687. 1 vol. in-12.

301. — MARCULFI monachi aliorumque auctorum formulæ veteres, editæ ab illustriss. viro *Hieronymo* BIGNONIO, cum notis ejus auctioribus et emendatioribus. Accessit liber Legis salicæ olim editus ac cl. v. *Franc.*

Pithoeo : nunc verò notis ejusdem illustriss. Bignonii illustratus.

Parisiis. 1666 Seb. Cramoisy. 1 vol. in-4º.

302.— Præcipuæ Constitutiones Caroli Magni de rebus ecclesiasticis et civilibus à Lothario nepote, ex avi Constitutionum libris collectæ, et nuper è cœnobio Tegernseensi prolatæ : cum annotationibus et præfationibus *Viti* Amerpachii.

1545. Weissehornins. 1 vol. in-8º.

303.— Capitularia Regum Francorum. Additæ sunt Marculfi monachi et aliorum formulæ veteres, et notæ doctissimorum virorum. *Stephanus* Baluzius in unum collegit... notis illustravit.

Parisiis. 1677. F. Muguet. 2 vol. in-fol.

304.— Leges Riboariorum, Baioariorumque, quas vocant, à Theodorico rege Francorum latæ. — Item Alemannorum leges, à Lothario rege latæ. — Nunc primum vetustatis ergo excusæ (à *J. Sichardo*.)

Basileæ. 1530. 1 vol. in-8º.

305.— Libelli seu decreta à Clodoveo, et Childeberto, et Clothario prius ædita, ac postremum à Carolo lucidè emendata, auctaque plurimum, in quibus hæc habentur. — Capitula ex Isidori Junioris Hispalensis episcopi Etymologiarum lib. v. — Pactum pro tenore pacis D D. Childeberti et Chlotarii regum. Decretio Chlotarii regis. — Sententiæ de septem septenis. — Lex salica. — Decretum Childeberti regis. — Recapitulatio legis salicæ. — Lex Alamannorum. — Antiquæ Burgundionum leges. — Ripuariorum leges à Theodorico Rege Francorum latæ. — Antiqua Baivvariorum lex. — Vetus lex Saxonum.

Parisiis. 1573. Du Puys. 1 vol. in-16.

306. — Karoli Magni et Ludovici Pii Christianiss., Regum et Impp. Francorum capitula sive leges ecclesiasticæ et civiles ab Ansegiso Abbate et Benedicto Levita collectæ libris septem, qui nunc primum integri eduntur ex vetustiss. exemplaribus, adjectis etiam aliis eorundem Regum et Karoli Calvi capitulis. Glossarium sive interpretatio obscuriorum aliquot vocabulorum quæ in iisdem capitulis leguntur.
Parisiis. 1588. Chappelet. 1 vol. in-8°.

307. — Idem opus. Editio altera auctior et emendatior. Ex bibliotheca Pithœana.
Parisiis. 1640. G. Pelé. 1 vol. in-8°.

308. — Karoli Calvi et successorum aliquot Franciæ regum capitula in diversis synodis ac placitis generalibus edita. *Jacobus* Sirmondus in unum collegit, notisque illustravit.
Parisiis. 1623. Seb. Cramoisy. 1 vol. in-8°.

3° Sous la troisième race. — Ordonnances générales.

309. — Table chronologique des ordonnances faites par les Rois de France de la troisième race. Depuis Hugues Capet, jusqu'en 1400. (Par *Eus.* de Laurière, *Eud.* Berroyer, Loger et *Cl.* Alexis.)
Paris. 1706. Imp. royale. 1 vol. in-4°.

310. — Table chronologique, contenant un recueil en abrégé des ordonnances, édits, déclarations, et lettres patentes des Rois de France, qui concernent la justice, la police et les finances. Avec la datte de leur enregistrement dans les greffes des Compagnies souveraines. Depuis l'année 1115 jusqu'à present. Par Me *Guillaume* Blanchard.
Paris. 1688. Ch. de Sercy. 1 vol. in-4°.

311. — Ordonnances, loix, edictz, et statutz royaux de France, entièrement augmentées et universellement accomplies, depuis le regne S. Loys IX. en l'an 1226. jusques au Roy Françoys II. à l'an 1559. En ceste derniere edition amplifiées des posterieures constitutions royalles, signées à telle marque. Toutes reduictes à la forme du droict imperial, et civil.... Par M. *Pierre* REBUFFI.
Lyon. 1559. Senneton. 2 en 1 vol. in-fol.

312. — Les edicts et ordonnances des Roys de France depuis S. Loys jusques à present : avec les verifications, modifications et declarations sur icelles : divisées en quatre tomes, par *Antoine* FONTANON.
Paris. 1580. Du Puys. 2 vol. in-fol.

313. — Ordonnances des Roys de France de la troisième race, recueillies par ordre chronologique. Avec des renvoys des unes aux autres, des sommaires, des observations sur le texte, et cinq tables.
Paris. 1723-1749. Imp. royale. 22 vol. in-fol.

— Le tome I a été publié par DE LAURIÈRE, le tome II par DE LAURIÈRE et SECOUSSE, les tomes III à VIII par SECOUSSE, le tome IX par SECOUSSE et DE VILEVAULT, les tomes X à XIII par DE VILEVAULT et DE BRÉQUIGNY, le tome XIV par DE BRÉQUIGNY, les tomes XV à XX par le marq. DE PASTORET, le t. XXI et le tome XXII contenant la table, par M. PARDESSUS.

314. — Edicts et ordonnances sur le fait de la justice et abbreviation des procez. Contenant les edicts faicts par les Rois très-chrestiens Charles IX, Henry III, Henry IIII, Louis XIII et Louis XIIII sur les Remonstrances du Clergé. Augm. en cette dernière edition de quelques arrests concernants les dixmes, et droicts honorifiques. Et les Edicts accordés à ceux de la Religion pretendue reformée, pour la pacification des troubles.
Paris. 1647. G. Alliot. 1 vol. in-4°.

315. — Ordonnances, édits, lettres patentes des rois François I, Henri II, François II, Charles IX, Henri III.

1 vol. in-8°. Recueil factice contenant :

1. — Ordonnances generalles faictes par le roy nostre sire sur l'exemption des decimes, dons, gratuitz et empruntz des malladeries, leprosareries, hospitaulx, hostelz Dieu, aumosneries et autres de semblable qualité du royaume de France : pourveu qu'ilz ne soient erigez en tiltre de benefice (1545).
  Paris. 1547. Ch. l'Angelié.

2. — Estat et police sur la chair vendable à la livre par les bouchers, revendeurs, charcutiers, et hostelliers, pour l'execution de l'Edict du Roy nostre sire. (1551)
  Paris. 1551. Galiot du Pré.

3. — Edict du Roy nostre sire, contenant defenses aux hosteliers de plus vendre volatille ne gibier, gros ne menu, n'autre chair que bœuf, veau, mouton et porc. Avec ordonnance aux bouchiers et autres, de doresenavant vendre et debiter icelles chairs, à poix de livre.
  Paris. 1551. J. Dallier.

4. — Lettres du Roy nostre sire : par laquelle est faict defenses à toutes personnes de quelque qualité et condition quilz soient ne porter pistoletz ne harquebutes nonobstant quelques permissions quilz puissent avoir obtenues, sur les peines indictes par les premieres et precedentes inhibitions et deffences. — Avec les deffences de ne porter espees dagues ne autres bastons declarez en la publication.
  Paris. 1554. Nyverd.

5. — Ordonnance du Roy sur le faict des deniers ordinaires et extraordinaires, qui se lievent par forme de taille ou impost es elections de ce Royaulme sur les contribuables aux tailles.
  Paris. 1554. Ch. Estienne.

6. — Les ordonnances de justice et police, des ville et cite de Metz, et pays Messyn.
  Lyon. 1555. Arnoullet.

7. — Edict du Roy sur les mariages clandestins des enfans de famille, faictz sans le vouloir et consentement de leurs peres et meres.
  Paris. 1556. V. Sertenas.

8. — Arrest de la Cour de Parlement, sur la reformation du cinquantehuictiesme article des coustumes de la prevosté et vicomté de Paris : extraict du sixiesme volume des bannieres, estant au greffe du Chastellet de Paris.
  Paris. 1557. Ch. l'Angelier.

9. — La police des pauvres de Paris.
S. n. n. l. n. d.

10. — La police faicte et entretenue, pour les pauvres et mendiens, en la ville de Hypre en Flandres : approuvée par Lempereur, et confermée par la faculté de Theologie de Paris, laquelle premierement a esté redigee en latin, puis nouvellement translatée en françoys.
Paris. S. d. Hostel Dallebret.

11. — Edict du Roy sur le reglement des maisons Dieu, hospitaux, maladeries, aumosneries, leproseries, et autres lieux pitoyables de ce Royaume.
Paris. 1561. J. Dallier.

12. — Edict du Roy sur le reiglement des maisons Dieu, hospitaux, maladeries, aumosneries, leproseries et autres lieux pitoyables.
Paris. 1560. J. Dallier.

13. — Lettres du Roy nostre sire, par laquelle est permis à tous marchans et autres qui voudrons transporter bledz, de la prevoste, vicomte de Paris, et gouvernement de lisle de France. Pour mener sus mer, par tous les lieux et endroictz que bon leur semblera, (vers le ponant) jusques a la quantite de dix mille tonneaulx de mer : en payant le contenu declare en ceste presente.
Paris. 1554. Nyverd.

14. — De F. II. Edict du Roy sur la declaration de ceulx qui doivent porter armes, et non autres, de quelque estat qu'ilz soyent, sur peine de la vie. Avec les lettres missives dudict Seigneur, pour faire retirer les hommes d'armes, et archers, en leurs garnisons.
Paris. 1560. Nyverd.

15. — Ordonnance du Roy sur le reiglement des usaiges de draps, toilles, passements et broderies d'or, d'argent et soye, et aultres habillements superflus : et encores sur la reformation des grosses chausses. Ensemble sur le transport des laines hors le Royaume. 1561.
Paris. 1563. Rob. Estienne.

16. — Ordonnance du Roy, pour la reformation des logis dudict Seigneur, à la suyte de sa cour.
Paris. 1563. Rob. Estienne.

17. — Lettres patentes du Roy sur la défense et prohibition des traictes et transports des bleds et grains hors son Royaume.
Paris. 1565. Rob. Estienne.

18. — Lettres patentes et commission du Roy pour la recherche, perquisition et poursuyte des usuriers. Avec un arrest de la Cour de Parlement sur le mesme faict.
Paris. 1567. Rob. Estienne.

19. — Edict du Roy sur le faict des usures : par lequel elles sont defendues à toutes personnes indifferemment : et par quelles peines sera procédé contre ceux qui se trouveront avoir exercé ou exercer les dictes usures.
Paris. 1576. F. Morel.

20. — Ordonnance du Roy sur le reiglement des hostelliers, taverniers et cabaretiers de son Royaume, et pris des vivres en chascune saison de l'annee.
Paris. 1563. Rob. Estienne.

21. — Descharge et protestation faicte en faveur du seigneur Jule Brancasse gentilhomme ordinaire de la chambre du Roy, sur ce que faulsement on luy a improperé d'avoir inventé quelques impositions sur le peuple. — La coppie de l'edict sur le taux des vivres, et reglement des hosteliers. — Ensemble les remonstrances faictes sur l'utilité qui adviendra dudict edict.
1565. S. n. n. l.

22. — Ordonnance du Roy, du prevost de Paris, et ses lieutenants, sur le taux et pris raisonnable des vivres, depuis le XIII jour d'octobre jusqu'au jour de Pasques prochaines MDLXVII. Contenant defenses à toutes personnes, mettre, ne faire mettre aucuns bleds en greniers, destinez a estre vendus ès marchez de ceste ville : et aussi de n'aller boire ne manger aux tavernes.
Paris. 1566. Rob. Estienne.

23. — Ordonnance du Roy sur le reiglement des usages de draps, toilles, passements et broderies d'or, d'argent et de soye, et autres habillements superflus : et encores sur la reformation des grosses chausses. Ensemble sur le transport des laines hors le Royaume. 1563.
Paris. 1566. Rob. Estienne.

24. — Ordonnance du Roy concernant les deux et demi pour cent ordonnez par sa Majesté estre levez pour l'entretenement de la police, sur tous et chascuns les hosteliers, taverniers, cabaretiers, et aultres vendants tant en gros, que menu, logeans les passans voyageurs et sejournants par son Royaume. 1566.
Paris. 1567. Rob. Estienne.

25. — Ordonnance generale faicte par le Roy, pour la police et reglement de la suitte de sa Court, publiée à Villiers-Costerez à son de trompe et cry public le trentiesme et penultiesme jour de decembre MDLXX.
Paris. 1571. J. Dallier.

26. — Ordonnance des juges de la police, portant defenses à tous taverniers, cabarestiers, et autres qui vendent vin à pots ou en destail, de ne mesler cidre ny eau avec le vin : et à tous artisans, gents de mestier,

clercs, serviteurs, apprentis et laquais, de n'aller ni eux transporter és jeux de paumes ou escrime, és estuves ou logis des menestriers, pour y jouer, boire, ne prendre aucun repas.
Paris. 1573. F. Morel.

27.— Ordonnance des juges deputez par le Roy pour la police, par laquelle est defendu à tous bourgeois, manans et habitans de la ville, fauxbourgs, prevosté et viconté de Paris, leurs gens et serviteurs, et mesmes aux gens des villages, d'aller ni eux transporter és tavernes et cabarests : et à toutes personnes, de les y recevoir : de vendre vin emmy les rues, bleds ou grains ailleurs que és marchez ordinaires : et de jurer ne blasphemer le nom de Dieu : sur les peines contenues en ladite ordonnance.
Paris. 1573. F. Morel.

28.—Ordonnance des juges deputez par le Roy pour la police, concernant le reglement des cuisiniers, rotisseurs, et toutes autres personnes qui cy-après auront à faire nopces, festins et bancquets.
Paris. 1573. F. Morel.

29.—Ordonnance sur la police du pain et du vin, par les juges deputez par le Roy pour ladicte police. Avec defense à tous chefs d'hostels de ne bailler vin à leur serviteurs et servantes.
Paris. 1573. F. Morel.

30.—Ordonnance des juges deputez par le Roy pour la police, contre les abus et tromperies qui se commettent journellement en la vente des bleds et grains, tant és halles de ceste ville de Paris, place de gréve, que sur la riviere, et bateaux : avec assignation de l'heure de la vente et un reglement pour les marchands de bleds, forains et autres, pour les boulengers, paticiers, mesureurs, plumets, crocheteurs, gaigne-deniers et placiers : ensemble des peines aux contrevenants.
Paris. 1573. F. Morel.

31.— Ordonnance des juges deputez par le Roy pour la police, par laquelle est enjoinct aux boulengers forains de cuire du pain en quantité suffisante, et en fournir les places, sans en faire reserve chez eux : avec permission aux boulengers de la ville et pasticiers de faire du gros pain, et le vendre au marché : et defense à toutes personnes d'en enlever, si non pour leur provision, et en payant.
Paris. 1573. F. Morel.

32.—Ordonnance des deputez par le Roy pour la police, par laquelle est enjoinct à tous manans et residents en la ville de Paris, et jusques à dix lieues à la ronde, de quelque qualité et condition qu'ils soient, de faire amener et conduire leurs bledz et grains és marchez ordinaires de ladite ville, dedans huictaine. — Avec deffense aux dessusdicts de vendre leurs bledz en leurs maisons ou greniers.
Paris. 1573. F. Morel.

33.—Ordonnance des juges deputez par le Roy pour la police, tendant à ce que le bois et charbon ne se vendent à plus haut pris qu'il est porté par les ordonnances cy devant faittes : et portant injonction aux marchands de bois de faire amener, en toute diligence, le bois qui est sur les ports : aux crocheteurs, chartiers et voicturiers, de bailler leurs noms aux commissaires de leurs quartiers : et aux musniers, et autres personnes, d'amener leurs bleds et farines en la ville de Paris. Avec deffense à toutes personnes de transporter aucuns vins hors ladicte ville et faulxbourgs.
Paris, 1573. F. Morel.

34.—Edict et ordonnance du Roy pour le bien et reiglement de la justice et police de son Royaume. Avec la déclaration et ampliation dudict Seigneur sur aucun article d'iceluy edict.
Paris. 1564. Rob. Estienne.

35.—Lettres patentes du Roy portants commandement et injonction à tous ses lieutenants generaux et gouverneurs des provinces, ou à leurs lieutenants, de faire entièrement observer et entretenir l'edict de pacification, avec les provisions et declarations sur iceluy. 1564.
Paris. 1564. Rob. Estienne.

36.—Edict du Roy sur l'élection d'un juge et quatre consuls des marchans en la ville de Paris, lesquels cognoistront de tous procès et differends qui seront cy après meuz entre lesdicts marchans pour faict de marchandise. 1563.
Paris, 1566. Rob. Estienne.

37.—Inhibitions et defenses du Roy à toutes personnes, de faire tirer ou transporter hors son Royaume, par eau ny par terre, aucuns bleds ou autres grains, sans l'exprès congé et permission de sa Majesté.
Paris. 1574. F. Morel.

38.— Ordonnance de la Cour de Parlement, par laquelle sont faittes defenses à toutes personnes d'aller en masques, faulses barbes, ou habits desguisez, à pied, à cheval, ou en coche, avec armes, ne autrement.
Paris. 1574. F. Morel.

39.—Edict du Roy contenant que toutes personnes qui font trafic d'acheter et vendre vin en gros, seront tenus prendre lettres de sa Majesté, pour exercer ledict trafic. 1581.
Paris. 1582. F. Morel.

40.—Arrest de la Chambre des vacations, par lequel défenses sont faictes de ne desloger jusques au jour de Noël prochain : et est enjoinct aux mendians valides d'eux retirer en l'astelier, ou ailleurs; pour travailler.
Paris. 1583. F. Morel.

41. — Ordonnance du Roy pour le reglement et reformation de la dissolution et superfluité qui est és habillemens et ornemens diceux : et de la punition de ceux qui contreviendront à ladicte ordonnance.
Paris. 1583. F. Morel.

42. — Arrest de la Cour des Aydes, contenant le reglement de prendre sel par les habitans de ceste ville, fauxbourgs, villes et villages ressortissans au grenier à sel de ceste dicte ville : et, à quel pris et mesure.
Paris. 1574. F. Morel.

43. — Lettres patentes du Roy à Messieurs de la Cour de Parlement, leur enjoignant très-expressement de faire garder et observer de poinct en poinct l'ordonnance faitte par sa Majesté, pour reprimer la superfluité de ses sujects en leurs habits et accoustremens.
Paris. 1574. F. Morel.

44. — Ordonnance du Roy, par laquelle il est prohibé à toutes personnes (excepté ceux qu'il a pleu à sa Majesté en exempter), de porter sur eux, en habillements ne autres ornements, aucuns draps ne toiles d'or et d'argent, profileures, broderies, passements, emboutissements, orfaverie, cordons, canetilles, velours, satins ou taffetas, barrez, meslez, couverts ou trassez d'or ou d'argent, soye sur soye, ne autres telles superfluitez : avec defense aux bourgeoises de changer leur estat.
Paris. 1574. F. Morel.

45. — Ordonnance faicte par le Roy sur le fait de la gendarmerie gens de pied, de sa garde, publiée à Villiers-Costerez à son de trompe et cry public, le trentiesme et penultiesme jour de decembre MDLXX.
Paris. 1571. J. Dallier.

46. — Ordonnance du Roy sur le faict et reglement de la police, pour estre tenue les jours de mardy et vendredy par les officiers et personnes deputez de sa Majesté, tant en ceste ville de Paris, en la salle de la Chancellerie, que és autres villes et lieux de ce Royaume.
Paris. 1572. F. Morel.

47. — Ordonnance des juges deputez par le Roy pour la police, contenant un reglement des pauvres : le pris qu'il faut aux musniers pour la moulture : defense de transporter boys par flettes : injonction d'exposer le foin en vente, et de refaire les pavez rompus.
Paris. 1574. F. Morel.

48. — Defense de par le Roy à tous marchands et autres, de n'aller au devant des marchandises et denrees, de les errer, acheter ny vendre en verd : et de n'apporter ny laisser entrer en ceste ville aucuns arbres ou mays, ny fruicts quelconques qui ne soient meurs.
Paris. 1574. F. Morel.

49. — Arrest de la Cour portant defense à tous taverniers et cabarestiers de ceste ville et faulxbourgs, de asseoir, ne ouvrir leurs maisons et cabarests, sinon aux estrangers seulement, sur les peines portées par les ordonnances, et de prison.
Paris. 1574. F. Morel.

50. — Edict du Roy pour la reformation, police et reglement sur les façons et tainctures des draps, estamets, sarges, et autres estoffes de laine qui se font en ce Royaume. Avec l'estat de ce qui sera payé pour chacune pièce desdicts draps, estamets et sarges. 1571.
Paris. 1575. F. Morel.

51. — Ordonnance du Roy et arrest de la Cour, sur le faict de la police générale : contenans les defenses de toutes traictes et transports de grains et de vins hors de ce Royaume : de tous contracts, et achapts de bleds, vins et foins, par errement : de tous baux à ferme à pris d'argent, et reduction d'iceulx à grain : la visitation aux maisons des boulengers, musniers et regrattiers : et injonction de garder les ordonnances sur la superfluite des habits et bancquets, et reglement des serviteurs. 1573.
Paris. 1575. F. Morel.

52. — Ordonnance faicte en la Chambre civile, contenant defenses à toutes personnes de ne vendre, n'y apporter pour vendre, en la ville et faulxbourgs de Paris, aucun verjus, raisins ou fruicts non meurs : et de ne faire vendanges, sans permission du juge des lieux. 1574.
Paris. 1575. F. Morel.

53. — Defenses de par le Roy à toutes personnes de porter par ceste ville et faulxbourgs de Paris aucunes harquebuzes, pistoles, pistolets, ou autres armes que l'espée et la dague, soit de jour ou de nuict, excepté ceulx qu'il a pleu à sa Majesté en exempter.
Paris. 1575. F. Morel.

54. — Les defenses de par le Roy à toutes personnes de jurer, maugreer, blasphemer, renier, et faire autres vilains sermens contre l'honneur de Dieu : sur les peines y contenues. 1574.
Paris. 1575. F. Morel.

55. — Arrest de la Cour de Parlement contre les jureurs et blasphemateurs du nom de Dieu : avec injonction à tous huissiers et sergents de les prendre et constituer prisonniers, pour estre punis exemplairement.
Paris. 1575. F. Morel.

56. — Arrest de la Cour de Parlement touchant les mendians estrangers, oisifs, vagabonds, belistres, caimans et caimandes, qui de toutes parts se retirent à Paris : et sur la police et reiglement des pauvres de la dicte ville et fauxbourgs.
Paris. 1576. F. Morel.

57.—Permission du Roy à tous marchands forains, et autres personnes, d'amener en la ville de Paris toutes sortes de grains, vins, bois et autres denrées, pour y estans en estre par eux disposé ainsi que bon leur semblera.
Paris. 1576. F. Morel.

58.—Ordonnance du Roy par laquelle est enjoint à tous marchands forains, laboureurs, et autres, d'amener en la ville de Paris tous leurs bleds et grains: avec permission de les mettre en garde et depostés greniers à ce y ordonnez, sans qu'il leur couste rien pour le louage.
Paris. 1576. F. Morel.

59.—Arrest portant reglement d'entre les jurez vendeurs et contrerolleurs de vins vendus en ceste ville de Paris, d'une part, et les marchands de vins de ceste dicte ville, et consorts, autres que l'on pretend estre regrattiers, d'autre. Avec defenses d'aller au devant desdicts vins; et aux gens de mestier d'en faire traficq.
Paris. 1577. F. Morel.

60.—Edict du Roy sur le faict des hostelleries, cabarets et tavernes ordinaires de ce Royaume: portant defenses à toutes personnes de les tenir sans le congé et permission dudit Seigneur: sur les peines et aux charges et conditions portées par iceluy edict.
Paris. 1577. F. Morel.

61.—Arrestz de la Cour de Parlement, donnez par provision le XIII d'aoust 1575 et XX de septembre 1577, pour le reglement et reformation de l'Université de Paris.
Paris. 1577. F. Morel.

62.—Ordonnance du Roy sur le faict de la police generale de son Royaume, contenant les articles et reiglemens que sa Majesté veult estre inviolablement gardez, suyvis et observez, tant en la ville de Paris, qu'en toutes les autres de sondict Royaume. 1577.
Paris. 1578. F. Morel.

63.—Ordonnance du Roy sur le reglement des hostelliers, taverniers et cabarestiers: salaire et gaiges des maçons, tailleurs de pierre, chartiers, hacquetiers, gaignedeniers, artisans et maneuvres: ensemble le pris que les souliers seront vendus.
Paris. 1579. F. Morel.

64.—Ordre et reglement donné en la police generale, sur les salaires des chartiers et voicturiers de ceste ville et faulxbourgs, pour le charroy et voicture tant de boys, vins, bleds, foins, que autres denrées et marchandises: et des peines aux transgresseurs et contrevenans.
Paris. 1579. F. Morel.

65.—Defense par ordonnance de la police generale, à tous marchands de vins, taverniers et cabarestiers, de faire achapts d'aucuns vins, ny d'en airrer, sinon trois moys apres les vendanges : d'avoir vins delicats et de vendre la pinte du meilleur vin de ceste presente année plus de xviii deniers tournois.
Paris. 1579. F. Morel.

316.—Ordonnances royaux sur le faict de la justice et abbreviation des procès par tout le Royaulme de France, faictes par le Roy nostre sire : et publiées en la court de Parlement à Paris, le sixiesme jour du moys de Septembre l'an mil cinq cens xxxix.
Paris. 1539. Galiot Du Pré. 1 vol. in-4º.

317.—Les ordonnances et edictz du Roy treschrestien Henry deuxiesme du nom, depuis son advenement à la Couronne, jusques à present.
Paris. 1553. Gilles Corrozet. 1 vol. in-8º.

318.—Code du Roy Henry III, roy de France et de Pologne. (Publié par *B.* Brisson.)
Paris. 1587. Seb. Nivelle. 1 vol. in-fol.

319.—Le Code du roy Henry III, roy de France et de Pologne, rédigé en ordre par Messire *Barnabé* Brisson. Depuis augmenté des edicts du Roy Henri IIII et Loys XIII à present regnant, avec la conference des ordonnances, et rapporté aux anciens Codes de Theodose et de Justinian, et aux Basiliques. Et illustré des Conciles de l'Eglise, loix des Romains, et autres peuples, histoires, etc. Par *L.* Charondas le Caron. 4ᵉ édit.
Paris. 1615. Abel L'Angelier. 1 vol. in-fol.

320.—Le code du tres-chrestien et tres-victorieux Roy de France et de Navarre Henry IIII. Du droit civil jadis descrit, et à nous delaissé confusément par l'Empereur Justinian ; et maintenant reduit et composé en

bon et certain ordre, avec le droit civil de la France. Par M° *Thomas* Cormier.
Paris, 1603. Jean Arnaud. 1 vol. in-fol.

321.— Recueil d'ordonnances, édits, déclarations et arrêts (Henri IV et Louis XIII).
1 vol. in-8°. Recueil factice contenant :

1.—Arrest pour l'instruction des enfans en la religion catholique, apostolique et romaine, nonobstant que le père soit de la religion prétendue réformée. Avec le plaidoyé de M. Servin, advocat général du Roy. 1621.
Paris, 1622. M. Rousset.

2.—Arrest de la Cour de Parlement pour le reiglement des charges et sallaires des clercs du greffe d'icelle.
Paris. 1600. J. Mettayer.

3.— Arrest de la Cour de Parlement par lequel Theophile, Berthelot, et autres, sont declarez criminels de leze Majesté divine, pour avoir composé et fait imprimer des vers impies contre l'honneur de Dieu, son Église, et honnesteté publique....
Paris. 1623. C. Vitray.

4.—Articles de traicté de trefve faict et conclud en la ville d'Anvers, le neufiesme d'avril 1609 entre les Commissaires des Ser. Pr. Arch. Albert et Isabella Clara Eugenia, tant au nom de la Majesté du Roy catholique, que de la leur : avec les Commissaires et Deputez des ill. Seigneurs Estats generaux des Provinces unies des Pays-Bas.....
Paris. 1609. G. Le Noir.

5.—Declaration et justification des actions de M. le Prince.
Sedan. 1615. J. Janon.

6.— Arrest de la Cour de Parlement contre toutes provisions de benefices decernées par les cardinaux Cajetan et de Plaisance eux disans legats de nostre S. Pere le Pape mesmes à ceux de leur faction.
Lyon. 1594. Th. Ancelin.

7.—Declaration de l'archevesque de Cologne sur le faict de son mariage. Envoyée aux Estats de son Archevesché et Electorat. Avec les lettres de nostre Sainct Pere le Pape Gregoire XIII sur le fait et remonstrance dudict mariage et la responce dudict Archevesque à icelles.
S. n. n. l. 1583.

8.—Ordonnance du Roy creant un premier assesseur en chacune des juridictions des prevots des marchands ,.... 1640. — Sans titre.

9. — Edict du Roy, sur la suppression de la multiplicité des presidens, eleus, thresoriers et officiers és generalitéz : et reduction diceux és receptes particulieres et generales de ce Royaume, et de leurs gages.
Paris. 1584. F. Morel.

10. — Edict du Roy sur le reglement general des tailles, à la descharge de ses sujets, portant injonction d'imposer aux dites tailles tous ceux qui se sont pretendus exempts par le passé, conformement à la declaration du xviiie janvier MDCXXXIV.
Paris. 1634. Ant. Estienne.

11. — Discours veritable de ce qui s'est passe au Parlement, en suite de l'arrest de la cour du xxviii mars dernier, et des Remonstrances.
S. n. n. l. 1615.

12. — Arrest de la Cour de Parlement de Paris, donné en faveur de Mg. le duc d'Elbœuf.
Rouen. 1643. Cl. Le Villain.

13. — Ordonnance portant defences à toutes personnes de quelque qualité qu'elles soient, d'usurper le tiltre de noblesse, prendre la qualité d'escuyer, et de porter armoiries timbrées, s'ils ne sont de maison et extraction noble......
Paris. 1634. A. Estienne.

14. — Seance du roy Louis XIV tenant son lit de justice en son Parlement le 18 may 1643.
Paris. 1643. S. Cramoisy.

15. — Declaration du Roy, sur la regence de la Reyne. Verifié en Parlement le 21 avril 1643.
Paris. 1643. A. Estienne.

16. — Le veritable. De ce qui s'est passé en la presence du Roy le 8 janvier MDCXV, la loy proposée aux Estats touchant la sacrée personne des Roys, conformement aux arrests de la Court de Parlement.
S. n. n. l. n. d.

17. — Discours sur la declaration de la volonté du Roy, apportée par la Royne mere, à son heureux retour dans la ville de Paris le 11 de may MDCXVI.
Paris. 1616. J. Bourriquant.

18. — Arrest de la Cour de Parlement donné en consequence du feu advenu à Paris, qui a embrazé et consommé le Pont aux changeurs et Pont marchant, et quelques maisons prochaines.
Paris. 1621. F. Morel.

19. — Arrest donné par le Roy en son Conseil, avec lettres de declaration dudit seigneur sur la revocation du droict annuel.
Paris. 1618. F. Morel.

20. — Arrest du Conseil d'estat du Roy touchant le droict annnuel et deniers d'advance au profit des officiers des terres tenues par engagement.
   Paris. 1624.

21. — Arrest de la cour de Parlement de Provence portant condamnation de mort contre messire Louys Gaufridy originaire du lieu de Beau-Vezer les Colmars, prestre beneficié en l'eglise des Acoules de la ville de Marseille, convaincu de magie et autres crimes abominables. Du dernier avril MDCXI.
   Paris. 1611. Regnoul.

22. — Edict du Roy contre les banqueroutiers et cessionnaires. Verifié en Parlement le 4 de juin 1609.
   Paris. 1609. F. Morel.

23. — Arrest de la Cour de Parlement portant cassation de ce qui a esté faict en la Faculté de theologie le 2 janvier 1627.
   Paris. 1627. Nic. Alexandre.

24. — Arrest contre les chastrez. Avec deffence à eux de contracter mariage, comme estans trompeurs et affronteurs de filles et de femmes. Accusez selon l'Escriture et les Loix du droict civil du crime de stellionnat.
   Paris. 1619....

25. — Declaration du Roy portant l'ordre que Sa Majesté veut estre observé pour la recherche des abus et malversations commises au faict de ses finances. Verifié en la Chambre de justice le 16 nov. 1624.
   Paris. 1624. F. Morel.

26. — A Monseigneur l'illustrissime et eminentissime Cardinal, duc et pair de France, sur la declaration du Roy, publiée en faveur de sa noblesse et à la descharge de ses subjects.
   Paris. 1634. Petrinal.

27. — Declaration du Roy portant confirmation des droicts attribuez aux commissaires receveurs des deniers des saisies réelles suivant l'edict de creation d'iceux. Verifiée en Parlement le 28 juin 1627.
   Paris. 1627. A. Estienne.

28. — Declaration du Roy contre le Sr de Soubize et autres adherants au party des Anglois. Publiée en Parlement le 12 aoust 1627.
   Paris. 1627. A. Estienne.

29. — Declaration du Roy contre ses subjets, de la Religion pretendue reformée, qui demeureront engagez dans la rebellion, et portans les armes ou tenans les villes et places contre le service de sa Majesté. Verifiée en Parlement le 15e de janvier 1629.
   Paris. 1629. A. Estienne.

30. — Arrests du Conseil d'Estat du Roy portant cassation des procedures et jugemens donnez par les Esleus de ce Royaume, à l'encontre des Nobles, pour leur faire apporter leurs tiltres, qualitez et armoiries : veut sa dite Majesté que les sommes payées par les dits Nobles aux dits Esleus, leurs soient rendue, pour raison de ce ;....
   Paris. 1624. Mettayer.

31. — Remonstrance à Nosseigneurs de Parlement à Paris, par les prisonniers pour dettes civiles, aux fins d'attermoyement.
   Paris. 1599. Cl. de Monstr'œil.

32. — Declaratio *Emundi* Richaui super editione libelli sui de ecclesiastica et politica potestate. (En latin et en français.)
   S. n. n. l. n. d.

33. — Arrest du Parlement condamnant le *Tractatus de potestate Summi Pontificis* du cardinal Bellarmin. 26 nov. 1610.
   Sans titre.

322. — Le code Louis XIII, Roy de France et de Navarre, contenant ses ordonnances et arrests de ses Cours souveraines pour les droicts de sa couronne, police entre ses sujets ; reiglement de la justice; forme et abbréviation des procez. Recueillies, commentées, et conferées avec celles des Roys Henry le Grand son père, Henry III, Charles IX, François II, Henry II, François I et autres ses predecesseurs. Par *Jacques* CORBIN.
   Paris. 1628. Rollin Baragnes. 1 vol. in-fol.

323. — Recueil des lettres patentes, édits et déclarations du Roy (Louis XIV.) Lesquels ont été registrez en la Cour de Parlement de Rouen, et ce depuis l'année 1660 jusqu'à présent.
   Rouen. 1683. Eust. Viret. 1 vol. in-4º.

324. — Recueil des edicts, déclarations et arrests du Conseil registrez en Parlement, Chambre des Comptes, et Cour des Aydes, le 13 aoust 1669.
   Paris. 1669. Fr. Léonard. 1 vol. in-12.

325.— Recueil des édits, déclarations et arrests qui ont esté donnez sur diverses occurrences concernant la justice depuis le premier jour du mois de janvier de l'année 1678 jusques au dernier jour du mois de mars de l'année 1682. — Recueil.... depuis le commencement de l'année 1682 jusques au mois d'octobre 1685.
Paris. 1682-1685. S. Cramoisy. 2 en 1 vol. in-4°.

326.— Code de Louis XV, ou recueil des ordonnances et reglemens concernant la justice et autres matières importantes.
Paris. S. d. Libraires associés. 1 vol. in-12.

327.— Recueil des principaux édits, déclarations, ordonnances, arrêts et règlemens concernant la justice, police et finance. Depuis 1722 jusqu'à la présente année 1740.
Paris. 1740. Girard. 1 vol. in-12.

328.— Recueil par ordre alphabétique d'édits, arrêts, déclarations, lettres patentes, etc., de 1402 à 1766.
Recueil factice. 25 vol. in-4°

329.— Recueil par ordre de dates, des édits, déclarations, lettres patentes du Roi, arrets de son Conseil et du Parlement, Chambre des Comptes, Cour des aides, Grand Conseil, etc. concernant le clergé, les finances, le commerce, les règlements généraux, les établissemens publics, emprunts royaux, rentes et remboursemens, impositions quelconques, modifications ou suppressions d'icelles.
Paris. 1767. 1 vol. in-4°.

330.— Abonnement des édits et arrêts pour la ville de Paris et toutes les provinces et villes du royaume.
Paris. 1768 à 1789. Simon. 24 vol. in-4°.

4° *Ordonnances spéciales.*

331. — Ordonnances du Roy Henry troisieme de ce nom, Roy de France et de Pologne, sur les plainctes et doleances faictes par les deputez des Estats de son Royaume, convoquez et assemblez en la ville de Bloys. Publiées en la Court de Parlement le 25 jour de janvier, 1580.
Paris. 1580. Morel. 1 vol. in-8°.

332. — Ordonnance du Roy Louis XIII, sur les plaintes et doleances faittes par les Deputez des Estats de son Royaume, convoquez et assemblez en la ville de Paris en l'année 1614, et sur les advis donnez à sa Majesté par les Assemblées des Notables tenues à Rouen en l'année 1617 et à Paris en l'année 1626. Publiée en Parlement le 15 janvier 1629.
Paris. 1629. Mettayer et Prevost. 1 vol. in-8°.

333. — Ordonnance de Louis XIV, donnée à St-Germain en Laye au mois d'avril 1667.
Paris. 1667. Les Associez. 1 vol. in-4°.

334. — Même ouvrage.
Paris. 1667. Les Associez. 1 vol. in-12.

335. — Ordonnance de Louis XIV : ensemble les édits et déclarations touchant la reformation de la justice. Du mois d'aoust 1669.
Paris. 1669. Les Associez. 1 vol. in-4°.

336. — Même ouvrage.
Paris. 1670. Les Associez. 1 vol. in-24.

337. — Ordonnance de Louis XIV. Donnée à St-Germain en Laye au mois d'aoust 1670. Pour les matières criminelles.
Paris. 1670. Les Associez. 1 vol. in-4°.

338.— Même ouvrage.
Paris. 1670. Les Associez. 1 vol. in-24.

339.— Même ouvrage.
Paris. 1671. Les Associez. 1 vol. in-24.

340.— Même ouvrage. N° édit. augm. des édits, arrêts et règlements intervenus depuis l'ordonnance, et notamment des édits et ordonnances concernant les duels.
Paris. 1724. Les Associez. 1 vol. in-24.

341.— Arrests du Conseil d'Etat du Roy. Donnez en interprétation des nouvelles ordonnances de sa Majesté; et en cassation des arrests rendus contre la disposition d'icelles.
Paris. 1671. Les Associez. 1 vol. in-4°.

342.— Ordonnances de Louis XIV. Données à St-Germain en Laye au mois de mars 1673. (Commerce.)
Paris. 1673. Les Associez. 1 vol. in-4°.

343.— Edits et déclarations du Roy, donnez à Saint-Germain en Laye, et à Versailles, aux mois de février, mars et avril 1673. Leus, publiez, et registrez en la Cour de Parlement de Rouen, le 18 may 1673.
Rouen. 1673. Viret. 1 vol. in-12.

344.— Recueil des édits, déclarations, arrests, et autres pièces concernant les duels et rencontres.
Paris. 1669. S. Mabre-Cramoisy. 1 vol. in-12.

345.— Edit du Roy : portant règlement général sur les duels. Donné à S. Germain en Laye, au mois d'aoust 1679. Registré en Parlement le 1 jour de sept. de la mesme année. Avec le nouveau règlement de MM. les Mareschaux de France sur le mesme sujet.
Paris. 1679. Les Imprimeurs du Roy. 1 vol. in-12.

346. — Recueil des édits, déclarations, ordonnances, et règlemens des Rois Henry II, François II, Charles IX, Henry III, Henry IV, Louis XIII et Louis XIV, concernant les mariages. Avec plusieurs arrests notables intervenus sur ce sujet.
Paris. 1699. Langlois. 1 vol. in-8º.

347. — Recueil chronologique de diverses ordonnances, et autres actes, pièces et extraits concernant les mariages clandestins. Divisé en deux parties.. (Par M. Nublé.)
Paris. 1660. Edme Martin. 1 vol. in-8º.

La seconde partie a pour titre :

— *Gentiani* Herveti oratio ad Concilium, qua suadetur, ne matrimonia quæ contrahuntur à filiis familias sine consensu eorum in quorum sunt potestate, habeantur deinceps pro legitimis. Nov. ed.
Parisiis. 1660. E. Martinus. in-8º.

348. — Code matrimonial, ou recueil complet de toutes les loix canoniques et civiles de France, des dispositions des Conciles, des Capitulaires, ordonnances, édits et déclarations ; et des arrêts et réglemens de tous les Parlemens et Tribunaux souverains, rangés par ordre alphabétique, sur les questions de mariage... Par M*** (*A. G.* Camus.) Nᵉ éd.
Paris. 1770. Hérissant fils. 2 vol. in-4º.

349. — Edict du Roy, portant règlement général pour les eaux et forests. Vérifié en Parlement le 13 aoust 1669.
Paris. 1669. Leonard. 1 vol. in-4º.

350. — Edit du Roy, portant règlement sur les amendes des eaux et forests. Donné à Paris au mois de may 1716.
Paris. 1716. Imprimerie royale. Pièce in-4º.

351. — Ordonnance de Louis XIV sur le fait des eaux et forests. Vérifiée en Parlement et Chambre des comptes, le 13 aoust 1669. Augm. des édits, déclarations et arrêts rendus en conséquence jusqu'à présent.
Paris. 1683. S. Mabre-Cramoisy. 1 vol. in-12.

352. — Même ouvrage. N° édit.
Paris. 1723. Libraires associez. 1 vol. in-16.

353. — La nouvelle jurisprudence sur le fait des chasses, contenant l'explication de l'ordonnance de 1669 avec les arrests et jugemens rendus sur chaque article.... (Par Laisné.)
Paris. 1688. Cavelier. 2 vol. in-12.

354. — Conférence de l'ordonnance de Louis XIV du mois d'août 1669 sur le fait des eaux et forests, avec celles des Rois prédécesseurs de sa Majesté, etc. Contenant les loix forestières de France. (Par M. de Gallon).
Paris. 1725. Saugrain. 2 vol. in-4°.

355. — Tarif général des droits de sorties et entrées du Royaume et des provinces esquelles les bureaux ne sont establis, ordonnés estre levés sur toutes les marchandises et denrées, arresté au Conseil royal, le 18 sept. 1664. — Avec l'Edit du Roy du mesme mois portant réduction et diminution des droits des entrées sur les denrées et marchandises : et supression de la nouvelle imposition d'Anjou, des tabliers establis pour la levée dicelle des droicts appellez de Massicault et autres, et reglement pour la perception desdits droicts.
Paris. 1664. Imprimeurs ord. du Roy. 1 vol. in-4°.

356. — Ordonnances de Louis XIV sur le fait des Gabelles et

des Aydes. Données à S.-Germain en Laye aux mois de may et juin 1680.
Paris. 1680. Muguet. 1 vol. in-4º.

357.— Ordonnance de Louis XIV, du mois de may 1680, portant règlement sur le fait des Gabelles. Registrées en la cour des Aydes.

A la suite :

— Ordonnance de Louis XIV, donnée à Fontainebleau, au mois de juin 1680, sur le fait des entrées, aydes et autres droits y joints.

— Ordonnance de Louis XIV, donnée à Versailles au mois de juillet 1681, portant réglement sur plusieurs droits de ses fermes, et sur tous en général.
Paris. 1721. Libraires associez. 1 vol. in-16.

— Ordonnance de Louis XIV, donnée à Versailles au mois de février 1687. Portant réglement sur le fait des cinq grosses fermes.
Paris. 1722. Libraires associés. in-16.

358.— Mêmes ouvrages.
Paris. 1748. Libraires associés. 1 vol. in-12.

A la suite :

— Tarif général, etc. (Nº 355).

359.— Recueil des déclarations du Roy, et arrests du Conseil, portant augmentation de droits aux entrées et sorties du Royaume, sur les marchandises, denrées et manufactures y spécifiées, tant de France que des païs estrangers ; outre ceux portez par les tarifs des 18 septembre 1664 et 18 avril 1667. Donnez depuis le mois de mars 1687 jusqu'à présent.

A la suite :

— Recueil des arrests du Conseil d'Estat du Roy, portant diminution, décharge et exemption des droits de sorties et entrées du Royaume, et des provinces où les Aydes n'ont cours, sur les marchandises, denrées et manufactures y spécifiées, tant de France, que des païs estrangers ; en faveur du commerce et des dites manufactures. Rendus depuis le mois de mars 1687 jusqu'à présent.

Paris. 1693. Charpentier. 1 vol. in-4º.

360.— Bail des gabelles de France, entrées et sorties du Royaume, douane de Lyon et Valence, patente de Languedoc, convoy et comptable de Bordeaux, entrées de Paris et Rouen, aydes de France, fret, et autres fermes royales unies ; fait à maistre François Le Gendre, bourgeois de Paris, pour six années, commencées au premier octobre 1668, moyennant la somme de 39,100,000 livres pour la première, et pour chacune des suivantes, 40,100,000 livres.

Paris. 1670. F. Leonard. 1 vol. in-4º.

361.— Recueil des ordonnances, édits, déclarations et arrests de sa Majesté, sur le fait des aides de Normandie ; registrez en la Cour des comptes, aides et finances de cette province...

Rouen. 1717. Besongne. 1 vol. in-12.

362.— Même ouvrage. 2º édit.

Rouen. 1723. Besongne. 1 vol. in-12.

363.— Arrestz, edits, lettres patentes et commissions du Roy pour le restablissement des bureaux de la traicte foraine en Bourgongne et pays adjacens.

Dijon. 1586. J. Des Planches. 1 vol. in-4º.

364.— Recueil des édits, déclarations, arrests et réglemens concernans la ferme générale des domaines de France. Dans lequel sont compris les priviléges et exemptions des commis à la régie de la dite ferme. (Publié par BOISMARTIN.)

Paris. 1675. Ballard. 1 vol. in-fol..

365. — Recueil des anciens édits et ordonnances du Roy, concernant les domaines et droits de la couronne. Avec les commentaires de *L.* CARONDAS LE CARON.

Paris. 1690. Charpentier. 1 vol. in-4º.

366. — Tarif des droits d'entrée et de sortie des cinq grosses fermes, ordonnés être perçus par l'édit de 1664, sur toutes les marchandises. Augm. de notes et observations sur les mutations des droits depuis ledit tarif; sur les précautions à prendre pour la forme des déclarations et sur les obligations des négocians et des employés pour prévenir toutes difficultés. Suivi des ordonnances de 1681 et de 1687 renfermant la régie des fermes, et commentées des édits, déclarations, réglemens et décisions du Conseil, rendus sur lesdites ordonnances. Nº édit.

Rouen. 1758. Le Boullenger. 2 vol. in-8º.

367. — Recueil des règlemens rendus jusqu'à présent, concernant les droits d'amortissemens, franc-fiefs, nouveaux acquests et usages. Avec les décisions du Conseil de l'année 1689 et autres rendus depuis. Ensemble les instructions faites pendant le bail de Pillavoine, et les régies de Cordier et Basset.

Paris. 1729. Prault. 4 vol. in-4º.

368. — Edits et arrêts concernant les monnaies. (1624 à 1782.) Recueil factice.

6 vol. in-4º.

369. — Ordonnance du Roy (Henry III) sur le faict et reglement general de ses monnoyes.

Paris. 1578. Vᵉ Dalier. 1 vol. in-8º. fig.

370. — Edict du Roy (Louis XIII) portant nouvelle fabrication d'espèces d'argent ; augmentation du marc d'argent le Roy, et des quarts d'escu, testons, et francs aux coins et armes de sa Majesté... Ensemble l'Arrest de vérification en la Cour des monnoyes du 18 nov. 1641.

   A la suite :
— Grand tarif ou évaluation du prix du marc des escus, pistoles d'Espagne, escus et pistoles d'Italie légères de diverses fabriques... Suivant la Déclaration du Roy du 27 sept. 1640...

Paris. 1643. S. Cramoisy. 1 vol. in-8°. fig.

Voyez aussi : *Histoire*, n°s 4925 à 4931.

371. — Ordonnance de Louis XIV. Donnée à Fontainebleau au mois d'aoust 1681. Touchant la marine.

Paris. 1681. Thierry et Ballard. 1 vol. in-4°.

372. — Ordonnance de la marine, du mois d'août 1681. Commentée et conférée sur les anciennes ordonnances, le droit Romain et les nouveaux réglemens. Nouv. édit. augm. d'un extrait de l'ordonnance de 1689... et du règlement du 22 juin 1753. (Par *Pierre* DE MERVILLE.)

Paris. 1757. Saugrain. 1 vol. in-12.

373. — Ordonnances et règlemens concernant la marine.

Paris. 1786. Imp. royale. 1 vol. in-8°.

374. — Reglemens et ordonnances du Roy, pour les gens de guerre. (1651-1694.)

Paris. 1691-1695. F. Léonard et Muguet. 9 v. in-12.

375. — Code militaire, ou compilation des règlemens et ordonnances de Louis XIV, faites pour les gens de guerre depuis 1651 jusques à présent. Par M. le Chevalier DE SPARRE.

Paris. 1707. Mariette. 1 vol. in-12. Port.

376. — Code militaire ou compilation des ordonnances des Rois de France concernant les gens de guerre. Par le Sʳ de Briquet.
Paris. 1735. Gandouin. 4 vol. in-12.

377. — Même ouvrage. N° édit.
Paris. 1741. Rollin fils. 5 vol. in-12.

378. — Même ouvrage. N° édit.
Paris. 1761. Rollin fils. 8 vol. in-12.

379. — Ordonnance du Roi, portant règlement sur l'administration de tous les corps, tant d'infanterie, que cavalerie, dragons et hussards ; sur l'habillement ; sur les recrues, rengagemens et remontes ; la discipline, la subordination, la police intérieure ; les récompenses, les punitions ; la nomination aux emplois vacans ; la formation des troupes en divisions ; les congés, les semestres ; les revues des commissaires des guerres, et celles des officiers généraux. Du 25 mars 1776.
Paris. 1776. Imprimerie royale. 1 vol. in-12.

380. — Ordonnances, déclarations et arrêts concernant les gens de guerre, classés chronologiquement. 1634 à 1788. Recueil factice.
Paris..... Imprimerie royale. 2 vol. in-4°.

381. — Ordonnance et réglemens militaires. 1701-1791. Recueil factice.
Paris. 1701-1791. Impr. roy. 3 vol. in-fol.

382. — Etat général des unions faites des biens et revenus des maladeries, léproseries, aumôneries et autres lieux pieux, aux hôpitaux des pauvres malades ; en exécution de l'édit du Roy du mois de mars ; et des déclarations des 15 du même mois et 24 aoust 1693. Divisé par diocèses, et par ordre alphabétique.
Paris. 1705. Thierry. 1 vol. in-4°.

383. — Livre des offices de France, ou continuation du Recueil d'édicts faits sur créations d'estats et offices de judicature.... (Par *Jean* CHENU.)
Paris. 1620. Rob. Fouet. 1 vol. in-4º.

384. — Edits, arrêts et déclarations concernant les offices de justice. 1648-1715.
Recueil factice. 3 vol. in-4º.

385. — Edits et déclarations concernant les offices de finances. XVII et XVIIIᵉ siècle.
Recueil factice. 1 vol. in-4º.

386. — Edit d'union, règlemens et priviléges des Secrétaires du Roy.
Paris. 1672. Le Petit. 1 vol. in-12.

387. — Nouveau recueil des edicts, ordonnances et arrests. De l'auctorité, jurisdiction et cognoissance des Cours des Aydes de Paris, Rouen, Montferrand et Montpellier, présidens, lieutenans, et esleus, etc. Avec la practique et usage moderne de la Cour des Aydes de Paris, pour les aydes, tailles, gabelles et finances. Par *Jacques* CORBIN.
Paris. 1623. Houzé. 1 vol. in-4º.

388. — Arrests et réglemens concernant les fonctions de procureurs, tiers référendaires du Parlement de Paris, où l'on void la conduite qu'il faut tenir dans l'instruction des procès jusqu'à jugement diffinitif.
Paris. 1694. Jacq. LeFebvre. 1 vol. in-4º.

389. — La Connestablie et Mareschaussée de France, ou recueil de tous les édicts, déclarations, et arrests sur le pouvoir, et jurisdiction de Messieurs les Connestables et Mareschaux de France et de leurs lieutenans au siége de la Table de marbre. Par *Jean* PINSON DE LA MARTINIÈRE. Divisé en trois parties.
Paris. 1661. Rocolet. 1 vol. in-fol.

390. — La Maréchaussée de France, ou recueil des ordonnances, édits, déclarations, lettres patentes, arrests, reglemens et autres pièces concernant la création, établissement, fonctions, rang, séances, prééminences, droits, prérogatives et priviléges de tous les officiers et archers des maréchaussées. (Par *G.* SAUGRAIN).
Paris. 1697. Charpentier. 1 vol. in-4º.

391. — Recueil de réglemens et recherches concernant la municipalité. Par M*** avocat. (*L. J.* BOILEAU).
Paris. 1784-86. Prévot et Méquignon J^e. 4 vol. in-12.

** — Règlemens sur les arts et métiers de Paris, rédigés au xiiie siècle, et connus sous le nom du livre des métiers d'*Etienne* BOILEAU; publiés pour la première fois en entier, d'après les manuscrits de la bibliothèque du Roi et des Archives du Royaume, avec des notes et une introduction, par *G. B.* DEPPING.
Paris. 1837. Crapelet. 1 vol. in-4º.
Coll. de doc. inéd. *Hist.* nº 2352.

392. — Réglement pour la juridiction des procez et differends concernant les manufactures.
Paris. 1669. F. Leonard. 1 vol. in-4º.
A la suite :

— Statut et réglement général pour les teintures en grand et bon teint des draps, serges et estoffes de laine, uniformément, qui se manufacturent dans le Royaume de France.

— Réglement général pour les longueurs, largeurs et qualitez des draps, serges, et autres estoffes de laine et de fil qui seront manufacturées dans le Royaume.

— Réglement général pour toutes sortes de teintures des soyes, laine et fil, qui s'employent aux manufactures des draps d'or et d'argent, de soye, tapisseries et autres estoffes et ouvrages.

Vérifiés en Parlement le treizième aoust 1669.
Paris. 1669. F. Leonard. in-4º.

393. — Les réglemens des manufactures et teintures des étoffes qui se fabriquent dans le Royaume. Avec les arrests du Conseil rendus pour l'execution desdits réglemens.
Paris. 1701. Saugrain. 1 vol. in-8°.

394. — Réglemens et statuts généraux pour les longueurs, largeurs et qualitez des draps, serges et autres étoffes de laine et de fil, et pour la jurisdiction des procez et differens concernans les manufactures, attribuée par le Roy aux Maire et Echevins des villes, que sa Majesté veut être observez par toutes les villes, bourgs et villages de son Royaume.
Paris. 1670. Le Petit. 1 vol. in-8°.

395. — Recueil des édits, déclarations, arrests et règlemens concernant les arts et mestiers de Paris, et autres villes du Royaume.
Paris. 1701. Saugrain. 1 vol. in-8°.

396. — Ordonnances royaulx de la jurisdiction de la prevosté des marchans et eschevinaige de la ville de Paris. Constituez et ordonnez tant par les feuz roys que par le Roy nostre sire Françoys premier de ce nom. Et plusieurs arrestz et ordonnances de la court de parlement avec plusieurs beaulx privileges donnez aux bourgeois de Paris. Extraictz et corrigez sur les registres de lhostel dicelle ville.
Paris. 1528. Jaques Nyverd. 1 vol. in-4°. Fig.

397. — Recueil contenant l'édit du Roy, sur l'establissement de la jurisdiction des consuls en la ville de Paris : et les déclarations et arrests donnez ensuite, pour authoriser la dite justice. Divisé en deux parties. La première comprenant l'érection susdite, et diverses pièces qui ont esté adjoustées en cette der-

nière édition : et la seconde, l'ordre observé aux élections des juge et consuls, avec le catalogue de leurs noms et surnoms.

Paris. 1668. R. Ballard. 1 vol. in-4º.

398. — Les loix, ordonnances et priviléges des foires de Lyon, Brie et Champaigne, et de la bourse commune des marchands de la ville de Tolouse, establie par le Roy Henry, second de ce nom, à la similitude du change dudict Lyon. Nouvell^t colligez et imprimez.

A la suite :

— Edict du Roy sur la creation et establissement en la ville de Rouen, d'une place commune pour les marchans, à la similitude et semblance du change de Lyon, et bourse de Thoulouze. Publié en Parlement à Rouen, le mardy xx jour de juillet 1563.

Rouen. 1563. Le Mesgissier. in-8º.

— Edict du Roy sur l'élection d'un juge et quatre consuls des marchans en la ville de Paris, lesquels cognoistront de tous proces et differends qui seront cy après meuz entre lesdicts marchans pour faict de marchandise.

Paris. 1563. Robert Estienne. in-8º.

399. — Recueil des statuts et règlemens des marchands libraires, imprimeurs, et relieurs de la ville de Paris. Divisez par tiltres, conférez et confirmez par les ordonnances royaux, arrests des Cours souveraines, sentences et jugemens sans appel. Par M. L. BOUCHEL.

Paris. 1620. F. Julliot. 1 vol. in-4º.

400. — Lettres patentes en forme de statuts pour les communautez des maîtres barbiers — perruquiers — baigneurs et étuvistes, établies dans les villes et lieux du Royaume. A l'exception des villes et lieux des gé-

néralités du Roussillon, Auch, Pau, Chaalons, Montauban, Dijon, Franche-Comté, Alsace et Maubeuge. Registrées en Parlement le 28 juin 1725...
<small>Amiens. 1748. V° Ch. Caron-Hubaut. 1 vol. in-4°.</small>

401.— Edits, arrêts et déclarations concernant les domaines, les eaux et forêts, le timbre et les postes. 1640 à 1720.
<small>Recueil factice. 1 vol. in-4°.</small>

402.— Edits.... concernant les impots de diverses natures. 1684-1764.
<small>Recueil factice. 1 vol. in-4°.</small>

403.— Edits... concernant le commerce. 1668-1764.
<small>Recueil factice. 1 vol. in-4°.</small>

404.— Edits... concernant les corporations d'arts et métiers. XVII et XVIII° siècle.
<small>Recueil factice. 1 vol. in-4°.</small>

405.— Edits, arrêts... concernant les rentes. 1648-1763.
<small>Recueil factice. 1 vol. in-4°.</small>

406.— Edits... concernant l'administration des villes. 1668-1761.
<small>Recueil factice, 1 vol. in-4°.</small>

407.— Edits... concernant les notaires. 1640-1746.
<small>Recueil factice. 1 vol. in-4°.</small>

408.— Edits... concernant la noblesse. 1614-1765.
<small>Recueil factice. 1 vol. in-4°.</small>

5° *Commentaires sur les Ordonnances.*

409.— Commentaria in constitutiones seu ordinationes regias, non solum juris studiosis, verum etiam pragmaticis utilissima : in quibus facilis ad praxim Curiarum Franciæ via, et jurium intellectus explicantur. Authore *D. Petro* REBUFFO.

<small>Lugduni. 1613. Gul. Rouillius. 3 en 1 vol. in-fol.</small>

410.— La conférence des ordonnances royaulx distribuée en XII livres à l'imitation du Code, avec plusieurs annotations et observations servans pour l'intelligence d'icelles. Par *Pierre* GUENOYS. N° édit.

<small>Paris. 1599. Chaudière. 1 vol. in-fol.</small>

411.— La conférence des ordonnances royaux distribuée en XII livres, à l'imitation du Code de l'empereur Justinian, avec une chronologie des edicts et ordonnances faictes par chacun Roy, jusques à present. Par *Pierre* GUENOIS. Et depuis le deceds dudict autheur, amplifiée par *Nicolas* FREROT et *Gabriel* MICHEL. Edit. deuxiesme de la nouvelle disposition, augm. outre les precedentes de plusieurs edicts et ordonnances... par *Matthieu* DE LA FAYE.

<small>Paris. 1617. Buon. 1 vol. in-fol.</small>

412.— La grande Conférence des ordonnances et édits royaux, distribuée en XII livres, à l'imitation et selon l'ordre et disposition du Code de l'empereur Justinian. Par M. *Pierre* GUENOIS ; puis amplifiée par MM. *L.* CHARONDAS, *N.* FREROT, *G.* MICHEL, *Matth.* DE LA FAYE, *L.* BOUCHEL, *M.* JOLY, et *J.* THAUMAS. Et en cette dernière edition, augmentée des édits et règlemens qui ont esté faits depuis... Avec la chronologie et les indices très exacts.

<small>Paris. 1678. Th. Moette. 3 vol. in-fol.</small>

413.— Les basiliques ou édicts et ordonnances des Roys de France. Selon la dernière coppie et mémoires de feu messire *Barnabé* BRISSON : avec la conférence aux Codes Gregorian, Hermogenian, des empereurs Theo-

dose et Justinian, et des loix des Wisigoths, rapportez selon le subject aux anciennes basiliques, droict civil, saincts decrets, canons et conciles, pragmatique sanction, concordats, et arrests des Cours souveraines de France. Par *Nicolas* FREROT.
Paris. 1611. Fouet. 1 vol. in-fol.

414.— Abregé des ordonnances royaux par ordre alphabetique, avec annotations et conferences sur plusieurs articles. Composé par M. *Jean* NAU.
Paris. 1664. Alliot. 1 vol. in-4º.

415.— Commentaires sur les ordonnances, contenant les diffficultez meues entre les docteurs du droict canon et civil, et décidées par icelles ordonnances, tant en matière bénéficiale que civile et criminelle, instruction des procez, jugemens et executions d'iceux. Par M. *Adam* THEVENEAU.
Lyon. 1666. Certe. 1 vol. in-4°.

416.— Ordonnances du Roy Charles IX faites par sa majesté en sa ville de Molins en l'assemblée des Estats, l'an 1566. Avec les comments latins de Mr *René* DEDRAIN.
Paris. 1571. P. L'Huillier. 1 vol. in-8º.

417.— Ordonnances du Roy Charles IX faites par sa majesté en sa ville de Molins en l'assemblée des Estats l'an 1566, adnotées par M. *Pardoux* DU PRAT.
Paris. 1573. Ruelle. 1 vol. in-8º.

418.— Procez verbal des conférences tenues par ordre du Roy, pour l'examen des articles de l'ordonnance civile du mois d'avril 1667 et de l'ordonnance criminelle du mois d'août 1670. Nouvelle édition, augmentée d'une instruction sur la procédure civile et criminelle. (Par *Joseph* FOUCAULT.)
Paris. 1709. Les Associez. 1 vol. in-4º.

419. — Conférences des nouvelles ordonnances de Louis XIV, avec celles des Rois prédécesseurs de sa Majesté, le droit écrit et les arrests; enrichies de nouvelles annotations et décisions importantes. Par M. *Philippe* Bornier. Nouvelle édition.
Paris. 1703. Les Associés. 2 vol. in-4º.

420. — Même ouvrage. Nº édit. corr. et augm. tant des édits, déclarations et ordonnances donnés par Louis XV en interprétation de celles de Louis XIV, que de plusieurs réglemens pour la procédure du Conseil; et d'un grand nombre de notes... Par M. (*Ch. A.* Bourdot de Richebourg).
Paris. 1755. Les Associez. 2 vol. in-4º.

421. — Nouveau Commmentaire sur l'ordonnance civile du mois d'avril 1667. Nouvelle édition, augmentée de l'idée de la justice civile par M**. (D. *Ch.* Jousse).
Paris. 1757. Debure père. 2 vol. in-12.

422. — Idée générale, ou abrégé de l'administration de la justice, et principalement de la justice civile. Pour servir d'introduction au commentaire de l'ordonnance de 1667. Edition de 1757. (Par D. *Ch.* Jousse.)
Paris. 1765. Debure père. 1 vol. in-12.

423. — Ordonnance de Louis XIV sur le commerce, enrichie d'annotations et de décisions importantes. Par M. *Philippe* Bornier. Nouvelle édition.
Paris. 1749. Les Associés. 1 vol. in-12.

424. — L'esprit des édits et déclarations de Louis XV, tant en matière civile, et criminelle, que bénéficiale. Par M. (*Jac. Ant.*) Sallé.
Paris. 1754. Savoye. 1 vol. in-12.

425. — L'esprit des deux ordonnances de Louis XV sur les donations et sur les testamens. Par M*** (Sallé).
Paris. 1754. Savoye. 1 vol. in-12.

426. — L'esprit des deux ordonnances de Louis XV, sur les substitutions et sur le faux. Par M. Sallé.
Paris. 1754. Savoye. 1 vol. in-12.

427. — Observations sur la déclaration du Roy du 9 avril 1736. — (Concernant la forme de tenir les actes de baptêmes, mariages, sépultures, vêtures, noviciats et professions, pour servir d'instructions aux curés.) Par M. Gaullière.
Amiens. 1771. Vᵉ Godard. 1 vol. in-8º.

b. — *Coutumes et statuts locaux.*

1º — *Introduction. — Anciens monuments des usages et du droit coutumier. — Coutumiers généraux.*

428. — Institutes coutumières, ou manuel de plusieurs et diverses regles, sentences et proverbes, tant anciens que modernes, du droict coustumier et plus ordinaire de la France. Par M. *Anthoine* Loisel. Avec les notes et observations de M. *Paul* Challine sur chacune regle; où sont rapportez plusieurs arrests de la Cour qui n'ont point encore esté donnez au public, et une infinité de notes de M. *Ch.* du Moulin, de raisons de droict, et d'ordonnances de nos Rois; et ou les regles, qui ne sont plus en usage, sont observées.
Paris. 1656. H. Le Gras. 1 vol. in-8º.

429. — Nouvelle institution coutumière qui contient les règles du droit coutumier, fondées sur les dispositions de toutes les coutumes de France, et sur l'usage établi par les arrests. Par M. *Claude* de Ferrière.
Paris. 1692-1702. Jombert. 3 vol. in-12.

430. — Les établissemens de Saint Louis, roi de France, suivant le texte original, et rendus dans le langage actuel, avec des notes, par M. l'Abbé DE SAINT-MARTIN.
Paris. 1786. Nyon. 1 vol. in-12.

431. — Assises du royaume de Jérusalem, (texte français et italien), conférées entre elles, ainsi qu'avec les lois des Francs, les capitulaires, les établissements de S. Louis et le droit romain, suivies d'un précis historique et d'un glossaire, publiées sur un manuscrit tiré de la bibliothèque de Saint-Marc de Venise, par M. *Victor* FOUCHER.
Rennes. 1839-1841. Blin. 2 vol. in-8º.

— Assises de Jérusalem ou recueil des ouvrages de jurisprudence composés pendant le XIIIᵉ siècle dans les royaumes de Jérusalem et de Chypre. Publiées par M. le comte BEUGNOT.
Paris. 1841-43. Imprimerie royale. 2 vol. in-fol.
Voyez : *Histoire,* nº 1113.

432. — Somme rural tres utile en toutes cours de praticques, proces et manieres de playdoiries. (Par *Jehan* BOUTEILLER). Nouvellement reveu et corrigé par tres-scientificque et noble personne maistre *Jehan* DES DEGRES. Additionné de plusieurs loix et decretz, ainsi come chascun pourra veoir en le lisant.
Paris. 15... Veufve feu Jehan Trepperel. 1 vol. in-4º.

433. — Liber perutilis in curiis pratycantibus cui nomen est Summa ruralis, novissime per egregium virum magistrum *Johannem* de GRADIBUS emendatus....— La somme rural compilee par honnourable homme maistre *Jehan* BOUTILLER...
Paris. 1505. Thomas du Guernier. 1 vol. in-4º.

434. — Le grand coustumier et practique du droict civil et canon observé en France, composé par M. *Jehan* BOUTEILLER, et cy devant imprimé soubs le nom de *la*

Somme rural. Edit. nov. illustrée de commentaires, annotations, notables décisions, et rares observations de droict, tirées des ordonnances royaux, et arrests des Cours souveraines. Par *L.* Charondas le Caron.
Paris. 1621. S. Cramoisy. 1 vol. in-4º.

435. — Les coustumes et statutz particuliers de la pluspart des bailliages, seneschaucées et prevostez royaulx du Royaulme de France, arrestées, accordées et approuvées par les Commissaires à ce commis par le Roy : et de nouveau deuement collationnées aux registres de la court de Parlement : avec plusieurs autres coustumes non accordées ny arrestées, desquelles toutesvoyes lon use en plusieurs jurisdictions et ressors dudit Royaulme, extraictes de plusieurs anciens registres, et remises à leur vraye intelligence. — Au present volume sont adjoustez sept coustumiers lesquelz ne sont es precedentes impressions.
Paris. 1536. Nicolas Couteau. 1 vol. in-fol.

436. — Même ouvrage.
Paris. 1548. Galliot DuPré. 1 vol. in-fol.

437. — Les coustumes generales et particulieres de France et des Gaulles, corrigées et annotées de plusieurs decisions, arrests, et autres choses notables, diligemment et fidellement par M. *Charles* du Moulin. Augm. et rev. par *Gabriel* Michel.
Paris. 1615. Cl. Morel. 2 vol. in-fol.

438. — Même ouvrage.
Paris. 1635. S. Cramoisy. 2 vol. in-fol.

439. — Nouveau coutumier général, ou corps des coutumes générales et particulières de France ; et des provinces connues sous le nom des *Gaules* ; exactement

vérifiées sur les originaux conservez au greffe du Parlement de Paris, et des autres Cours du royaume. Avec les notes de MM. *Toussaint* CHAUVELIN, *Julien* BRODEAU, et *Jean-Marie* RICARD, jointes aux annotations de MM. *Charles* DU MOULIN, *François* RAGUEAU et *Gabr.* MICHEL DE LA ROCHEMAILLET. Mis en ordre... Par M. *Ch. A.* BOURDOT DE RICHEBOURG.

Paris. 1724. Th. Le Gras. 4 vol. in-fol.

440. — Bibliothèque des coutumes, contenant : La préface d'un nouveau coutumier géneral. Une liste historique des coutumiers généraux. Une liste alphabétique des textes et commentaires des coutumes.... Le texte des anciennes coutumes de Bourbonnois, avec le procez verbal donné sur le ms. Le texte des nouvelles coutumes de Bourbonnois corrigé sur l'original, avec les apostils de M. *Charles* DU MOLIN, et son commentaire posthume.... Quatre consultations du même auteur, qui ont été omise dans le recueil de ses ouvrages. Par Mes. *Claude* BERROYER et *Eusèbe* DE LAURIÈRE.

Paris. 1699. Gosselin. 1 vol. in-4º.

2º *Coutumes particulières.*

ANGOUMOIS. — AUNIS. — LA ROCHELLE.

441. — Les coustumes du pais et duché d'Angoumois, Aunis et gouvernement de la Rochelle, avec la comparaison des deux coustumes ; le commentaire, et déclaration de l'usage ; confirmez par les arrests de la Cour... Le tout tiré des observations de maistre *Jean* VIGIER, par le mesme autheur.

Paris. 1650. Ger. Aliot. 1 vol. in-fol.

Anjou.

442.— *Renati* Choppini de legibus Andium municipalibus libri III. Cum prævio tractatu de summis Gallicarum consuetudinum regulis. 3ᵃ edit.
Parisiis. 1611. Sonnius. 1 vol. in-fol.

443.— Commentaires sur la coustume d'Anjou, nouvellement traduits en françois du latin de Mᵉ *René* Choppin. Avec un traicté servant de préface, touchant les principales regles des coustumes de France.
Paris. 1635. Est. Richer. 1 vol. in-fol.

A la suite :

— Des priviléges des personnes vivans aux champs. Divisés en trois livres. Par Mᵉ *René* Choppin. Traduit en langage françois sur la derniere édition.
Paris. 1634. Est. Richer. in-fol.

Artois.

444.— Coustumes generales du conte Dartois, nouvellement decretees — Coustumes de Betune, Lens, Sainct Omer et Sainct Pol — Ordonnances et stilz de la chambre Dartois. — Ordonnances et stilz de la gouvernance Darras nouvellement corrigees.
Arras. 1553. Jehan Bourgeois. 1 vol. in-8.

445.— Coustumes generales du comté d'Artois, avec celles de l'échevinage d'Arras, des bailliages de S. Omer, Bethune, Aire, Lens, Bapaume, Hesdin, comté de S. Pol, du Païs de Lalleu, et du bailliage de Lillers. Et outre les ordonnances concernant l'institution, privileges, stils, et usages de la Chambre du Conseil d'Artois, des sieges de la gouvernance et de l'échevinage d'Arras, avec plusieurs placards touchant les dixmes ecclésiastiques, l'usurpation de noblesse et armoiries et autres; les decrets du Synode provincial de Cambray; ensemble l'Edit perpétuel de 1611 pour la direction de la justice et police dudit Comté d'Artois. Dernière édit.

Arras. 1679. Du Til. 1 vol. in-8º.

446. — Code des coutumes homologuées de la province d'Artois, sçavoir : celles générales; de Ham; du païs de Langre; de la ville, banlieue et échevinage de Bethune ; de l'advouerie et gouvernance dudit Bethune; de la châtellenie et bailliage de Hesdin, de la ville dudit Hesdin, Labroye, Wail, Boubers sur Canche, Fillieures, le Biez, Haravesne et Waux ; du comté de S. Pol; des bailliage, ville et banlieue de S. Omer, châtellenie d'Audrwicq, pays de Bredenarde et ville d'Audrwicq, ville et châtellenie de Tournehem, et des bailliage et ville d'Aire ; de la ville, banlieue et échevinage de Lens ; de l'échevinage des ville et cité d'Arras, de Bapaume et du pays de Laleu.

Arras. 1748. Duchamp. 1 vol. in-12.

447. — *Nicolai* Gossonis ad consuetudines Atrebatesias commentatio.

Antuerpiæ. 1582. Æg. Radæus. 1 vol. in-4º.

448. — Coutumes générales d'Artois, avec des notes; par Mᵉ *Adrien* Maillart.

Paris. 1704 Gosselin. 1 vol. in-4º.

449. — Projets proposez pour la réformation des coûtumes d'Artois, autorisez par les conférences des coûtumes voisines, les maximes du droit coûtumier et les ordonnances. Avec des réflexions, et dissertations

importantes. Suivies de quelques arrêts et déclarations, sur divers sujets. Par *T*. B. (Brunel.)
Douai. 1735. Willerval. 1 vol. in-8°.

Auvergne.

450.— Arvernorum consuetudines. *Joannis* Bessiani à Pressaco annotationes locupletissimæ atque etiam doctissimæ in Arvernorum consuetudines.
Lugduni. 1548. A. Vincentius. 1 vol. in-8°.

451.— Commentarii in consuetudines Arverniæ, editi per *D. Aymonem* Publitium.
Paris. 1548. Angelier. 1 vol. in-fol.

452.— Coustumes du haut et bas pays d'Auvergne. Avec la paraphrase de M. *Jean* de Basmaison Pougnet, et les notes de M. *Charles* Du Molin. 4ᵉ édit. rev. et beaucoup augmentée par Mᵉ *Guillaume* Consul.
Clermont. 1667. Barbier. 1 vol. in-4°.

A la suite :

— Les coustumes locales du bas et haut pays d'Auvergne. Et le procès verbal au long desdites coustumes. Corrigées en cette dernière édition, par maître *G*. Consul.
Clermont 1667. J. Barbier. in-4°.

Berry.

453.— Consuetudines inclite civitatis et septene Biturigum per egregium virum magistrum *Nicolaum* Boerii glosate : que etiam in civitate et vice comitatu Parisiensi, ducatibus Borbonensi et Burgundiensi, loco de Lorry : ac toto fere regno Francie : Dalphinatu : et

Italia : ac aliis mundi partibus inconcusse observantur : una cum tabula earundem ac nonnullis consiliis per ipsum Boerii editis.
Lugduni. 1508. 1 vol. in-8º.

454.— Contenta. — Biturigum consuetudines, à *Nicolao* Boerio planè decisæ. — Aurelianorum item consuetudines, à *Pyrrho* Englebermeo enucleatæ. — Turonum item consuetudines, à *Joanne* Sainson doctè declaratæ.
Parisiis. 1547. Ar. l'Angelier. 1 vol. in-4º.

455.— Les coustumes générales des pays et duché de Berry. Avec le commentaire, et conférence des autres coustumes, et statuts de France. Par Mº *Fr.* Ragueau.
Paris. 1615. P. Chevalier. 1 vol. in-fol.

456.— Les anciennes et nouvelles coutumes locales de Berry, et celles de Lorris commentées. Par *Gaspard* Thaumas de la Thaumassière.
Bourges. 1679. Jean Toubeau. 1 vol. in-fol.

Bourgogne.

457.— *Bartholomœi* Chassenei commentariorum in consuetudines ducatus Burgundiæ præcipuè, ac totius Galliæ, suprema recognitio... Repertorium præterea non parum auctum...
Lugduni. 1535. Hæredes S. Vincentii. 1 vol. in-fol.

458.— *Barthol.* à Chassenaeo commentarii in consuetudines ducatus Burgundiæ, ferèque totius Galliæ, multò quàm antea emendatiores.
Lugduni. 1574. Barthol. Vincentius. 1 vol. in-fol.

Bretagne.

459.— Coustumes generales du pais et duché de Bretagne.

Reveues et corrigees sur l'original des commissaires reformateurs, de l'an mil cinq cens trante neuf. Adjectæ sunt Cl. et Pr. U. perquam eruditæ ex jure civili et foro notæ.

Rennes. 1568. Julien Du Clos. 1 vol. in-4º.

460.— V. C. *Bertrandi* d'Argentré commentarii in patrias Britonum leges : seu (ut vulgo loquuntur) consuetudines antiquissimi Ducatus Britanniæ. — Ad calcem adjectæ sunt consultationes seu definitiones variarum quæstionum.....

Parisiis. 1608. Buon. 1 vol. in-fol.

A la suite :

— Coustumes générales du pays et duché de Bretagne : reformées en l'an mil cinq cents quatre vingts. Aitiologia, sive ratiocinatio de reformandi causis, auctore *B.* d'Argentré.

Paris. 1608. N. Buon. in-fol.

461.— *B.* d'Argentré commentarii in consuetudines Ducatus Britanniæ. Aliique tractatus varii. 4º ed.

Parisiis. 1628. N. Buon. 1 vol. in-fol.

462.— *B.* d'Argentré commentarii in patrias Britonum leges, seu consuetudines generales antiquiss. Ducatus Britanniæ. In lucem editi cura et studio *Caroli* d'Argentré. Editio sexta.

Parisiis. 1646. Vª N. Buon. 1 vol. in-fol.

CHAMPAGNE.

463.— Coustumes de la cité et ville de Rheims, villes et villages régis selon icelles, avec les commentaires sur chacun article, authorisez et confirmez par les loix romaines, et par les interprètes, par les conférences d'autres coustumes, par les ordonnances, et par les

arrests qui servent à l'interprétation du texte, et à la décision des questions qui s'y présentent. Par M. *Jean Baptiste* DE BURIDAN. Ouvrage posthume, donné au public par les soins de M. DE BURIDAN son fils.
Paris. 1665. Billaine. 1 vol. in-fol. Port.

— Archives administratives de la ville de Reims, par *P.* VARIN.
Voy. : *Histoire* n° 2352.

464. — Coustumes du bailliage de Sens, et anciens ressorts d'iceluy, avec des notes de maistre *Jean* PENON. Rédigées et arrestées au mois de novembre, l'an 1555, par ordonnance du Roy, en présence des trois Etats dudit bailliage, par nous Christophe de Thou, président, Christophe de Harlay, et Barthelemy Faye, conseillers du Roy en sa Cour de Parlement, et commissaires par luy ordonnés.

A la suite :

— L'ancienne coustume du bailliage de Sens, avec les notes de M° *Jean* PENON.
Sens. 1711. Prussurot et Raveneau. 1 vol. in-8°.

465. — Les coustumes du bailliage de Troyes en Champaigne. Avec annotations sur icelles. Un bref recueil des Evesques de Troyes. Le premier livre des mémoires des comtes hereditaires de Champaigne et Brie. La genealogie desdits comtes. Par M. *Pierre* PITHOU, Sieur *de Savoye*. Le tout reveu et augmenté. Sont adjoustez : la conférence desdictes coustumes de Troyes, avec les autres coustumes de France. — Li droict et lis coustumes anciennes de Champaigne et Brie. Les ordonnances des Roys, Philippes le Bel, Louys Hutin, et Philippes le Long, concernants les droicts des nobles, et autres, dudict comté.
Troyes. 1609. Seb. Cramoisy. 1 vol. in-4°.

466. — Coutume du bailliage de Troyes, avec les commentaires de M. *Louis* LE GRAND. Dans lesquels il a conferé le droit romain avec le droit coutumier qui s'observe dans toutes les provinces du Royaume... 3e éd. augm. du Cahier des coutumes du bailliage de Troyes, redigé en 1494, et du Procès verbal de 1496. Et de plusieurs pièces des années 1507 et 1509 concernant les droits de bourgeoisies, et de franc-aleu en la province de Champagne, lesquelles n'ont point encore été imprimées.
Paris, 1715. Montalant. 1 vol. in-fol.

FLANDRE.

467. — N. BURGUNDI ad consuetudines Flandriæ aliarumque gentium, tractatus controversiarum, in quibus potissimùm discutiuntur, usuique, et moribus accommodantur non solùm Flandriæ, sed et aliarum regionum... quemadmodum et consuetudines Alostenses et ejus modi. Cui nunc accedit Auctuarium, de modo juris dicundi, et iis qui jurisdictioni in Flandria præsunt. Editio ultima.
Antuerpiæ. 1666. Mar. Parys. 1 vol. in-12.

468. — Coustumes et usages generaulx et particuliers de la salle, bailliage et chastellenie de Lille, confirmez et decretez par sa Majesté.
Douai. 1569. L. de Windé. 1 vol. in-4º.

469. — Coustumes et usages de la ville, taille, banlieue et eschevinage de Lille, confirmez et approuvez par l'imperialle Maiesté, et par luy commandé, qu'ils soient tenus à l'advenir, comme loix, coustumes et usages par escrit en ladite ville et eschevinage de Lille.
Lille. 1687. Jean-Baptiste de Moitemont. 1 vol. in-4º.

A la suite :

— Coustumes et usages généraux de la salle, bailliage et chastellenie de Lille, confirmées et decretées par sa Majesté catholique. — Avec les coustumes localles et particulières des lieux gisans en ladite chastellenie, ressortissans à la gouvernance de Lille. — Augmentées des coustumes localles de la viscomté de Haubourdin, et Ammerin. Ensemble, la déclaration, ratification, confirmation et renouvellement du privilége d'exemption de confiscation ès villes et chastellenies de Lille, Douay et Orchies, par leurs Altesses Sérénissimes. Et plusieurs ordonnances et mandemens concernans le fait de la justice, pratique, et police de la chastellenie de Lille, extraicts tant des registres de la Chambre des comptes, que gouvernance, et bailliage dudit Lille. Avec l'Edict perpétuel de leurs Altesses Sérénissimes pour le règlement de la justice. Et le salaire des advocats et procureurs.

Lille, 1688, J.-B. de Moitemont, in-4º.

470. — Coutumes générales de la ville et duché de Cambray, pays et conté du Cambresis. Avec une explication succincte de ce quelles contiennent fondée sur la théorie des loix, la pratique des coutumes, les réglements des ordonnances, et la décision des arrêts. Par Mᵉ Pinault sʳ des Jaunaux.

Douai, 1691, Mairesse. 1 vol. in-4º.

471. — Coustumes générales de la cité et duché de Cambray, et du pays et conté de Cambresis : émologués et décrétées par Mgr l'ill. et rév. messire *Louys* de Berlaymont, archevesque et duc de Cambray.

Cambray, 1725, Douilliez, 1 vol. in-8º.

Guyenne et Gascogne.

472. — Commentaire sur les coustumes generalles de la ville de Bourdeaus, et pays Bourdelois. Par M. *Bernard* Automne.
   Bourdeaus. 1624. Millanges. 1 vol. in-4°.

Ile de France.

473. — Prima et secunda pars commentariorum in consuetudines Parisienses, authore D. *Carolo* Molendineo.
   Parisiis. 1554. Poncetus Le Preux. 1 vol. in-fol.

474. — Commentarii in Parisienses totius Galliæ supremi Parlamenti consuetudines. Quibus singularum etiam regni Galliæ provinciarum, exterarumque nationum consuetudines, cum earum inter se collatione, accesserunt. Authore D. *Carolo* Molineo.
   Lausannæ. 1576. Fr. Le Preux. 1 vol. in-fol.

475. — *Caroli* Molinæi commentarii in Parisienses totius Galliæ supremi Parlamenti consuetudines, ad novam consuetudinem nunc recens relati et restituti opera D. *Dionysii* Gothofredi.
   Coloniæ Allobrogum. 1613. Esaias Le Preux. 1 vol. in-fol.

476. — *Renati* Choppini de civilibus Parisiorum moribus ac institutis libri III. 2ª edit.
   Parisiis. 1603. M. Sonnius. 1 vol. in-fol.

477. — Commentarii in jus civile Parisiorum. Authore *Claudio* Guerino.
   Parisiis. 1634. St. Richer. 1 vol. in-fol.

478. — Coustumes de la ville, prevosté et vicomté de Paris, avec les commentaires de L. Charondas le Caron.
   Paris. 1595. L'Huillier. 1 vol. in-4°.

479. — Conférence de la coustume de Paris avec les autres coustumes de France, et les ordonnances et arrests expositifs de quelques articles d'icelles, avec les notes de M. C. Du Moulin. Plus une recherche d'autheurs dont on peut tirer l'intelligence de la coustume de Paris, et autres coustumes du Royaume, par M. G. Fortin. Reveu en ceste dernière impression par un célèbre advocat de la Cour. (*J. M.* Ricard.)
Paris. 1652. Martin-Collet. 1 vol. in-4º.

480. — La coustume de Paris, conférée avec les autres coustumes de France, et expliquée par les notes de M. *Charles* Du Molin sur les mesmes coustumes, les arrests de la Cour, et diverses autres remarques. Ensemble une recherche d'autheurs, pour l'intelligence de la coustume de Paris, et des autres coustumes. Commencée par M. G. Fortin et augmentée de plus des deux tiers par M. R. (*J. M.* Ricard) aussi advocat en la Cour.
Paris. 1666. Guignard. 1 vol. in-fol.

481. — Le droict françois, et coustume de la prevosté et vicomté de Paris, où est fait rapport du droict romain, et ordonnances de nos Roys : des articles généraux et particuliers des autres coustumes de ce Royaume, et de leurs différences. Avec les arrests donnez sur les difficultez et en interprétation d'icelles. Par maistre *Jean* Tronçon.
Paris. 1626. T. Du Bray et Pomeray. 1 vol. in-fol.

482. — Même ouvrage. 3ᵉ édit.
Paris. 1652. Rocolet. 1 vol. in-fol.

483. — Coustumes de la prevosté et vicomté de Paris. Avec les notes de M. C. Du Molin, restituées en leur entier. Ensemble les observations de Mes. *J.* Tournet,

Jacq. Joly, et *Ch.* Labbé, et arrests par eux recueillis sur chacun article. Dernière édition.

Paris. 1665. Alliot. 1 vol. in-12.

484.— Même ouvrage. N° éd. rev. par M**. (*Ch.* Labbé).

Paris. 1709. Charpentier. 2 vol. in-12.

485.— Coustume de la prevosté et vicomté de Paris commentée par feu maistre *Julien* Brodeau. 2° édit.

Paris. 1669. Rocolet. 2 vol. in-fol.

486.— Corps et compilation de tous les commentateurs anciens et modernes sur la coutume de Paris : Du Moulin, Charondas, Choppin, Tournet, Tronçon, Guérin, Fortin, Brodeau, Ricard, Auzanet et autres; enrichie de nouvelles observations et de plusieurs questions décidées par les arrests des Cours souveraines : avec les conférences des autres coûtumes.... Par M. *Claude* de Ferrière.

Paris. 1692. D. Thierry. 3 vol. in-fol.

487.— Traités de M. Duplessis sur la coutume de Paris. Avec des notes de MM. Berroyer et de Laurière. 2° édit.

Paris. 1702. Gosselin. 1 vol. in-fol.

488.— Nouveau commentaire sur la coutume de la prevosté et vicomté de Paris. Par maistre *Claude* de Ferrière. Nouvelle édition revue, corrigée et augmentée par feu M. Sauvan-d'Aramon.

Paris 1719. Cavelier. 2 vol. in-12.

489.— Actes de notoriété donnés au Châtelet de Paris, sur la jurisprudence et les usages qui s'y observent; avec des notes, par M. *J.-B.* Denisart.

Paris. 1769. Savoye. 1 vol. in-4°.

490.— Questions de droit, de jurisprudence et d'usage des provinces de droit-écrit du ressort du Parlement de

Paris; mises en ordre alphabétique par M. Malle-
bay-de-la-Mothe.
Paris. 1773. Saugrain. 1 vol. in-12.

491.— Commentaire sur les coûtumes générales du bailliage de Meaux; avec des notes sur la coûtume de Paris, et une conférence des deux coûtumes, où sont marquez les articles de la coûtume de Paris, qu'on doit estendre à celle de Meaux. Par M. *Jean* Bobé.
Paris. 1683. Journel. 1 vol. in-4º.

Languedoc.

492.— De prærogativa allodiorum in provinciis quæ jure scripto reguntur, Narbonensi, et Aquitanica, M. *Antonii* Dominicy historica disquisitio.
Parisiis. 1645. M. Du Puis. 1 vol. in-4'.

Lorraine.

493.— Les loix municipales, et coustumes généralles du bailliage de Chaulmont en Bassigny et ancien ressort d'icelui, corrigées, interprétées et annotées fidellement de plusieurs décisions, sentences, arrests, et autres raisons y convenables : et concordées à plusieurs autres coustumes de ce Royaume de France : par M. *Jean* Gousset, Sieur *de Buxierres*.
Espinal. 1623. Hovion. 1 vol. in-4º.

494.— Principes de la coutume de Chaumont en Bassigny. Avec ses différences de celle de Paris. (Par J. B. Fr. N. Thieriot).
Chaumont. 1765. Bouchard. 1 vol. in-8º. Carte.

495.— Coutumes de l'évêché de Metz, avec les municipales de Ramberviller, Bacarat, et Moyen. Corigées en cette seconde édition..., et augmentées de la déclaration des villes, bourgs et villages dépendans du bailliage de l'évêché de Metz, à Vic. Distingués par châtellenies, bans particuliers, vaulx, mairies, ou seigneuries notables.

Metz. 1683. Bouchard. 1 vol. in-12.

496.— Ordonnance de Léopold 1. duc de Lorraine et de Bar, etc. donnée à Nancy au mois de juillet 1701. Avec le règlement général des eaux et forêts du mois d'août suivant.

Nancy. 1701. Barbier. 2 vol. in-16.

MAINE.

497.— Le grant coustumier du pays et conté du Maine tres utile et prouffitable à tous practiciens. Auquel est le texte dicelluy en francoys. Avec la glose, additions, allegations et concordances : tant du droict canon que civil : composées par scientifique personne maistre *Guillaume* LE ROUILLE. (*En latin.*)

Parisiis. 1535. Fran. Regnault. 1 vol. in-fol.

498.— Les coustumes du païs et comté du Maine. Avec les commentaires de M° *Julien* BODREAU.

Paris. 1645. G. Alliot. 1 vol. in-fol.

NIVERNAIS.

499.— Les coustumes du pays et duché de Nivernois. Avec les annotations et commentaires de M° *Guy* COQUILLE, Sieur *de Romenay*.

Paris. 1605. L'Angelier. 1 vol. in-4º.

NORMANDIE.

500. — Commentaires du droict civil tant public que privé, observé au pays et duché de Normandie, dressez et composez des Chartre au Roy Loys Hutin, ditte la Chartre aux Normans, Chartre au Roy Philippes faicte à l'Isle-bonne, et autres ordonnances royales publiees és Eschiquier et Cour de Parlement dudict païs, modifications de la dicte Cour, arrests desdicts Echiquier et Cour de Parlement donnez par forme d'ordonnance, coustume dudict Duché, tant redigee par escript, que non escripte : usage, style de proceder és Cour et Jurisdictions de Normandie, et style de laditte Cour : le tout en textes et en gloses. Par Maistre *Guillaume* TERRIEN, etc.

Paris. 1574. Jaques du Puys. 1 vol. in-fol.

501. — La coustume reformée du pays et duché de Normandie, anciens ressorts et enclaves d'iceluy. Avec les commentaires, annotations, et arrests donnez sur l'interpretation dicelle, remarquez par M. *Josias* BERAULT. 2ᵉ édit.

Rouen. 1614. David du Petit-Val. 1 vol. in-4º.

502. — Même ouvrage. 3ᵉ édit.

Rouen. 1620. David du Petit-Val. 1 vol. in-fol.

503. — Même ouvrage. 5ᵉ édit.

Rouen. 1648. David du Petit-Val. 1 vol. in-fol.

504. — La coutume reformée du païs et duché de Normandie, commentée par Mᵉ *Henry* BASNAGE. 2ᵉ édit.

Rouen. 1694. A. Maurry. 2 vol. in-fol.

505. — Les œuvres de Mᵉ *Henri* BASNAGE ; contenant ses

Commentaires sur la coutume de Normandie, et son Traité des hipotèques, 3ᵉ édit.

Rouen. 1709. Maurry. 2 vol. in-fol.

506. — Coutumes du pays et duché de Normandie, anciens ressorts et enclaves diceluy, augmentées de plus de moitié, par plusieurs édits, déclarations, arrêts et nouveaux règlemens, tant du Conseil que de la Cour, rendus jusqu'à présent ; et en outre les articles rectifiez par les textes d'*Aviron* et de *Bérault*.

Rouen. 1732. Besongne. 1 vol. in-16.

Orléanais.

507. — Les coustumes des duchez, bailliages et prevosté d'Orléans, et ressorts d'iceux. Avec commentaires et et remarques sur icelles, par Maistre *Jean* Duret.

Paris. 1609. Abel L'Angelier. 1 vol. in-4º. *Sans titre.*

508. — Coutumes des duché, bailliage et prevosté d'Orléans, et ressorts diceux ; avec les notes de M. *Henry* Fornier ; les trois chartres d'où sont tirés les articles 362 et 491, et les notes de M. *Charles* Du Moulin, sur l'ancienne coûtume d'Orléans. Nᵉ édit.

Orléans. 1711. Vᵉ Boyer et Rouzeau. 1 vol. in-12.

509. — Coutume d'Orléans commentée par M. Debalande. 2º édit. augm. des mémoires de l'auteur, et des notes de M. de Gyves : avec une conférence générale sur toutes les coûtumes de France qui y ont du raport. Revue, corrigée, et mise en ordre par Mᵉ *Philippe-Auguste* Perreaux.

Orléans. 1704-1705. S. Borde. 2 vol. in-fol.

** — Coutumes des duché, bailliage et prevoté d'Orléans. Par R. J. Pothier.

Voyez plus loin : *Œuvres de* Pothier.

510. — *Dionysii* Pontani in consuetudines Blesenses commentariorum tomi II. Accedunt notæ *C.* Molinæi.

      Parisiis. 1677. Guignard. 2 en 1 vol. in fol.

511. — Nouveau commentaire sur la coutume de Chartres, par Mᵉ *Pierre* de Merville.

      Paris. 1714. Charpentier. 1 vol. in-4°.

512. — Les trois coustumes voisines de Chasteau-Neuf, Chartres, et Dreux. Avec les notes de M. Ch. Du Moulin, et annotations du Sieur du Lorens.

      Chartres. 1645. Georges. 1 vol. in-4°.

513. — Les coustumes anciennes de Lorris, des bailliage et prevosté de Montargis le Franc, de Sainct Fargeau, pays de Puysaye, Chastillon sur Loüain, et autres lieux ressortissans audit bailliage de Montargis : comté de Gien, de Sanxerre, duché de Nemours, ce qui est au pays de Gastinois, chastellenie de Chasteaulandon, et autres lieux regis et gouvernez par lesdictes coustumes. Commentées par Mᵉ *Antoine* Lhoste. Avec les notes de Mᵉ *Charles* Du Moulin.

      Paris. 1629. Guillemot. 1 vol. in-4°.

PICARDIE.

514. — Le coutumier de Picardie, contenant les commentaires de Heu, de Dufresne et de Ricard, sur les coutumes d'Amiens; de Gosset, sur celle de Pouthieu; de Le Caron, sur Péronne, Mondidier et Roye; de La Villette, (1) nouveau commentaire sur les mêmes coutumes; de Dubours, sur Montreuil sur Mer; de

---

(1) La Villette (*Jean* de) Sieur de Belfay, né à Montdidier en 1601, y mourut le 14 avril 1668.

LEROY DE LOZEMBRUNE, nouveau commentaire sur celle de Boulenois; et l'Histoire abrégée de la ville de Boulogne et de ses comtes : avec des questions importantes sur plusieurs articles des mêmes coutumes, traitées par les plus célèbres Avocats au Parlement.
Paris. 1726. la Société. 2 vol. in-fol.

515.— Coustumes generalles du bailliage Damiens avec celles des prevostez de Monstroeul, Beauquesne, Foullois, Sainct Ricquier, Doullens, et Beauvoisis. Nouvellement publiez et decretees en la ville Damiens, par messieurs les commissaires deleguez de par le Roy nostre souverain seigneur sur le faict des coustumes du royaulme de France.
Paris. 1516. Guillaume Eustace. 1 vol. in-16.

516.— Même ouvrage.
1546. Pour Jehan Caron libr. à Amyens. 1 vol. in-8º.

517.— Coustumes tant generales que locales et particulieres du bailliage d'Amiens, mises et redigées par escript de l'advis des trois estats dudict bailliaige, par nous Christofle de Thou chevalier, Conseiller du Roy en son privé conseil, et premier President en sa Court du Parlement, Barthelemy Faye, et Jacques Viole, aussi Conseillers dudict Seigneur en sadicte court, commissaires à ce deputez.
Paris. 1571. Jean Dallier. 1 vol. in-4º.

518.— Les coustumes générales du bailliage d'Amiens commentées par *Adrian* DE HEU, Sieur *de Conty*. (1)
Paris. 1653. G. Alliot. 1 vol. in-fol.

519.— Commentaire sur la coustume générale du bailliage

---

(1) DE HEU (*Adrien*), Sieur de *Conty*, né à Amiens, mourut à Abbeville.

d'Amiens, et sur la coustume locale de la ville, prevôsté et banlieue dudit Amiens, où sont rapportez les arrests donnez sur l'interprétation d'icelles depuis cinquante ans et plus. Avec une explication par forme de conference de plusieurs articles, des coustumes de Ponthieu, Peronne, et Arthois, voisines, qui sont aussi pays de nantissement. Par M° *Jean* du Fresne.

Paris. 1662. Maucroy. 1 vol. in-fol.

520. — Coustumes tant générales que locales et particulières du bailliage d'Amiens. Avec les notes de Maître *Charles* Du Molin, et autres remarques particulières de M. *Jean-Marie* Ricard.

Paris. 1683. V° R. Hubault. 1 vol. in-8.

521. — Coutumes du bailliage d'Amiens, tant générales que locales et particulières, avec les notes de Maître *Charles* Du Molin, et autres remarques particulières de M. *Jean-Marie* Ricard. Suite du Traité des donations entrevifs et testamentaires.

Paris. 1712. Cavelier. 1 vol. in-fol.

522. — Observations et jugements sur les coutumes d'Amiens, d'Artois, de Boulogne et de Ponthieu. Sur plusieurs matières du droit civil et coutumier. Par M° de Calonne.

Paris. 1784. L'auteur. 1 vol. in-4°.

** — Coutumes locales du bailliage d'Amiens, rédigées en 1507, publiées d'après les manuscrits originaux par M. *A.* Bouthors. (1)

Amiens. 1842-53. Duval et Herment. 2 vol. in-4°.

Voyez : *Histoire* n° 3578.

523. — Les usages locaux du département de la Somme,

---

(1) Bouthors (*Jean-Baptiste-Louis-Alexandre*), naquit au Valvion, dépendance de Beauquesne, le 27 juin 1797.

précédés d'un Essai d'application des usages ruraux du nord de la France au projet de code rural; publiés... sous la direction de *J.-L.-A.* Bouthors.

Amiens. 1861. Alf. Caron. 1 vol. in-8°.

524. — Reglement de l'estat de la sayeterie de la ville et cité d'Amiens ordonné et arresté par monsieur le Bailly d'Amiens, ou son Lieutenant, suivant l'arrest de la Cour de Parlement par forme de provision. Et autres faits et arrestez jusques en l'an 1640.

Amiens. 1641. Rob. Hubault. 1 vol. in-4°.

525. — Coustumes, tant génerales, de la senéchaussée et comté de Ponthieu, que locales et particulieres de la ville et banlieue d'Abbeville. Avec les sommaires de chacun article, rapport et conférence des uns avec les autres, et quelques notes et remarques sur aucuns d'iceux. (Par *J.* Gosset.)

Amiens. 1685. Vᵉ Rob. Hubault. 1 vol. in-16.

526. — Coutumes générales de la sénéchaussée de Ponthieu, et celles locales d'Abbeville, avec les notes de M. Duchesne, et quelques additions par Mᵉ Delegorgue. (1)

Amiens. 1766. Vᵉ Godart 2 vol. in-12.

527. — Coutumes générales du Ponthieu et d'Abbeville, commentées par M. Duchesne, avec plusieurs décisions relatives aux coutumes d'Artois et d'Amiens: mises en ordre et suivies de quelques additions par M. Delegorgue.

Paris. 1779. Saugrain et Lamy. 2 vol. in-12.

** Cet ouvrage est le même que le précedent ; le titre seul a été changé et le rajeunit.

---

(1) Delegorgue. Né à Abbeville?

528. — Coustumes generalles de la Seneschaulcée et Conté de Boullenoys, ressors et enclavemens d'icelle. Ensemble les coustumes localles Destaples, Vvissent, Herly, Quesque, Nedouchet.
Paris. 1551. Guil. Merlin. 1 vol. in-8º.

529. — Commentaire sur les coustumes du gouvernement de Peronne, Mondidier, et Roye, fait par Mº *Claude* Le Caron. (1)
Paris. 1660. Barbin. Amiens. Gilles de Gouy. 1 v. in-8º.

530. — Agregatoire de coustumes contenant ce qui sensuit. Les coustumes generales de la prevosté de Monstreul: avec les usaiges et stilz du siege real dudit lieu de Monstreul apostilees des concordances du droit civil et canon.
Paris. S. d. Guillaume Eustace. 1 vol. petit in-8º.

On trouve à la suite :

Coustumes generales de la conté Dartois. — Coustumes particulieres du bailliage de saint Omer discordantes aux generales de la prevoste de Monstreul. — Coustumes particulieres de la ville, cité et regalle de Theroane situee et assize es mectes de la prevoste de Moustroeul sur la mer discordantes en aulcuns points aulx coustumes generales de la dicte prevoste. — Coustumes ayans lieu en la conté de sainct Pol discordante en aucune maniere aux coustumes generales de la prevoste de Monstreul sur la mer.

531. — Les coustumes reformées du gouvernement, baillage et prevosté de Chaulny. Ensemble les ordonnances des assises, non encore imprimées. Avec les Commentaires de M. *Louys* Vrevin.
Paris. 1641. Guignard. 1 vol. in-4º.

532. — Coustumes de Beauvoisis, par Messire *Philippes* de Beaumanoir. — Assises et bons usages du Royaume

---

(1) Le Caron (*Claude*), né à Montdidier le 27 février 1582, y mourut le 30 janvier 1656.

de Jerusalem, par M. *Jean* d'Ibelin *Comté de Japhe et d'Ascalon*, S. de *Rames et de Baruth.* Et autres anciennes coustumes. Le tout tiré des manuscrits. Avec des notes et observations, et un glossaire pour l'intelligence des termes de nos anciens autheurs. Par *Gaspard* Thaumas de la Thaumassiere.
Bourges. 1690. Toubeau. 1 vol. in-fol.

533. — Les coutumes du Beauvoisis, par *Philippe* de Beaumanoir, jurisconsulte français du XIII° siècle ; nouvelle édition, publiée d'après les manuscrits de la bibliothèque royale, par le Comte Beugnot.
Paris. 1842. J. Renouard. 2 vol. in-8°.

534. — Coustumes de divers bailliages observées en Beauvaisis. A scavoir de Senlis, Amiens, Clermont et Mondidier, conferées l'une à l'autre et à celle de Paris. Avec notes. Par M. *Pierre* Louvet.
Beauvais. 1615. Godfroy Valet. 1 vol. in-4°.

535. — Les coustumes generales des bailliages de Senlis, comté de Clermont en Beauvoisis et duché de Vallois, Dernière édition commentée par M. *Laurent* Bouchel.
Paris. 1631. Rolet Boutonné. 1 vol. in-4°.

536. — Les coustumes du bailliage de Senlis, corrigées sur l'original qui est au greffe de la Cour. Avec des remarques particulières, augmentées en cette dernière édition, par M° *Jean-Marie* Ricard.
Paris. 1664. Guignard. 1 vol. in-4°.

Voyez aussi n° 566.

537. — Coutûmes du bailliage de Senlis, et son ancien ressort ; comprenant Senlis, Beauvais, Compiegne, Pontoise, Chaumont, Magny, Beaumont, Chambly, et Creil ; et toutes les jurisdictions royales et subalternes qui en dépendent. Avec des remarques

tirées de la conférence des coûtumes de Paris, Vallois, Clermont, et autres avec celles-cy. Des commentaires de Maistres *J. Marie* RICARD et *Laurent* BOUCHEL. Des décisions des meilleurs autheurs, et des arrests, des ordonnances et reglemens ; et de la maniere d'en user audit bailliage. Contenant le tout un précis du droit françois. Par M. DE S. LEU.
Paris. 1702. Villery. 1 vol. in-4º.

538.— Les coustumes generales du baillage de Vermandois, en la cité, ville, banlieue, et prevosté foraine de Laon, et les particulières de Ribemont, Sainct Quentin, Noyon, et Coucy. Avec commentaires sur icelles,... par Mᵉ *Jean-Baptiste* BURIDAN.
Reims. 1630. Hecart. 1 vol. in-4º.

539.— Coustumes générales et particulières du bailliage de Vermandois. Conférées ensemble. Avec notes et observations par *Claude* DE LA FONS.
S. Quentin. 1631. Le Queux. 1 vol. in-12.

540.— Même ouvrage. Nᵉ édition.
Metz. 1688. Bouchard. 1 vol. in-12.

541.— Le coutumier de Vermandois, contenant les commentaires de BURIDAN et de LA FONS, sur les coutumes de Vermandois : de nouvelles observations sur les mêmes coutumes, par M. D'HERICOURT : les commentaires de GODET et de BILLECART, sur celles de Chalons : de BURIDAN, sur Rheims : de VREVIN, sur Chaulny.
Paris. 1728. La Société. 2 vol. in-fol.

POITOU.

542.— *Petri* RAT in Pictonum leges, quas vulgus consuetudines dicit, glossemata.
Augustoriti Pictonum. 1609. A. Mesnier. 1 vol. in-4º.

543. — *Andreæ* Tiraquelli ex commentariis in Pictonum consuetudines, sectio. De legibus connubialibus et jure maritali.
   Parisiis. 1546. Od. Parvus. 1 vol in-fol.

544. — Commentaires sur les coustumes du pays de Loudunois, où se rapportent plusieurs coustumes d'autres pays, ordonnances royaux, jugemens et arrests, textes de droit commun, auctorités et advis conformes ou contraires à icelles. Par Maistre *Pierre* Le Proust, Sieur *de Beaulieu*.
   Saumur. 1612. Portau. 1 vol. in-4°.

C. — Traités spéciaux.

1° *Droit civil*.

545. — Tractatus de privilegiis quatuor clarissimorum jureconsultorum. *Renati* Choppini de privilegiis rusticorum. — *Horatii* Luth de privilegiis scholarium. — *And.* Tiraquelli de privilegiis piæ causæ. — *Cornelii* Benincasii de privilegiis paupertatis. Diligenter recogniti et pluribus locis restituti.
   Coloniæ Agripp. 1582. Gymnicus. 1 vol. in-8°.

546. — *Renati* Choppini de privilegiis rusticorum libri III. Ultima editio.
   Parisiis. 1621. L. Sonnius. 1 vol. in-fol.

   Dans ce volume :

   — *Renati* Choppini de domanio Franciæ libri III. ultima. Editio.
   Parisiis. 1621. L. Sonnius. in-fol.

   ** — Des priviléges des personnes vivans aux champs.
   Voir n° 443.

547. — Traité de la mort civile, tant celle qui résulte des condamnations pour cause de crime, que celle qui résulte des vœux en religion. Par M° *Fr.* Richer.
   Paris. 1755. Desaint et Saillant. 1 vol. in-4°.

548. — Loci communes juris practici de rationibus reddendis, earumque revisione, id est à quibus, cui, ubi, quando et quomodo ratio sit reddenda? reddita item et examinata an? et quando repeti sive revideri possiti? collecti à *Joh.* Heeser.
   Darmstadii. 1665. Christ. Abelius. 1 vol. in-4°.
   A la suite:
   — *Pauli* Montani tractatus novus, de jure tutelarum, et curationum, in quo universa tutelaris materia, cum ampliationibus (ut dicitur) limitationibus, quæstionibusque huic cognatis, novè et plenè tam theoricè quàm practicè declaratur, et enucleatur. Studio et opera *Balthasaris* Montani.
   Hagæ Comitis. 1680. Arn. Leers. 1 vol. in-4°.

549. — Tractatus de tutore, curatore, et usufructu mulieri relicto. Authoribus *Paulo* Montano, *Joanne* Gutierrez, et *Borgnino* Cavalcano.
   Genevæ. 1675. S. de Tournes. 1 vol. in-fol.

550. — Nouveau traité de tutelles et curatelles; avec le commentaire de l'édict des secondes nopces, et celui des mariages clandestins. Par *Jean* Gillet.
   Paris. 1656. M. Bobin. 1 vol. in-4°.

551. — Traité des minoritez, des tutelles et des curatelles,... par M° (*Jean* Meslé) Avocat en Parlement.
   Paris, 1735. D. Mouchet. 1 vol. in-4°.

552. — De ratiociniis administratorum, et computationibus variis aliis, tractatus prægnantissimus. Auctore D. *Francisco* Munnoz de Escobar.
   Noribergæ. 1646. Wolffgang Endrer. 1 vol. in-4°.

553. — Nouveau traité du mariage chrétien fait selon les loix de l'église et les ordonnances de nos rois, avec des notes sur l'édit du Roy en règlement du mois de mars 1697. Et un Traité très-nécessaire d'impuissance de l'homme et de la femme. Par M° *Claude* Horry. 2° édit.
  Paris. 1700. Pralard. 1 vol. in-12.

554. — Traicté de la dissolution du mariage pour l'impuissance et froideur de l'homme ou de la femme. (Par *Antoine* Hotman.)
  Paris. 1610. Rousset. 1 vol. in-8º.
  A la suite :
  — Second traicté de la dissolution du mariage, pour l'impuissance de l'homme ou de la femme.
  Paris. 1610. Rousset. in-8º.

555. — Tractatio de repudiis et divortiis : in quà pleræque de causis matrimonialibus (quas vocant) incidentes controversiæ ex verbo Dei deciduntur. Additur juris civilis Romanorum, et veterum his de rebus canonum examen, ad ejusdem verbi Dei, et æquitatis normam. Ex *Th.* Bezæ *Vezelii* prælectionibus in priorem ad Corinthios epistolam.
  Daventriæ. 1651. J. Columbius. 1 vol. in-12.

556. — Justification des usages de France sur les mariages des enfans de famille faits sans le consentement de leurs parens.... Par *P.* Le Merre.
  Paris. 1687. Dezallier. 1 vol. in-12.

557. — Réponse au mémoire et à la consultation de M. Linguet, touchant l'indissolubilité du mariage.
  Paris. 1772. Michel Lambert. 1 vol. in-12.

558. — Accord de la révélation et de la raison, contre le divorce. Coutumes et loix de plusieurs anciens

peuples sur le divorce, etc. Par M. l'Abbé DE CHAPT DE RASTIGNAC.

Paris. 1790. Clousier. 1 vol. in-8°.

** — Observations sur l'accord de la raison et de la religion pour le rétablissement du divorce, l'anéantissement des séparations entre époux, et la réformation des lois relatives à l'adultère. Par M. BOUCHOTTE.

Paris. 1790. Imprimerie nationale. 1 vol. in-12.

Voyez : *Sciences et arts*, n° 830.
Voyez aussi, même volume, n° 823 et suivants.

559. — Arrets notables, rendus à l'audience de la grande Tournelle, qui ont jugé qu'une femme condamnée pour adultère à être enfermée dans un monastère pour le reste de ses jours, est bien fondée après la mort de son mari, a demander sa liberté pour en épouser un autre; ensemble les plaidoyez et factums des avocats, le plaidoyé de M. TALON et le procez-verbal de l'huissier DU MUR, contenant l'exécution de ces deux arrests.

Paris. 1684. Gab. Quinet. 1 vol. in-12.

560. — Traité de la communauté de biens, entre l'homme et la femme conjoints par mariage, et de la continuation de communauté après le décès de l'un des conjoints, lorsque le survivant demeure en viduité, ou qu'il se remarie. Où sont traitez les droits communs et particuliers des conjoints, et des enfans des premier et second lits. Par M^e *Ph.* DE RENUSSON.

Paris. 1699. J. Le Febvre. 1 vol. in-fol.

561. — Même ouvrage. N° édit.

Paris. 1723. La Compagnie des libraires. 1 vol. in-4°.

562. — Pactum renunciationis, dissertatio de pacto dotalibus instrumentis adjecto, ne puella quam pater

aut cognatus elocat, patri vel cognato succedat.
(*Osio* Aurelio autore.)

Aureliis. 1644. M. Paris. 1 vol. in-4°.

563. — Repetitio capituli, Raynutius. de testamentis. *Guililmi* Benedicti.

Lugduni. 1544. A. Vincentius. 3 en 1 vol. in-fol.

564. — D. *Vincentii* Fusarii consiliorum sive responsorum ultimarum voluntatum libri duo.

Genevæ. 1630. Crispinus. 1 vol. in-fol.

565. — Traité des successions testamentaires et à intestat, par *Charles* de Bouques et *Ant.* Despeisses. 2e édit.

Tolose. 1636. P. Bosc et Colomiez. 1 vol. in-8°.

566. — Traité des donations entre-vifs et testamentaires. Par M. *Jean-Marie* Ricard. Ensemble la coutume de Senlis commentée par le même auteur. Ne éd.

Paris. 1688-92. Guignard et Seneuze. 2 v. in-fol. Port.

567. — Traité des testamens, codiciles, donations à cause de mort et autres dispositions de dernière volonté... Par M. *Jean-Baptiste* Furgole.

Paris. 1745-48. J. de Nully. 4 vol. in-4°.

568. — OEuvres de *J. B.* Furgole sur les donations.

Cet ouvrage se compose des deux suivants :

— Ordonnance de Louis XV pour fixer la jurisprudence sur la nature, la forme, les charges et les conditions des donations, donnée à Versailles au mois de février 1731 ; avec des observations autorisées par les ordonnances, le droit Romain et les arrêts des Parlements. 2e édit.

— Questions remarquables sur la matière des donations, avec plusieurs arrêts du Parlement de Toulouse, pour servir de supplément aux observations sur l'ordonnance du mois de février 1731. 2e édit.

Toulouse. 1761. Birosse. 2 vol. in-4°.

569. — Commentaire de l'ordonnance de Louis XV sur les substitutions. Du mois d'août 1747. Par M. Furgole.
Paris. 1767. Hérissant fils. 1 vol. in-4°.

570. — Traitez de la représentation, du double lien, et de la règle *paterna paternis, materna maternis*, par rapport à toutes les coutumes de France. Par M. *François* Guyné. Nouv. édit.
Paris. 1727. Montalant. 1 vol. in-4°.

571. — Traitez du douaire et de la garde-noble et bourgeoise, qu'on appelle bail en plusieurs coustumes. Par M. *Philippe* de Renusson.
Paris. 1699. Cavelier. 1 vol. in-4°.

572. — Même ouvrage.
Paris. 1724. Compagnie des libraires. 1 vol. in-4°.

Cet ouvrage est le même, le titre seul est changé.

573. — *Andreæ* Tiraquelli commentarii de utroque retractu et municipali et conventionali, ex integris in Pictonum consuetudines commentariis, in quibus non solùm Pictaviæ, sed et universæ Galliæ, ceterarumque gentium decreta ad eam rem pertinentia exposita sunt.
Parisiis. 1549. Audoenus Parvus. 1 vol. in-fol.

574. — Traité des propres réels, réputez réels et conventionels, où sont traitées les notables questions du droit françois. Par M. P.-H.-D.-R. (*Ph.* de Renusson).
Paris. 1681. Bobin. 1 vol. in-fol.

575. — Même ouvrage. Nouvelle édit.
Paris. 1700. Le Febvre. 1 vol. in-4°.

576. — Même ouvrage. 4ᵉ édit.
Paris. 1733. Emery. 1 vol. in-4°.

577. — Advis sur la clause vulgairement apposée aux con-

tracts *de fournir et faire valoir* une debte ou une vente.
> Paris. 1694. R. Estienne. 1 vol. in-8º.

578.— Traité de la subrogation de ceux qui succèdent au lieu et place des créanciers: où sont traittées les questions ardues et difficiles de cette matière. Par M. Ph.-D.-R. (*Philippe* DE RENUSSON).
> Paris. 1685. Le Gras. 1 vol. in-4º.

579.— Même ouvrage. Nouvelle édit.
> Paris. 1733. Emery. 1 vol. in-4º.

580.— *Ludovici* POSTII tractatus mandati de manutenendo, sive summariissimi possessorii interim. In duo volumina divisus. Primum observationes. Secundum decisiones (sac. Rotæ Romanæ) continet. Ed. noviss.
> Lugduni. 1674. D. Gayet. 2 en 1 vol. in-fol.

2º *Droit féodal.*

581.— *Jacobus* ALVAROTUS super feudis.
> Venetiis. 1506. P. Pincio. 1 vol. in-fol.

582.— *Franc.* HOTOMANI de feudis commentatio tripertita: hoc est, Disputatio de jure feudali. Commentarius in usus feudorum. Dictionarium verborum feudalium.
> Lugduni. 1573. J. Lertotius. 1 vol. in-fol.

583.— Consilia feudalia, ex variorum doctorum scriptis diligentissime collecta. Hac postera editione à M. D. *Leonardo* A LEGE recognita.
> Francofurti. 1573. G. Corvinus. 1 vol. in-fol.

584.— *Arnoldi* CORVINI jus feudale, per aphorismos strictim explicatum. Editio altera.
> Amstelædami. 1660. Off. Elzeviriana. 1 vol. in-12.

585.— De l'origine des fiefs et rierefiefs, par *Jean* de Basmaison-Pougnet.

Paris. 1611. Buon. 1 vol. in-8°.

A la suite :

— Contr'-opinion sur l'union du fief au demaine public par la concurrence de la seigneurie d'iceux avec celle du Royaume en une personne. Par M. *Clément* Vaillant.

Tours. in-8°. *Sans titre.*

586.— De l'usage des fiefs et autres droits seigneuriaux. Par M° *Denis* de Salvaing. Contenant plusieurs remarques incidentes servant à l'histoire de Dauphiné.

Grenoble. 1668. Jean Nicolas. 1 vol. in-8°.

587.— Les principes du droit françois sur les fiefs, avec des modèles pour dresser les actes de foy et hommage, les dénombremens, les saisies féodales, et autres actes, concernans la matière des fiefs. Par M. Billlecocq.

Paris. 1729. Sevestre. 1 vol. in-12.

588.— Traité des fiefs, tant pour le pays coutumier, que pour les pays de droit écrit. Par M° *G.-A.* Guyot.

Paris. 1742-1746. Saugrain. 4 vol. in-4°.

589.— Nouvel examen de l'usage général des fiefs en France, pendant les xi, xii, xiii et xiv° siècles; pour servir à l'intelligence des plus anciens titres du domaine de la couronne, et de l'histoire. Par M. *Nic.* Brussel.

Paris. 1750. De Nully. 2 vol. in-4°.

590.— Traité des fiefs. Par M. *Claude* Pocquet de Livoniere. 4° édit.

Paris. 1756. Le Mercier. 1 vol. in-4°.

591.— Les devoirs des seigneurs dans leurs terres. Suivant les ordonnances de France. Divisez en trois parties. (Par le S͏ᵣ de Laval [le duc L.-Ch. d'Albert de Luynes]).
Paris. 1687. Saugrain. 1 vol. in-12.

592.— Traité des justices de seigneur, et des droits en dépendants, conformément à la jurisprudence actuelle des différents tribunaux du Royaume, suivi des pièces justificatives qui ont trait à la matière. Par M. Jacquet.
Paris. 1764. Cellot. 1 vol. in-4º.

593.— Maximes générales sur les droits domaniaux et seigneuriaux, tels que les lods et ventes, échanges, reliefs ou rachats, et déport de minorité. (Par M. de Cabanel). 2ᵉ édit.
Paris. 1755. Prault. 1 vol. in-12.

594.— Traité de la perfection, et confection des papiers terriers généraux du Roy, des appanages des princes, seigneurs patrimoniaux, engagistes domaniaux, seigneurs ecclésiastiques, gens de main-morte et autres particuliers, qui ont des terres titrées, ou de simples fiefs sans justice, dans toute l'étendue du Royaume. Avec un recueil des anciens édits, déclarations du Roy, lettres patentes, arrêts et règlemens du Conseil et des Cours supérieures du Royaume, rendus au sujet desdits terriers. Par Mᵉ Bellami.
Paris. 1746. Paulus du Mesnil. 1 vol. in-4º.

595.— La pratique universelle, pour la rénovation des terriers et des droits seigneuriaux, contenant les questions les plus importantes sur cette matière, et leurs décisions, tant pour les pays coutumiers que ceux régis par le droit-écrit. Par M. *Edme* DE LA POIX DE FRÉMINVILLE. 2ᵉ édit.

Paris. 1742-57. Despilly. 5 vol. in-4º.

596.— Le livre des seigneurs, ou le papier terrier perpétuel, qui indique la manière de renouveller les terriers et de les rendre utiles à perpétuité, pour la conservation des droits de la seigneurie. (Par *A*. CLÉMENT DE BOISSY).

Paris. 1776. Cellot. 1 vol. in-4º.

597.— Supplément aux œuvres de M. L** F** (*J.-J.* LE FRANC DE POMPIGNAN). Dissertation sur les biens nobles, avec des observations sur le vingtième. — Lettre à M. le Chancelier. — Recueil de remontrances. — Lettre du Parlement de Toulouse au Roi. — Très humbles et très respectueuses remontrances que présentent au Roi, notre très honoré et souverain Seigneur, les Gens tenant sa Cour des aides à Montauban.

S. n. n. l. 1758. 1 vol. in-12.

3º *Matières domaniales.*

598.— Dictionnaire raisonné des domaines et droits domaniaux ; des droits d'échange, et de ceux de contrôle des actes des notaires et sous-signatures privées, insinuations laïques, centième denier, petit-scel, contrôle des exploits, formule, gréfes, droits-réservés, francs-fiefs, amortissement, et nouvel-acquêt. (Par M. BOSQUET.)

Rouen. 1762. Le Boullenger. 3 vol. in-4º.

**— *Renati* CHOPPINI de domanio Franciæ libri III.

Vide nº : 546.

599.— Les œuvres de *Jean* BACQUET. Des droicts du domaine de la couronne de France. Augmentées en cette der-

nière édition du Traicté des rentes par le mesme autheur. Divisées en quatre tomes.
>> Rouen. 1616. Vereul. 4 en 1 vol. in-4º.

600.— Même ouvrage. Dernière édition à laquelle sont adjoustez plusieurs annotations par M° *Nicolas* BELUT.
>> Paris. 1616-1621. Cl. Cramoisy. 1 vol. in-fol.

601.— OEuvres de M° *Jean* BACQUET, augmentées de plusieurs questions, decisions et arrests des Cours souveraines de France, par M° *Claude* DE FERRIÈRE.
>> Paris. 1688. Cochart. 1 vol. in-fol.

602.— Traité de la connoissance des droits et des domaines du Roy, et de ceux des seigneurs particuliers qui relèvent médiatement ou immédiatement de sa Majesté. Et des moyens utiles et nécessaires tant pour faire reconnoître les droits féodaux et seigneuriaux, censuels et casuels, et plusieurs autres droits, que pour agir avec ordre à la confection des papiers terriers desdits domaines, et faire le recouvrement des droits qui en dépendent. Avec la procédure et les formules de foy et hommage, aveus et dénombremens, etc. Par M. BERTHELOT DU FERRIER.
>> Paris. 1719. Collombat. 1 vol. in-4º.

603.— De l'origine du droit d'amortissement. Par M° *Eusebe* de L** (LAURIÈRE).
>> Paris. 1692. S. Bobin. 1 vol. in-12.

604.— Des amortissemens, nouveaux acquêts, et franc-fiefs; depuis leur institution, jusques et compris les derniers édits et déclarations du feu Roi Louis Le Grand. Par le sieur JARRY. N° éd.
>> Paris. 1717. V° Le Febvre. 1 vol in-12.

605.— Mémoire historique sur les droits d'amortissemens, et de nouveaux acquests, contenant leur origine, le précis des règlemens rendus sur ce fait; ce qui est assujetti au payement d'iceux, et ce qui en est exempt.

Paris. 1726. V° Saugrain. Pièce in-4°.

4° *Eaux et Forêts*.

606. — Mémorial alphabétique des matières des eaux et forêts, pesches et chasses, avec les édits, ordonnances, déclarations, arrests et règlemens rendus jusqu'à présent sur ces matières. (Par *Michel* NOEL.)
Paris. 1737. Rollin. 1 vol. in-4°.

607. — Instruction sur le faict des eaues et forests. Contenant en abregé les moyens de les gouverner et administrer suivant les ordonnances des Roys tant anciennes que nouvelles, arrests et reiglemens sur ce donnez, et autres observations accoustumées. Par *Jacques* DE CHAUFFOURT, 3e édit. augm. d'annotations nécessaires sur plusieurs articles : et à la fin d'un Recueil des lieux où l'on a accoustumé mettre les relais pour faire la chasse au cerf.
Rouen. 1618. David du Petit Val. 1 vol. in-8°.

608. — Nouvelle instruction pour les gardes des eaües et forests, pesches et chasses. Avec une manière très-facile pour dresser leurs procez verbaux et raports, conformément à l'ordonnance du mois d'aoust 1669. Ensemble les édits, arrests et règlemens concernans leurs priviléges et exemptions. (Par CHARPENTIER).
Paris. 1692. Charpentier. 1 vol. in-12.

609. — Commentaire sur l'ordonnance des eaux et forêts du mois d'août 1669. (Par *Dan.* JOUSSE).
Paris. 1772. Debure. 1 vol. in-12.

610. — Code pénal des eaux et forests, ou Précis raisonné

des ordonnances, arrêts et règlements sur les délits, peines et amendes en matières d'eaux et forêts; suivi d'un commentaire sur l'édit du mois de mai 1716. Par M° *Jean* Henriquez.
Paris. 1781. Delalain. 1 vol. in-12. Tome Ier.

611.— Nouveau traité du droit de chasse, avec un recueil des ordonnances, édits, déclarations, arrests et réglemens, depuis Philippes le Long, jusques à Louis XIV, concernant la chasse. Et des nottes tirées des meilleurs auteurs qui ont traitté de cette matière. (Par *F.* de Launay). Ensemble un Discours de l'origine de la chasse, composé par M. Gamar.
Paris. 1681. Quinet. 1 vol. in-12.

612.— Code des chasses ou nouveau traité du droit des chasses, suivant la jurisprudence de l'ordonnance de Louis XIV du mois d'août 1669. Mise en conférence avec les anciennes et les nouvelles ordonnances, édits, déclarations, arrêts, règlemens et autres jugemens rendus sur le fait desdites chasses. 2° édition. Par Saugrain l'aîné.
Paris. 1720. Saugrain et Prault. 2 vol. in-12.

613.— Traité des grueries seigneuriales, ou commentaire sur la déclaration du Roi du 8 janvier 1715 concernant la compétence des officiers des seigneurs en matières d'eaux et forêts. Pour servir de suite au Code des seigneurs hauts justiciers et féodaux. Par M° *Jean* Henriquez.
Paris. 1786. Nyon aîné. 1 vol. in-12.

5° *Impositions.* — *Aides.* — *Tailles.* — *Gabelles.* — *Offices de finances.*

614.— Dictionnaire des aydes, ou les dispositions, tant des

ordonnances de 1680 et 1681, que des règlemens rendus en interprétation jusqu'à présent, distribuées dans un ordre alphabétique.... N° éd. rev. corr. et aug. de plus de 900 articles, et de plusieurs règlemens et instructions essentiels sur cette matière. Par le Sieur *Pierre* Brunet de Granmaison.
    Paris. 1730. Prault. 2 vol. en 1 vol. in-12.

615.— Nouveau traité des élections, contenant l'origine de la taille, aides, gabelles, octrois, et autres impositions, leurs différences, et comment elles se lèvent dans le Royaume, etc. Par M. *Pierre* Vieuille.
    Paris. 1739. Legras. 1 vol. in-8°.

616.— Les aydes de France, et leur régie; suivant les ordonnances des mois de juin 1680 et de juillet 1681 et les édits, déclarations, arrests et règlemens rendus en interprétation d'icelles. Par le S' de Roquemont.
    Paris. 1704. Saugrain. 1 vol. in-12.

617.— Traité des aydes pour tous les lieux où ils ont cours. Contenant les abus qui s'y glissent, les fraudes qui s'y commettent, tant par les redevables que par les employez. L'instruction pour les supprimer par l'exercice conformément à l'ordonnance du mois de juin 1680.... Par M° *Pierre* Asse.
    Paris. 1704. Libraires associez. 1 vol. in-12.

618.— Traité général des droits d'aides. Par M. Lefebvre de la Bellande.
    Paris. 1760. Prault. 1 vol. in-4°.

619.— Les exercices des aydes de Normandie, qui peuvent aussi servir pour la régie des aydes de France, avec la fonction des controlleurs généraux, des ambulans, et de ceux qui sont establis pour veiller à la conduite des commis, et à la conservation des droits des fermes de sa Majesté. Suivie d'un modele de procès verbaux de plusieurs natures de fraudes. Par *Louis* GUERIN.

Paris. 1687. André Cramoisy. 1 vol. in-8°.

620. — Tarif des droits de quatrième sur les vins et boissons qui se vendent en detail dans les villes, bourgs et paroisses de la province de Normandie. Avec l'Instruction sur la jauge, par M. LEGER.

Rouen. 1756. R. Lallemant. 1 vol. in-12.

621. — Le guidon général des finances, avec les annotations de M. *Vincent* GELÉE. Livre tres nécessaire à tous les comptables et officiers de finance; comme aussi aux gens ecclesiastiques et nobles, pour l'éclaircissement de leurs cens, rentes et revenus. Le tout reveu corrigé et augmenté, par M. *Sebastian* HARDY.

Paris. 1644. Le Gras. 1 vol. in-8°.

622. — Traité de la jurisdiction des trésoriers de France, tant en matière de domaine et de voirie, que de finance. Par M. (*Daniel* JOUSSE).

Paris. 1777. De Bure. 2 vol. in-12.

623. — Traité des monnoies, et de la jurisdiction de la Cour des monnoies, en forme de dictionnaire. Par M. ABOT DE BAZINGHEN.

Paris. 1764. Guillyn. 2 vol. in-4°.

6° *Commerce. — Usure.*

** — Dictionnaire universel du commerce. Ouvrage posthume de *Jacques* SAVARY DES BRUSLONS. Continué et donné au public par *Ph. L.* SAVARY son frère.

Paris. 1741. V° Estienne. 3 vol. in-fol.

Voyez : *Sciences et arts.* — 1279.

624.— Tractatus commerciorum et usurarum, redituumque pecunia constitutorum, et monetarum, cum nova et analytica explicatione l. *eos. C. de usur.* l. *periculi precium.* ff. *de nau. fœn.* et omnium legum usurariarum, multarumque legum et canonum vero et nativo novè detecto intellectu, authore C. MOLINÆO.
   Parisiis. 1555. Guil. Niger. 1 vol. in-4°.

625.— Idem opus, etc. *Gaspare* CABALLINO compilatore.
   Lugduni. 1582. Pesnot. 1 vol. in-8°.

626.— Summaire du livre analytique des contractz, usures, rentes constituées, interestz et monnoyes, composé par Maistre *C.* DU MOLIN. Ledict summaire nouvellement extraict et dicté par le mesme autheur en langue françoyse, pour le bien, honneur et utilité de la republicque de France, et de tous bons Françoys.
   Paris. 1547. P^{re} Gaultier. 1 vol. in-4°.

627.— Institutio societatis æquissima et partium ejus exactissima constitutio. Cum declarationibus in medium lucrum. Auctore *Michaele* SEBASTIAN.
   Cæsar Augustæ. 1626. Joa. de Larumbe. 1 vol. in-4°.

628.— R. P. *Josephi* GIBALINI de usuris, commerciis, deque æquitate et usu fori Lugdunensis : cum accurata usurarum; ejus quod interest; annuorum redituum, cambiorum; societatum et contractuum omnium explicatione, tractatio bipartita.
   Lugduni. 1656. Rigaud. 2 en 1 vol. in-fol.

629.— R. P. *Josephi* GIBALINI de universa rerum humanarum negotiatione, tractatio scientifica, utrique foro perutilis. Ex jure naturali, ecclesiastico, civili, Romano, et Gallico.
   Lugduni. 1663. Borde. 2 vol. in-fol.

630.— Diatriba de mutuo, non esse alienationem. Adversus

Coprianum quemdam juris doctorem. Auctore *Alexio* à Massalia, Domino de *Sancto Lupo*.

Lugd. Bat. 1640. Maire. 1 vol. in-8°.

631.— Paraphrase des droicts des usures et contracts pignoratifs. Par Fr. Grimaudet. 2ᵉ edit.

Paris. 1583. Chesneau. 1 vol. in-8°.

A la suite :

— Ordonnances royales sur le faict des usures depuis l'an mil trois cens unze jusques à huy. Avecq les edictz et commissions données par le Roy Henry III à present regnant, sur l'article 202, de ses estats de Blois, portant pouvoir à la premiere chambre des enquestes du Parlement de Paris, de juger en forme de seconde Tournelle, pour congnoistre dudict crime d'usure, privativement à tous autres juges sur peine de nullité. Mesmes pour subdeleguer juges par toutes les provinces de son Royaume à cet effect. Ensemble la declaration du benefice octroyé par sa majesté aux debiteurs desdicts usuriers, pour les interests des gaiges et sommes usuraires, etc.

Paris. 1582. Claude de Montre-œil. in-8°.

**— Voyez pour ce qui concerne l'usure et le prêt à intérêt au point de vue moral, le volume *Théologie*.

632.— Traicté des changes et rechanges, licites et illicites, et moyens de pourvoir aux fraudes des banqueroutes. Plus un Traicté de la jurisdiction des juges-consuls. (Par M. Mareschal.)

Paris. 1625. N. Buon. 1 vol. in-8°.

633.— L'Instruction françoise. Contenant la vraye méthode de rediger par escript avec facilité, toutes promesses et lettres de change, societez de marchands, testamens olographes, fondations, substitutions et autres

actes en general, qui se peuvent faire souz seing privé. Par Maistre *C.* DE BEAUNE.
  Paris. 1642. Rocolet. 1 vol. in-8°.

634.— Le Praticien des juges et consuls, ou traité de commerce de terre et de mer. A l'usage des marchands, négocians, banquiers, agens de change, et gens d'affaires. Contenant la pratique suivie dans les jurisdictions consulaires, et dans les autres tribunaux où les procès pour le fait de commerce sont jugés. (Par COUCHOT.) N° édit.
  Paris. 1742. Saugrain. 1 vol. in-4°.

635.— Code du fabricant, ou résumé sommaire des principaux règlemens concernant les arts et métiers.
  Abbeville. 1788. Devérité. 2 vol. in-12.

—Voyez aussi ; *Sciences et Arts*, n° 1279 et suiv.

7° *Droit maritime.*

636.— Us et coustumes de la mer. Divisées en trois parties. I. De la navigation. II. Du commerce naval, et contracts maritimes. III. De la jurisdiction de la marine. Avec un Traicté des termes de marine, et reglemens de la navigation des fleuves et rivières. Le tout reveu, corrig. augm. par l'autheur en ceste dernière édition. (Par *Étienne* CLEIRAC.)
  Bourdeaux. 1661. Millanges. 1 vol. in-4°.

8° *Droit militaire.*

637.— *Johannis* VOET de jure militari liber singularis, in quo plurimæ ad militiæ militumque jura pertinen-

tes controversiæ juxta leges, gentium mores, et rerum judicatarum exempla sunt definitæ.
Ultrajecti. 1670. Smytegelt. 1 vol. in-8°.

9° *Police.*

638. — Dictionnaire ou traité de la police générale des villes, bourgs, paroisses, et seigneureries de la campagne, dans lequel on trouvera tout ce qui est nécessaire de savoir et de pratiquer en cette partie. Par M° *Edme* DE LA POIX DE FRÉMINVILLE. N° édit.
Paris. 1775. Les Associés. 1 vol. in-8°.

639. — Traité de la police, où l'on trouvera l'histoire de son établissement, les fonctions et les prérogatives de ses magistrats, toutes les loix et tous les règlemens qui la concernent : on y a joint une description historique et topographique de Paris et huit plans gravez, qui représentent son ancien état et ses divers accroissemens ; avec un recueil de tous les statuts et reglemens des six corps des marchands et de toutes les communautez des arts et métiers. Par M. DELAMARE.
Paris. 1705-1719. Brunet. 3 vol. in-fol.

**— Dictionnaire de police et de municipalité. Par *J.* PEUCHET.
Paris. 1789-91. V° Agasse. 2 vol. in-4°.

Voyez : *Encyclopédie méthodique.*

640. — Code de la police, ou analyse des règlemens de police, divisé en douze titres. Par M. D. (DUCHESNE.) 2° édit. rev., corr. et augm.
Paris. 1758. Prault. 1 vol. in-12.

641. — Même ouvrage. 3° édit.
Paris. 1761. Prault. 1 vol. in-12.

642.— Les loix des batimens, suivant la coutume de Paris, traitant de ce qui concerne les servitudes réelles, les rapports des jurés-experts, les réparations locatives, douairières, usufruitières, bénéficiales, etc., enseignées par M. Desgodets; avec les notes de M. Goupy. N° édit.
Paris. 1777. De Bure. 1 vol. in-8°.

643.— Traité du droit de voyerie, contenant un recueil des édits, déclarations, arrests et règlemens qui ont attribué la connoissance de ce droit aux trésoriers de France généraux des finances. Par *Gérard* Mellier.
Paris. 1709. Simart. 1 vol. in-12.

644.— Exposition des coutumes, sur la largeur des chemins, sur la destination des péages, sur la question, *si la voyerie est une suitte de la haute-justice,* et sur la durée de la garantie des ouvrages publics. (Par M. Fremin.)
Paris. 1686. Saugrain. 1 vol. in-12.

10° — *Droit criminel.*

645.— Discours sur l'administration de la justice criminelle, prononcé par M. S*** (*A. J. M.* Servan).
Genève 1767. 1 vol. in-12.

646.— Practique judiciaire es causes criminelles, tres-utile et necessaire à tous baillifz, prevostz, seneschaux, escoutettes, maires, drossartz, et autres justiciers et officiers de toutes provinces. Autheur Messire *Josse* de Damhoudere.
Anvers. 1564. Bellere. 1 vol. in-4°. fig.

647.— La justice criminelle de la France, signalée des exemples les plus notables, depuis l'establissement de ceste monarchie, jusques à present. Par M• *Laurens* Bouchel.

Paris. 1621. Petit-Pas. 1 vol. in-4°.

648.— Traité des matières criminelles, suivant l'ordonnance du mois d'août 1670, et les édits, déclarations du Roi, arrêts et réglemens intervenus jusqu'à présent. Divisé en quatre parties. Par M° *Guy* du Rousseaud de la Combe. 6° édit.

Paris. 1769. Savoye. 1 vol. in-4°.

649.— De la manière de poursuivre les crimes dans les différens tribunaux du Royaume. Avec les loix criminelles depuis 1256 jusqu'à présent. Sur la compétence des juges royaux, celle des juges des seigneurs et des prévôts des maréchaux, soit en première instance, soit en cause d'appel, tant simple que comme d'abus, conflits, réglemens de juges, etc. Le tout suivant la jurisprudence françoise civile et canonique, et l'ordonnance de 1670. (Par M. *Jean* Meslé ou Mesley.)

Paris. 1739. Mouchet et Prault. 2 vol. in-4°.

650.— Nouveau style criminel. Par M. Dumont.

Paris. 1770. V° Regnard. 2 vol. in-12.

651.— *Andreas* Tiraquellus de pœnis legum, ac consuetudinum, statutorumque temperandis, aut etiam remittendis, et id quibus quotque ex causis.

Lugduni. 1559. Cl. Sennetonius. 1 vol. in-fol.

652.— Ad legem regiam Molinæis habitam, de abrogata testium, à libra centena, probatione, commentarius. Per *Jo.* Bossellum Borderium.

Pictavii. 1582. Off. Bochetorum. 1 vol. in-4°.

653.— Traité de la preuve par témoins en matière civile,

contenant le commentaire latin et françois de M. Jean BOICEAU sur l'article 54 de l'ordonnance de Moulins... Et des observations sur l'art. 55 de l'ordonnance de Moulins et sur le titre 20 de l'ordonnance de 1667. Le tout conféré avec l'Edit perpétuel des Archiducs, les ordonnances, statuts et coutumes de Milan, de Bologne la Grasse, de Naples, de Portugal et des autres païs qui ont rapport à l'usage du droit françois sur cette matière. Par M. DANTY. On a ajouté dans cette seconde édition, le Traité de la preuve par comparaison d'écritures, de M. LE VAYER (DE BOUTIGNY).
>>Paris. 1715. Montalant. 1 vol. in-4°.

654. — Même ouvrage. 4ᵉ édit.
>>Paris. 1737. Montalant. 1 vol. in-4°.

655. — Traité des inscriptions en faux et reconnoissances d'escritures et signatures par comparaison et autrement. Par *Jacques* RAVENEAU.
>>Paris. 1666. Jolly. 1 vol. in-12.

656. — Traité contenant la manière de procéder à toutes vérifications d'écritures contestées en justice. Par le Sʳ DE BLEGNY.
>>Paris. 1698. Cavelier. 1 vol. in-12.

657. — De scriptura privata tractatus novus plenissimus, excell. D. *Nicolai* DE PASSERIBUS à JANUA, in quinque libros distinctus.
>>Spiræ. 1613. Kembachius. 1 vol. in-8°.

658. — Traité des violences publiques et particulières par M. *Maximilien* MURENA. Auquel on a joint une Dissertation du même auteur sur les *Devoirs des juges*. Traduction de l'italien par M. PINGERON.
>>Paris. 1769. Delalain. 1 v. in-12.

659.— Traité de la peine de péculat, selon les loix et l'usage de France. (Par M. L'Hoste.)
Sans titre. 1 vol. in-4º.

660.— Observations sur un manuscrit intitulé Traitté du peculat. (Par M. Le Vayer de Boutigny).
S. n. n. l. 1666. 1 vol. in-16.

D. — Procédure et pratique judiciaire.

661.— Practica nova composita per famosissimum necnon eximium legum doctorem *Johannem Petri* Ferrariis de Papia.
S. n. n. l. n. d. 1 vol. in-fol.

662.— Practica singularis ac perutilis conspicui domini *Johannis Petri* de Ferrariis una cum additionibus domini *Francisci* de Curte.
Lugduni. 1502. Jehan de Vingle. 1 vol. in-4º.

663.— Aureus ac perutilis tractatus domini Masuerii judiciorum praxim (haud contemnendas fore consuetudines), curieque parlamenti supreme ac altarum curiarum stilum continens. Noviter impressus et castigatus. Necnon in margine apostilatus. Et in textu mirifice additionatus.
Parisiis. 1517. Jehan Petit. 1 vol. in-8º.

A la suite :

— Liber fugitivus a magistro Nepote *de Monte Albano,* subtili et laborioso ingenio in lucem proditus : frequens et quotidianus in aulis ecclesiasticis et secularibus. Noviter impressus : et a multis erroribus impressorum vitio extirpatus. Cum cotationibus : additionibus : et apostilliis in margine appositis.
Parisiis. 1527. Joh. Petit. in-8º.

664. — MASUERII practica forensis, nunc primùm castigatiùs, quàm unquàm, edita, et novis additionibus summariisque aucta et locupletata... — Cui adjectus est, ob materiæ vicinitatem, libellus de Exceptionibus in utroque foro, M. NEPOTIS à MONTE ALBANO, quem Fugitivum vulgò vocant. — His omnibus accesserunt passim insignioribus in locis aliquot breves, utiles et necessariæ jurium explicationes, etc. Annotatæ à *Matthia* CASTRITIO *Darmstatino*.

Lugduni. 1577. Clem. Baudin. 1 vol. in-8º.

665. — La practique de MASUER mise en françois par *Ant.* FONTANON. Nᵉ edit. augm. et enrichie de plusieurs annotations et traictez, outre les precedentes editions. Par Mᵉ *Pierre* GUENOYS.

Paris. 1606. Nivelle. 1 vol in-4º.

666. — Subtilissimi necnon prestantissimi legum interpretis Domini *Petri* JACOBI aurea et studiosis omnibus haud dubie perutilis Practica congruis et necessariis libellis ordine decenti collatis, quam plurimis etiam additionibus nuper insertis decorata : cui rubricarum connumeratio est adjecta...

Lugduni. 1535. Scipio de Gabiano. 1 vol. in-8º.

667. — Stylus et praxis in regales constitutiones, et patrios Francorum mores. Primum autore, ac denuo auctore D. *Joan.* MILLÆO. Ab eodemque eruditissimis illustrata commentariis....

Lugduni. 1556. Fratres Sennetonii. 1 vol. in-fol. Port.

668. — Ordo perantiquus judiciorum civilium, eorumque solennia. Auctore *C.* BRETO.

Parisiis. 1604. L'Angelier. 1 vol. in-4º.

669. — La practique judiciaire, civile et criminelle, receue et observée par tout le Royaume de France. Compo-

sée par M. *Jean* IMBERT. Illustrée et enrichie de plusieurs doctes commentaires, interprétations et annotations... par M. *P.* GUENOIS et M. *B.* AUTOMNE.
Paris. 1624. La Société. 1 vol. in-4°.

À la suite :

— Enchiridion ou brief recueil du droict escrit, gardé et observé, ou abrogé en France. Par M. *Jean* IMBERT. Reveu, corrigé, augmenté et additionné par M. *Pierre* GUENOIS, et depuis, par *B.* AUTOMNE.
Paris. 1623. in-4°.

670. — La pratique civile et criminelle des Cours souveraines et Présidiaux de France, par Messire *Pierre* LISET... Enrichie de plusieurs belles et doctes annotations par M*e Claude* BERNARD.
Paris. 1658. Bobin. 1 vol. in-8°.

671. — Le nouveau praticien françois, contenant une facile instruction de toutes les matières civiles et criminelles, bénéficiales et de finance : pour ceux qui se veulent faire recevoir officiers des Parlemens, Chambres des comptes, Cours des aydes, etc. Par M. *Réné* GASTIER (*François* LANGE). 3e édition.
Paris. 1667. Guignard. 1 vol. in-4°. Port.

À la suite :

— Nouvelle instruction pour les Officiers des finances, de la Chambre des comptes, des Trésoriers de France, et autres qui reçoivent et distribuent à présent les deniers du Roy, provenant du revenu de son Royaume.
Paris. 1667.   in-4°.

672. — Les nouveaux styles des Cours de Parlement, des aydes, requestes du palais, et de l'hostel, Chambre des comptes, et du thrésor, et autres jurisdictions,

etc.; contenans les privileges attribuez ausdites Cours, les causes qui s'y traittent, et la forme d'y procéder, tant en matière civile que criminelle et bénéficiale. Par M. *Réné* GASTIER (*François* LANGE). N° éd. rev. corr. et augm.

Paris. 1666-1668. Guignard. 2 en 1 vol. in-4°.

673. — La nouvelle pratique civile, criminelle et bénéficiale, ou le nouveau praticien françois, reformé suivant les nouvelles ordonnances, et augmenté en cette derniere édition. Par feu M° L'ANGE.

Paris. 1685. Guignard. 1 vol. in-4°. Port.

674. — Même ouvrage. Avec un Traité du droit d'indult et de la juridiction ecclésiastique, trouvé dans les manuscrits de l'auteur. Et un nouveau Stile des lettres de la Chancellerie, suivant l'usage qui se pratique à présent, par M. PIMONT. 15° édit., augm. par M***

Paris. 1755. Durand. 2 vol. in-4°.

675. — La véritable methode de sçavoir en bref la pratique, et de bien instruire toutes sortes de procez par régles et ordre de la procédure, tant civils que criminels. Composée par M° *Gerard* ROUSSEAU.

Paris. 1676. Loyson. 1 vol. in-4°.

676. — Le parfait praticien françois réformé suivant l'usage qui se pratique à present par toute la France : contenant la manière de traiter toutes les questions, en matière civile, criminelle, bénéficiale, de finances, etc., tirée des ordonnances, des arrests et des coustumes de France. Par M° MERCIER.

Paris. 1685. Besoigne. 1 vol. in-4°.

677. — Stile universel de toutes les Cours et jurisdictions du Royaume pour l'instruction des matières civiles et

criminelles (suivant les ordonnances du Roy Henry II et de Louis XIV). Par M. Gauret.

Paris. 1702. Les Associez. 1715. Fournier. 4 vol. in-4°.

678.— Stile universel de toutes les Cours et jurisdictions du Royaume, pour l'instruction des matières civiles et criminelles, suivant l'ordonnance de Louis XIV du mois d'avril 1667 et du mois d'août 1670. Par M. Gauret.

Paris. 1734. Les Associez. 2 vol. in-12.

679.— Le praticien universel ou le droit françois et la pratique de toutes les jurisdictions du Royaume, suivant les nouvelles ordonnances. Pour servir à décider les plus importantes questions sur les matières civiles, criminelles et bénéficiales; et à conduire la plus dificile procédure dans toutes les espéces de causes, d'instances et de procès. Avec des modèles de toutes les sortes d'écritures d'avocat; d'actes obligatoires, et un recueil de règlemens pour la taxe dépens. Par M. Couchot. N° éd. (rev. par M. du Rousseaud de la Combe).

Paris. 1712. Jacques Le Febvre. 6 vol. in-12.

680.— Instruction facile sur les conventions, ou principes à la portée de toutes sortes de personnes; sur les ventes, louages, dettes, et sur les conventions en général. (Par M. Jussieu de Montluel).

Paris. 1760. Lottin. 1 vol. in-12.

681.— Instruction facile sur les conventions, ou notions simples sur les divers engagemens qu'on peut prendre dans la société, et leurs suites. (Par M. Jussieu de Montluel). 4° édition.

Paris. 1770. Au Palais. 1 vol. in-12.

682.— Formules d'actes et de procédures pour l'exécution

de l'ordonnance de Louis XIV donnée à S. Germain en Laye au mois d'avril 1667, dressées par ordre de sa Majesté, et veues par Nosseigneurs les Commissaires de la reformation.

Paris. 1668. Henault. 1 vol. in-4°.

683.— Formules d'actes et de procédures pour l'exécution des ordonnances de Louis XIV des mois d'aoust 1669 et aoust 1670. Pour les évocations : les réglemens de juges en matière civile et criminelle : les committimus ; les gardes gardiennes; les lettres d'Estat : les repys ; et pour les matières criminelles. Dressées par ordre de sa Majesté et veues par Nosseigneurs les Commissaires de la réformation.

Paris. 1671. Henault. 1 vol. in-4°.

684.— Stilus supreme curie parlamenti Pariensis, cum additionibus domini *Stephani* AUFRERII. Cui addita est in duello procedendi forma. — Stilus curie parlamenti Tholosani. — Stilus requestarum palatii Pariensis. — Ordinationes regie per sanctiss. Ludovicum, Philippum dictum le bel, Ludovicum Hutin, Philippum Valesianum, Johannem primum, Carolum V, VI et VII, Ludovicum XI et Carolum VIII Francorum reges christianiss. edicte. — Tractatus de juribus et privilegiis Regis Francie. — Tractatus de auctoritate magni consilii et parlamentorum regni Francie. — Questiones per arresta decise, et a *Jo.* GALLO collecte. — De forma arrestorum. — Arresta tam Parisius quam Tholose in parlamento prolata.

Parisiis. 1542. Galliotus Pratensis. 1 vol. in-4°.

685.— Stilus antiquus supremæ Curiæ amplissimi ordinis Parlamenti Parisiensis, nuper è suo prototypo, et antiquis regestis ejusdem Curiæ de verbo ad verbum transsumptus, cum novis annotationibus Do.

Caroli Molinæi, et antiquis additionibus Do. *Stephani* Aufrerii... omnia novè recognita... et in septem partes distincta, studio succisivo præfati *Caroli* Molinæi, denuò ab eodem authore recognito et aucto.

Parisiis, 1558. Galeotus à Prato. 1 vol. in-4°.

686.— Stile general de practique, contenant l'ordre judiciaire et forme des procedures civiles et criminelles dont on use en toutes causes, tant en la Cour de Parlement et aux Requestes du Palais, qu'au Chastellet de Paris et autres lieux de ce Royaume. — Recueilly des œuvres des plus celebres praticiens françois anciens et modernes. 2ᵉ édit.

Paris. 1618. Gesselin. 1 vol. in-8°.

687.— Style et usage de la Cour des soumissions au pays de Provence. Contenant la forme et maniere de proceder en ladite Cour sur les executions des obligez, à l'exemple du petit seel de Montpelier, et de Sainct Marcelin en Dauphiné, composé en latin par M. *Claude* Margalet. Augmenté et mis en françois par M. *Jean* Margalet son fils.

Aix. 1641. David. 1 vol. in-8°.

688.— Nouveau stile du Châtelet de Paris, et de toutes les jurisdictions ordinaires du Royaume, tant en matière civile, criminelle, que de police. (Par *Ch.* Desmarquets).

Paris. 1726. Prudhomme. 1 vol. in-8°.

689.— La procédure civile du Châtelet de Paris, et de toutes les jurisdictions ordinaires du Royaume, démontrée par principes, et mise en action par des formules. Par M. Pigeau.

Paris. 1779. Vᵉ Desaint. 2 vol. in-4°.

690. — Explicatio ejus quod interest vera et legitima hactenus desiderata, in qua omnia necessario requisita in eo quod interest, ut judicialiter peti jure possit, antehac non satis cognita, breviter ostenduntur. Per *Philibertum* BONETIUM.

Parisiis. 1556. F. Regnauld. 1 vol. in-8°.

691. — Discours sur les incompétances et récusations, pour entendre en quelle jurisdiction il faut poursuyvre le sien, et estre poursuivy : ensuite éviter les portz et faveurs qui surviennent ès jugemens. Par *Jean* DURET.

Lyon. 1674. B. Rigaud. 1 vol. in-8°.

692. — Traitté et instruction pour les despens, taxe, et liquidation d'iceux. Ensemble le Traitté des lots et ventes, rev. et augm. Par M° *Louys* VREVIN.

Paris. 1618. Rousset et Rollin. 1 vol. in-8°.

693. — Traicté des moyens d'acquerir en general, avec les formes et solemnitez anciennement usitées és executions et contraintes des debteurs, ventes par decret et subhastations publiques, en quoy elles se rapportent, ou sont differentes, à l'usage receu par les loix et coustumes de ce Royaume. Illustré de plusieurs memorables exemples, arrests, et reiglemens des Cours souveraines. Par M. N. GOUGET.

Paris. 1611. Buon. 1 vol. in-8°.

694. — Traité et instruction pour les decrets, encheres, et criees. Suivant les ordonnances des Roys, ensemble les arrests de la Cour de Parlement sur ce intervenus. Mis en ordre par M. *Jean* ROCHETTE.

Paris. 1615. Nicolas Rousset. 1 vol. in-8°.

695. — Traité de la vente des immeubles par décret, avec un recueil des édits, déclarations et règlemens des

Cours souveraines sur ce sujet. N° éd. rev. corr. aug. Par M° *Louis* de HERICOURT.

Paris. 1739. Cavelier. 2 en 1 vol. in-4°.

696. — Traicté du droict certain des peremptions d'instances. Authorisé de loix, canons, ordonnances, et arrests de la Cour. Par M° *Jacques* LE FEBVRE.

Paris. 1616. Regnoul. 1 vol. in-12.

697. — Essai sur la valeur intrinsèque des fonds, ou le moyen de les apprécier, de faire connoître leurs bornes, leurs limites, leurs servitudes, de pénétrer dans leurs charges, et d'en donner le rapport exact et précis en justice. Par M° *François* MASSABIAU.

Londres. Paris. 1764. Knapen. 1 vol. in-12.

698. — Réglemens sur les scellez et inventaires, en matière civile et criminelle. Avec les principes qui ont donné lieu à ces réglemens, et qui en expliquent la pratique.... (Par le Sieur MESLÉ).

Paris. 1734. Th. Le Gras. 1 vol. in-4°.

699. — Le nouveau stile de la Chancellerie de France, et des Chancelleries establies prez les Parlements. Avec les règlements des chancelleries et taxes des seaux: le tout reveu et corrigé sur les originaux. Plus, l'Instruction generale des finances par *I.* L'ESCUYER. Avec le Traicté sur le faict de la Chambre des comptes; formulaire d'acquits, et instruction pour dresser requestes. — Le Guidon des Secretaires. — Le Stile et reglement du Conseil privé. — Le reglement et les instructions pour proceder au Grand Conseil.

Paris. 1622. Richer. 1 vol. in-8°.

A la suite, avec un titre spécial :

— L'instruction generale des finances. Divisée en trois parties. Avec deux traictez, l'un de la charge des

Thresoriers generaux de France, et l'autre de l'action de tous les Officiers de la Chambre des comptes, Par *I.* L'Escuyer.
Paris. 1622. J. Richer. in-8º

700.— Nouveau stile des lettres des Chancelleries de France, comme elles sont à present en usage, et qu'elles ont esté accordées et scellées par Mg. le Chancellier. Avec le receuil des règlemens des Chancelleries, privileges et exemptions des Secretaires de sa Majesté. Ensemble les taxes du Grand et Petit Sceau. Recueillies par le Sieur Du Sault.
Paris. 1666. Besongne. 1 vol. in-4º.

701.— Le parfait procureur, contenant la nouvelle manière de procéder, dans toutes les Cours et Jurisdictions du Roïaume, tant en matière civile que criminelle et bénéficiale, aides, tailles, gabeles, lods et ventes, criées et adjudications par décret. Tirée des ordonances, des arrêts et des coûtumes de France. Avec la resolution des questions les plus fréquentes de droit et de pratique : même sur les droits honorifiques des seigneurs dans les églises. Par *Pierre Néel* Duval.
Lyon. 1705. Boudet. 2 vol. in-4º

702.— La nouvelle instruction, ou le stile général des huissiers et sergens, qui leur enseigne la manière d'exploiter et de bien dresser tous exploits et autres actes concernant leurs fonctions, tant en matière civile que criminelle et bénéficiale, conformément aux nouvelles ordonnances. — Et une instruction judiciaire à la pratique, et sur le fait des jurisdictions consulaires, des livres, billets de change et des protests. Nᵉ édit. revue, corrig. et augm.
Paris. 1726. Charpentier. 1 vol. in-12.

703. — Nouveau protocole ou stile universel des huissiers et sergens. 3e édit.
Paris. 1714. Prudhomme. 1 vol. in-12.

704. — Même ouvrage. 4e édit.
Paris. 1730. Prudhomme. 1 vol. in-12.

NOTARIAT.

705. — Formulare instrumentorum, nec non ars notoriatus: cum tabulis subjectis.
Parisiis. 1525. Fr. Regnault. 1 vol. in-8º.

706. — Le vray et parfait instructif de la théorique et pratique générale des notaires de Paris. Contenant un recueil de toutes obligations, quittances, transports, brevets, marchez, procurations, baux, sommations, eschanges, transactions, contracts, venditions, constitutions, declarations, donations, testamens, codiciles, substitutions, inventaires, partages, et autres actes qui se passent journellement devant lesdits notaires. Avec le stil pour mettre tous lesdits actes en forme exécutoire, et la manière de les rediger par escrits, etc. Dernière édition. Par Me C. DE BEAUNE.
Paris. 1655. Rocolet. 1 vol. in-8º.

707. — Le nouveau et parfait notaire françois, contenant divers contrats, obligations, quittances, mesme pour les officiers des maisons royales, baux à loyer, à rente, à cens, surcens... Avec l'Instruction de ce qui doit estre fait et observé dans la suite pour l'execution d'iceux, et le stile pour mettre tous lesdits contracts en grosse et forme exécutoire. Par feu M. C. LEBRUN. Et mis en lumière par M. J. CASSAN.
Paris. 1665. Robin et Le Gras. 1 vol. in-8º.

708.— La science parfaite des notaires, ou le moyen de faire un parfait notaire. Contenant les ordonnances, arrêts et règlemens rendus touchant la fonction des notaires roïaux et apostoliques. Par M. *Claude* DE FERRIÈRE. N° édit.
Paris. 1704. Osmont. 1 vol. in-4°.

709.— Même ouvrage. N° éd. rev. corrig. et augm., par M° *Claude-Joseph* DE FERRIÈRE.
Paris. 1735. Cavelier. 2 vol. in-4°.

Voyez aussi plus loin : *Offices ecclésiastiques.*

E. — ARRÊTS ET DÉCISIONS.

1° *Recueils généraux.*

710.— Remarques du droict françois, confirmées par loix, ordonnances royaux, arrests des Cours souveraines, et authoritez des plus celebres decisionnaires de nostre temps. Recueillies des escrits et memoires de plusieurs hommes doctes par un sçavant et fameux advocat du Parlement de Toloze. — OEuvre meslé de diverses matières civiles, canoniques, beneficialles, feudalles, et criminelles, qui se traictent ordinairement au Palais. (Par *Raymond* DE L'EGLISE.)
Rouen. 1625. Manassez de Preaulx. 1 vol. in-8°.

711.— Arrests de la Cour décisifs de diverses questions, tant de droict, que de coustume, prononcez en robbes rouges, ou donnez sur procez partis, et autres. Avec un discours sur la verification du contract concernant le commerce et traffic general sur la mer, que l'on veut establir en France. Reduits selon les matieres par l'ordre de l'alphabet. Par M° *Jean* BOUGUIER.
Paris. 1634. J. Guignard. 1 vol. in-4°.

712. — La doctrine des arrests. Tirée de divers autheurs. Par Maistre *N.* Jovet.

Paris. 1663. Ant. de Sommaville. 1 vol. in-4°.

713. — La bibliothèque des arrests de tous les Parlemens de France, enrichie de plusieurs belles dispositions et raisons de droict, tant civil que canonique, des conciles, des ordonnances et des coustumes. Le tout réduit par ordre alphabétique. Par Maistre *Laurent* Jovet.

Paris. 1669. Loyson. 1 vol. in-fol.

714. — La bibliotèque ou trésor du droit françois, où sont traitées les matières civiles, criminelles et bénéficiales, etc...: par Me *Laurent* Bouchel. Augm. en cette nouvelle edition, par Me *Jean* Bechefer.

Paris. 1671. Girin. 3 vol. in-fol.

On trouve à la suite :

— Additions à la bibliothèque du droict françois, composée par Me Jean Beschefer. Trouvées dans la bibliothéque de Me *François* Petitpied.

Paris. 1667. D'Allin. in-fol.

715. — Ordre alphabétique ou Dictionnaire contenant les principales maximes et décisions du palais. Confirmée par les arrests du Parlement de Paris, et des autres Parlemens de France. Par Me *Claude* de la Ville.

Paris. 1692. Cavelier. 1 vol. in-fol.

716. — Dictionnaire des arrests, ou Jurisprudence universelle des Parlemens de France, et autres tribunaux ; contenant par ordre alphabétique les matières bénéficiales, civiles et criminelles : les principales maximes du droit ecclésiastique, du droit romain, des

coutûmes et des ordonnances. Par M° *Pierre-Jacques* BRILLON.
Paris. 1711. Osmont. 3 vol. in-fol.

717.— Recueil par ordre alphabétique des principales questions de droit, qui se jugent diversement dans les différens tribunaux du Royaume. Avec des réflexions pour concilier la diversité de la jurisprudence, et la rendre uniforme dans tous les tribunaux. (Par *B. J.* BRETONNIER.)
Paris. 1718. Emery. 1 vol. in-12.

718.— Collection de décisions nouvelles et de notions relatives à la jurisprudence actuelle, par M° *J. B.* DENISART.
Paris. 1763-64. Savoye. 1768-71. Desaint. 4 vol. in-4°.

Le 4° volume comprend :

—Supplément à la collection de M. Denisart, contenant les additions faites aux précédentes éditions.
Paris. 1768. Desaint. 1 vol. in-4°.

—Second supplément à la collection de M° J. B. Denisart, pour l'édition de 1768.
Paris. 1771. V° Desaint. in-4°.

719.— Même ouvrage. 6° édit.
Paris. 1768. Desaint. 3 vol. in-4°.

720.— Recueil d'arrestz notables des Cours souveraines de France, ordonnés par tiltres, en vingt-quatre livres, par *Jehan* PAPON. Quarte edition.
Lyon. 1562. Jan de Tournes. 1 vol. in-fol.

721.— Mesme ouvrage. Nouvellement rev. et augm. oultre les precedentes impressions, de plusieurs arrestz, tant par l'auteur, que du latin de M. DE LUC.
Paris. 1566. J. Macé. 1 vol. in-8°.

722. — Les loix de la France promulguées sur la necessité des controverses par les arrests du Parlement de de Paris. Par Me *Jacques* Corbin.

  Paris. 1613. Antoine Vitray. 1 vol. in-4°.

723. — Notables et singulières questions de droict décidées par arrests memorables des Cours souveraines de France, contenant les moyens et raisons décisives. Recueillies par *Jean* Chenu. Centurie seconde.

  Paris. 1620. Buon. 1 vol. in-4°.

724. — Recueil de reiglemens notables, tant genéraux que particuliers donnez entre ecclésiastiques, pour la celebration du service divin : juges, magistrats, et autres officiers royaulx, et des seigneurs justiciers, inferieurs, et subalternes, pour l'exercice de leurs offices, rang, seance, prerogatives, institution, et destitution diceux. Auquel sont adjoustées cent rares et singulieres questions de droict, decidées par arrests memorables, partie d'iceux prononcez en robbes rouges. Le tout extrait des ordonnances royaux, arrests du Conseil privé et autres Cours souveraines de France. Par *Jean* Chenu. 7e édit.

  Lyon. 1630. Rigaud. 1 vol. in-4°.

  A la suite :

— Cent notables et singulières questions de droict décidées par arrests memorables des Cours souveraines de France, contenant les moyens et raisons décisives. Recueillies par *Jean* Chenu. 7e édit.

  Lyon. 1630. S. Rigaud. 1 vol. in-4°.

725. — Recueil d'arrests notables et décisifs, de plusieurs questions qui se sont présentées en la Cour de Parlement, et Cours des aydes de Paris; jugées ès au-

diences, et sur procés par escrit. Extraicts des Mémoires de Mes *Laurent* Bouchel et *Jacques* Joly.
   Paris. 1629. Loyson. 1 vol. in-4°.

726.— Journal du Palais, ou recueil des principales décisions de tous les Parlemens, et Cours souveraines de France. (Par *Claude* Blondeau et *Gabriel* Gueret). Nouv. édit.
   Paris. 1701. Thierry. 2 vol. in-fol.

727.— Arrests notables des différens tribunaux du Royaume. Sur plusieurs questions importantes de droit civil, de coutume, de discipline ecclésiastique et de droit public. (Par Maistre *Mathieu* Augeard).
   Paris. 1710-1712. Guignard et Robustel. 3 vol. in-4°.

728.— Arrêts, et règlemens notables du Parlement de Paris, et autres Cours souveraines, rendus tant à l'audience, que sur rapport, pendant les années 1737, 1738, 1739, 1740 et 1741, sur plusieurs questions nouvelles et importantes de droit et de coutumes, tant en matière civile, que criminelle et bénéficiale, avec le sommaire des Plaidoyers et moyens des Avocats, des conclusions de messieurs les Avocats généraux, et des motifs qui ont servi de décision aux principales questions. Par M. *Nicolas Guy* du Rousseaud de la Combe.
   Paris. 1743. Du Mesnil. 1 vol. in-4°.

2° *Arrêts de Cours et de Parlements particuliers.*

— Les Olim ou registres des arrêts rendus par la Cour du Roi sous les règnes de Saint Louis, de Philippe le Hardi, de Philippe le Bel, de Louis le Hutin et de Philippe le Long. Publiés par M. le Comte Beugnot.
   Paris. 1839-48. Imprimerie royale. 2 vol. in-4°.

   Voyez: *Histoire*, n° 2352.

729.— Placitorum summæ apud Gallos Curiæ libri xii multis, à secunda editione, placitis insignibus adaucti, et commodiss. indicibus illustrati. Per *Johannem* Lucium.
    Lutetiæ. 1559. Car. Stephanus. 1 vol. in-fol.

730.— *Annæi* Roberti rerum judicatarum libri iiii. Editio ultima.
    Parisiis. 1611. Seb. Cramoisy. 1 vol. in-4º.

731.— Journal des principales audiences du Parlement. (Depuis l'année 1623 jusques en 1701. Par *Jean* du Fresne et *François* Jamet de la Guessière. Le tout augm. et mis en ordre par Mᵉ *Nicolas* Nupied.)
    Paris. 1678-1707. Pepingué et Osmont. 5 vol. in-fol.

732.— Arrests de la Cour prononcez en robbes rouges. Colligez et recueillis par M. *Jacques* de Montholon. Dernière édition.
    Paris. 1634. Guignard. 1 vol. in-4º.

733.— Nouveau recueil d'arrests et réglemens du Parlement de Paris, sur les plus belles questions de droit et de coustumes, tant en matières civilles, criminelles, que bénéficiales, etc. Par M. *F.* Des Maisons.
    Paris. 1667. De Luynes. 1 vol. in-fol.

734.— Questions notables de droit, décidées par plusieurs arrests de la Cour de Parlement, et divisées en quatre centuries. Par Mᵉ *Claude* Le Prestre. Avec un Traité des mariages clandestins, les arrestez de la 5ᵉ Chambre des Enquêtes, et des autres Chambres du Parlement de Paris. Augmentées en cette dernière édition de la quatrième centurie, et de nouvelles remarques. Par M. *G.* Gueret.
    Paris. 1679. Coignard. 1 vol. in-fol. Port.

735. — Recueil d'arrests du Parlement de Paris, pris des Mémoires de feu M⁰ *Pierre* Bardet. Avec les notes et les dissertations de M⁰ *Claude* Berroyer.
   Paris. 1690. Bobin. 2 en 1 vol. in-fol.

736. — Même ouvrage. N⁰ édit. rev. et augm. de plusieurs notes, observations et arrêts contenant de nouvelles décisions. Par M. *C. N.* Lalaure.
   Avignon. 1773. Roberty. 2 en 1 vol. in-fol.

737. — Recueil de plusieurs notables arrests du Parlement de Paris, pris des Mémoires de M⁰ *Georges* Loüet. Avec un grand nombre d'arrests et de notables décisions, recueillis par feu M⁰ *Jean* Brodeau. N⁰ édit.
   Paris. 1693. Thierry et Guignard. 2 vol. in-fol.

738. — Arrests notables de la Cour de Parlement de Provence, Cour des comptes, aydes et finances du mesme pays. Recueillis par Noble *Hyacinthe* de Boniface.
   Paris. 1670. Guignard. 2 vol. in-fol. Port.

739. — Actes de notoriété donnés par Messieurs les Avocats et Procureurs généraux, au Parlement de Provence. Avec des observations. Nouvelle édition.
   Avignon. 1772. Vᵉ Girard et Fr. Seguin. 1 vol. in-8⁰.

740. — Decisiones Burdegalenses *Nicolai* Boerii summa diligentia et eruditione collectæ et explicatæ : quibus nunc demum accessere ejusdem Boerii Consilia, Tractatus de seditiosis, De custodia clavium portarum civitatis, item Additiones in tractatum Joan. Montani de authoritate magni consilii.
   Lugduni. 1567. Ravot. 1 vol. in-fol.

741. — Remontrances, et ouvertures de palais, et arrests prononcez en robes rouges. Par Messire *André* de Nesmond, Seigneur de *Chezac*. 3⁰ édit.
   Lyon. 1656. Pʳᵉ Cusset. 1 vol. in-4⁰.

742. — Harangues et arrests prononcez, et conclusions prises aux audiances du Parlement de Bourgongne. Par *Pierre* DE XAINCTONGE.
Paris. 1629. Touzart. 1 vol. in-8º.

743. — Decisiones celeberrimi Sequanorum Senatus Dolani, in quibus multa, tum ad theoriam juris, tum ad praxim, et consuetudinem spectantia, dilucidè explicantur. Authore *Johanne* GRIVELLO.
Genevæ. 1660. Chouet. 1 vol. in-fol.

744. — Decisiones Parlamenti Dalph. per dnm. GUIDONEM PAPE compilatæ ab anno dni currente MGCCCXLIIII usque ad annum dni MCCCCLX primum.
Gracianopoli. 1490. Stephanus Foreti. 1 vol. in-4º.

745. — Decisiones Parlamenti Dalphinalis Grationopolis per do. GUIDONEM PAPE edite... Rote decisiones, capelleque Tholosane : et novissime scripta per eundem GUIDONEM PAPE in tripartito suo opere consiliorum jam primum in lucem emisso. Cum repertorio... necnon additionibus *Henrici* FERRANDAT...
Lugduni. 1520. S. Vincent. 1 vol. in-4º.

746. — Decisiones GUIDONIS PAPÆ. Primum *Antonii* RAMBAUDI, *Fr.* PISARDI, et *Steph.* RANCHINI annotationibus elucidatæ : deinde *Laurentii* RABOTII, *P.* MATTHÆI et *Nicolai* BONETONII additionibus et notis locupletatæ : postremo *Jacobi* FERRERII, ad nonnullas quæst. doctiss. et utilissimis observationibus auctæ atque illustratæ
Lugduni. 1607. Hug. à Porta. 1 vol. in-4º.

747. — GUIDONIS PAPÆ Decisiones *A.* RAMBAUDI, *F.* PISARDI, *Steph.* RANCHINI, *L.* RABOTII, *P.* MATTÆI, FERRERII, *N.* BONETONII ; necnon Reverendi D. *Joannis* A CRUCE annotationibus illustratæ.... Quibus colophonis ins-

tar accesserunt hac noviss. editione acutiss. observationes et doctiss. lucubrationes *Gasparis* Baronis.
  Col. Allobrogum. 1630. Steph. Gamonetus. 1 v. in-fol.

748. — Notables et singulieres questions du droict escrit : décidées et jugées par arrests memorables de la Cour souveraine du Parlement de Tholose. Avec la conference des jugements et arrests des autres Parlements et Cours souveraines de ce Royaume de France, intervenus sur mesmes sujects, és païs de droict escrit. Recueillies par Me *Gerauld* de Maynard. Nᵉ édit. rev. corr. et aug. de la 4ᵉ partie.
  Paris. 1628. Fouet. 1 vol. in-fol.

749. — Remonstrances prononcées aux ouvertures publiques de la Chambre des comptes de Bretagne. Par Messire Aufray de Lescovet.
  Paris. 1619. Seb. Cramoisy. 1 vol. in-8º.

750. — Arrests notables, donnez en la Court de Parlement de Bretagne, et prononcez en robbe rouge. Par Messire *Guillaume* de Lesrat.
  Paris. 1588. H. de Marnef. 1 vol. in-8º.

F. — Œuvres de Jurisconsultes.

751. — Œuvres de M. le Chancelier d'Aguesseau.
  Paris. 1759-1789. Libraires associés. 13 vol. in-4º.
  Il manque les tomes 12 et 13.

752. — Même ouvrage.
  Yverdun. 1772. 10 vol. in-8º.
  Le tome 1ᵉʳ manque.

753. — Discours et œuvres mêlées de M. le Chancelier d'Aguesseau. Nᵉ édit. augm. de plusieurs discours et de ses instructions à son fils.
  Paris. 1773. Libraires associés. 2 vol. in-12.

754.— Diverses observations de droict, divisées en cinq livres. Le premier desquels contient plusieurs notables recherches des offices des notaires et tabellions royaux, protonotaires, secretaires du Roy, greffiers, et autres semblables. Es quatre livres suivans est traicté des matières contractuelles et testamentaires, enrichies de l'histoire et des antiquitez romaines. Par M° *Maurice* BERNARD.
   Paris. 1628. Buon. 1 vol. in-4°.

755.— Responses ou decisions du droict françois : confirmées par arrests des Cours souveraines de ce Royaume et autres : comme aussi des Conseils d'Estat et privé du Roy, et grand Conseil ; enrichies de singulieres observations du droict romain. Rev. et augm. en cette presente edition, d'un XIII livre : et de plusieurs notables arrests et recerches inserez en divers endroicts. Par *L.* CHARONDAS LE CARON.
   Paris. 1605. L'Huillier. 1 vol. in-fol.

756.— Les œuvres de *René* CHOPPIN, traduites par *J.* TOURNET, divisées en cinq tomes. I. Commentaires sur la coustume d'Anjou. Avec un traicté servant de préface, touchant les principales régles des coustumes de France. II. Traité du domaine de la couronne de France. III. Commentaires sur les coustumes de la prevosté et vicomté de Paris. — Traité des priviléges des personnes vivans aux champs. IV. Traité de la police ecclésiastique. V. Traité des droicts des religieux et monastères. Avec une notice des archeveschez et eveschez du monde. Par *J.* TOURNET.
   Paris. 1662. Guignard. 5 vol. in-fol.

757.— Les œuvres de Maistre *Guy* COQUILLE Sieur de *Romenay*, contenans plusieurs traitez touchant les libertez

de l'Eglise gallicane, l'histoire de France et le droict françois.
>> **Paris. 1666. Guignard. 2 vol. in-fol.**

758. — Recueil de consultations sur diverses matières, divisé en deux volumes, contenant différens recueils. Par M° *François* DE CORMIS.
>> **Paris. 1735. Montalant. 2 vol. in-fol. Port.**

759. — Questions notables du droit, par feu Noble *Scipion* DU PERIER.
>> **Grenoble. 1668. J. Nicolas. 1 vol. in-4º.**

760. — Recueil de harangues et traictez du Sʳ DU VAIR.
>> A la suite :
— Arrests sur quelques questions notables prononcez en robbe rouge au Parlement de Provence. Par le Sʳ DU V. Pr. Pr. (DU VAIR).
>> **Paris. 1610. Abel l'Angelier. 1 vol. in-8º.**

761. — Les œuvres de M. *Antoine* D'ESPEISSES, où toutes les plus importantes matières du droit romain sont methodiquement expliquées, et accommodées au droit françois....
>> **Lyon. 1660. Huguetan et Ravaud. 3 vol. in-fol. Port.**

762. — OEuvres de *François* GRIMAUDET.
>> **Paris. 1580-85-86. 1 vol. in-8º.**
>> Ce volume contient :

1. — Paraphrase du droict des dixmes ecclesiastiques et infeodées.
>> **Paris. 1586. M. Patisson.**

2. — Paraphrase du droict de retraict lignager... Rev. corr.
>> **Paris. 1585. H. de Marnef.**

3. — Des causes qui excusent de dol, livre unique.
>> **Paris. 1586. H. de Marnef.**

4. — Paraphrase des droicts des usures et contracts pignoratifs : ensemble des causes qui excusent de dol.
>> **Paris. 1586. H. de Marnef.**

5. — Les opuscules politiques.
>> **Paris. 1580. G. Buon-**

763. — Les œuvres de M. *François* Grimaudet, rev. corr. et nouvell'. mises en un tome. Contenants I. Le traitté du droit des dixmes ecclesiastiques et infeodées : II. Du droit de retrait lignager. III. Du droit des usures et contracts pignoratifs. IV. Des causes qui excusent de dol. V. Des monnoyes et prix d'icelles. VI. Les opuscules politiques. VII. Commentarii ad Edictum jurisdictionis judicum præsidialium. VIII. De la puissance royale et sacerdotale.
Amiens. 1669. M. De Neufgermain. 1 vol. in-fol.

764. — OEuvres de M. *Claude* Henrys, contenant son recueil d'arrêts, ses plaidoiers et harangues, et vingt-deux questions postumes tirées des écrits de l'Auteur trouvés après son decès. Avec des observations sur les changemens de la jurisprudence arrivés depuis la mort de l'Auteur... Par M. *B. J.* Bretonnier.
Paris. 1708. Emery. 2 vol. in-fol.

765. — OEuvres posthumes de Mᵉ *Louis* d'Hericourt.
Paris. 1759. Desaint et Saillant. 4 vol. in-4º.

766. — Essais de jurisprudence sur toutes sortes de sujets, questions de droit civil et canonique, points de coutume et matières ecclésiastiques. Par Mᵉ H. D. L. M. (Huerne de la Mothe).
Paris. 1757-1758. Vᵉ Thiboust et Saillant. 5 vol. in-12.

767. — Arrestez de M. le P. P. de L. (Lamoignon). Arrestez ou loix projettées dans des conferences de M. le P. P. de L. pour le pays coûtumier de France, et pour les provinces qui s'y régissent par le droit écrit.
S. n. n. l. 1702. 2 en 1 vol. in-4º.

On trouve à la suite :

— Lettre de Mᵉ *Barthelemy* Auzannet, écrite à un de ses amis. Touchant les propositions arrêtées chez Monsieur le premier Président. Paris, le premier Décembre 1669.

768.— Les œuvres de Messire *C*. Le Bret, rev. cor. et aug.
Paris. 1635, J. Quesnel. 1 vol. in-fol.

769.— Décisions de plusieurs questions notables, traittées en l'audience du Parlement de Paris. Par Messire *C*. Le Bret. Première et seconde partie.
Paris. 1630. Toussainct Du Bray. 1 vol. in-8º.

770.— Les œuvres de feu Messire *Gilles* LeMaistre. Divisé en cinq livres. 1. Des criées et saisies réelles. 2. Des amortissemens et francs-fiefs, 3. Des regales. 4. Des fiefs, hommages et vassaux. 5. Des appellations comme d'abus. Nouvelle édit. rev. corrig. augm. de plusieurs décisions et arrests intervenus jusqu'à present. Par Mᵉ *Claude* Bernard.
Paris. 1653. Bobin. 1 vol. in-4º.

771.— Les œuvres de M. *Jacques* Leschassier, contenans plusieurs excellens traittez, tant du droit public des Romains, que de celuy des François. — Ensemble quelques mémoires servans à l'antiquité de l'Eglise, et à l'illustration de l'histoire de France.
Paris. 1649. Lamy. 1 vol. in-4º.

772.— OEuvres de M. Linguet. (Du plus heureux gouvernement, ou parallèle des constitutions politiques de l'Asie avec celles de l'Europe. — Théorie des loix civiles. — Du pain et du bled.)
Londres. 1774. 6 en 5 vol. in-12.

773.— Les œuvres de Maistre *Charles* Loyseau, contenans les cinq livres du droict des offices, les traitez des seigneuries, des ordres, et simples dignitez, du deguerpissement et délaissement par hypothèque, de la garantie des rentes, et des abus des justices de village. Nᵉ édit. rev. et augm. par M. *Cl.* Joly.
Paris. 1666. De Luynes. 1 vol. in-fol.

774. — *Caroli* Molinæi omnia quæ extant opera. Editio novissima, quinque tomis distributa.
Parisiis. 1681. Thierry. 5 vol. in-fol.

775. — Les œuvres de M° *Simon* d'Olive, Sieur *du Mesnil*, divisées en deux volumes. Le premier contenant les questions notables du droict, décidées par divers arrests de la Cour de Parlement de Tolose. Le deuxième, les actions forenses et les lettres.
Tolose. 1639. Bosc et Colomiez. 2 en 1 vol. in-fol.

776. — Même ouvrage. Edition dernière.
Lyon. 1657. B. Rivière. 2 en 1 vol. in-4°.

777. — Les œuvres de M° *Julien* Peleus, contenant plusieurs questions illustres, tant en matières bénéficiales, civiles et criminelles, que des coustumes de France, droict escrit, et constitutions de l'Eglise gallicane. Ensemble les arrests notables sur ce intervenus. Avec les plaidoyers des anciens et fameux advocats.
Paris. 1631. Menard. 2 en 1 vol. in-fol.

778. — OEuvres de Pothier. Nouvelle édition, ornée du portrait de l'auteur, publiée par M. Siffrein.
Paris. 1821-22. Didot aîné. 17 vol. in-8°.

779. — OEuvres d'*Omer* et de *Denis* Talon, publiées sur les manuscrits autographes, par *D. B.* Rives.
Paris. 1821. Egron. 6 vol. in-8°.

780. — *Andreæ* Tiraquelli opera.
Lugduni. 1581-1584. G. Rovillius. 4 vol. in-fol.
Cette collection comprend :
  I. — Commentarii de nobilitate et jure primigeniorum. 3ᵃ edit.
  II. — De utroque retractu municipali et conventionali, commentarii duo. 4ᵃ edit.
  III. — Ex commentariis in Pictonum consuetudines sectio de legibus connubialibus, et jure maritali.

— Commentarii in L. si unquam. c. de revocandis donationibus.
IV. — Tractatus varii. Postrema editio.

G. — Plaidoyers et Mémoires.

781. — Recueil de factums et mémoires sur plusieurs questions importantes de droit civil, de coûtume et de discipline ecclésiastique. (Par *Pierre* Aubert.)
   Lyon. 1710. Boudet. 2 vol. in-4º.

782. — Plaidoyers de Mᵉ *Jean* Boné. 2ᵉ édit.
   Paris. 1657. Le Gras. 2 en 1 vol. in-4º.

** — *Guilielmi* Budæi forensia.
   Lutetiæ. 1544. Rob. Stephanus. 1 vol. in-fol.
   Histoire nº 4812.

783. — OEuvres de feu M. Cochin, contenant le recueil de ses mémoires et consultations. Nᵉ éd.
   Paris. 1771-76. Hérissant et Knapen. 6 vol. in-4º.

784. — Même ouvrage. Dernière édition.
   Paris. 1788. Les libraires associés. 9 vol. in-8º.

785. — Plaidoyez de Messire *Nicolas* de Corberon, seigneur de *Tourvilliers*. Avec les arrests intervenus sur ces plaidoyez. — Ensemble les plaidoyez de M. *Abel* de Sainte Marthe. Donnez au public par Messire *Abel* de Sainte Marthe, Seigneur de *Corbeville*.
   Paris. 1707. Charpentier. 1 vol. in-4º.

786. — Plaidoyez et opuscules de *Henry* Daudiguier, Sieur du *Mazet*.
   Paris. 1657. Denys Langlois. 1 vol. in-4º.

787. — Plaidoyez de Mᵉ *Claude* Expilly. Ensemble plusieurs arrests et reglemens notables du Parlement de Grenoble. 3ᵉ édit.
   Paris. 1619. L'Angelier. 1 vol. in-4º.

788.— Conclusions d'audience de M⁰ *Pierre* DE FABRY, Sieur de *Roquayrols*.
Paris. 1638. D. Houssaye. 1 vol. in-8°.

789.— Recueil de divers plaidoyers prononcez au Parlement de Paris par feu M⁰ *Auguste* GALLAND. Imprimez sur les vrais originaux de l'autheur.
Paris. 1656. Besongne. 1 vol. in-4°.

790.— Les plaidoyez de M. GAULTIER. Avec les arrests intervenus sur iceux.
Paris. 1663. Girard. 1 vol. in-4°.

791.— Plaidoyers et autres œuvres de *F. P.* GILLET, Nᵉ édit.
Paris. 1718. G. Martin. 2 vol. in-4°. Port.

**— Les autres œuvres sont : Discours sur le génie de la langue françoise ; Traductions des Philippiques, des Catilinaires et des discours pour Celius et pour Milon de CICERON.

792.— Recueils d'aucuns plaidoyez faicts en la Cour des aydes. Par M. *C.* LEBRET. Avec les arrests et reglemens advenus sur iceux. Rev. et augm.
Paris. 1609. Abel L'Angelier. 1 vol. in-8°.

793.— Même ouvrage. Ensemble un plaidoyé dudit seigneur, et arrest intervenu sur iceluy en la Cour de Parlement contre les enfans qui se marient sans le consentement de leurs pères et mères.
Paris. 1625. Rollin Baragnes. 1 vol. in-8°.

794.— Les plaidoyez et harangues de M. LE MAISTRE. Donnez au public par M. *Jean* ISSALI. 6ᵉ édit.
Paris. 1671. Le Petit. 1 vol. in-4°.

795.— Mémoires et plaidoyers de M. LINGUET.
Liège. 1776. Bassompierre fils. 11 vol. in-12.

796.— Plaidoyers et mémoires de M. L. D. M. (*Alex. Jérome* LOYSEAU DE MAULÉON.)
Paris. 1762-1767. 2 vol. in-4°.

797. — Plaidoyers et mémoires, contenant des questions intéressantes, tant en matières civiles, canoniques et criminelles, que de police, et de commerce, avec les jugements, et leurs motifs somaires et plusieurs discours, sur diférentes matières soit de droit public, soit d'histoire. Par M. Mannory.
  Paris. 1759-63. Herissant. 5 v. in-12. Tom. 1, 2, 3, 4, 9.

798. — Plaidoyez de M° *Simon* Marion, Baron de *Druy*. Dernière édition.
  Paris. 1620. P. Le Mur. 1 vol. in-8°.

799. — OEuvres diverses de Mr Patru, contenant ses plaidoyers, harangues, lettres, et vies de quelques-uns de ses amis. 4e édition.
  Paris. 1732. Gosselin. 2 vol. in-4°.

800. — Arrest de la Cour de Parlement intervenu dans la cause des Daubriots de Courfraut : par lequel on leur a adjugé la succession de Christofle Daubriot leur père, qui avoit fait ses vœux par force. Avec les plaidoyez de M. Talon et de M. Pousset, Sieur de Montauban, et quelques autres plaidoyers dudict Sieur de Montauban.
  Paris. 1660. Lamy. 1 vol. in-4°.

801. — Recueil de mémoires, factums et harangues. Par Monsieur de Sacy.
  Paris. 1724. Prault. 2 vol. in-4°.

802. — Actions notables et plaidoyez de Messire *Louis* Servin. A la fin desquels sont les arrests intervenus sur iceux. Dernière édition.
  Paris. 1640. Richer. 1 vol. in-fol.

H. Causes célèbres, Mémoires pour Procès.

803. — Causes célèbres et intéressantes, avec les jugemens

qui les ont décidées. Recueillies par M*** (*François* Gayot de Pitaval). N° édit.
Paris. 1738-1743. Th. Legras. 20 vol. in-12.

804. — Histoire tragique, et arrests de la Cour du Parlement de Tholose, contre Pierre Arrias Burdeus religieux Augustin, maistre François Gairaud, conseiller au Seneschal de Tholose, damoiselle Violante de Bats du Chasteau, et autres. Avec cxxxi annotations sur ce subjet. Par M. *Guillaume* de Segla.
Paris. 1613. Robinot. 1 vol. in-8°.

805. — Collection complette des mémoires de M. De Beaumarchais, avec la suite de sa justification.
La Haye. 1777. La Compagnie. 2 vol. in-12.

806. — Affaire de Beaumarchais et Goezmann.
1 vol. in-4°, contenant :

1. — Mémoire pour Mad. de Goezmann. Seguin av. Pièces et addition.
2. — Observations pour M. de Goezmann. Eynard av.
3. — Note remise par M. de Goezmann à MM. ses confrères. Eynard av.
Paris. 1773. M. Lambert.
4. — Mémoire à consulter (et consultation) pour P. A. Caron de Beaumarchais. Malbeste av.
Paris. 1773. Simon.
5. — Supplément au mémoire à consulter pour P. A. Caron de Beaumarchais. (Par Caron de Beaumarchais.)
Paris. 1773. Quillau.
6. — Addition au supplément du mémoire à consulter. (Par Caron de Beaumarchais.)
Paris. 1773. Clousier.
7. — Quatrième mémoire à consulter pour P. A. de Beaumarchais.
8. — A Nosseigneurs de Parlement, les chambres assemblées. Suplie P. A. Caron de Beaumarchais.
Paris. 1773. Knapen.
9. — Mémoire à consulter, et consultation, pour Antoine Bertrand d'Airoles. Mallet et Donadieu de Noprats av.
Paris. 1773. Cellot.

10. — Supplément au mémoire du Sr Bertrand d'Airolles. — DONNADIEU DE NOPRAT av.

11. — A Nosseigneurs du Parlement, les chambres assemblées. Supplie A. Bertrand d'Airolles. MOYNATS av.
   Paris, 1773. Lambert.

12. — Mémoire à consulter pour le sieur Marin, en réponse à ce qui le concerne dans un mémoire pour le sieur Caron de Beaumarchais. DELABOUREYS av.

13. — Mémoire à consulter et consultation pour le Sr Marin, contre le Sr Caron de Beaumarchais. DELABOUREY av.
   Paris. 1773. Couturier.

14. — A Nosseigneurs du Parlement, les chambres assemblées. Supplie L. Fr. Cl. Marin. PICARD av.
   Paris. 1773. Lambert.

15. — Réponse pour le Sr J. J. Gardane aux libelles imprimés et publiés par les sieurs Marin et Bertrand d'Airolles. DESROCHES av.
   Paris. 1773. Ve Ballard.

16. — Sommaire pour le Comte de la Blache, contre le Sr Caron de Beaumarchais. CAILLARD av.
   Paris. 1773. Simon.

807. — Discours d'un ancien avocat général (M. A. J. M. SERVAN), dans la cause du Comte de** (Suze), et de la Dlle** (Bon), chanteuse de l'Opéra.
   Lyon. 1772. Grabit. 1 vol. in-12.

808. — Factum servant de réponse pour le sr Marquis de Bonnivet, aux calomnies contre luy et ses domestiques, inventées et publiées par le sr Baron de Belin son beau-frère.
   S. n. n. l. 1639. 1 vol. in-4°.

809. — Procès de la marquise de Brinvilliers.
   1 vol. in-4° contenant :

1. — Factum pour Dame Marie Magdelaine d'Aubray, Marquise de Brinvilliers, accusée. Contre Dame Marie Therèse Mangot, veufve du sieur d'Aubray. NIVELLE av.
   Rouen. 1676. Cailloué.

2. — Mémoire du procez extraordinaire contre la dame de Brinvilliers...
   Paris. 1676. Aubouin.

3.— Arrest de la Cour de Parlement, les chambres assemblées, contre Dame Marie Marguerite Daubray, espouse du sieur Marquis de Brinvilliers, du 16 juillet 1676.
Paris. 1676. Villery.

4.— Factum du procez extraordinairement fait à la Chaussée valet de Sainte-Croix, pour raison des empoisonnemens des sieurs d'Aubray.
Paris. 1676. Auboüin.

5.— In veneficæ marchionis de Brinvilliers horrenda facinora gladio et igne expiata, epigramma.

6.— Version françoise de cette épigramme.

810.— Factum pour Isaac de Brun de Castellanne..., contre la Dame Anne Le Gouche, sa tante, épouse du sieur André Rolland... (Question d'Etat). LAUTHIER, av.
Paris. 1708. Delespine. 1 vol. in-4°. Port.

811.— Mémoire pour le Marquis de Bussy, maréchal des camps et armées du Roi. Contre les Syndics et Directeurs de la Compagnie des Indes.
Paris. 1769. Cellot. 1 vol. in-12.

A la suite :
— Mémoire pour les Syndics et Directeurs de la Compagnie des Indes contre le Marquis de Bussy...
Paris. 1767. Chenault. in-12.

812.— Mémoire à consulter, et consultation pour les enfans de défunt Jean Calas, marchand à Toulouse.
Paris. 1765. Merlin. 1 vol. in-8°.

813.— Requête au Roi, pour M. le duc de Chaulnes, pair de France, en cassation de l'arrêt du Parlement de Paris du 4 aoust 1772, rendu au profit de M° la duchesse de Chaulnes, douairière, et des créanciers de feu M. le duc de Chaulnes. COCHU av.
Paris. 1773. Brunet. 1 vol. in-4°.

814.— Mémoire à consulter pour le sr Clémenceau, prêtre, supérieur de l'hôpital S. Meen de Rennes, contre la dame Moreau et son fils. (Diffamation).
Paris. 1769. Le Breton. 1 vol. in-4°.

815.— Recueil des défenses de M⁽ʳ⁾ Fouquet.
A la Sphère. 1665-1668. 15 vol. in-12.
Manque le 12ᵉ volume.

816.— Recueil général des pièces contenues au procez de Monsieur le Marquis de Gesvres, et de Mademoiselle de Mascranni son épouse. Nouvelle édition, augmentée de diverses pièces, et mises dans leur ordre.
Rotterdam. 1714. Leers. 2 vol. in-12.

817.— Recueil général des pièces contenues au procez du Père Jean-Baptiste Girard, jésuite, Recteur du Séminaire royal de la marine de Toulon, et de Demoiselle Catherine Cadiere, querellante.
Aix. 1731. Jos. David. 5 vol. in-12.

818.— Même procès. Recueil factice de pièces.
Paris et Aix. 1731. 1 vol. in-fol.

819.— Motifs des juges du Parlement de Provence, qui ont été d'avis de comdamner au feu le père J.-B. Girard, envoyés à M. le Chancelier le 31 décembre 1731. Ensemble la lettre de ce magistrat à M. le Président de Maliverny : la réponse de ce juge, et celle des autres messieurs qui ont été de son opinion.
S. n. n. l. 1733. 1 vol. in-12.

A la suite :

— Amusement philosophique sur le langage des bestes. (Par le *P. G. H.* BOUGEANT.)
Paris. 1739. Gissey. in-12.

820.— Affaire du Marquis de Gouy.
1. vol. in-4º contenant :
1.— Mémoire pour le Marquis de Gouy. LINGUET av. (Séparation).
Paris. 1772. Cellot.
2.— Addition au mémoire pour le Marquis de Gouy. LINGUET av.
Paris. 1773. Quillau.

3. — Consultation pour le Marquis contre la Marquise de Gouy. Gillet, Cellier, Babille av.
   Paris. 1772. Knapen et Delaguette.
4. — Précis pour le Marquis contre la Marquise de Gouy. Linguet av.
   Paris. 1772. Cellot.
5. — Mémoire pour la Marquise, en reponse à celui du Marquis de Gouy. Delacroix et Gillet av.
6. — Sommaire pour la Marquise de Gouy contre le Marquis de Gouy. Caillard av.
7. — Précis pour la Marquise contre le Marquis de Gouy. Delacroix av.
8. — Consultation (pour la Marquise). Caillard av.
   Paris. 1773. Simon.

821. — **Affaire du comte de Guines.**
   1 vol. in-4° contenant :
1. — Mémoire pour le Comte de Guines. Contre les Sieurs Tort et Roger, et le Sieur Delpech.
   Paris. 1774. Cellot.
2. — Mémoire pour le Sieur Delpech, en réponse à celui de M. le Comte de Guines. Delacroix av.
   Paris. 1774. Simon.
3. — Mémoire pour le Comte de Guines, sur la partie qui le concerne dans l'imprimé intitulé : *Mémoire pour M° Gerbier.*
   Paris. 1775. Cellot.
4. — Réponse à l'écrit intitulé : Mémoire de M. le Comte de Guines sur la partie qui le concerne... Gerbier av.
   Paris. 1775. Didot.
5. — Eclaircissemens pour le c^{te} de Guines, sur la réponse de M° Gerbier.
   Paris. 1775. Cellot.
6. — Réponse pour M° Gerbier aux éclaircissemens de M. le Comte de Guines.
   Paris. 1775. Didot.
7. — Requête pour le Sr A. U. Delpech, contre M. le Comte de Guines. — Addition à la requête.
   Paris. 1775. Simon.
8. — Replique pour le Comte de Guines au premier mémoire du Sr Tort.
   Paris. 1775. Cellot.
9. — Résumé ou troisième mémoire contre le Comte de Guines par le Sr Tort. Falconnet av.
   Paris. 1775. Simon.

10.— Mémoire sur la nature, l'origine et les progrès de l'affaire pour le Comte de Guines, contre le nommé Tort.
Paris. 1775. Knapen.

11.— Procès de M. le Comte de Guines; des sieurs Tort et Roger; et du sieur Delpech.
Paris. 1775. Cellot.

822.— Affaire Janvier de Flainville. (Diffamation).
1 vol. in-4° contenant :

1.— Précis pour M. Janvier de Flainville, avocat à Chartres, contre M. Chantier de Brainville, président à la monnoie. NOLLEAU, av.
Paris. 1774. d'Houry.

2.— Réponse de M. Janvier de Flainville aux deux mémoires outrageans de M. Chantier de Brainville. NOLLEAU, av.
Chartres. 1774. Cormier.

3.— Réfutation signifiée pour M. Janvier de Flainville, contre M. Chantier de Brainville.
Paris. 1775. d'Houry.

823.— Défense d'une femme (Marie-Barbe Hochard, femme de J. Fr. Gaillard), accusée par son mari des crimes d'adultère, d'attentat à sa vie, de vol et enlèvement de ses effets. (Par M° FERICOQ DE LA DOURIE, av.)
Paris. 1727. Mesnier. 1 vol. in-4°.

824.— Recueil de toutes les pièces du procez d'entre M. et Madame de la Bedoyère; M. de la Bedoyère, leur fils; Agathe Sticotti, etc. Avec l'extrait du plaidoyé de M. l'Avocat général du Parlement de Paris et le précis de l'arrêt qui est intervenu.
La Haye. 1749. 2 en 1 vol. in-12.

825.— Affaire de la Chalotais.
1 vol. in-4° contenant :

1.— Au Roy. L. R. de Caradeuc de la Chalotais et J.-A-R. de Caradeuc, Procureurs généraux au Parlement de Bretagne, L. Picquet de Montreuil, L. Charette de la Gacherie, L. Fr. Charette de la Collinière, J. Fr. Euzenou de Kersalaun.

2.— Exposé justificatif pour le sieur L. R. de Caradeuc de la Chalotais et le sr A. J. R. de Caradeuc. DE LA FRUGLAYE, av.

3. — Mémoire au Roi, pour L. J. Picquet de Montreuil, Conseiller au Parlement de Bretagne.

4. — Mémoire au Roi, pour J. Fr. Euzenou de Kersalaun.

5. — Au Roi. J. R. de Begasson.
Paris. 1767. Simon.

6. — Mémoire pour M. le duc d'Aiguillon. LINGUET, av.

7. — Consultation servant de réponse à la consultation donnée pour MM. de la Chalotais et de Caradeuc. Pour M. le duc d'Aiguillon.
Paris. 1770. Quillau.

8. — Mémoire à consulter et consultation pour M. le duc d'Aiguillon.
Paris. 1770. Le Breton.

9. — Mémoire à consulter et consultation pour M. le duc d'Aiguillon.
Paris. 1770. Quillau.

826. — Charges du procès de Monsieur Lescalopier, intendant de la généralité de Montauban.
S. n. n. l. 1756. 1 vol. in-12.

827. — Recueil sur la question de sçavoir : si un Juif (Eli Levi), marié dans sa religion, peut se remarier après son baptême, lorsque sa femme juive refuse de le suivre et d'habiter avec lui. (Plaidoyers de Me LOYSEAU DE MOLÉON, et de Me MOREAU).
Amsterdam, Paris. 1761. Cellot. 2 vol. in-12.

828. — Affaire Levy.
1 vol. in-4° contenant :

1. — Mémoire pour J. J. Fr. Elie Levi, contre M. F. Duc de Fitz-Jam, évêque de Soissons, et le sieur L. Daage, curé de Villeneuve-sur-Bellot. LE GRAS, av.
Paris. 1757. Paulus du Mesnil.

2. — Mémoire pour le sieur Dage contre J. J. Fr. E. Levi. SERIEUX, av.
Paris. 1757. V° Loltin.

3. — Consultation sur le mariage du Juif Borach Levi. LE RIDANT, av.
Paris. 1758. Paulus du Mesnil.

4. — Mémoire à consulter et consultation de Mes POTHOUIN D'HUILLET et TRAVERS. Sur l'appel comme d'abus interjetté par Levy de deux

sentences de l'officialité de Soissons, qui l'ont déclaré non-recevable dans sa demande tendante à contracter dans le christianisme un nouveau mariage du vivant de la femme qu'il avoit épousée dans le judaisme.

Paris. 1757. Paulus du Mesnil.

5.— Plaidoyé pour M. l'Evesque de Soissons, contre J. J. F. Elie Levy, appellant comme d'abus. MONEAU, av.

Paris. 1758. Le Prieur.

829.— Lettre à M. Louis, secrétaire perpétuel de l'Académie royale de chirurgie, pour justifier le rapport des causes de mort de Claudine Rouge, fait le 10 juillet 1767 par Mess. FAISSOLE et CHAMPEAUX, gradués, chirurgiens du Roi, députés aux rapports; dans laquelle on refute quelques assertions des mémoires de Mes Blond et Loiseau, avocats au Parlement et aux Cours de Lyon, donnés en faveur des frères Perra. Avec la réponse de M. LOUIS.

Lyon. 1768. Aimé de la Roche. 1 vol. in-12.

830.— Affaire Maillard.

2 vol. in-4° contenant :

1.— Factum pour Dame Marie de Rocquetun la Tour, veuve de Messire Pierre Thibault, chevalier seigneur de la Boessière, intimée et accusatrice, contre Jacqueline Maillard, se disant sœur du se disant Jean Maillard; messire Hiérosme Thibault, sieur de Beaurains; Dame Madeleine Thibaut, veuve du sieur de Rantilly; Simon Darreau et Jean Hurbal, appellans comme d'abus, demandeurs et accusez d'imposture. — Addition au factum, contenant le Traité de la preuve par comparaison d'escritures, etc. — Pièces justificatives.

Paris. 1773. in-4°.

2.— Factum pour Messire Pierre Thibault, chevalier seigneur de Villiers, fils et unique héritier de Messire Pierre Thibault, chevalier seigneur de la Boessière, et de dame Marie de Roquetun la Tour sa femme, contre Jacqueline Maillard...

Paris. 1774. in-4°

3.— Deffense de la vérité de Jean Maillard, pour Jacqueline Maillard... contre les impostures de Marie de la Tour... Par M. ABRAHAM.

Paris. 1672. J. de Launay. in-4°.

831.— Factum pour Dame Hortence Mancini, Duchesse

Mazarin, deffenderesse et demanderesse. Contre Messire Armand Charles duc Mazarin, demandeur et deffendeur. (Par M. SACHOT.) — Plaidoyé prononcé au Grand Conseil, pour M. le Duc de Mazarin, contre M° la Duchesse de Mazarin son épouse par (M. ERARD); avec la réplique au plaidoyé de l'avocat de Madame de Mazarin et l'arrest intervenu sur ces plaidoyez, le 29 décembre 1689.

1 vol. in-4°.

832. — Affaire Morangiés.

1 vol. in-4° contenant :

1. — Résumé général pour le Comte de Morangiés. LINGUET, av.
Paris. 1773. Cellot.

2. — Replique pour le Comte de Morangiés. LINGUET, av.
Paris. 1772. Cellot.

3. — Dénonciation du Comte de Morangiés par lui signifiée à la dame Véron. PICARD, av.
Paris. 1772. Simon.

4. — Examen du résumé général du comte de Morangiés, pour la veuve Romain et le sieur Dujonquay. DELACROIX, av.
Paris. 1773. Simon.

5. — Mémoire pour le s^r Dujonquay et la dame Romain; contre le Comte de Morangiés. DELACROIX, av.

6. — Preuves résultantes du procès, pour la dame Romain et le sieur Dujonquay, contre le Comte de Morangiés. VERMEIL, av.
Paris. 1773. Simon.

7. — Réplique aux derniers écrits du Comte de Morangiés et de ses adhérens. FALCONET, av.
Paris. 1773. Simon.

8. — Examen abrégé d'un nouvel écrit publié contre le Comte de Morangiés, intitulé : *Preuves résultantes....* LINGUET, av.
Paris. 1773. Cellot.

9. — Observations pour le Comte de Morangiés. LINGUET, av.
Paris. 1773. Quillau.

10. — Précis pour Pierre Gilbert, contre le Cte de Morangiés. COURTIN, av.
Paris. 1773. Simon.

11.— Précis pour le sr Ménager de l'Acad. roy. de chirurgie. LINGUET, av.
Paris. 1773. Prault.

12.— Observations sur le précis du sr Ménager. DELACROIX, av.
Paris. 1773. Simon.

13.— Mémoire sur l'appel pour J. Fr. Debruguières, contre M. le Procureur général et les héritiers Véron. DIDIER, av.
Paris. 1773. Cellot.

14.— Plaidoyer pour le Comte de Morangiés. LINGUET, av.
Paris. 1772. Simon.

15.— Mémoire pour Demoiselle Geneviève Gaillard, femme du sieur Romain, et le sr Dujonquay, contre le Comte de Morangiés. VERMEIL et PICART, av.
Paris. 1772. Simon.

16.— Réflexions pour Me LINGUET, avocat de la Comtesse de Béthune.
Paris. 1774. Pierres.

833.— Affaire des testamens de M. de Moras.
1 vol. in-4°, contenant :

1.— Observations sur les testamens de M. de Moras. BAULAYNE, av.
Paris. 1772. Cellot.

2.— Testamens de M. de Moras.
Paris. 1772. Didot.

3.— Consultation pour la Comtesse de Merle (signée GILLET et BOUCHER D'ARGIS, av.
Paris. 1772. Knapen et Delaguette.

4.— Faits de la cause et pièces justificatives pour la Comtesse de Merle. LE ROY, av.

5.— Mémoire pour la Comtesse de Merle. LE ROY, av.
Paris. 1772. Knapen et Delaguette.

6.— Exposition des faits concernant les testamens de M. de Moras.
Paris. 1772. Le Breton.

7.— Précis et consultation servant de réponse aux mémoires de la comtesse de Merle. BEVIÈRE, D'OUTREMONT, AUBRY, LÉON, av.
Paris. 1772. Cellot.

8.— Réponse de Madame de Moras aux faits de Madame de Merle. NOLLEAU, av.
Paris. 1772. Le Breton.

9. — Réponse de Mad. la Comtesse de Merle à l'écrit de Mad. de Moras. Bruslé, av.
<small>Paris. 1772. Knapen et Delaguette.</small>

834. — Plaidoyez des sieurs Jobert, Hilaire et L'Anglois, faits au Parlement de Paris au mois de mars 1638, en la cause de l'estat de Damoiselle Louyse-Elizabeth Pot de Rhodes.
<small>S. n. n. l. 1638. 1 vol. in-4°.</small>

835. — La cause de Saint-Géran.
<small>Paris. 1663. Billaine. 1 vol. in-4°.</small>

1. — Factum pour Madame la Comtesse de Saint-Géran. Par Monsieur Bilain, advocat au Parlement.

2. — Factum pour Madame la Duchesse de Ventadour et Madame la Comtesse de Lude, touchant la cause de S. Géran. — Avec la suite et l'abrégé.

3. — Discours servant de manifeste à la Damoiselle de Beaulieu, contre la Dame Comtesse de S. Géran.

4. — Arrest intervenu dans la cause de St-Géran, le 19 juillet 1663.

836. — Affaire du Duc de Sully et de Mgr l'Évêque d'Orléans.
<small>1 vol. in-fol. contenant :</small>

1. — Premier, second et troisième factum pour Messire Maximillien de Bethune, Duc de Sully, contre Messire Nicolas Denest, Evesque d'Orléans. (Droits féodaux).

2. — Additions pour le même, contre le même.

3. — Sommaire du procez et des factums, pour le même.

4. — Response à la suite du factum de Monsieur l'Evesque d'Orléans, pour Messire M. de Bethune, Duc de Sully.

5. — Response au libelle intitulé Mémoires touchans les factums du sieur Cholet, advocat, publiez pour Messire M. de Bethune, Duc de Sully, contre Messire Nicolas Denetz, Evesque d'Orléans.

837. — Mémoire pour M. Varenne de Beost. (Interdiction.) (Par M. De la Morandière, av.)
<small>Paris. 1775. Simon. 1 vol. in-4°.</small>

838. — Mémoire pour M. de Verdière, Maréchal des camps et armées du Roi ; contre Madame la Comtesse de Coaslen. (Par FALCONNET.)
   Paris. 1774. Lambert. Pièce in-8°.

839. — Mémoires sur divers sujets.
   1 vol. in-fol. contenant :

   1. — Mémoire signifié pour dame Marguerite Frion, contre le sieur Alex. Brossart. DULIEGE, av. 1740.

   2. — Mémoire pour mad. Marguerite Rouillé, Duchesse de Richelieu, contre J. de S. Denis, tuteur de messire Ch. Arm. René Duc de la Trimouille. COCHIN, avoc. 1719.

   3. — Sommaire de la cause pour messire N. Cl. Perrot de Fercourt. GUILLET DE BLARU et LE ROY, av. 1714.

   4. — Replique pour damoiselle Marie Françoise de la Gressierre, contre J. B. Duboil et... Thierry. TRESPAGNE, av. 1705.

   5. — A messieurs les juge et consuls d'Amiens. Supplie Fr. Michel. 1729.

   6. — Mémoire signifié servant de salvations à contredits pour M° Simon De Hagues, lieutenant en la maîtrise des eaux et forets de Chauny, contre M. J. H. Bocquet, conseiller au bailliage de Noyon. GIN, av.
      Paris. 1739. Glssey.

   7. — Mémoire pour Messire Aymar Louis Sire, Marquis de Sailly, et dame Charlote de Crequy son epouse, contre Hubert Chesneau, curateur à la succession prétendue vacante d'Alphonse de Moreuil. GUYOT DE CHESNE, av. 1705.

   8. — Mémoire pour Hubert Chesneau, contre les sieur et dame de Sailly.

   9. — Mémoire signifié pour M° P. Pingré, seigneur de Fricourt, contre dame Ant. Leporc, veuve de Fr. Lecaron, sieur de Varennes, etc. DE SAINT-AUBIN, av.
      Paris. 1730. Paulus du Maisnil.

   10. — Mémoire pour Firmin Bernaut, laboureur à Baizieux... contre messire P. Pingré, sieur de Fricourt. PAIGNON, av.
      Paris. 1730. Simon.

   11. — Second mémoire signifié pour Louis Marié, contre Jacques Senechal bourgeois d'Amiens. TRESPAGNE, av. 1726.

   12. — Mémoire signifié pour L. Gautier de la Gauterie, contre M° Gab. Dom. de la Simone. PAIGNON, av.
      Paris. 1747. Simon.

13. — Sommaire signifié pour Messire Gab. Dom. Aug. de la Simonne, seigneur du Hamel, et messire J. B. de la Fontaine, seigneur de Livergny, contre messire L. Gautier de la Gauterie, seigneur de Canchy. BADIN, av.

Paris. 1747. V⁰ Lemesle.

14. — Arrest rendu en la quatrième Chambre des enquestes, au rapport de M. Ferrand, au profit de la dame Marquise de Feuquières. Contre le sieur abbé d'Hoquincourt. 11 juin 1701.

15. — Autre arrest du 5 juillet 1701.

16. — Arrest en faveur du sieur Trencart, notaire à Amiens. (Donation.) — 8 juillet 1701.

17. — Observations sur les moyens de faux annoncés par le sr Mailly contre la Charte du mois de juin 1282 tirés de la requête de production nouvelle du 31 aoust 1725.

Paris. 1727. Osmont.

18. — Mémoire signifié pour Me Noel Baron, sieur de la Maronde, donataire universel de dame Marguerite Morel son épouse. Contre les héritiers paternels de ladite dame. PERRINELLE, av.

Paris. 1738. V⁰ Knapen.

19. — Arrest du Conseil d'Estat concernant la propriété des greffes civil et criminel des bailliage et prevosté de S. Quentin. 23 aoust 1662.

20. — Mémoire signifié pour dame Jeanne Charlotte Le Brethon, veuve du sieur F. B. Choquel, contre le sieur J. A. Choquel, seigneur de Courcelette. LE BRETHON, av.

21. — Addition au mémoire signifié pour dame J. Ch. Le Brethon.

S. Quentin. 1756. Osmont.

22. — Mémoire signifié pour J. Ant. Choquel, contre J. Ch. Le Brethon. DE HAUSSY DE ROBECOURT, av.

Noyon. 1756. Rocher.

23. — Mémoire pour J. B. Lescureur, ci-devant commis par le sieur Guion à la recette du Bureau des traittes de Peronne. Contre M. le Procureur du Roy. 1713.

24. — Réponse pour le sieur Lescureur au libelle intitulé : Mémoire contre les commis et autres emploiez des bureaux des traittes de Peronne et Bray, accusez de malversations... 1715.

25. — Réponse pour Me Charles Paris, receveur des traittes au bureau de Bray. 1714.

26.— Mémoire contenant le détail 1° des nullitez des prétendus registres du bureau des Aides de Bray... Pour Me Ch. Paris. 1714.
Paris. 1715. Quillau.

27.— A Mons. De Bernage; intendant de justice, police et finance en Picardie et Artois. Supplie Ch. Paris. 1715.

840.— Mémoires pour divers.
5 vol. in-4°. contenant :

Tome Ier.

1.— Précis pour le sieur Guy, négociant ; contre le sieur Boyer, agrégé en droit. (Bardin, av.) (Affaire relative à un chat).
Paris. 1770. Vᶜ Simon.

2.— Mémoire pour le sieur Guy. Contre M. A. P. Boyer.
Paris. 1771. Chardon.

3.— Mémoire pour Me Boyer ; contre le sieur Guy. (Gillet, av.)
Paris. 1771. d'Houry.

4.— Mémoire signifié pour le sr Jean Debray fermier de la ferme du Frou près Laloupe. Contre M. Fr. Buat, veuve de Louis David et contre Me Dreux du Radier. (Me Picard, av.)
Paris. 1774. Simon.

5.— Mémoire signifié pour M. Fr. Buat et Me Dreux du Radier ; contre Jean Debray. (Le Bas, av.)
Paris. 1774. Lambert.

6.— Mémoire pour Me Guillon, notaire au Châtelet d'Orléans; contre le sieur Bordier. De Bonnières, av.
Paris. 1774. d'Houry.

7.— Mémoire pour le sieur Charles Annereau, inspecteur de la caisse de Poissy. Contre le sieur J. Moreau, marchand mercier à Paris. (Vol d'une perruche.) Eynard, av.
Paris. 1771. Jorry.

8.— Mémoire pour le sieur J. Barth. Granier de Pradine. Contre les sieur et dame Aubineau. (Faux témoignage.) Vermeil, av.
Paris. 1772. Knapen et Delaguette.

9.— Mémoire sur délibéré pour le sieur Paulet de Commartin. Contre les sieurs Guillot, Le Haulier et sa femme. (De Lignoux, av.)
Paris. 1774. Vᶜ Ballard.

10.— Précis pour J. B. L. Houdin. Contre M. le Procureur général. (Bigot, av.)
Paris. 1773. d'Houry.

11. — Mémoire pour le sieur de La Motte, maître de musique à Beauvais; contre M. le Procureur général. (Lettres anonymes). VERMEIL, av.
Paris. 1774. Chardon.

12. — Cause en délibéré. Précis important pour le sieur Ch. L. Maressal, ancien juge de Flixecourt en Picardie ; contre les sieurs Maressal de Miraumont, de Roussen, de Besancourt et consors. (Séparation de biens et interdiction). PICARD, av.
Paris. 1774. Lambert.

13. — Consultation pour les sieur et dame Decaisne, accusés de poison. (PRUNGET des Boissières et MUYART de Vouglans, av.)
Paris. 1770. Hérissant.

14. — Mémoire à consulter et consultation pour M. de Verdière, contre Mᵉ la Comtesse de Coaslin. (Compagnie des Indes.) GERBIER, av.
Paris. 1772. Lambert.

15. — Mémoire signifié pour le Comte de Viry, contre la dame veuve du sieur Preveraud de l'Aubepierre, ses fils et ses gendres. (Libelles diffamatoires). VAUFROUARD, av.
Paris. 1772. Le Breton.

16. — Précis pour François Zegris, ci-devant cuisinier ; contre M. le Procureur général. (Escroquerie). GUIARD jeune, av.
Paris. 1774. Clousier.

17. — Mémoire signifié pour la demoiselle de la Chaize et le sieur Gérard; contre le sieur Thierry. TRONSSON, av.
Paris. 1774. Cailleau.

18. — Mémoire pour le sieur Blanchard, architecte, contre la demoiselle Deschamps, actrice de l'Acad. roy. de musiq. et le sieur Burze Deschamps, ci-devant acteur à l'Opéra comique. (Dettes). CARSILLIER, av.
Paris. 1760. Cellot.

19. — Mémoire pour le sieur Gaudon, entrepreneur de spectacles sur les boulevards de Paris, contre le sieur Ramponeau, ci-devant cabaretier à la Courtille. ELIE DE BEAUMONT, av.
Paris. 1760. Cellot.

20. — Mémoire pour Jean Ramponeau ; contre Gaudon, bâteleur sur le boulevard. COQUELEY DE CHAUSSEPIERRE, av.
Paris. 1760. Prault.

21. — Second mémoire à consulter pour le sieur de Valdahon, contre M. de Monnier. LOYSEAU DE MAULÉON, av.
Paris. 1767. P. de Lormel.

22. — Mémoire pour M. de Verdière; contre le sieur de Lammerville. (Compagnie des Indes). GERBIER et TRONCHET, av.
Paris. 1773. Lambert.

Tome II.

1. — Mémoire à consulter et consultation pour milord Comte de Masseréene, sur sa plainte pendante au Châtelet en escroquerie et autres délits. De la Goutte, av.
   Paris. 1772. Chenault.

2. — Mémoire pour la demoiselle Petit de Bibrac, contre milord Masseréene. De la croix, av.

3. — Replique pour moi, Comte de Masseréene, contre Panchaud, Bertin et consorts. Le Blan, av.
   Paris. 1773. Ve Ballard.

4. — Mémoire en la cause, pour le sieur Mirey de Vomorillon, contre le nommé Benaven. Leprestre, av.
   Paris. 1774. Lamesle.

5. — Mémoire pour le sieur Roger, contre le Comte de Guines. Dondey Desmarquets, pr.
   Paris. 1775. Simon.

6. — Au Roi et à Nosseigneurs de son Conseil, Ch. J. E. Mauger de la Maugerie. Bontoux, av.
   Paris. 1771. Quillau.

7. — Requête au Roi pour la dame de Labat, veuve du sieur Abeille, ingénieur de S. M., et le sieur de Keralio, son gendre. (Canal de Bourgogne.) M. Bouché d'Urmont, av.
   Paris. 1765. Quillau.

8. — Précis pour connoître la conduite qu'a tenue Albert Mossu du Moussy, ci-devant caissier de M. de Monmartel, actuellement tuteur de M. le Marquis de Brunoy, son fils. Delagoutte, av.
   Paris. 1773. Prault.

9. — A Nosseigneurs du Parlement, en la grand'chambre, Fr. P. Billard. (Chaumette des Fossés, av.)
   Paris. 1772. Desprez.

10. — Précis pour le sieur Billard. Aubry, av.
    Paris. 1770. Desprez.

11. — Précis pour le sr Billard, contre M. le Procureur général. Chaumette des Fossés, av.

12. — Observations sur l'affaire du sieur Billard.

13. — Mémoire pour le sieur Grisel, prêtre, vicaire perpétuel de l'église de Paris, contre M. le Procureur général. Muyart de Vouglans, av.
    Paris. 1770. Hérissant.

14. — Précis pour le sieur abbé Grisel, contre le sieur Billard. Seguin, av.
Paris. 1772. Hérissant.

15. — Consultation pour le sieur abbé Grisel.
Paris. 1770. Hérissant.

16. — A M. le Prevôt de Paris ou M. son lieutenant civil. J. E. Fr. Lucas de Boullainvilliers. Contre les créanciers d'Agnan Crevier. Boutin, pr.
Paris. 1773. Pierres.

17. — Mémoire signifié pour J. B. Baret, maître traiteur à Paris, et Jos. Em. Charbonneau, sa femme, contre les sieurs Grandin frères, Leblanc et Delahaye. Polle de Cresne, av.
Paris. 1774. Delaguette.

18. — Mémoire pour Marie Anne Le Boittois, veuve de Guillaume Yon, marchand à Yvetot, contre L. Quevremont de la Motte, receveur de la principauté d'Yvetot, et contre M. J. Martin et J. B. Vittecoq, ses créanciers. Hennequin de Blissy, av.
Paris. 1774. Prault.

19. — A Nosseigneurs du Parlement en la grand'chambre, (le doyen et les docteurs régens de la Faculté de médecine de Paris, contre M. Guilbert de Préval). Thomazon, av.
Paris. 1773. Quillau.

20. — Observations de Me de Lattre, docteur-régent de la Faculté des droits de Paris, sur le mémoire à consulter et consultation pour les docteurs aggrégés de la même Faculté.
Paris. 1778. Lambert.

21. — Mémoire pour Mes. Thomassin, Martin, Bouchaud et Saboureux de la Bonnetrie, professeurs de la Faculté de droit, assignés par les docteurs-aggrégés, dans la cause pendante entre ceux-ci et Me Delattre. Par Saboureux de la Bonnetrie, doyen.
Paris. 1778. Ve Ballard.

22. — Sommaire pour les docteurs-aggrégés de la Faculté des droits de Paris; contre maîtres de la Roche, Thomassin, Martin et Lalourcé, docteurs-régens. (Nomination à la cure de S. André des Arts.) Caillard, av.
Paris. 1774. Simon.

23. — Mémoire pour les sieurs maîtres et gardes du Corps des marchands épiciers et apoticaires-épiciers de la ville de Paris, contre les sieurs jurés de la Communauté des papetiers et cartonniers de la même ville. (Vente de Papier). Belot, av.
Paris. 1773. Prault.

Tome III.

1. — Mémoire à consulter pour les parens de Madame de Saint Vincent. Piet Duplessis, av.
   Paris. 1775. Simon.

2. — Mémoire pour M. le maréchal Duc de Richelieu, contre Mad. la présidente de Saint Vincent, le sieur Vedel, Benavent, et autres accusés.
   Paris. 1777. Cellot.

3. — Observations pour M. le maréchal Duc de Richelieu, sur la requête imprimée présentée par Madame de Saint Vincent.
   Paris. 1775. Stoupe.

4. — Mémoire pour M. le Maréchal Duc de Richelieu, contre le sieur Vedel de Montel. Tronchet, av.

5. — Mémoire pour le même, contre la femme Leroi, le sieur Abbé de Villeneuve, le sieur Bennavent, le sieur Canron, le sieur Abbé Froment, et autres... Tronchet, av.
   Paris. 1775. Cellot.

6. — Observations nouvelles pour le même. Tronchet, av.

7. — Requête de conclusions civiles présentées au Parlement, toutes les chambres assemblées, les princes et pairs y séant, par M. le Maréchal Duc de Richelieu, contre M⁰ de Saint Vincent, le sieur Vedel-Montel Benavent et autres, leurs coaccusés.
   Paris. 1776. Cellot.

8. — Mémoire pour messire Joseph Imperiali Lercaro, contre M. le Maréchal Duc de Richelieu. (Succession Tegaldo). Dreue, av.

9. — Mémoire de dame Marie Grisalde, veuve de M. Joseph de Franchy. Contre M. le Maréchal Duc de Richelieu. Hucherard et Dreue, av.
   Paris. 1774. Cellot.

10. — A Nosseig. de Parlement. Alexandre Marie de Villeneuve, Abbé de Trans. (Affaire du Maréchal de Richelieu.)
    Paris. 1775. d'Houry.

11. — Réflexions présentées par M. le Maréchal Duc de Richelieu.
    Paris. 1777. Cellot.
    (On trouve jointes à cette pièce deux lettres manuscrites signées, l'une Villeneuve de Vance de St.-Vincent, l'autre De Vedel.)

12. — Mémoire à consulter et consultation pour Ch. Marie de Créquy chef du nom et des armes; contre Fr. L. M. le Jeune de la Furjonnière, soi-disant Comte de Créquy. (Usurpation de nom et d'armes). Treilhard, Lambon, Tronchet, av.
    Paris. 1780. Cellot.

13. — Mémoire pour madame la Duchesse d'Ollonne contre le sieur Orourke. (Abus de confiance). LINGUET, av.

Paris. 1771. Cellot

14. — Précis pour la même, contre le même. LINGUET, av.

Paris. 1772. Cellot.

15. — Faits de la cause de la dame de la Pouplinière, contre les légataires universels de son mari. GERBIER, av.

Paris. 1764. Cellot.

16. — Réflexions et moyens dans l'affaire de la dame de la Pouplinière. GERBIER, av.

Paris. 1764. Cellot.

17. — Réponse au mémoire du Comte de Gamaches, pour le Comte de Malderrée de Catteville. DELACROIX, av.

Paris. 1779. Quillau.

18. — Mémoire pour le Comte de Gamaches contre le Comte de Malderrée. BABILLE et CARROUGE, av.

Paris. 1779. Cellot.

19. — Mémoire signifié pour les sieurs H. Sallelles, J. B. Maffre, A. Benezech, L. Mares, A. H. Billières, El. de Laire, A. Fabre et J. Marquet; contre le sieur J. Rigaud de Belbeze, ancien maire de Marseillan. DESPAULX, av.

Paris. 1777. Knapen.

20. — Mémoire pour les gens de loi, échevins, habitans, corps et communauté du village de Courrières en Artois; et pour les gens de loi de la ville et communauté de Hennin-Liétard; les gens de loi, corps et communauté de Singhien en Weppe, de Billy, de Montigny, de Fouquières et de Noyelle-Godeau; contre les Etats d'Artois. Me LE FEBVRE DE DAMPIERRE, av.

Paris. 1782. Knapen.

TOME IV.

1. — Mémoire pour J. F. Albert, contre le sr Thierry. RAPPORTBLED, av.

2. — Mémoire pour le sieur Simon Lepescheux, contre le sieur Thierry. LESUEUR, av.

Paris. 1766. Knapen.

3. — Mémoire à consulter pour E. L. Bourgeois de Boisnes, épouse de L. F. J. de Bourbon, Comte de Chalus. BOISTEL, DESMERY, BOULLET DE VARENNE, DUVAL, MAISNEL, av.

Amiens. 1785. L. C. Caron.

4. — Mémoire à consulter pour le comte du Dognon, contre Audirac et consors. ARSANDEAUX, av.
    Paris. 1786. V° Ballard.

5. — Mémoire pour Me J. B. Figuières, contre les syndics et directeurs des créanciers d'André Guillaume Deshayes. TROUSSEAU, av.
    Paris. 1769. Simon.

6. — Mémoire sur l'appel. Pour le Comte de Fontenoy, contre la dame Comtesse de Fontenoy, sa femme. DOILLOT, av.
    Paris. 1754. Montalaut.

7. — Question pour les sieurs Le Dieu, Marque et consorts, contre les nommés Robelot, Ducroquet et autres.
    Paris. 1779. Grangé.

8. — Second mémoire pour les doyen, chanoines, et Chapitre de l'Eglise, Comtes de Lyon, contre Messire Antoine Malvin de Montazet, archevêque de Lyon. COURTIN, av.
    Paris. 1774. V° Ballard.

9. — Mémoire pour Me Fr. de Maraimberg, avocat en la cour, au sujet du tableau.
    Paris. 1736. Delormel.

10. — Sommaire pour le curateur à la succession vacante du sieur Panneau, contre les héritiers de la dame v° Dubray. RAPPORTBLED, av.

11. — Addition pour le curateur à la succession vacante de Panneau, contre les héritiers de la veuve Dubray. RAPPORTBLED, av.
    Paris. 1765. Knapen.

12. — Mémoire signifié sur délibéré, pour P. Perret et Marg. Letellier, contre G. Gaudon et M. Jorel. GUIET, av.
    Paris. 1774. d'Houry.

13. — A Nosseigneurs de la Cour des comptes, aides et finances de Normandie. Supplie Ch. L. Cl. Piédoue. Contre les habitants de la paroisse de Brocottes. FOUQUET, av.
    Rouen. 1778. V° Dumesnil.

14. — Au Roi. Le sieur de Saint-Auban. (Diffamation.)
    Paris. 1777. Clousier.

15. — Requeste des capitaines et officiers des Gardes du corps du Roy, contre Cl. Ph. Michon, dit Tourterel.
    Paris. 1732. Simon.

TOME V.

1. — Plaidoyer pour la demoiselle Sara-Mendès d'Acosta, épouse sieur Peixotto, contre le sieur Peixotto, son mari.
    Paris. 1779. Cellot.

2.— Mémoire pour le sieur L. H. Dulièvre-Liger, négociant à Tours, contre les sieurs Ab. Bellanger et Abr. Roze. LE GOUVÉ, av.
Paris. 1769. Cellot.

3.— Mémoire pour le sieur Duchange, contre les curateurs à l'interdiction du Marquis de Brunoy. BERTOLIO, av.
Paris. 1779. Valade.

4.— Exposé des titres de propriété et de possession patrimoniale du Comté de Dunois, pour M. le Duc de Chevreuse. ESTIENNE, av.
Paris. 1767. Chenault.

5.— Mémoire pour M. le Duc de Chevreuse, contre M. de Saint-Michel. GERBIER, av.
Paris. 1767.

6.— Mémoire signifié pour les sieur et dame Boucherat, contre le sieur Godefroy. TURQUET, av.
Paris. 1772. Hérissant.

7.— Nouvelle réponse signifiée pour le Comte du Montal et la Comtesse de la Rivière, aux différens mémoires de la demoiselle De Brun. SIMON DE MOSAR, av.
Paris. 1754. Knapen.

8.— Seconde addition servant de réponse au précis pour la dame de Targny, contre son mari. TURQUET, av.
Paris. 1777. Hérissant.

9.— Mémoire à consulter et consultation pour dame de Montieu, femme du sieur de Bellegarde. MILLE et DE LA MORANDIÈRE, av.
Paris. 1773. Valleyre.

10.— Faits justificatifs présentés par le sieur de Montieu à Nosseigneurs du Conseil de guerre. MILLE, av.
Paris. 1773. Valleyre.

11.— Consultation pour le sieur de Bellegarde, accusé devant le Conseil de guerre. LINGUET, av.
Paris. 1773. Cellot.

12.— Démonstration de l'innocence des sieurs de Bellegarde et de Montieu. LOCHARD, av.
Paris. 1773. Valleyre.

13.— Mémoire présenté au Roy par M. Lenoir, conseiller d'état, imprimé avec la permission de Sa Majesté. (Affaire Beaumarchais).
Paris. 1787. Pierres.

14.— Mémoire pour L. R. E. de Rohan; contre M. le Procureur général, en présence de la dame de La Motte, du sieur de Villette, de la demoiselle d'Oliva et du sieur comte de Cagliostro.

15. — Mémoire pour le comté de Cagliostro, contre M⁰ Chesnon et le sieur de Launay. THILORIER, av.

16. — Mémoire pour le comte de Cagliostro. Contre M. le Procureur général, en présence de M. le cardinal de Rohan, de la comtesse de La Motte, et autres co-accusés. THILORIER, av.

Paris. 1786. Lottin.

841. — **Procès intéressant des familles du pays.**
 5 vol. in-4°. contenant :

TOME Ier.

1. — Précis sur appointement à mettre pour Fr. Allou, maître menuisier à Amiens, contre la dame veuve Pingré de Fricourt. SALADIN, av. (Règlement de compte.)
Amiens. 1778. Caron fils.

2. — Mémoire pour M⁰ Pierre Bardoux, notaire à Fienvillez et pour J.-B. Bardoux, contre Aug. Destrée. (Prévarication.) D'ESMERY, av.
Amiens. 1779. J.-B. Caron.

3. — Exposé fidèle des faits pour le sieur Bataille de Tancarville, contre la dame veuve du Sieur de Baye, Directeur des aides à Amiens.
Amiens. 1791. J.-B. Caron.

4. — Précis pour M. Charlotte et Cath. Victoire de Bellengreville, dames de Bulleux, contre les sieurs Routier père et fils. (Chassé.) MAILLART, av.
Amiens. 1780. L. C. Caron.

5. — Mémoire pour le Sieur Bernard de Nolongue, contre le Sieur Bernard de Cléry. MAISNEL, av.
Amiens. 1784. J.-B. Caron.

6. — Mémoire à consulter pour M. M. H. L. Bernard Decléry, Seigneur du Pont-de-Metz, contre le Sieur Bernard Denolongue. BOISTEL, DUVAL, BOULLET DE VARENNES, MAILLART, av.
Amiens. 1786. L. C. Caron.

7. — Nouvelles observations sur incident pour le Sr Bernard de Nolongue contre le Sr Bernard de Cléry. MAISNEL, av.
Amiens. 1786. J. B. Caron.

8. — Réponse pour le sieur Bernard de Cléry aux nouvelles observations sur incident du sieur Bernard de Nolongue. COTINET, proc.
Amiens. 1786. L. C. Caron.

9. — Précis pour Bernard de Cléry, contre Bernard sieur de Nolongue. Cotinet, avocat.
Amiens. 1785. L. C. Caron père.

10. — Mémoire pour Me J. R. Boistel, Seigneur de Belloy-sur-Somme, contre L. Clément du Vault. Bernault, proc.
Paris. 1778. Grangé.

11. — Précis pour Gabriel Bos et consors, contre Me J. Martin, curé d'Allenay et F. Machet. Boullet de Varennes, av. (Abus de confiance.)
Amiens. 1771. L. C. Caron.

12. — Mémoire à consulter pour Claude Boullet, Sieur de Lamothe.
Amiens. 1788. L. C. Caron.

13. — Mémoire pour le sieur Boullet de La Mothe, contre le Sieur Boullet de Villemont. Boistel, av.
Amiens. 1788. L. C. Caron.

14. — Précis pour les demoiselles de La Mothe, contre le sieur Boullet de Villemont. Saladin, av.
Amiens. 1788. L. C. Caron.

15. — Mémoire à consulter et consultation pour M. J. B. Fr. Ch. Boullet de Varennes. Langlier, av.
Amiens. 1788. J. B. Caron.

16. — Requête (de Cl. Boullet de La Mothe) à M. le Lieutenant général au Bailliage d'Amiens. Boistel, av.
Amiens. 1788. L. C. Caron.

17. — Précis pour le Sieur N. Boulnois, contre le Sieur Robert. (Affaire commerciale.)
Amiens. 1788. J. B. Caron.

18. — Mémoire pour le sieur Bourdon, courtier de change à Amiens, pour servir de réponse au mémoire signifié du sieur Jullien, ci-devant caissier de l'Extraordinaire des guerres au département d'Amiens.

19. — Addition au mémoire du Sr Bourdon.
Amiens. 1750. Ve Caron.

20. — Précis pour la veuve Brisset, contre M. Leonor Scribe et contre la veuve Darras. Saladin, av.
Amiens. 1786. J. B. Caron.

21. — Mémoire pour Me L. Scribe, notaire au bailliage d'Amiens, contre la veuve Brisset. Maillart, av.
Amiens. 1786. L. C. Caron.

22. — Précis pour Nic. d'Argent, négociant à Amiens, contre le Sieur Debaye, receveur du port du quay à Amiens. Bernard, proc.
Amiens. 1776. L. C. Caron.

23. — Mémoire signifié pour le Sr M. Debonnaire et demoiselle M. M. Haudicquer, son épouse, contre le sieur P. Cl. Haudicquer et le Sr Nic. Haudicquer Domonville. BAILLET, av.
Amiens. 1761. Ve Caron.

TOME II.

1. — Mémoire au Conseil pour Ch. Nic. Delahaye, titulaire de l'office de la monnoie d'Amiens, contre J. Fr. J. Sevault, propriétaire dudit office. HUART DUPARC, av.

2. — Pièces du procès et observations pour Ch. Nic. de La Haye, contre Sevault. BOISTEL, av.

3. — Addition aux observations pour le sr de La Haye, contre Sevault. BOISTEL, av.

4. — Mémoire pour le sr Sevault, contre le sr de La Haye. MAISNEL av.
Amiens. 1773. Ve Godart.

5. — Mémoire pour le sr Sevault, contre le sr de La Haye. COURTIN, av.
Paris. 1774. Ve Ballard.

6. — Mémoire sur incident pour le sr Sevault, contre le sr de La Haye. DONGOIS, av.
Amiens. 1781. L. C. Caron.

7. — Mémoire pour le sieur Delamarre, contre le marquis de Grasse et consors. (Champart). MORGAN, av.
Amiens. 1789. J. B. Caron.

8. — Réponse du sieur Delamarre au précis du marquis de Grasse et consors. MORGAN, av.
Amiens. 1789. J. B. Caron.

9. — Réponses aux observations des syndics des créanciers de Ch. Delaporte, pour les srs Guérard l'aîné et Guérard-Lenglet. LEGOUVÉ, av.
Paris. 1778. L. Cellot.

10. — Précis pour Mes Fr. M. De Laporte, J. Ch. Laurendeau, demoiselle M. A. De Laporte et P. S. De Laporte, contre le sr Fr. Bouchon. (Vente d'un office.) RIMBERT, DE LA CROIX DE FRAINVILLE.
Paris. 1784. Chardon.

11. — Mémoire pour Me P. Drumeaux, curé de Roye sur le Matz, contre M. David et F. Brunel. (Diffamation.)
Noyon. 1777. Devin.

12. — Mémoire à consulter (pour le sr J.-B. Le Ducq. Moulin de Wimille). MORGAN, BOISTEL, LENGLIER, MAISNEL, av.
Amiens. 1782. L. C. Caron père.

13.— Précis pour J. F. Dury, contre M⁰ Varlet, J. Bernard, J.-B. Ducrocq, M⁰ Berville, le sʳ Lavigne et encore contre les Principal et Administrateurs du Collége de la ville d'Amiens. (Bail et changement.) BERNAULT, proc.
   Paris. 1785. Grangé.

14.— Précis sur délibéré pour le sʳ Jacques Ferry, contre le sʳ P. N. De Wailly et contre le sʳ F. De Wailly et les sieur et dame Harmaville. (Effets de commerce.)
   Amiens. 1782. J. B. Caron.

15.— Seconde lettre de M. de ** à M. de ** créancier de M. J.-B. Gorin, négociant à Amiens... Amiens ce 3 janvier 1761. DESBOIS.

16.— Précis pour M⁰ Haudicquer Duquesnoy, chanoine de la cathédrale, contre dame M. C. C. Roger, veuve de P. Fleur, administrateur de l'hôpital. DELAPIERRE, proc.
   Amiens. 1782. J. B. Caron.

17.— Mémoire signifié par le sʳ Henry, bourgeois d'Amiens, contre le sʳ Dottin, négociant. GOSSART, av.
   Amiens. 1776. Vᵉ Godart.

18.— Mémoire pour le sʳ F. Lalau, négociant à Amiens, contre le sʳ Leleu, banquier à Paris.
   Paris. 1774. Delaguette.

19.— Précis en réponse pour le sʳ Lamy, le sʳ Abbé Copin, le sʳ marquis de Wamin, seigneurs du fief du Fay, situé dans la paroisse de Talmas, contre le sʳ Balesden et quelques autres tenanciers du fief du Fay. BERNAULT, proc.
   Paris. 1774. Vᵉ Bollard.

20.— Mémoire pour le sieur Lecomte et Cᵉ, contre le sieur L. R. Cocu. MALOT, proc.
   Paris. 1779. Knapen.

21.— Mémoire pour les sʳˢ Lecomte et Cᵉ, contre J. Derivery, L. R. Cocu, J. A. Langlet, J. B. Bouchon, Ch. Fr. Dumont. STORNAT, proc.
   Amiens. 1781. J. B. Caron.

22.— Mémoire pour le sieur Langlet, contre les sieurs Lecomte et Cᵉ. PASQUIER, proc.
   Beauvais. 1782. Desjardins.

23.— Observations pour les sieurs Lecomte et Cᵉ. MALOT, proc.
   Paris. 1782. Knapen.

24.— Mémoire pour Fr. Eust. de Louvencourt, contre la demoiselle M. M. Fr. de Louvencourt de Warluzel. (Emancipation.) GERVAISE, av.
   Paris. 1775. Cailleau.

25.— Réplique signifiée pour Ant. Maguet, contre la v° Henry. TRIPIER av.
   Paris. 1771. Brunet.

TOME III.

1.— Précis pour les marchands de Paris faisant le commerce de quincaillerie et serrurerie; contre le fermier de la messagerie de la ville d'Eu à Paris. GOULLEAU, av.
   Paris. 1787. Nyon.

2.— Mémoire signifié pour El. Marié, veuve de Nicolas Pingré, contre Ch. J. B. Devarsy et consorts. QUENTIN, av.
   Paris. 1772-1773. Le Breton.

3.— Mémoire à consulter et consultation pour les créanciers unis du s^r Ch. Miné, contre la demoiselle A. Le Roux.
   Amiens. 1781. L. C. Caron.

4.— Mémoire pour Louise Mollié, épouse d'Ant. Mouchot, héritière de J. Thiery, décédé à Venise en 1676, contre M. F. D. Broutin, épouse du s^r G. A. L. Mollien. TRIPIER, av.
   Paris. 1786. Simon et Nyon.

5.— Mémoire signifié pour demoiselle Pélagie Monchaux, veuve du s^r Ch. Ant. Carrette, contre N. J. Carrette. (Droit d'aînesse entre des jumeaux.) SALADIN, av.
   Amiens. 1782. J. B. Caron.

6.— Mémoire signifié pour M. Ad. Morgan, seigneur de Maricourt, et dame M. A. Durieux, son épouse, contre les donataires et légataires de la dame de Chasteauneuf. BOULLET DE VARENNES, av.
   Amiens. 1771. L. C. Caron.

7.— Plaidoyer pour les mêmes, contre M. Magd. Mercier, v^e d'André Deschamps, M. Fr. Rad. Flutte et Ant. Mercier. LINGUET, av.
   Paris. 1772. Cellot.

8.— Consultation sur la question de sçavoir si la légitime donne hypothèque sur les biens personnels du donataire qui la doit.
   Paris. 1772. Simon.

9.— Mémoire et consultation pour Françoise O'Heguerty, épouse de J. B. Morgan, contre J. B. Maur Morgan, son fils.
   Paris. 1785. Simon et Nyon.

10.— Précis pour le s^r Morgan fils, contre la dame Morgan, sa mère. COURTIN, av.
   Paris. 1785. Ve Hérissant.

11.— Requête des Avocats au Bailliage d'Amiens, contre le s^r Morgan av.
   Amiens. 1763. Ve Caron.

12. — A M. Boullanger de La Mothe, conseiller du point d'honneur et doyen des avocats (d'Amiens). MORGAN.
Paris. 1763.

13. — Réponse d'un avocat d'Amiens à la lettre du sr Morgan au doyen des avocats de la même ville. 4 Decembre 1763.

14. — Mémoire pour Thomas Murry, contre Nic. Delahaye et le sr J. Th. Durand. MAILLART, av.
Amiens. 1783. L. C. Caron.

15. — Mémoire pour Marie Rose Oger, contre A. Dacquet. (Fausse accusation.) COURTIN DE TORSAY, av.
Paris. 1772. Simon.

16. — Mémoire sur appointement à mettre pour les srs Paillieux, contre le sr Fl. De Wailly. MAILLART, av.
Paris. 1779. D'Houry.

17. — Mémoire pour le sr Paillieux, contre le sr Fl. Dewailly, fabricant de velours façon d'Utrecht à Amiens. MAILLART, proc.
Paris. 1780. D'Houry.

18. — Mémoire pour messire L. Fr. Pingré, seigneur de Fricamps, etc., contre M. H. Morel d'Hérival. WATTIER et DECAIEU, proc.
Paris. 1781. J. B. Caron.

19. — Précis pour le sr de Portelance, contre le sr Tranel. TARGET, av.
Paris. 1776. Cellot.

20. — Mémoire pour le sieur Jean-Paul Tranel, contre le sieur Ch.-L. de Portelance. TRIPIER, av.
Paris. 1775. Simon.

21. — Réplique du sr de Portelance, au plaidoyer de Me Linguet pour le sieur Tranel. PERRIN, av.
Paris. 1773. D'Houry.

22. — Mémoire pour le sieur de Portelance, contre Tranel. LE BLANC, proc.
Paris. 1780. D'Houry.

TOME IV.

1. — Précis pour les sieurs A. Fl. et N. J. Poujol, contre les sieurs Coquillart frères. BAYARD, av.
Paris. 1778. Simon.

2. — Observations sur le nouveau mémoire des sieurs Poujol, pour les sieurs Coquillard. FARÉ, av.
Paris. 1778. Delaguette.

3. — Précis pour les frères Coquillard, contre Laurent David. VERRIER, av.
   Paris. 1777. Demonville.

4. — Résumé pour les srs Coquillart, contre les srs Poujol. CAFFIERI, av.
   Paris. 1778. Quillau.

5. — Apperçu pour les srs Poujol, contre les srs Coquillart. MOYNAT, proc.
   Paris. 1778. Demonville.

6. — Observations pour les sieurs Poujol, contre le sieur Pinchon Lebrun et contre le sieur Guillebaut.
   Paris. 1777. Simon.

7. — Mémoire pour les sieurs Coquillart frères, négocians à Amiens, contre les sieurs et dame vᵉ Poujol et fils. FARÉ, proc.
   Paris. 1778. Delaguette.

8. — Mémoire sur délibéré pour les srs Coquillart frères, contre Ad. Fl. et N. J. Poujol. TRUCHON, av.
   Paris. 1778. Moutard.

9. — Précis pour la veuve et les héritiers de H. Pringuet, contre M. l'Evêque de Noyon. HECQUET, proc.
   Paris. 1788. Prault.

10. — Précis pour la dame M. E. U. Raget, veuve de M. C. A. Fournier, contre le nommé Ducroquet et contre demoiselle M. Fr. E. E. Fournier. PORIQUET, av.
    Paris. 1782. Simon et Nyon.

11. — Mémoire signifié pour Mᵉ J. Fl. Rohart, curé de la paroisse d'Ailly sur-Noye, contre M. Ch. Fr. d'Hervilly-Canisy. (Diffamation.) PETIST et D'ESMERY le jeune, av. 1726.

12. — Plaidoyer pour le sieur N. J. F. Rumault, contre M. L. A. Morel d'Hérival... BOURGEOIS, av.
    Paris. 1780. Simon.

13. — Mémoire pour Florent de Sachy et dame Linard d'Aveluy, son épouse, contre Mᵉ J. Fr. Daguesseau. AUGIER, proc.
    Amiens. 1760. Vᵉ Godart.

14. — Mémoire signifié par Mᵉ J. Fr. d'Aguesseau, seigneur d'Ignaucourt, d'Happeglenne, d'Aubercourt et autres lieux. Contre le sr Florent de Sachy, seigneur de Marcelet et du Quesnoy, et dame M. Elis. Linard Davelui, son épouse. (Seigneurie d'Ignaucourt.) 1760. *Incomplet*.

15. — Mémoire pour M. d'Aguesseau, contre le sr de Sachy. DOULCET, av.
    Paris. 1762. Chenault.

16. — Précis pour F. de Sachy et dame Linard d'Aveluy, contre M. d'Aguesseau. MORGAN, av.
    Paris. 1765. Knapen.

17. — Mémoire pour Firmin Sannier, contre M. L. J. B. Cochepin de Métigny. (Moulin.) BOULLET DE VARENNES, av.
    Amiens. 1777. J. B. Caron.

18. — Mémoire pour le sr Scorion de Provinlieux, contre les srs Guilbon de Saint-Marc et Guilbon de Vaux. BERNARD, proc.
    Amiens. 1775. L. C. Caron.

19. — Mémoire pour Me Tayot, écolâtre de la cathédrale d'Amiens, contre la demoiselle Tayot. DE COURBEVILLE, av.
    Paris. 1784. Knapen.

20. — Mémoire pour le sr L. Vautour, marchand à Amiens, contre les srs de La Panneterie, marchands à Chaulny. COLMET DE SANTERRE, proc.
    Paris. 1778. Desprez.

21. — Précis pour M. Wattier et le sr C. Vilbaut, contre la demoiselle E. Mouret. LAURENDEAU, av.
    Amiens. 1775. Ve Godart.

22. — Mémoire au Conseil et consultations (pour G. A. F. J. de Wignacourt).
    Amiens. 1772. Ve Godart.

23. — Mémoire signifié pour le syndic du clergé du diocèse d'Amiens, contre les officiers municipaux de la même ville. RIGAULT, av.
    Paris. 1780. D'Houry.

24. — Mémoire pour le curé de Warloy, contre Ang. Gallet, veuve Clément. HARDOIN, av. (Refus de sépulture.)
    Paris. 1773. Simon.

25. — Mémoire pour Ang. Gallet, veuve Clément, contre les héritiers du curé de Warloy (J. B. Leroi). COURTIN, av.
    Paris. 1774. Simon.

26. — Précis pour le curé de Warloy, contre Ang. Gallet. HARDOIN, av.
    Paris. 1773. Simon.

27. — Arrêt de la Cour du Parlement du 29 mars 1774 (qui condamne la ve Clément).
    Amiens. 1774. L. C. Caron.

TOME V.

1. — Réponse à la lettre écrite par M*** A. M. D*** (DESBOIS), au sujet des affaires du sieur Gorin, négociant à Amiens. 16 Nov. 1760.

2. — Seconde lettre de M. De*** II. 15.

3. — Réponse à cette seconde lettre. Signée MORGAN. 12 janvier 1761.
   Amiens. 1761. V⁰ Godart.

4. — Lettre à MM. les créanciers du sr Gorin, écrite par M. D (DESBOIS. Pour servir de réponse à la précédente.) 16 janvier 1761.

5. — Lettre à MM. les créanciers du sr Gorin, portant les justes raisons qui retardent la conclusion du traité d'accommodement. Signée DESBOIS. 25 oct. 1761.

6. — Lettre des avocats au Parlement et au Bailliage-Présidial d'Amiens au sujet d'un arrêt rendu contre eux le 5 septembre 1763, sur les mémoires du sr Morgan. 29 oct. 1763.

7. — A M. Boullanger de la Mothe... IV. n° 12.

8. — Réponse d'un avocat d'Amiens.. IV. n° 13.

9. — Mémoire pour les sieur et dame Ravoisié, confiseurs, contre les sieur et dame Boudville, aussi confiseurs. CHARON DE ST.-CHARLES, av.
   Paris. 1758. Knapen.

10. — Mémoire sommaire pour le sieur Guerard, pourvu d'un canonicat de l'église cathédrale d'Amiens. Contre le sieur Dutilloy, curé de St.-Firmin le Martyr, dit en Castillon, de la ville d'Amiens, et le sieur De Brecq, curé de la paroisse de Berny, prétendant droit au même canonicat. RAT, av.
    Paris. 1764. Knapen.

11. — Mémoire pour M. J. Fl. Rohart, curé d'Ailly-sur-Noye. Contre M. le Procureur général. BAILLEUX, av.
    Paris. 1764. Knapen.

12. — Mémoire signifié pour M. J. Fl. Rohart. IV. n° 11.

13. — Mémoire pour les sieurs Dembreville, Moinet, Philippe, Lefebvre, Davion, Morvillés et Coupelon, maîtres écrivains.., et pour les sieurs Denamps, Douay, Masse, Galland... maîtres d'école, contre les frères des Écoles chrétiennes (établies dans la ville d'Amiens). D'ESMERY le jeune, av.

14. — Mémoire signifié pour Ch. M. Cateigne, ci-devant associé en la manufacture d'impressions d'étoffes fleuries établie à St.-Maurice-lès-Amiens. Contre Alex. Bonvalet. LEFEBVRE DE DAMPIERRE, av.
    Paris. 1766. Knapen.

15. — Mémoire pour le sieur Bonvalet, contre Ch. M. Cateigne, et J. L. Cateigne, frères. DE LA BORIE, av.
    Paris. 1766. D'Houry.

16.— Arrest de la Cour de Parlement qui condamne Ch. M. et J. L. Cateigne frères à 18000 livres d'indemnité envers le sieur Jacq. Al. Bonvalet...
Paris. 1766. d'Houry.

17.— Mémoire pour M. Honoré Palyart, curé de St.-Martin d'Amiens. Contre M⁰ J. Roblot et encore contre M⁰ Cl. L. Colart, ancien curé de la paroisse St.-Martin. CHARON DE ST-CHARLES, av.
Paris. 1766. Cellot.

18.— Consultations sur délibéré pour l'abbé Palyart.

19.— Consultation servant de réponse au mémoire du sieur Palyard. VIEL et LAGET-BARDELIN, av.
Paris. 1766. Chardon.

2⁰ SECTION. — **Droit nouveau.**

INTRODUCTION.

***— Projet de constitution française par CONDORCET.
Voyez : *Œuvres de* CONDORCET, *XII.*

842.— Eléments du droit français ou Analyse raisonnée de la législation politique, administrative, civile, commerciale et criminelle de la France ; par *A.* GRÜN.
Paris. 1838. L. Hachette. 1 vol. in-12.

843.— Lettres à un membre du Parlement d'Angleterre sur la constitution de 1852 (les Ministres, le Conseil d'Etat, le Corps législatif, le Sénat), par *C.* LATOUR DU MOULIN.
Paris. 1861. Amyot. 1 vol. in-8⁰.

A. — RECUEILS DE LOIS DEPUIS 1789.

844.— Table générale des matières pour la collection complète des décrets de l'Assemblée nationale rendus

en 1789 et 1790; précédée d'une table chronologique de ces mêmes décrets. (Par *A. G.* CAMUS.)
Paris. 1791. Baudouin. 1 vol. in-8°.

845. — Table chronologique des arrêtés des Communes; des arrêtés et décrets de l'Assemblée nationale de France. (Par *A. G.* CAMUS. 1789-90-91).
Paris. 1790-1791. Impr. nat. 1 vol. in-8°.

846. — Collection de lettres-patentes du Roi, de décrets de l'Assemblée nationale et de la Convention. De janvier 1790 à ventôse 1794. Recueil factice.
Paris. 1790-1794. 21 vol. in-4°.

    Consultez : Procès-verbal de l'Assemblée des Communes et de l'Assemblée nationale; *Hist.* 2886.
    — Journal des débats et décrets. *Hist.* n° 2887.
    — Procès-verbal des séances de l'Assemblée nationale de France. *Hist.* n° 2888.
    — Moniteur universel.

847. — Lois et actes du gouvernement. (Août 1789, au 18 Prairial an II.)
Paris. 1806-1807. Impr. impériale. 8 vol. in-8°.

848. — Bulletin des lois.
—1re série. Du 22 prairial an II au 3 brumaire an IV. N° 1 à 205. 6 vol. = 2e série. Du 12 brumaire an IV au 27 nivose an VIII. N° 1 à 345. 9 v. = 3e série. Du 8 nivose an VIII au 27 floréal an XII. N° 1 à 362, supplément compris. 9 vol. = 4e série. Du 28 floréal an XII au 26 mars 1814. N° 1 à 566. 21 vol. = 5e série. Du 12 mars 1814 au 19 mars 1815. N° 1 à 97. 3 vol. = 6e série. Du 1 mars 1815 au 30 juin 1816. N° 1 à 42. 1 vol. = 7e série. Du 31 janv., 1815 au 16 sept. 1824. N° 1 à 698. 22 vol. = 8e série du 16 sept. 1824 au 28 juillet 1830. N° 1 à 375. 12 vol. = 9e série. 1e partie. 27 juillet 1830 au 9 sept. 1835. N° 1 à 155. 7 vol. = 2e partie. 1e section. Ordonnances du 25 juillet 1830 au 24 février 1848. N° 1 à 1455. 36 vol. = 2e section. Partie supplémentaire. Du 10 janv. 1832 au 24 fév. 1848. N° 1 à 937. 34 vol. = 10 série. Du 24 fév. 1848 au 1 déc. 1852. N° 1 à 598. 10 vol. = Partie supplémentaire. Du 24 février au 1 décembre 1852. N° 1 à 290. 10 vol. = 11e série du 2 déc. 1852. au 31 déc. 1863. 22 vol. = Partie supplémentaire. Du 2 déc. 1852 au 31 déc. 1863. 22 vol.

    Paris. an II à 1863. Impr. nat. Imp. royal. 217 vol. in-8.

849.— Répertoire alphabétique, chronologique et par classement de matières, des sénatus-consultes, lois, décrets impériaux, avis du Conseil d'Etat, circulaires et instructions ministérielles. De vendémiaire au xi à janvier 1810. Par L. Rondonneau. Formant le premier supplément du Répertoire des lois et des arrêtés du gouvernement de 1789 à l'an xi, publié l'an xii par feu M. G. Beaulac.

Paris. 1810. Rondonneau et Dècle. 1 vol. in-8°.

850.— Table générale par ordre alphabétique de matières, des lois, senatus-consultes, décrets, arrêtés, avis du Conseil d'Etat, etc. publiés dans le Bulletin des lois et les collections officielles, depuis l'ouverture des Etats généraux, au 5 mai 1789, jusqu'à la restauration de la Monarchie française, au 1er-avril 1814. (Par L. Rondonneau.)

Paris. 1816. Impr. royale. 4 vol. in-8°.

851.— Table générale par ordre alphabétique de matières des lois, décrets, arrêtés et ordonnances du Roi, publiés dans les ve, vi[e] et viie séries du Bulletin des lois, depuis le 1er avril 1814 jusqu'au 1er janvier 1819. Par L. Rondonneau.

Paris. 1819. Rondonneau et Dècle. 1 vol. in-8°.

852.— Table décennale du Bulletin des lois, depuis le 1er avril 1814 jusqu'au 31 décembre 1823, rédigée par E. Lonchampt.

Paris. 1827. Impr. royale. 1 vol. in-8°.

853.— Du 1er janvier 1824 jusqu'au 31 décembre 1833.

Paris. 1835. Impr. royale. 1 vol in-8°

854.— Du 1er janvier 1834 jusqu'au 31 décembre 1843.

Paris. 1844. Impr. royale. 1 vol. in-8°.

855. — Du 1er janvier 1844 jusqu'au 31 décembre 1853.
Paris. 1856. Imp. impér. 1 vol. in-8°.

856. — Recueil des lois électorale, municipale, de la garde nationale, et charte constitutionnelle. Edition officielle, d'après le Bulletin des lois.
Paris. 1831. A. Delalain. 1 vol. in-32.

B. — CODES ET COMMENTAIRES.

a. — *Codes réunis.*

857. — Le droit françois, ou les cinq codes de l'Empire, avec leurs dispositions supplémentaires, réunis en un seul volume.
Paris. 1813. Alex. Eymery. 1 vol. in-12.

858. — Les six codes, précédés de la charte constitutionnelle et de ses lois organiques; accompagnés du texte annoté des lois qui ont abrogé ou modifié plusieurs de leurs dispositions, et de l'indication de leurs articles corrélatifs;...
Paris. 1828. Brissot-Thivars. 1 vol. in-8°.

859. — Les codes français collationnés sur les éditions officielles, contenant : 1° la conférence des articles entr'eux ; 2° sous chaque article, les textes tant anciens que nouveaux qui les expliquent, les complètent ou les modifient; 3° un supplément par ordre alphabétique et chronologique renfermant, outre les lois les plus usuelles, celles exigées pour les thèses et les textes anciens qui sont encore en vigueur; 4° une table alphabétique... Par *Louis* TRIPIER.
Paris. 1848. Cotillon. 1 vol. in-8°.

860. — La législation civile, commerciale et criminelle de

la France, ou commentaire et complément des codes français ; par M. le Baron LOCRÉ.

Paris. 1827-31. Treuttel et Würtz. 28 vol. in-8º.

Manque le tome 19.

---

b. — *Code civil, textes et commentaires.*

861. — Code civil des Français. Edition originale...

Paris. an XII. 1804. Impr. de la République 1 vol. in-8º.

A la suite :

— Table alphabétique des matières du code civil des Français, rédigée sur l'édition originale et seule officielle. Précédée des lois transitoires et de l'arrêté contenant le tableau des distances de Paris à tous les chefs-lieux de départemens pour l'exécution des lois. (Par *L.* RONDONNEAU.)

Paris. 1804. Rondonneau. in-8º.

862. — Code civil, contenant la série des lois qui le composent, avec leurs motifs, et un extrait des rapports faits au Tribunat, et des discours prononcés au Corps législatif sur les matières les plus importantes ; suivi d'une table raisonnée des matières, par l'auteur du Dictionnaire forestier (*Charles* DUMONT.)

Paris. 1803. Garnery. 2 vol in-8º.

863. — Cours de code civil, par M. DELVINCOURT. Ouvrage divisé en deux parties, dont l'une contient la cinquième édition des *Institutes du droit civil français*, du même auteur, revue et corrigée par lui ; et l'autre, la 3ᵉ édition, également revue, corrigée, et augmentée des notes et explications sur lesdites Institutes.

Paris. 1824. Delestre-Boulage. 3 vol. in-4º.

864. — Cours de droit civil français, traduit de l'allemand de M. *C. S.* Zachariæ, revu et augmenté, avec l'agrément de l'auteur, par M. *C.* Aubry et *M. C.* Rau.
Strasbourg. 1839-1846. Lagier. 5 vol. in-8°.

865. — Cours du droit français suivant le code civil. Par M. Duranton. 2ᵉ édit.
Paris. 1828-1842. Gobelet. 22 vol. in-8°.

866. — Le droit civil français, suivant l'ordre du code ; ouvrage dans lequel on a taché de réunir la théorie à la pratique ; par *C. B. M.* Toullier (15 vol). — Continuation (Art. 1582 à 1963) par M. *J. B.* Duvergier, sur les notes de feu Carré, de Rennes.
Paris. 1839-1842. J. Renouard. 21 vol. in-8°.

> Le 15ᵉ v. comprend une table générale, alphabétique et analytique, conçue et rédigée sous la direction de l'auteur, par M. *Mart.* Jouaust.

867. — Le droit civil expliqué suivant l'ordre des articles du code. Par M. Troplong.
Paris. 1838-1860. Hingray. 27 vol. in-8°.

868. — Cours de code Napoléon par *C.* Demolombe.
Paris. Aug. Durand. 1845-1860. 20 vol. in-8°.

869. — Traité sur l'état des personnes et sur le titre préliminaire du code civil, par M. Proudhon. 3ᵉ édit. considérablement augmentée par M. Valette.
Paris. 1848. Marescq. 2 vol. in-8°.

870. — Traité du contrat de mariage et des droits respectifs des époux, relativement à leurs biens, ouvrage contenant en outre l'examen du droit d'enregistrement dans ses rapports avec les conventions matrimoniales. Par *A.* Rodière et *P.* Pont.
Paris. 1847. Cotillon. 2 vol. in-8°.

** — Du divorce considéré au XIXe siècle relativement à l'état domestique et à l'état public de la société; par M. DE BONALD. 2° édit.

Paris. 1805. Ad. Leclere. 1 vol. in-8.

Voyez : Œuvres de M. DE BONALD. V.

871. — Rapport de M. ODILON BARROT sur la proposition faite en 1831, par M. de Schonen, relative au rétablissement du divorce.

Paris. 1847. Panckoucke. Pièce in-8°.

872. — Traité du domaine de propriété, ou de la distinction des biens considérés principalement par rapport au domaine privé. Par M. PROUDHON.

Dijon. 1839. Vict. Lagier. 3 vol. in-8°.

873. — Traité des droits d'usufruit, d'usage personnel, et d'habitation. Par M. PROUDHON.

Paris. Vict. 1836. Lagier. 5 vol. in-8°.

874. — Traité des droits d'usage, servitudes réelles, du droit de superficie et de la jouissance des biens communaux, et des établissements publics; par M. PROUDHON. 3e édition annotée, augmentée et mise en harmonie avec la nouvelle législation sur les forêts, par M. CURASSON.

Paris. 1848. Marescq. 2 vol. in-8°.

Ces deux vol. forment les tomes VI et VII de l'ouvrage précédent.

875. — Traité de voisinage considéré dans ses rapports avec l'*Ordre judiciaire*. Par F. FOURNEL.

Paris. an VIII. Rondonneau. 2 vol. in-12.

876. — Traité du voisinage, considéré dans l'ordre judiciaire et administratif, et dans ses rapports avec le code civil; par M. FOURNEL. 4e édit., publiée en 1827, rev. et augm. par M. TARDIF.

Paris. 1834. Videcoq. 2 vol. in-8°.

877. — Traité des servitudes, ou services fonciers. Par J.-M. Pardessus. 8ᵉ édit.
Paris. 1838. Nève. 2 vol. in-8º.

878. — Code des successions, ou recueil des décrets sur les successions, testamens, donations, substitutions, partages et autres actes civils qui y ont rapport. Suivi d'une explication par ordre des matières de la loi du 17 nivôse et autres subséquentes. 2ᵉ éd. Par le C. Vermeil.
Paris. An III. Imprimerie du dépôt des lois. 2 vol. in-12.

879. — Commentaire sur la loi des successions, formant le titre premier du livre troisième du Code civil, par Chabot (de l'Allier). Nouvelle édition, revue avec soin et augmentée d'une notice biographique, du sommaire, sous chaque article, des nombreuses questions traitées par l'auteur, d'annotations importantes, et d'une table alphabétique et raisonnée, par A. Mazerat.
Paris. 1839. Durand. 2 vol. in-8º.

880. — Code des transactions, ou Recueil complet des lois relatives aux obligations entre particuliers, dans leur rapport avec le papier-monnaie, aux rentes, pensions, fermages, loyers, marchés, remboursemens, dépots, consignations, etc. Par le C. Vermeil.
Paris. An VI. Rondonneau. 1 vol. in-8º.

c. — *Code de procédure civile.*

881. — Code de procédure civile. Edition originale et seule officielle.
Paris. 1806. Imprimerie impériale. 1 vol. in-8º.

A la suite :

— Dictionnaire du code de procédure civile, ou table alphabétique générale des matières... (Par *L.* Rondonneau). Edition du dépôt des lois.
Paris. 1806. Rondonneau. in-8°.

882.— Les lois de la procédure ivile, ouvrage dans lequel l'auteur a refondu son analyse raisonnée, son traité et ses questions sur la procédure, par *G. L. J.* Carré. 3ᵉ édit. dans laquelle ont été examinées et discutées : 1° les opinions de M. Carré, 2° toutes les décisions rendues de 1821 à 1843; 3° les questions prévues par MM. *Boncenne, Thomine Des Mazures, Dalloz, Boitard*, etc. Par Chauveau Adolphe.
Paris. 1845-46-47. Cosse et N. Delamotte. 7 vol. in-8°.

— Le 7ᵉ a pour titre : Dictionnaire résumé de procédure civile, ou table analytique des matières contenues dans la 3ᵉ édition des lois de la procédure civile de Carré et Chauveau Adolphe.

d. — *Code de commerce.*

883.— Code de commerce, précédé des motifs présentés au Corps législatif, par M. Regnaud de S.-Jean-d'Angely.
Paris. 1807. Le Prieur. 1 vol. in-18.

884.— Esprit du Code de commerce, ou commentaire puisé dans les Procès-verbaux du Conseil d'Etat, les exposés de motifs et discours, les observations du Tribunat, celles des Cours d'appel, Tribunaux et Chambres de commerce, etc. Par *J.-G.* Locré.
Paris. 1811-1813. Garnery. 10 vol. in-8°.

885.— Projet de révision ou de réforme de l'édit du mois de mars 1673, appellé communément l'Ordonnance du Commerce ; avec des notes, en forme de commen-

taire, indicatives des divers changemens qui y ont été faits, et des motifs qui ont déterminé à les faire.
S. n. n. l. n. d. (1790). 1 vol. in-4º.

886.— Cours de droit commercial, par *J.-M.* Pardessus.
Paris. 1814-1816. Garnery. 4 vol. in-4º.

887.— Exposition raisonnée de la législation commerciale, et examen critique du Code de commerce; par M. *Emile* Vincens.
Paris. 1821. Barrois l'ainé. 3 vol. in-8º.

888.— Le nouveau Valin, ou Code commercial maritime, accompagné 1º du commentaire de Valin sur les dispositions de l'Ordonnance de la Marine qui ont été conservées dans le livre II du Code de commerce ; 2º de la doctrine d'Emerigon sur les contrats d'assurance et à la grosse aventure ; 3º de remarques sur les modifications apportées à quelques articles de l'Ordonnance et sur les dispositions nouvelles ; 4º de formules des contrats maritimes, etc.; 5º d'une table analytique et alphabétique des matières. Par Sanfourche-Laporte. Revu et approuvé par M. *P.-B.* Boucher.
Paris. 1809. Clament. 1 vol. in-4º.

889.— Avant-propos à la discussion d'une nouvelle loi sur les faillites par M. *Horace* Say.
Paris. 1837. Guillaumin et Cie. 1 vol. in-8º.

890.— Traité des faillites et banqueroutes, d'après la loi du 28 mai-8 juin 1838, mise en rapport avec les législations précédentes ; accompagné de l'état de la jurisprudence sur les matières contenues dans cet ouvrage, et suivi d'un exposé succinct des principes qui régissent la déconfiture. Par M. *J.* Esnault.
Paris. 1844. Videcoq. 1 vol. in-8º. — Tome 3.

891. — Compétence des tribunaux de commerce, dans leurs rapports avec les tribunaux civils et les prud'hommes. Par M. *Ch.-A.* Despreaux (1).
  Amiens. 1836. R. Machart. Paris. Videcocq. 1 vol. in 8°.

892. — Chambre de commerce d'Amiens. Observations sur le projet de loi concernant les sociétés à responsabilité limitée. Février 1863.
  Amiens. 1863. E. Yvert. Pièce in-8°.

893. — De la propriété et de la contrefaçon des œuvres de l'intelligence.... Avec le texte des lois et décrets sur la matière. Par *Edouard* Calmels.
  Paris. 1856. Cosse. 1 vol. in-8°.

894. — Des noms et marques de fabrique et de commerce, de la concurrence déloyale... Par *Edouard* Calmels.
  Paris. 1858. A. Durand. 1 vol. in-8°.

***—. Annales du commerce extérieur. 2e section : Législation commerciale.
  Voyez : Sciences et Arts. N° 1324.
  Voyez aussi : Sciences et Arts. N° 1333-1334.

***.— Dictionnaire du commerce et des marchandises, publié sous la direction de M. Guillaumin.
  Paris. 1837-39. Guillaumin. 2 vol. gr. in-8°.
  Sciences et Arts. N° 1682.

e. — *Code d'Instruction criminelle.*

895. — Manuel d'instruction criminelle, contenant le Code d'instruction criminelle, le Code pénal, la loi et le réglement sur l'organisation judiciaire et l'administration de la justice, ... par M. Bourguignon.
  Paris. 1810. Garnery. 2 vol. in-8°.

---

(1) Despréaux (*Charles-Amand*), né à Frénoy-au-Val, le 26 juin 1790.

896. — Traité de droit criminel appliqué aux actions publique et privée qui naissent des contraventions, des délits et des crimes...; par *Achille-François* LE SELLYER. (1)
   Amiens. 1844. Yvert. Paris. Thorel. 6 vol. in-8°.

f. — *Code pénal.*

897. — Code criminel et correctionnel, ou recueil chronologique des lois, décrets, arrêtés et instructions sur la législation criminelle et correctionelle depuis 1790 jusques et y compris l'an XIII, avec tables chronologique et alphabétique des matières.
   Paris. An XIII. 1805. Rondonneau. 2 vol. in-8°.

898. — Théorie du code pénal, par CHAUVEAU-ADOLPHE et *Faustin* HÉLIE, 2e édition.
   Paris. 1843. C. Legrand. 6 vol. in-8°.

899. — Code de la liberté individuelle, renfermant les cas où un citoyen français peut être privé de cette liberté ; à l'usage de tous. Par M. FRANQUE.
   Paris. 1830. Lefebvre. 1 vol. in-18.

900. — De la folie considérée dans ses rapports avec la capacité civile, par M. SACASE.
   Paris. 1851. Videcoq. 1 vol. in-8°.

**. — Consultez aussi les divers traités de médecine légale.

g. — *Code forestier.*

**—. Dictionnaire de la culture des arbres et de l'arrangement des forêts. Par MM. BOSC et BAUDRILLARD.

**—. Dictionnaire de toute espèce de chasse.

---

(1) LE SELLYER (*Achille-François*), né à Amiens le 31 août 1801.

**—. Dictionnaire de toute espèce de pêche.

Voyez *Encyclopédie méthodique.*

901.— Code de la chasse, manuel complet du chasseur, par *Horace* Raisson, suivi du Code de la pêche, par M. de C....y. (*A.-F.* De Coupigny.)
Paris. 1829. J. Lefebvre. 1 vol. in-18.

h. — *Droit administratif.*

902.— Dictionnaire de l'administration française, par M. *Maurice* Block.
Paris. 1856. V⁰ Berger-Levrault. 1 vol. in-8⁰.

903.— Manuel administratif, ou recueil par ordre de matières, de toutes les dispositions des lois nouvelles et anciennes, encore en vigueur jusqu'en germinal an 9, relatives aux fonctions administratives et de police des Préfets, Sous-Préfets, Maires et Adjoints, Par le cit. Fleurigeon.
Paris. An IX. Rondonneau. 3 vol. in-8⁰.

904.— Premier supplément au Manuel administratif.... jusqu'en messidor an 10. Par le cit. Fleurigeon.
Paris. An X. Valade. 1 vol. in-8⁰.

905.— Les lois administratives et municipales de la France, ou manuel théorique et pratique des Préfets, des Sous-Préfets et des Maires, etc., contenant, par ordre alphabétique, les dispositions textuelles ou analytiques des lois, des décrets, ... actuellement en vigueur. Depuis 1789 jusqu'au mois d'octobre 1826. Par *L.* Rondonneau.
Paris. 1823-1826. Tourneux. 5 vol. in-8⁰.

906.— Questions de droit administratif, par M. le *Baron* de Cormenin.
Paris. 1822. Ridler. 2 vol. in-8⁰.

907. — Traité général de droit administratif appliqué, ou exposé de la doctrine et de la jurisprudence concernant l'exercice de l'autorité du roi, des ministres, des préfets, des sous-préfets, des maires, des conseils de préfecture, du conseil d'état, les ateliers insalubres, les bacs et bateaux, les bois et forêts, les chemins vicinaux, les communes, les conflits, les contributions, les cours d'eaux, etc., etc. Par M. *G.* Dufour.

Paris. 1843-45. Delamotte et Cie. 4 vol. in-8°.

908. — Cours de droit administratif appliqué aux travaux publics, etc. Par M. Cotelle.

Paris. 1835. Carilian-Gœury. 2 vol. in-8°.

909. — Traité de la législation des travaux publics et de la voirie en France. Par M. *Armand* Husson.

Paris. 1841. Hachette. 2 vol. in-8°.

910. — Observations sur les propositions ayant pour objet de modifier la loi du 21 mai 1836, relative aux chemins vicinaux, par *A.* Fournier (1).

Amiens. 1850. Duval et Herment. Pièce in-8°.

911. — Traité de la législation et de la pratique des cours d'eau, par *A.* Daviel. 3ᵉ édit.

Paris. 1845. Hingray. 3 vol. in-8°

912. — Règlement impérial du 17 mai 1809, relatif aux octrois. Moyens d'exécution approuvés par S. E. M. le Ministre des finances. 25 Septembre 1809.

Paris. 1809 Impr. imp. 1 vol. in-8°.

913. — Administration des Droits réunis. Modèle de règlement pour les octrois perçus à des bureaux d'en

---

(1) Fournier (*Pierre-François-Achille*), né à Abbeville le 18 décembre 1802.

trée et de sortie, approuvé par S. Exc. le Ministre des finances.
Paris. 1801. Impr. imp. Pièce in-4º.

914.— Envoi à MM. les Préfets des départemens (par le Directeur général de l'Administration des Droits réunis) des modèles des registres et bordereaux des octrois, en exécution de l'art. 158 du décret du 17 mai 1809.
Paris. 1809. Impr. imp. 1 vol. in-4º.

915.— Collection par ordre de matières d'arrêtés de police applicables à la ville d'Amiens, précédée d'une notice sur la police de cette ville avant 1789. Par M. BRAYER.
Amiens. 1858. J. Jeunet. 1 vol. in-8º.

i. — *Droit militaire.*

916.— Recrutement. — Tirage au sort et révision. Par DE BOYER DE SAINTE-SUZANNE.
Paris. 1860. P. Dupont. 1 vol. in-8º.

917.— Traité des servitudes légales établies pour la défense des places de guerre et de la zone des frontières ; par *Ch.* DELALLEAU.
Paris. 1833. Anselin. 1 vol. in-8º.

k. — *Droit rural.*

918.— Les lois rurales de la France, rangées dans leur ordre naturel ; par M. FOURNEL.
Paris. 1819. Le Clere. 2 vol. in-8º.

919.— Observations des Commissions consultatives sur le projet de code rural, recueillies, mises en ordre et

analysées, avec un plan de révision du même projet ; en vertu d'autorisation de S. Exc. le Ministre de l'Intérieur, par M. DEVERNEILH.
    Paris. 1810-1814. Imprimerie imp. et roy. 4 vol. in-4º.

920. — Manuel de droit rural et d'économie agricole. Aperçu historique, législation, jurisprudence, vues économiques, statistique, formulaire. 2ᵉ édit. aug. d'un appendice contenant le texte des lois rurales, par *Jacques* DE VALSERRES.
    Paris. 1847. Thorel. 1 vol. in-8º.

921. — Les proverbes, dictons et maximes du droit rural traditionnel, considérés comme moyen de vérifier les usages locaux, d'en préciser les règles et d'en propager les principes parmi les populations agricoles, par M. *J.-L.-Alexandre* BOUTHORS.
    Amiens. 1858. Vᵉ Herment. 1 vol. in-12.

922. — Des landes, friches, bruyères, marais, et autres terres vaines et vagues. Des défrichemens et desséchemens. Traité de jurisprudence spéciale concernant ces matières peu connues : suivi du texte des lois et réglemens. Par *Aug.-Ch.* GUICHARD.
    Paris. 1831. Vᵉ Porthmann. 1 vol. in-8º.

1. — *Enregistrement.*

923. — Traité des droits d'enregistrement, de timbre et d'hypothèques, et des contraventions à la loi du 25 ventôse an XI, par M. CHAMPIONNIÈRE et M. RIGAUD. 2ᵉ édition.

    Le 5ᵉ volume a pour titre :

Nouveau dictionnaire des droits d'enregistrement, de timbre, d'hypothèque et des contraventions aux

lois du notariat; contenant les lois, la jurisprudence et les décisions du traité sur la matière, précédé du code complet des lois sur la matière annotées de renvois au traité; par MM. CHAMPIONNIÈRE et RIGAUD.
Paris. 1838-1841. Hingray. 5 vol. in 8°.

m. — *Notariat.*

924. — Dictionnaire du notariat, précédé d'un recueil des édits, lois, etc., fréquemment utiles à MM. les notaires; par les notaires et jurisconsultes rédacteurs du Journal des notaires et des avocats. 3ᵉ édition.
Paris. 1832. Gratiot. 6 vol. in-8°.

925. — Supplément à la troisième édition du dictionnaire du notariat; par les notaires et jurisconsultes rédacteurs du Journal des notaires et des avocats.
Paris. 1838. Gratiot. 2 vol. in-8°.

926. — Commentaire de la loi du 25 ventôse an XI (16 mars 1803), contenant organisation du notariat, par M. L. GAGNERAUX.
Paris. 1834. Gagneraux. 2 vol. in-8°.

n. — *Presse.*

927. — Lois de la presse en 1836, ou législation actuelle sur l'imprimerie et la librairie, et sur les délits et contraventions commis par toutes les voies de publication. Par M. PARANT.
Paris. 1836. Didot frères. 1 vol. in-8°.

928. — Commentaire des lois de la presse et de tous les autres moyens de publicité. Par *Ad.* DE GRATTIER.
Paris. 1847. Delhomme. 2 vol. in-8°.

o. — *Garde nationale.*

929. — Loi relative à l'organisation de la garde nationale. Edition officielle.
Amiens. 1831. Boudon-Caron. 1 vol. in-12.

p. — *Légion d'Honneur.*

930. — Manuel du Légionnaire, ou recueil des principaux décrets, lois, ordonnances, etc., relatifs à l'ordre de la Légion d'honneur depuis l'époque de sa création jusqu'à nos jours; précédé d'un précis historique sur la Légion d'honneur, et suivi des décrets sur l'institution de la Médaille militaire et sur les secours annuels et viagers accordés aux anciens militaires de la République et de l'Empire; par *G.* De Chamberet.
Paris. 1852. J. Dumaine. 1 vol. in-12.

q. — *Mélanges.*

931. — Assemblée nationale législative. — Projet de loi et proposition de M. Raudot sur l'Administration intérieure. Livre I. Des Communes. Examiné par le Conseil d'Etat. 23 Décembre 1850.
Paris. 1850. Imprimerie nationale. 1 vol. in-4º.

932. — Projet de loi sur l'organisation judiciaire. Présenté à M. le Ministre de la justice par la Commission instituée par décision du Gouvernement provisoire, du 2 mars 1848.
Paris. 1848. Imprimerie nationale.

— Observations présentées à l'Assemblée nationale par les délegués de la ville de Montpellier (Hérault)

contre le projet de loi sur l'organisation judiciaire.
26 Juillet 1848.

— Mémoire sur la réforme judiciaire. Par le Conseil municipal de Saint-Pol (Pas-de-Calais).
Saint-Pol. 1848. warmé. in-4°.

933.—Projets de lois, rapports et exposés des motifs.
1 vol. in-8° contenant :

1.— Projet de Constitution présenté par la Commission après avoir entendu les représentants délégués des bureaux, précédé d'un rapport fait, au nom de la Commission, par le citoyen *Armand* Marrast. 30 août 1848.

2.— Constitution de la République française. 4 nov. 1848.

— Loi relative à la promulgation de la Constitution. 6 nov. 1848.

— Procès-verbal de la promulgation solennelle de la Constitution de la République. 12 nov. 1848.

3.— Rapport fait au nom de la Commission chargée de se concerter avec le Gouvernement pour la promulgation de la Constitution, par le citoyen Senard. 6 nov. 1848.

4.— Du pouvoir législatif dans la nouvelle constitution, par le citoyen d'Adelsward.

5.— Proposition sur la responsabilité du Président de la République et des Ministres, présenté par le cit. Crémieux. 2 nov. 1848.

6.— Rapport fait au nom du Comité de la justice sur la proposition du cit. Crémieux, relative à la responsabilité du Président de la République et des Ministres, par le cit. Crémieux. 29 no. 1848.

7.— Projet de loi organique sur la responsabilité du Président de la République et des autres agents ou dépositaires de l'autorité publique, en exécution de l'art. 68 de la Constitution, par M. Pradié. 19 janv. 1850.

8.— Rapport fait au nom de la 6e Commission d'initiative parlementaire, sur la proposition présentée par M. Pradié, sur la responsabilité du Président de la République... Par M. de Montigny. 6 mars 1850.

9.— Projet de loi sur l'assistance judiciaire, précédé de l'exposé des motifs, présenté par M. Rouher. 11 juin 1850.

10.— Rapport fait au nom de la Commission chargée d'examiner le projet de loi sur *l'assistance judiciaire* et la proposition de M. Favreau, par M. DE VATIMESNIL. 13 nov. 1850.

11. — Proposition rectifiée sur les aliments et les droits de la famille dans les successions, présentée par M. CRÉMIEUX. 15 nov. 1849.

12. — Rapport fait au nom de la 5e Commission d'initiative parlementaire, sur la proposition de M. Wallon tendant à la suppression de la mort civile, par M. MOULIN. 15 déc. 1849.

13. — Rapport fait au nom de la Commission chargée d'examiner la proposition de MM. Benoit-Champy, Moreau (Seine) et Valette, relative à la publicité des contrats de mariage, par M. VALETTE. 11 juin 1850.

14. — Rapport fait au nom du Comité de législation sur la proposition de M. Morin relative aux articles 414, 415 et 416 du Code pénal, par le cit. BÉRENGER. 16 déc. 1848.

15. — Proposition relative à des modifications à la loi du 21 mars 1836, sur les chemins vicinaux, précédé de l'exposé des motifs, présenté par le cit. RUDLER. 8 déc. 1848.

16. — Décret relatif aux attroupements. 7 juin 1848.

17. — Décret relatif aux clubs et réunions. 28 juillet 1848.

18. — Compte-rendu des travaux de la Commission chargée de régler le compte des fonds de sûreté générale présenté par M. Senard, par le cit. WALDECK-ROUSSEAU. 16 nov. 1848.

19. — Rapport fait au nom du Comité de la justice sur la proposition relative à une amnistie générale pour tous les crimes et délits politiques commis depuis le 24 février, par le cit. LEGEARD DE LA DIRIAYS. 6 nov. 1848.

20. — Rapport fait au nom de la Commission chargée d'examiner : 1° le projet de loi concernant les victimes des journées de février 1848.... Par M. MONET. 30 avril. 1850. — Amendements présentés par M. CRÉMIEUX. — Projet de loi.

21. — Projet de décret relatif au règlement de l'indemnité à payer aux colons, comme conséquence de l'abolition de l'esclavage, précédé de l'exposé des motifs, par le cit. VERNINAC. 23 août 1848.

22. — Rapport fait au nom de la 8e commission d'initiative parlementaire sur la proposition de M. Mauguin, tendant à faire nommer une commission chargée de présenter un projet de loi sur les institutions de crédit, par M. CHÉGARAY. 20 av. 1850.

23. — Rapport, au nom de la 9e Commission d'initiative parlementaire,

sur la proposition de M. le général de Grammont, relative à l'établissement d'une banque foncière de France, par M. Chégaray. 18 avril 1850.

24.—Rapport fait au nom du Comité d'administration communale et départementale sur le projet de loi portant ouverture de crédits aux Ministres de l'intérieur, des finances et de l'instruction publique, pour le service des départements et des communes, par le cit. Lignier. 8 nov. 1848.

25.—Rapport fait au nom du Comité des finances sur la proposition du cit. Delongrais, relative à l'admission et à l'avancement dans les fonctions publiques, par le cit. Mortimer-Ternaux. 15 novembre 1848.

26.—Rapport fait au nom de la 6ᵉ Commission d'initiative parlementaire, sur la proposition de MM. Charras et Latrade, tendant à apporter des modifications au mode de recrutement des ingénieurs des ponts-et-chaussées, par M. Soult de Dalmatie. 23 février 1850.

27.—Rapport fait au nom de la Commission chargée d'examiner la proposition de MM. Charras et Latrade.... Par M. Toupet des Vignes. 15 mai 1850.

28.—Rapport fait au nom du Comité de la justice, sur la proposition de M. Leremboure, tendant à confier à l'Imprimerie nationale la publication des feuilles sténographiques des débats de l'Assemblée et toutes les impressions de celle-ci, par le cit. *Edouard* Dubruel. 2 déc. 1848.

29.—Rapport fait au nom du Comité des travaux publics, sur le projet de loi tendant à comprendre l'embranchement de Nevers dans le bail du chemin de fer du Centre, par le cit. Brunet. 18 nov. 1848.

30.—Projet de loi relatif aux chemins de fer de Paris à Lyon, de Lyon à Avignon, et d'Avignon à Marseille, précédé de l'exposé des motifs, par le cit. Vivien. 29 nov. 1848.

31.—Projet de loi relatif au chemin de fer d'Avignon à Marseille, précédé de l'exposé des motifs, présenté par le cit. *L.* Faucher. 27 décembre 1848.

32.—Projet de loi relatif au chemin de fer de Paris à Sceaux, précédé de l'exposé des motifs, présenté par le cit. Vivien. 15 déc. 1848.

33.—Rapport fait au nom de la Commission chargée d'examiner le projet de loi tendant à modifier les clauses et conditions de la concession des chemins de fer de Tours à Nantes et d'Orléans à Bordeaux, par M. *Th.* Ducos. 19 juillet 1850.

34. — Rapport fait au nom de la Commission chargée d'examiner le projet de loi sur les appareils et les bâtiments à vapeur, par M. Lacrosse. 4 janvier 1850.

35. — Rapport supplémentaire fait au nom de la Commission chargée d'examiner la proposition de M. De la Grange, sur la police des vins, par M. De la Grange. 15 fév. 1851.

36. — Rapport fait au nom de la 15e Commission d'initiative parlementaire, sur la proposition... relative à l'exportation en France des blés étrangers pour mouture, par M. de la Rochette. 6 janvier 1851.

37. — Rapport fait au nom de la Commission spéciale chargée, en conséquence de la proposition de M. Loyer, de présenter le résumé de l'enquête sur la question du travail agricole et industriel, ordonnée par le décret de l'Assemblée constituante, en date du 25 mai 1848, par M. Lefebvre-Duruflé. 18 déc. 1850.

38. — Rapport fait au nom du Comité de l'agriculture et du crédit foncier, sur la proposition du citoyen Dufournel, relative au reboisement des terrains infertiles... Par le cit. Rampont. 17 oct. 1848.

39. — Annexes à la proposition du cit. Dufournel, relative au reboisement des terres infertiles...

40. — Rapport fait au nom du Comité des travaux publics, sur le projet de loi portant allocation d'un crédit de 1,890,000 pour compléter le paiement des dépenses des palais nationaux et des établissements de l'ancienne liste civile, pendant l'année 1848, par le citoyen Mortimer-Ternaux. 13 nov. 1848.

41. — Rapport fait au nom de la Commission chargée d'examiner le projet relatif à un crédit de 2,000,000, demandé pour la restauration de diverses salles du Louvre, par le cit. F. de Lasteyrie. 7 déc. 1848.

42. — Rapport fait au nom de la Commission chargée d'examiner le projet de loi ayant pour objet d'allouer les crédits nécessaires pour la conservation du mobilier national et pour sa translation dans les palais nationaux et dans les nouveaux magasins de l'Ile des Cygnes, par M. Mortimer-Ternaux. 2 août 1850.

43. — Rapport fait au nom de la Commission chargée d'examiner le projet de loi sur le traité d'amitié, de commerce et de navigation conclu entre la France et le Chili, le 15 sep. 1846, par M. de Flavigny. 28 déc. 1849.

III. — Dictionnaires et Répertoires.

934. — Répertoire universel et raisonné de jurisprudence, ouvrage de plusieurs jurisconsultes, réduit aux objets dont la connaissance peut encore être utile, et augmenté 1° des changemens apportés aux lois anciennes par les lois nouvelles, tant avant que depuis 1814 ; 2° de dissertations, de plaidoyers et de réquisitoires.... Par M. Merlin. 5ᵉ édit.
Paris. 1827-1828. Garnery. 18 vol. in-4º.

935. — Recueil alphabétique des questions de droit qui se présentent le plus fréquemment dans les tribunaux; ouvrage dans lequel l'auteur a fondu et classé un grand nombre de ses plaidoyers et réquisitoires, avec le texte des arrêts de la Cour de cassation qui s'en sont ensuivis. Par M. Merlin. 4ᵉ édit.
Paris. 1827-1830. Garnery. 8 vol. in-4º.

936. — Jurisprudence générale du Royaume, ou Répertoire méthodique de la législation et de la jurisprudence modernes en matière civile, commerciale, criminelle, administrative et de droit public, composée par ordre alphabétique des matières. Par M. Dalloz et par plusieurs jurisconsultes.
Paris. 1827-1830. Duverger. 12 vol. in-4º.

937. — Dictionnaire général et raisonné de législation, de doctrine et de jurisprudence, en matière civile, commerciale, criminelle, administrative et de droit public. Par *Armand* Dalloz jeune, et par plusieurs avocats et jurisconsultes.
Paris. 1835-1841. Moquet. 5 vol. in-4º.

Le 5ᵉ volume a pour titre :

— Partie supplémentaire. Période de 1834 à 1842.

938. — Dictionnaire de législation usuelle, contenant les notions du droit civil, commercial, criminel et administratif; avec toutes les formules des actes et contrats et le tarif du droit d'enregistrement de chacun d'eux ; par M. E. de Chabrol-Chaméane.
   Paris. 1835. Evérat 2 vol. in-4°.

IV. — Arrêts et décisions.

939. — Jurisprudence générale du Royaume. Recueil périodique et critique de législation, de doctrine et de jurisprudence, en matière civile, commerciale, criminelle, administrative et de droit public. Par MM. Dalloz aîné, et Tournemine (jusqu'en 1834), par MM. Dalloz et *Armand* Dalloz (jusqu'en 1857), et depuis, par les mêmes, avec la collaboration de MM. *Edouard* Dalloz et *Ch.* Vergé, et avec celle de plusieurs jurisconsultes.
   Paris. 1825-1863. 39 vol. in-4°.

940. — Jurisprudence générale. Table des quinze années (1841 à 1856) du recueil périodique de jurisprudence, de législation et de doctrine par M. *Dalloz* aîné. Par M. *Armand* Dalloz. Avec la collaboration de M. *L.* Brésillion et de M. *Jules* Janet. Cette table faisant suite, sous le rapport de la législation et de la jurisprudence, au Dictionnaire général et raisonné de M. Armand Dalloz.
   Paris. 1857. Moquet. 1 vol. in-4°.

941. — La thémis méridionale. Recueil de jurisprudence civile, commerciale, criminelle et administrative des cours et tribunaux d'Aix, de Marseille et du midi. Par M. Dantoine et M. Clapier.
   Aix. 1832. Pontier, 1 vol. in-8°. Tome 1er

942.— Jurisprudence de la Cour royale d'Amiens, ou recueil des arrêts notables rendus par cette cour en matière civile, commerciale et criminelle.

Tomes 9, 10, 11. 12, 13, 14.

Amiens. 1837 à 1846. Ledien fils. 6 vol. in-8º.

943.— Journal des audiences de la Cour d'Amiens, des Tribunaux du ressort et des Conseils de préfecture, revue hebdomadaire de jurisprudence en matière civile, commerciale, criminelle et administrative, par plusieurs avocats du barreau d'Amiens....

Amiens. 1862-1864. Lemer. 2 vol. in-4º.

V. — Plaidoyers et mémoires.

944.— Barreau français. Collection des chefs-d'œuvre de l'éloquence judiciaire en France. Recueillie par MM. Clair et Clapier. 1ʳᵉ Série. Barreau ancien. 10 vol. 2ᵉ Série. Barreau moderne. 6 vol.

Paris. 1822-1824. Panckoucke. 16 vol. in-8º. Portraits.

945.— Choix de plaidoyers et mémoires de M. Berville. (Extrait des Annales du barreau français.) (1)

Paris. 1833. Migneret. 1 vol. in-8º.

946.— Mémoire justificatif du général Moreau. (Par MM. Bonnet, Bellart et Pérignon.)

Paris. An XII. Demonville. Pièce in.4º.

947.— Recueil des pièces qui établissent les faits qui ont eu lieu entre Madame veuve Goiran Garat et Jean Michel Benaven, associé de feu André Goiran son frère, et de feu Barthelemy Goiran son mari, et

---

(1) Berville (*Albin*), né à Amiens le 22 Octobre 1788.

de Joseph Jourdan sous la raison de Goiran, Benaven, et compagnie, négocians à Lyon.

Gênes. 1806. Impr. française-italienne. 1 vol. in-4°.

948. — Faillite Herhan, imprimeur.

1 vol. in-4°. contenant :

1. — Adresse du sieur Herhan à ses créanciers, suivie d'un projet de concordat.
Paris. 1808. Didot l'aîné.

2. — Mémoire pour les sieurs Ebbon, Prignot, Mellier et Poulet, au nom et comme syndics définitifs des créanciers unis de L. T. Herhan. Contre le sieur Garnery, libraire.

3. — Mémoire pour M. Bertin-Deveaux, contre MM. Prignot et Poulet, syndics des créanciers de M. Herhan et aussi contre M. Herhan.
Paris. 1811. Mame.

949. — Mémoire à consulter et consultation pour le Sieur Saint-Prix Regnier, accusé, contre le Sieur Michel jeune, plaignant, en réplique aux mémoires publiés par le Sieur Michel.

Paris. 1813. Lenormant. 1 vol. in-4°.

950. — Affaire de l'emprisonnement de Choisy.

1 vol. in-4°, contenant :

1. — Affaire de l'empoisonnement de Choisy. Exposé et plaidoyer de M. l'avocat général Jaubert, précédés de l'acte d'accusation, et suivi de la déclaration du jury et de l'arrêt; recueilli par M. Breton.
Paris. 1814. Didot l'aîné.

2. — Cour d'assises du département de la Seine. — Acte d'accusation contre Julie Alexandrine Jacquemin et Louis Bourée.
Paris. 1814. Didot aîné.

3. — Consultation pour Julie Jacquemin, condamnée à mort pour crime d'empoisonnement, par arrêt de la cour d'assises du 20 mai 1814, demanderesse en cassation.
Paris. 1814. Magimel.

4. — Consultation sur une tentative prétendue d'empoisonnement.
Paris. 1814. Magimel.

5. — Mémoire sur la fable de l'empoisonnement de Choisy. Première et seconde partie.
Paris. 1814. V° Huzard et Magimel.

951. — Affaire du drapeau blanc relative au concordat. Plaidoyer de M° COUTURE.
Paris. 1820. Dentu. 1 vol. in-8°.

952. — Mémoires pour procès.
1 vol. in-4°, contenant :

1. — Mémoire pour les anciens fermiers des messageries.
Paris. 1790. Girouard.

2. — Pétition des Administrateurs composant les Directoires des déparmens du Pui-de-Dôme, du Cantal et de la Haute-Loire, à l'Assemblée nationale. 1790.

3. — Pétition de plusieurs négociants de la ville de Rouen, et dénonciation à l'Assemblée nationale. (Charbon de terre.)
Rouen. 1790. V° Besongne.

4. — Mémoire sur délibéré pour P. Ch. Pillon, négociant à Vermanton; contre Nic. Collet. CHARDON, av.
Auxerre. 1792. Baillif.

5. — Réponse du Directeur-général des assignats (DELAMARCHE) aux dénonciations contre lui.
Paris. 1793. Patris.

6. — Observations du Ministre des contributions publiques sur le décret du 17 avril en faveur du c. Genneau, ci-devant Commissaire du Roi à la Monnoie d'Orléans.
Paris. 1793. Rainville.

7. — Jugement rendu par la Commission militaire spéciale établie à Bordeaux, qui acquite J. Ducasse, condamne J. Rey, P. Bizat, J. Lacombe et Jeanne Lagarde.
Bordeaux. An III. Cavazza.

8. — Précis pour le cit. Foube, cultivateur à Guines, contre les cit. Boutillier, Dufossé, Lafitte, Fortin et Lemanissier. HUART, av.
Paris. An V. Migneret.

9. — Mémoire pour Fr. M. Boucher, contre A. P. Debecourt....
Arras. An V. Nicolas.

10. — Observations pour le cit. Ch. Ourcel.
Paris. An V. Gueffier.

11. — Observations sommaires pour le cit. le Boucher, contre les citoyennes le Boucher. LAURENDEAU, av.
    Paris. An VI. Gueffier.

12. — Précis pour L. Bazeliers, contre la ve Pauwelaert. LEFEBVRE, av.
    Lille. An VII.

13. — Mémoire en cause d'appel à la suite d'une réclamation d'état-civil jugée en faveur d'un père légitime. LIÉNART et CHRESTIEN, av.
    Paris. An IX. Gillé.

14. — Précis pour Erhard Stuber, contre E. J. Warens et Fr. Al. Planel,
    Paris. An IX. Everat.

15. — Mémoire pour Louise-Amélie Dismal, contre P. Louis Gueudré. LAURENDEAU, av.
    Amiens. An IX. Patin.

16. — Mémoire en réponse pour P. L. Gueudré, contre L.-Amélie Dismal. MORGAN, av.
    Amiens. An IX. Patin.

17. — Aux Consuls, la Régie des octrois de Lyon.
    Lyon. An IX. A. Leroy.

18. — Mémoire pour L. Rondonneau, contre M. Leriche, G. Nicole et J.-B. Le Normant.
    Paris. An X. Rondonneau.

19. — Mémoire à consulter pour le cit. Muiroger, contre le cit. Quatremère de Quincy. DELAMALLE, LACROIX DE FRAINVILLE, av.
    Paris. An X. Langlois.

20. — Précis pour la dame Charlotte-Flore Couchot, contre Cl. Ph. Delapourielle, son mari. 1806.

21. — Cour de cassation. Précis préparatoire pour les héritiers Roquelaure, contre la Ve Sirey, se disant née de Houchin. MORGAN-BÉTHUNE, av. 1806.

22. — Consultation pour Madame de Montmorency-Laval, contre son mari.
    Paris. 1807. Hacquart.

23. — Mémoire pour le s^r Varin, libraire, contre le s^r Garnery.
    Paris. 1808. Eberhart.

24. — Mémoire pour les s^{rs} Eberhart, Everat, Lefebvre, Porthmann et Setier, imprimeurs, contre le s^r Labalte.
    Paris. 1812. Everat.

25. — Justification sans réplique de M. R. Cl. Ogier.
    Paris. 1813. Prudhomme.

26. — Mémoire pour M. le chevalier de Champeaux, contre M. le comte Beugnot et C. M. Morin.
   Paris. 1815. Porthmann.

27. — Il est temps que la vérité parvienne aux pieds du trône. Mémoire du chev. de Champeaux. COUTURE, av.
   Paris. 1815. Leblanc.

28. — Notice dans l'affaire des sieurs de Maubreuil. COUTURE, av.
   Amiens. 1815. J. B. Caron.

29. — Plaidoyer pour M. Guerry de Maubreuil, prononcé par M° COUTURE, le jeudi 17 avril 1817.
   Paris. 1817. Porthmann.

30. — Note pour M. le lieutenant général Canuel. BERRYER, av.
   Paris. 1815. Boucher.

31. — Observations préliminaires pour le baron Canuel. BERRYER, av.

32. — Observations de M° COUTURE à l'audience du premier aout.

33. — Nouvelles observations pour le baron Canuel.

34. — Défense de M. le baron Canuel, M. le vicomte de Chappedelaine, M. le comte de Rieux-Songy, M. de Romilly et M. de Joannis; aux attaques extra-judiciaires dirigées contre eux à l'occasion de la conspiration dite royaliste. COUTURE et DUCANCEL, av.
   Paris. 1818. Boucher.

35. — Précis pour la dame Marie-Louise-Adélaïde de Rasière, épouse du s' Reytier, contre la commune d'Auby (Nord).
   Amiens. 1820. Caron-Duquesne.

953. — **Mémoires pour procès jugés au Tribunal et à la Cour d'Amiens.**

TOME Ier, contenant :

1. — Réponse de M. DEVILLE au mémoire de M. Delaporte.
   Amiens. 1790. Caron-Berquier.

2. — Lettre de M. DEVILLE, au sujet de la vente faite à l'abbaye du Gard.

3. — Précis pour le s' Benoît, contre les s'' Godart frères, contre le s' Lefebvre, notaire, et contre le s' Billot arpenteur. MORGAN, av.
   Amiens. 1792. J. B. Caron.

4. — Mémoire servant de réponse pour les sieurs Godart frères, contre le s' Benoit. BERNAULT, av.
   Amiens. 1792. J. B. Caron.

5. — Mémoire pour Cl. B. N. Viel, contre Fr. N. W. Doudou.
    Amiens. 1792. J. B. Caron.

6. — Précis pour le cit. Lormoy, propriétaire de la terre de Châteauneuf dans le Marquenterre. LUNEAU DE BOISJERMAIN, av.
    Paris. 1793. Nyon.

7. — Précis analytique pour les syndics et directeurs unis de L. Fr. Dhangest. RENAULT, syndic.
    S. Quentin. 1793. Moureau.

8. — Mémoire pour Augustin Laurent, négociant à Amiens, contre Isaac Lemaistre et Cⁱᵉ.
    Amiens. An III. Caron-Berquier.

9. — Précis pour la citoyenne Marguerite Gobillart, contre les veuve et héritiers J. Duroizel, en présence de la commune de Bray.
    Amiens. An III. Les Associés.

10. — Précis pour Ab. Locquet, contre J. B. H. Scellier, notaire à Hornoy, et Marie-Mad.-R. Locquet sa femme.
    Amiens. An IV. J.B. Caron.

11. — Précis servant de réponse pour le citoyen Guidé, contre le citoyen Barbieux.
    Amiens. An IV. Patin.

12. — Précis sur délibéré pour le cit. J. Barbieux, contre le cit. Guidé.
    Amiens. An IV. J. B. Caron.

13. — Précis pour Eustache Forceville, négociant.
    Amiens. An IV. Caron-Berquier.

14. — Mémoire pour L. Fr. Daitz, demeurant à Escarbotin, contre le cit. B. F. X. Rocques. DE BONNIÈRES, av.
    Amiens. An IV. Patin.

15. — Plaidoyer pour A. R. A. Bourbel, prévenu d'embauchage. MORGAN. BÉTHUNE, av.
    Amiens. An V. J. B. Caron.

16. — Mémoire pour J. F. Le Boucher Dumesnil... LAURENDEAU, av.
    Amiens. An V. J. B. Caron.

17. — Précis pour le cit. Corduant, la citoyenne Deladoubart, son épouse, et la citoyenne Deladoubart, sa sœur.
    Amiens. An V. Caron-Berquier.

18. — Antoine-Joseph LÉVRIER, juge au Tribunal civil du département de la Somme (contre Delavaux).
    Amiens. An VI. Patin.

19. — Précis pour le citoyen Douay.
   Amiens. An VI. Caron-Berquier.

20. — Suite au mémoire présenté aux Administrateurs du département de la Somme, le 13 brumaire an 6, par le cit. Du Moulin-Bondoy.
   Amiens. An VI. Caron-Berquier.

21. — Précis pour le cit. P. F. M. Sachy, contre le cit. Roussel-Belloy. DELAPIERRE, av.
   Amiens. An VI. J. B. Caron.

22. — Observations présentées par J. B. N. Du Mollin, aux Administrateurs du département de la Somme.
   Amiens. An VI. Les Associés.

23. — Mémoire pour le cit. Gasselin, cultivateur, demeurant à Puseaux, et Ch. Al. Quénescourt, contre Alex. Beaudoux et la veuve Blondel, et contre les créanciers Dailly de Chaulnes. COUTURE, av.
   Amiens. An VII. J. B. Caron.

24. — Précis pour le cit. Baudoux, contre les cit. Gasselin et Quénescourt. LAURENDEAU, av.
   Amiens. An. VII. Patin.

25. — Défense pour le cit. Doresmieulx, traduit au tribunal criminel du département de la Somme. COUTURE, av.
   Amiens. An VII. J. B. Caron.

TOME II, contenant :

1. — Mémoire sur appel pour Anne-Charlotte Rumet, V° Danzel-Boimon, contre les cit. Hecquet et Demachi, contre les cit. Doresmieux et contre les cit. Pinguet et autres. DEBOILEAU, av.
   Amiens. An VIII. J. B. Caron.

2. — Réplique pour la veuve Danzel-Boimon.
   Amiens. An IX. J. B. Caron.

3. — Mémoire pour P. N. M. Briquet, cultivateur au Bailly, commune de Chauny, contre Marg. Baudoin, veuve de J. Mallo.
   Laon. An VII. V° Melleville.

4. — Consultation pour la citoyenne Poujol-Davankerque ; contre son mari.
   Paris. An VIII. Fauvelle.

5. — Ladame contre Pierre Louis.
   Amiens. An VIII. Patin.

6. — Mémoire pour le cit. P. Louis, négociant à Lille, contre le cit. F. Ladame. CHRESTIEN, av.
   Amiens. An IX. Caron-Berquier.

7. — Précis pour les citoyens Dupré, enfants puinés de L. A. J. Dupré, contre le cit. L. A. Dupré, fils aîné et donataire de son père.
   Amiens. An VIII. Patin.

8. — Précis pour J. H. Sohier, cultivateur à Puisieux, près Laon, contre J. Leblanc, cultiv. au Crotoir. LAURENDEAU, av.
   Laon. An VIII. Melleville.

9. — Mémoire à consulter et consultation pour le cit. Lampon, contre la citoyenne femme divorcée Valbonne. LELEU, av.
   Laon. An VIII.

10. — Ma réplique personnelle à la citoyenne Valbonne. (Par LAMPON.)
    Paris. An VIII.

11. — Précis pour J. F. F. Lampon demeurant à Laon, contre la citoyenne Oudin, femme divorcée Valbonne.
    Reims. An VIII.

12. — Mémoire à consulter et consultation pour H. I., J. Courvoisier contre J. L. Fargeon. GOUJON, DESEZE, BELLART, av.
    Paris. An IX. Goujon.

13. — Mémoire servant de réponse pour la dame Aclocque, veuve de Fr. Dewailly, contre le citoyen Pecry. VARLET, av.
    Amiens. An IX. Caron-Berquier.

14. — Mémoire pour le citoyen Pecry contre la veuve Dewailly et consors. LAURENDEAU, av.
    Amiens. An IX. Patin.

15. — Consultation pour les citoyens Bezançon, négocians à Amiens.
    Amiens. An IX. Caron-Berquier.

16. — Précis pour Marie-Françoise-Caroline Malo, femme divorcée de Martin Briquet, contre Martin Briquet. VARLET, av.
    Amiens. An IX. J. B. Caron.

17. — Mémoire pour F. Grégoire contre Martin Briquet et Marie-Franç.-Car. Malo. LAURENDEAU, av.
    Amiens. An IX. J. B. Caron.

18. — Exposé fidèle que fait un pauvre habitant de campagne (P.-J.-J. Guillebert), des intrigues d'un homme puissant...
    Amiens. An IX. Caron-Berquier.

19. — Précis pour J. Richard-Daubigny contre E. H. Tondu, et encore contre F. Habart. LAURENDEAU, av.
    Amiens. An. IX. Maisnel.

20. — Précis pour le cit. Tondu et consors, en réponse à celui du cit. Daubigny. LECAT, av.
    Amiens. An IX. Maisnel.

21.—Réponse pour le citoyen Reneufve. LAURENDEAU, av.
Laon. An IX. Melleville.

22.—Réplique de J. B. L. Deville aîné, au mémoire de J. B. L. Deville puîné.
Amiens. An IX. Maisnel.

TOME III, contenant :

1.—Mémoire par J. Ch. Malœuvre contre Emm. Morel. LECAT, av.
Amiens. An X. Caron-Berquier.

2.—Précis pour les héritiers Quéquet contre J. de Braine et Marie Fr. Vignon sa femme. LECAT, av.
Amiens. An X. Maisnel.

3.—Mémoire pour P. Berthe... contre P. F. M. Goddebert.
Amiens. An X. Maisnel.

4.—Citoyens juges. — Requête des agents forestiers.
Amiens. An X. Patin.

5.—Observations que présentent les agents forestiers de la ci-devant maîtrise d'Amiens aux cit. président et juges du tribunal correctionnel d'Abbeville.
Amiens. An X. Patin.

6.—S. Germain contre Lamotte et Lamotte-Maillet.
Amiens. An X. Caron-Berquier.

7.—Mémoire présenté à la Commission consulaire exécutive de la République française par les négocians et manufacturiers d'Amiens.
Amiens. An X. Patin.

8.—Précis pour le cit. Baudoux contre les cit. Gasselin et Quénescourt. LAURENDEAU, av.
Amiens. An X. Patin.

9.—Mémoire pour les cit. N. Gasselin et Ch. Al. Quénescourt contre F. Al. Beaudoux et contre la veuve Blondel, veuve du cit. Dailly de Chaulnes. COUTURE, av.
Amiens. An X. J. B. Caron.

10.—Précis pour les dames Debaentz contre le cit. Pinaguet. COUTURE, av.
Amiens. An X. J. B. Caron.

11.—Précis. Question d'Etat. L'enfant naturel dont le père est décédé depuis la publication de la loi du 12 brumaire an 2, ne peut-il être admis à sa succession qu'en rapportant une reconnaissance passée devant l'officier public ? COUTURE, av.
Amiens. An X. J. B. Caron.

12.—Mémoire pour J. B. Canaples contre J. A. Villeret. LECAT, av.
    Amiens. An X. Caron-Berquier.

13.—Précis pour L. Bourlon contre Elizabeth Béguin. COUTURE, av.
    Amiens. An X. J. B. Caron.

14.—Au citoyen Premier Consul. Th. G. Riquebourg et J. B. Magnier recourant pour obtenir des lettres de grâce.
    Amiens. An X. J. B. Caron.

15.—Mémoire pour le cit. Delahaye contre le cit. Delacotte du Motel. LAURENDEAU, av.
    Paris. An X. J. B. Caron.

16.—Mémoire pour les Administrateurs des Douanes nationales contre J. Klassenvlas commandant le navire prussien Lavrowe Martha actuellement au port de Saint-Valery-sur-Somme. LECAT, av.
    Amiens. An X. Maisnel.

17.—Mémoire pour le cit. Lemaire contre les cit. Paquenot et Moronval et le cit. Warnier. LAURENDEAU, av.
    Amiens. An X. J. Caron.

18.—J. F. A. Devin, imprimeur libraire à Noyon, à ses Concitoyens.
    Noyon. An X. Devin.

19.—Mémoire pour L. J. Dartois... contre Marie Colette Euph. Poirée, veuve Gallois. LAURENDEAU, av.
    Amiens. An XI. Maisnel.

20.—Mot pour M. Niels-Moé, sénateur de Christiansand en Norwége, et Jean Sorensen, contre J. Spohrer, négociant au Hâvre.
    Paris. An XI. Lenormant.

21.—Conclusions motivées pour servir de réplique. Les veuve et héritiers Bourlon contre les veuve et héritiers Legrand. COUTURE, av.
    Amiens. An XI. J. B. Caron.

22.—Réponse du cit. Leroy au cit. Picart. COUTURE, av.
    Amiens. An XI. J. B. Caron.

23.—Réponse du cit. BRASSEUR, avoué, au mémoire à consulter des filles Bocquet...
    Amiens. An XI. Maisnel.

24.—Précis pour le cit. Carré contre le cit. Commissaire du gouvernement. COUTURE. av.
    Amiens. An XI. Maisnel.

25.—Précis pour les cit. J. Daire et contre J. B. Lefebvre et J. B. J. Lefebvre, héritiers de feu F. Corbinière. VARLET, av.
    Amiens. An XII. Caron-Berquier.

26. — Mémoire à consulter pour madame de Saint-Fargeau contre les propriétaires de moulins et meuniers, à Pont de Remy.
Paris. An XII. Cellot.

27. — Mémoire pour le cit. P. F. Ringard contre le cit. commissaire du gouvernement, près le tribunal criminel.

28. — Mémoire pour le sieur Duez et dame Ver. Dalleux, contre le sieur Potin Devauvineux. VARLET, av.
Amiens. An XIII. Maisnel.

29. — Mémoire pour N. A. Decarbonel, maire de Cottenchy contre V. V. H. Dufour et Marie A. A. de Ternisien, son épouse. LAURENDEAU, av.
Amiens. An XIII. Caron-Berquier.

30. — Mémoire pour le sieur Gobinet Devillecholles contre Marie Col. Euph. Poiré veuve et donataire du sieur Gallois de l'Epée.
Amiens. An XIV. Caron-Berquier.

TOME IV, contenant :

1. — Précis pour M. Fidière ayant les droits cédés par transport de Mme de Valicourt contre Mad. de Pange.
Paris. 1806. Porthmann.

2. — Mémoire pour le sieur P. A. Roussel contre dame B. Ch. F. Le Fournier divorcée d'Anne N. Doublet-Persant. LECAT, av.
Amiens. 1806. J. B. Caron.

3. — Précis pour le sieur Al. M. Vesta contre le sieur M. F. Leclerc, le sieur Blanchard, etc.
Amiens. 1806. J. B. Caron.

4. — Cour d'appel d'Amiens. Les sieurs Gros, Davillier et Radel contre MM. Lecouteulx-Dumoley et Thevart. Rapport de M. FRONTIN.
Paris. 1806. J. B. Caron.

5. — Consultation. (Vente du château de Thoix).
Amiens. 1807. Caron-Berquier.

6. — Mémoire pour P. A. J. B. TRANNOY contre M. le Procureur général près la Cour criminelle.
Amiens. 1809. Maisnel.

7. — Conclusions motivées pour dame N. Daniel, épouse du sieur J. N. Doresmieux, demanderesse en séparation de corps, contre ledit sieur Doresmieux.
Amiens. 1808. Maisnel.

8. — Mémoire au délibéré pour la veuve Dewarsy. DEMATIGNY, av.
Amiens. 1809. Caron-Berquier.

9. — Lettre de la dame veuve Dewarsy à M. Hubert de Matigny. 1809.

10. — Mémoire en réponse à celui de la V⁰ Dewarsy pour M⁰ L. Cotinet...
    Amiens. 1809. Maisnel.

11. — Consultation sur l'affaire en la Cour entre la dame veuve Dewarsy et les syndics et directeurs des créanciers de son frère.
    Amiens. 1809. Caron-Berquier.

12. — Jugement dans l'affaire de la dame Dewarsy. 1809.

13. — Arrêt de la Cour d'appel de Paris du 25 août 1809, entre M. J. Beraud juge à la Cour d'appel d'Amiens et M. J. B. Devaulx, propriétaire demeurant à S. Quentin.
    Paris. 1809. Hacquart.

14. — Mémoire pour H. H. Dematigny contre M. Caumartin.
    Amiens. 1810. Caron-Vitet.

15. — Mémoire pour demoiselle Ang. Mad. Guenin, contre le sieur L. Harnepont. Machart, av.
    Amiens. 1810. Ledien-Candas.

16. — Dernier mot pour le sieur Royer contre le sieur Dubois-Jubainville. Chrestien de Poly, av.
    Amiens. 1811. J. B. Caron.

17. — Consultation pour la demoiselle Bidant contre le sieur Coutte.
    Paris. 1813. Egron.

18. — Pour M¹¹ᵉ Bidant contre le sieur Coutte. Coquart, av.
    Amiens. 1813. J. B. Caron.

19. — Mémoire pour J. B. et Isid. Benjamin, cultivateurs à Bucy-les-Cerny. Machart, av.
    Amiens. 1819. Caron l'aîné.

20. — Mémoire pour les sieurs de Dancourt, Bontron, L. et P. Joly contre M. le Procureur général de la Cour royale d'Amiens et contre Mᵐᵉ la princesse de Berghes. Machart, av.
    Amiens. 1820. Caron-Duquesne.

21. — Précis pour le sieur Delaporte Leroy contre le sieur Vasseur.
    Amiens. 1827. R. Machart.

22. — Note pour S. E. le Ministre de la guerre contre M. Manceaux.
    Amiens. 1856. Duval et Herment.

VI. — Statistique.

954. — Compte général de l'administration de la justice ci-

vile et commerciale en France. Présenté par le Garde des sceaux, Ministre de la justice. (1840-1861.)
Paris. 1840-1863. Imp. royale et imp. 21 vol. in-4º.

Manque 1 à 6 et 8.

955.— Compte général de l'administration de la justice criminelle en France (1837-1861), présenté par le Garde des sceaux, Ministre de la justice.
Paris. 1839-63. Impr. royale et imp. 325 vol. in-4º.

CHAPITRE IV.

DROIT ÉTRANGER.

On devra consulter, pour chaque pays, la partie historique.. On y trouvera des traités ou des chapitres relatifs au droit.

A. — *Droit d'Italie.*

956.— Peregrina lectura D. *Andrææ* AB ISERNIA... in constitutiones Neapolitani regni. (Nova editio, opera *Remundi* FRAGRIER.)
Lugduni. 1533. D. de Harsy. 1 vol. in-4º.

Dans le même volume :

— Ærarium constitutionum regni Siciliæ *Andrææ* ISERNATIS.
Lugduni. 1534. S. Vincentius. in-4º.

— Placita principum seu constitutiones regni Neapolitani cum glossis dominorum *Sebastiani* NEAPODANI, *Marini* DE CARAMANICO, *Bartholomæi* DE CAPUA, et *Lucæ* DE PENNA, cum additionibus et apostillis D. *Nicolai* SUPERANTII....
Lugduni. 1533. D. de Harsy. in-4º.

— Decisiones Neapolitanæ D. *Matthæi* DE AFFLICTIS.
Lugduni. 1537. M. Bonhome. in-4°.

957.— *Jo Francisci* SCAGLIONI commentaria super regalibus pragmaticis regni excussa. Quibus accesserunt aliquæ allegationes nonnullorum præstantiss. jurisconsultorum decisionibus regiorum tribunalium decoratæ; unà cum additionibus *J. Baptistæ* DE THORO.
Neapoli. 1553. Maccarani. 1 vol. in-fol.

958.— Controversiarum forensium ad consuetudines Neapolitanas feudales, ad jus pontificium, et cœsareum, liber unicus, in quo abstrusiores quæstiones passim occurrentes in supremis Regni senatibus, altiori indagine ac stylo dilucidantur. Auctore *Horatio* MONTANO.
Neapoli. 1672. Ant. de Fusco. 1 vol. in-fol.

A la suite :

— Codex casuum selectorum rerum judicatarum, criminalium, civilium et mixtorum, actui practico apprimè conferentium, unà cum decisionibus, argumentis, et repertorio. Auctore *Jo. Baptista* DE THORO. Accesserunt allegationes quorundam jurisconsultorum peritissimorum unà cum decisionibus tribunalium et indice necessario.
Neapoli. 1655. Longhi. in-fol.

959.— Novæ decisiones sacri Senatus Pedemontani. Authore et collectore *Antonio* THESAURO.. Cum omnibus additionibus D. *Gasparis Ant.* THESAURI authoris filii.
Augustæ Taurinorum. 1626. D. Tarini. 1 vol. in-fol.

960.— Stylus regius Galliarum juridicus olim Salucianis præscriptus : in quem fusè tractatur de foro competenti nobilium, ecclesiasticorum, plebeiorum, et eorum qui in dignitatibus vel officiis sunt constituti... Opera *Petri* GRANETII.
Burgi Sebusianorum. 1630. Tainturier. 1 vol. in-4°.

961. — Loix et constitutions de sa majesté le Roi de Sardaigne, publiées en 1770. (Par *Joseph* Donjon.)
   Paris. 1771. Le Jay. 2 vol. in-12.

962. — Decisiones Rotæ Genuæ de mercatura et pertinentibus ad eam. Cum indice locupletissimo.
   Genuæ. 1582. 1 vol. in-fol.

963. — *Antonini* De Amato variæ resolutiones juris, forenses et practicabiles : in quibus quæstiones in dies fere occurrentes controversæ, dilucidè continentur, quæ juris proprii Siculi interpretatione, et decisionibus tribunalium exornantur. Editio novissima.
   Lugduni. 1658. Huguetan et Ravaud. 1 vol. in-fol.
   Voyez aussi n° 298.

B. — *Droit d'Espagne.*

964. — Commentariorum juris civilis in Hispaniæ regias constitutiones, tomi sex. Authore Doctore *Alphonso* de Azevedo Noviss. edit.
   Duaci. 1612. Bellerus. 6 en 2 vol. in-fol.

965. — Dn. *Antonii* Gomezii ad leges Tauri commentarius. In quo leges LXXXIII ad amussim juris et æquitatis normam examinantur... Noviss. editio D. *Diegi* Gomezii, Antonii nepotis, additionibus auctior.
   Genevæ. 1616. Pernet. 1 vol. in-fol.

966. — Dn. *Antonii* Gomezii ad leges Tauri commentarius. Cui accesserunt *Diegi* Gomezii, ejusdem auctoris nepotis, annotationes utilissimæ....
   Antuerpiæ. 1624. Belleri. 1 vol. in-fol.

967. — *Joannis* de Socarratis in tractatum Petri Alberti canonici Barchinonensis, de consuetudinibus Cathaloniæ inter dominos et vasallos, ac nonnullis aliis,

quæ commemorationes Petri Alberti appellantur, doctissima, ac locupletissima commentaria nunc primùm typis excusa, quibus feudorum materia diligentissimè pertractatur.

Lugduni. 1551. Ant. Vincentius. 1 vol. in-fol.

968.— Variarum resolutionum juris cæsarei, pontificii, et municipalis principatus Cathaloniæ tractatus in tres partes dissectus. Authore *Jacobo* CANCERIO.

Lugduni. 1626. Pillehotte. 3 en 1 vol. in-fol.

969.— Disputationum juris variarum ad interpretationem regiarum legum Regni Castellæ, et illis similium, tam ex jure Neapolitano, quam ex utroque communi, civili, et canonico, tomi duo. Auctore D. D. *Thoma* CARLEVALIO. 2ª editio.

Madriti. 1649. Quignonius. 2 en 1 vol. in-fol.

C. — *Droit du Portugal.*

**— Aucun ouvrage spécial.

** — *Antonii* DE GAMMA Decisionum supremi senatus Lusitaniæ centuriæ IV ; accesserunt additiones J. C. *Blasii Florez* DIAZ DE MENA.
Voyez : n° 262.

D. — *Droit d'Allemagne.*

970.— Traité historique et politique du droit public de l'Empire d'Allemagne, dédié à Monseigneur le Chancelier. (Par *P. F.* LE COQ DE VILLERAY.)

Paris. 1748. Laurent d'Houry. 1 vol. in-4°.

971.— Collectio constitutionum imperialium, hoc est, D D. NN. Imperatorum, Cæsarum, ac Regum Augustorum, sacri Imperii Germano-Romani, recessus, ordinatio.

nes, decreta, rescripta, mandata et edicta, in publicis Comitiis promulgata, aut aliàs edita, inde ab instauratione primæ Monarchiæ Germanæ usque ad D. N. Imp. Cæs. Rudolphum II inclusivè. Studio atque industria *Melchioris* Goldasti.

Francofurti ad Mœnum. 1610-15-43. 3 vol. in-fol.

972.— Monarchia S. Romani Imperii, sive tractatus de jurisdictione imperiali seu regia, et pontificia seu sacerdotali; deque potestate Imperatoris ac Papæ, cum distinctione utriusque regiminis, politici et ecclesiastici....; à catholicis doctoribus conscripti atque editi, et nunc iterum ex tenebris producti, recensiti, ... studio atque industriâ *Melchioris* Goldasti.

Hanoviæ et Francofordiæ. 1611-13. 3 vol. in-fol.

973.— D. O. M. Politica imperialia, sive discursus politici, acta publica, et tractatus generales, de D. D. N. N. Imperatoris et Regis Romanorum, Pontificis Romani, Electorum, Principum, et Communium Sacri Romano-Germani Imperii Ordinum, juribus, privilegiis, regalibus, dignitatibus... in certas partes digesti atque editi. Ex bibliotheca *Melchioris* Goldasti.

Francofurti. 1614. J. Bringerus. 1 vol. in-fol.

Voyez aussi : *Histoire* n°s 1611 et suiv.

974.— Consilia D. *Henningi* Goden..., optimo ordine per D. *Melchiorem* Kling distributa.

Witebergæ. 1545. J. Lufft. 1 vol. in-fol.

975.— *Regneri* Sextini tractatus de Regalibus, ab auctore recognitus... ac in duos libros distinctus... In quorum primo generaliter de Regalibus agitur, altero vero singularis et amplissimus commentarius ad constitutionem Friderici I. in cap. unic. *Quæ sint regal.* continetur.

Hanoviæ. 1657. Lasché. 1 vol. in-8°.

976.— Dn. *Joachimi* Mynsingeri à *Frundeck* singularium observationum Imper. Cameræ centuriæ vi. Editio prioribus castigatior... ex novissima... recognitione *Arnoldi* de Reyger.
Witebergæ. 1624. Bergerus. 1 vol. in-4°.

977.— Aurea bulla Caroli IV. Romanorum Imperatoris et Regis Bohemiæ, etc. Secundum exemplar originale Francofurtense.
Francofurti 1742. W. C. Multz. 1 vol. in-8°.

978.— Exposition abrégée du plan du Roi, pour la réformation de la Justice. Par M. Formay (*sic*).
Berlin. 1748. Haude et Spener. 1 vol. in-12.
A la suite :
1°— Mémoires pour servir à l'histoire de Brandebourg.
2°— Discours sur la nécessité d'admettre des étrangers dans les sociétés littéraires, par M. le Marquis d'Argenson. — Réponse de M. De Maupertuis.
3°— Discours prononcé le jour de la naissance du Roy, par M. De Maupertuis.
4°— Essai sur les songes. Par M. Formey.

979.— Projet du corps de Droit-Fréderic ; ou corps de droit, pour les Etats de Sa Majesté le Roi de Prusse : fondé sur la raison, et sur les constitutions du pays ; dans lequel le Roi a disposé le droit romain dans un ordre naturel, retranché les loix étrangères, aboli les subtilités du droit romain, et pleinement éclairci les doutes et les difficultés, que le même droit et ses commentateurs avoient introduit dans la procédure ; établissant de cette manière un droit certain et universel (Par *Samuel* de Cocceji). Traduit de l'allemand par A. A. de C. (*Alex. Aug.* de Campagne.) Suivant l'édition de Halle.
S. n. n. l. 1751.-1752. 3 vol. in-8°.

980. — Methodus juris feudalis, communis et Saxonici, unâ cum integro textu Saxonico, justo ordine connexo. Editio altera longè auctior et correctior, cui adjecta est Epitome totius juris feudalis, his disputationibus et singulis earum thesibus comprehensi. Autore *Jeremia* Reusnero.
   Wittebergæ. 1658. Joh. Haken. 1 vol. in-8".

981. — Processus juris in foro Saxonico, imprimis autem supremo appellationum judicio electorali, curiis provincialibus, aliisque judiciis inferioribus et dicasteriis Saxonicis usu ac observantia comprobatus... Autore et collectore *Benedicto* Carpzov.
   Ienæ. 1663. G. Sengenwaldus. 1 vol. in-fol.

982. — Practicæ novæ imperialis Saxonicæ rerum criminalium partes tres. Autore *Benedicto* Carpzov. 6ª edit.
   Wittebergæ. 1670. M. Henckelius. 3 en 2 vol. in-fol.

** — *Joannis* Koppen decisiones, in quibus quæstiones illustres in Germania quotidie occurrentes... pertractantur...
   Voyez n° 260.

983— *Melchioris* Goldasti de Bohemiæ Regni, incorporatarumque provinciarum, juribus ac privilegiis; necnon de hereditaria Regiæ Bohemorum familiæ successione, commentarii in libros VI divisi, et inde à prima usque origine ad præsentem ætatem quàm diligentissimè et accuratissimè deducti.
   Francofordiæ. 1627. Porsius. 1 vol. in-4°.

984. — *Melchioris* Goldasti consultatio de officio Electoris Bohemiæ, jureque in conventibus S. Rom. Imperii Electorum, tam electorali in actu eligendi, quàm collegiali in consilio rei publicæ, sibi competente. Serenissimi Matthiæ Hungariæ et Bohemiæ Regis, etc. Archiducis Austriæ, etc. legatis petentibus extempo-

raliter scripta Norimberge in Conventu collegiali anno MDCXI mense octobri.
Francofordiæ. 1627. J. J. Porsius. 1 vol. in-4°.

A la suite :

— Zwey Rechtliche Bedencken von der Succession und Erbfolge dess kor iglichen Geschlechts und Stamms in beyden Konigreichen Hungern und Boheim; auch Erbgerechtigkeit zu deren beyden Cronen, und angehorigen Landen und Leuten : insonderheit von den Erbpacten mit dem Hochloblichen Hause Oesterreich auffgericht. Durch *Melchior* GOLDASTEN.
Frackfurt am Mayn. 1627. Wolfgang Hofman. in-4°.

** — Jus maritimum hanseaticum *Reinoldi* KURICKE.
Voyez n° 219.
Voyez aussi n° 228 et n° 298.

E. — *Droit de Belgique et de Hollande.*

985. — Notitia juris Belgici, auctore *Francisco* ZYPÆO. Editio nova tertiâ parte auctior.
Antuerpiæ. 1665. Verdussen. 1 vol. in-4°.

986. — Eersten, tweeden, derden, vierden boeck der ordonnancien, statuten, edicten ende placcaerten soo van weghen der Keyserlyke en de Koninghlyke Majesteyten, als heurlieder door lughtighste Voorsaeten; Graven ende Graefneden van Vlaenderen : nieuwelings ver-meerdert met door-gaende marginale aen-wysinghen ende vol-kommentafel.
Gendt. 1629-39-85 Anna van den Steene. 4 vol. in-fol.

987. — Placcaeten, Ordonnantien, Landt-Chartres, Blyde incomsten, Privilegien, ende Instructien by de Princen van dese Neder-landen, aen de Inghesetenen van

Brabandt, Vlaenderen, ende andere Provincien, t'sedertt' Jaer MCCXX (ende met 1767) wtghegeven, gheaccordeert, ende verleent, van de welcke inde voorgaende twee Placcaet-Boecken gheen mentie ghemaeckt en wordt. Item Interpretatien, Declaratien, ende Verclaringhe, ghevolcht op eenighe vande selve Placcaeten... Item den Stiel ende Maniere van procederen, inde vier Souveraine Raden, als van Brabandt, Mechelen, Henegouwe, ende Gelder-landt. Vergadert, ende onder bequame titulen in ordre ghestelt door Ant. ANSELMO, J. B. CHRYSTIN, J. Michiel WOUTERS.

Antwerpen. 1648. Brussel. 1664-1739. 10 vol. in-fol.

988. — Eerste, tweede en derde deel van den vierden Placcaet-Boeck van Vlaenderen, behelsende alle de Placcaeten, Ordonnantien ende Decreten, geëmaneert voor de Provincie van Vlaenderen, sedert 't jaer 1684, tot ende met 1739. Vergaedert door J. Al. VARENBERGH.

Gendt. 1739. P. de Goesin. 3 vol. in-fol.

989. — Eerste, en tweede deel van den vyfden Placcaert-Boeck van Vlaenderen, behelsende alle de Placcaerten, Ordonnantien ende Decreten geemaneert voor de Provincie van Vlaenderen, sedert de leste versaemelinge danof gedaen ende uytgegeven ten Jaere 1740, mitsgaders differente andere met groote sorgvuldigheyt ende moeyte vergadert, die by omissie in de voorgaende zyn uytgebleven.

Gendt. 1763. P. de Goesin. 2 vol. in-fol.

990. — Generale alphabetische tafel van alle de Placcaerten, Ordonnantien, Reglementen, Decreten, Acten ende andere Bevelen, de welcke te vinden zyn in de Placcaert-Boecken van Brabant ende van Vlaen-

deren. 't Sedert het Jaer 1040 tot den 9 Meert 1685.
Brussel. 1685. S. T'Serstevens. 1 vol. in-fol.

991. — Generalen Index of te substantieel kort-bondig begryp der materien, begrepen in de vyf Placcaert-Boecken van Vlaenderen... beginnende van den Jaere 1152 tot ende met 1763. Opgestelt volgens order van den A. B. C. door M. *J. Ph.* DE WULF.
Gendt. 1766. P. de Goesin. 1 vol. in-fol.

992. — Livre des placcarts, édits, réglemens, tarifs, ordonnances et decrets, émanés depuis l'an MDCLXX pour la perception et conservation des droits de tonlieu, d'entrée, de sortie, de transit et autres, appartenans à Sa Majesté Impériale et Catholique, Prince souverain de ces Païs-bas. Servant de suite aux Placcarts et Ordonnances desdits païs. Compilées et mises en ordre avec une table alphabétique des matières. Par *J. M.* WOUTERS.
Bruxelles. 1737. G. Fricx. 1 vol. in-fol.

993. — Loix, chartres et coustumes du noble pays et comté de Haynnau qui se doibvent observer et garder en la souveraine et haulte court de Mons-et jurisdictions dudict pays resortissans à ladicte court de Mons.
Anvers. 1535. Michel de Hochstrat. 1 vol. in-fol.

A la suite :

— Loix, chartres et coustumes du chieflieu de la ville de Mons et des villes resortissans audict chieflieu de Mons.
Anvers. 1535. Michel de Hochstrat. in-fol.

994. — Mêmes ouvrages.
Anvers. 1558 J. Loe. pour Ant. Pissart. 1 vol. in-8º.

995. — Chartres nouvelles du pays et comté de Haynnau. Augmentées par M. Fortius de la table des chapitres selon l'alphabet, aussi d'un sommaire ou repertoire general de toutes les matieres contenues en icelles. Ensemble de la disposition desdites chartres nouvelles rapportée à l'ordre du droict escrit, avec une parallele ou renvoy general des tiltres et chapitres aux rubriques du droict civil et canonique...
    Mons. 1666. Ve Siméon de la Roche. 1 vol. in-4º.

996. — Ordinancie, styl ende maniere van procederen vanden Souverainen Raede van Brabant ende Landen van Overmaeze. Ghedecreteert by heure Hoocheden die Eertz-hertogen van Oistenrijck, Hertoghen van Burgundien, Lothrijck, Brabant, etc.
    Brussel. 1605. Rutgeert Velpius. 1 vol. in-4º.

997. — *Lamberti* Goris adversariorum juris subcisivorum liber singularis et prodomus : in quo sparsim (circa cessionem actionum, divisionem æris alieni in erciscunda familia, societatem conjugalem, præscriptionem et hujus generis alias usu frequentiores materias) illustrandæ consuetudines Gelriæ et Zutphaniæ specimen proponitur. Accedit seorsim ejusdem autoris commentarius ad elegantiss. leg. Observandum xix Diges. de offic. præsid.
    Noviomagi. 1634. Nic. ab Hervek. 1 vol. in-8º.

998. — Decisionum Curiæ Brabantiæ sesqui-centuria. Authore Do. *Petro* Stockmans.
    Bruxellis. 1670. Foppens. 1 vol. in-4º.

999. — Tractatus de jure devolutionis, authore D. *Petro* Stockmans.
    Bruxellis. 1667. Foppens. 1 vol. in-4º.

1000. — Deductio ex qua probatur clarissimis argumentis, non esse jus devolutionis in ducatu Brabantiæ, nec in aliis Belgii provinciis, ratione principum earum, prout quidam conati sunt asserere.
Sans titre. in-4º.

1001. — Remarques envoyées à M. Stochmans pour servir de réponse à la seconde partie de son Traité du droit de dévolution.
Paris. 1668. S. Mabre-Cramoisy. 1 vol. in-18.

1002. — Des vices de la législation pénale belge, et des améliorations qu'elle réclame; par le Chevalier DE LE BIDART DE THUMAIDE.
Mons. 1843. Hoyois. 1 vol. in-8º.

1003. — Des améliorations que réclame la législation pharmaceutique belge, par le Chevalier DE LE BIDART DE THUMAIDE.
Liége. 1844. F. Oudart. 1 vol. in-8º.

1004. — Corpus juris militaris, waer in begrepen 't Hollandts Krijgs-Recht en Articul-Brief met nodige Aenmerckingen ende Rechts-gronden verclaert door P. PAPPUM VAN TRATSBERG. Door desen gedruckt en nu uyt t'Hoog-duyts daer by gedaen Keysers Maximiliani II Artikel-brief, met xxxiii Artikelen uyt Caroli V pijnicke hals-gerichts ordonning : nevens Sweedisch, Deenemarckisch, en Switsersche Krijgs-Rechten.
Utrecht. 1663. Dirck. 1 vol. in-8º.

F. — *Droit d'Angleterre.*

1005. — Doctor and student : or dialogues between a doctor of divinity, and a student in the laws of England, containing the grounds of those laws, together with questions and cases concerning the equity and conscience thereof; also comparing the civil, canon, common and statute laws, and shewing wherein the vary from one another. 15th ed. (Written in 1531 by *Christopher* St.-German.)

London. 1751. Lintot. 1 vol. in-12.

1006. — Constitutiones legitime seu legatine regionis Anglicane (domini Othoboni): cum subtilissima interpretatione domini *Johannis* de Athon.

Parisiis. 1506. Ascensius. 1 vol. in-fol.

— Præclarum opus *Wilhelmi* Lyndewode super constitutiones provinciales Anglie : summa cura atque diligentia *Wolffgangi* Hopylii revisum....

Parisiis. 1505. Ascensius. 1 vol. in-fol.

1007. — Commentaire sur le code criminel d'Angleterre, traduit de l'anglois, de *Guillaume* Blackstone ; par M. l'Abbé Coyer.

Paris. 1776. Knapen. 2 vol. in-12.

1008. — Code pénal de la marine anglaise, traduit de l'anglais et publié avec des additions et des notes, par *G.* Laignel.

Paris. 1837. Anselin. 1 vol. in-8°.

1009. — Procès de Warren Hastings, écuyer, ci-devant Gouverneur général du Bengale, devant la Cour des Pairs, siégant dans Westminster-Hall ; sur un *impeachment* délivré à la barre de la Chambre des Pairs, contre ledit Warren Hastings, par les Communes de la Grande-Bretagne assemblées en Parlement. Traduit de l'anglais par M. Soulès.

Paris. 1788. Desray. 1 vol. in-8°.

G. — *Droit mahométan.*

1010. — Institutions du droit mahométan relatives à la guerre sainte. Dissertation de *Hadrien* RELAND, traduite du latin en français. Par *Ch.* SOLVET.
Alger. 1838. Imp. du Gouvernement. Pièce in-8°.

H. — *Droit des peuples de l'Orient.*

**— Aucun ouvrage spécial.
Consultez : *Revue de l'Orient. Histoire.* n° 4014.
— *Journal Asiatique. Histoire.* n° 4018.
— *Mémoires de la Chine.*

CHAPITRE V.

MÉLANGES.

I. — CAUSES CÉLÈBRES.

1011. — Recueil des causes célèbres, et des arrêts qui les ont décidées; rédigé par *Maurice* MÉJAN. 2° édit.
Paris. 1808-14. Garnery. 19 vol. in-8°.

1012. — Causes célèbres anciennes et nouvelles; par *J. B. J.* CHAMPAGNAC. N° édit.
Paris. 1833-34. Ménard. 8 vol. in-8°.

1013. — Chronique du crime et de l'innocence; par *J. B. J.* CHAMPAGNAC.
Paris. 1833. Ménard. 8 vol. in-8°.

1014. — Causes criminelles célèbres du XIX° siècle, rédigées par une société d'avocats.
Paris. 1827-28. Langlois. 8 vol. in-8°.

1015. — Crimes célèbres par MM. Alex. Dumas, Arnould, Fournier, Fiorentino et Mallefille.
Paris. 1839-40. Administration de librairie. 8 vol. in-8°.

1016. — Causes célèbres étrangères, publiées en France pour la première fois et traduites de l'anglais, de l'espagnol, de l'italien, de l'allemand, etc., par une société de jurisconsultes et de gens de lettres.
Paris. 1827-28. Panckoucke. 4 vol. in-8°.

1017. — Procès célèbres de la Révolution, ou tableau historique de plusieurs procès fameux, tenant aux principaux évènemens de l'interrègne révolutionnaire; notamment celui des *Agens royaux* arrêtés en l'an 5 (1797); celui d'*Aréna* et autres; celui de la *Machine infernale;* celui de *Georges, Pichegru, Moreau* et autres; celui relatif à une prétendue conspiration de la *Reine d'Etrurie*; celui de la conspiration *Malet*, etc. Par M. G. (Guichard).
Paris. 1814. Garnery. 2 en 1 vol. in-8°.

1018. — Histoire du procès de Louvel, assassin de S. A. R. Mgr. le duc de Berry. Publié par M. *Maur.* Méjan.
Paris. 1820. Dentu. 2 vol. in-8°.

II. — Recueils périodiques.

1019. — Revue étrangère et française de législation, de jurisprudence et d'économie politique, par une réunion de jurisconsultes et de publicistes, publiée pour la partie étrangère par M. Foelix, pour la partie française: par M. *J.-B.* Duvergier et par M. Valette.
Paris. 1834-43. Joubert. 5 vol. in-8°. tome 4, 5, 6, 8, 10.

1020. — Revue historique de droit français et étranger, pu-

bliée sous la direction de MM. *Ed.* LABOULAYE, *E.* DE ROZIÈRE, *R.* DARESTE, *C.* GINOULHIAC.
Paris. 1858-63. Durand. 5 vol. in-8°.
Tome 4. 5. 6. 7. 8.

1021.— Revue de législation et de jurisprudence, publiée sous la direction de M. L. WOLOWSKI.
Paris. 1834-53. Durand et Videcocq. 47 vol in-8°.

1022.— Revue critique de législation et de jurisprudence.
Paris. 1841-1863. Cotillon. 23 vol. in-8°.

1023.— Tables analytiques de la Revue de législation et de la Revue critique de législation et de jurisprudence, précédées des tables de la Thémis et de la Revue de droit français et étranger, par MM. COIN-DELISLE et *Ch.* MILLON, suivies d'une liste des principaux travaux de droit et de législation contenus dans les séances et travaux de l'Académie des Sciences morales et politiques, par M. *Ch.* VERGÉ, avec une introduction historique par M. LAFERRIÈRE.
Paris; 1860. Cotillon. 1 vol. In-8°.

TROISIÈME DIVISION.

DROIT CANONIQUE.

CHAPITRE I.

INTRODUCTION. — DICTIONNAIRES. — TRAITÉS GÉNÉRAUX.

A. — *Introduction et Histoire.*

1024.—Histoire du droit canonique, avec l'explication des lieux qui ont donné le nom aux Conciles, ou le

surnom aux auteurs ecclésiastiques. Et une Chronologie canonique. Par M° *J.* Doujat.
: Paris. 1677. Michallet. 1 vol. in-12.

1025. — Histoire du droit canonique..... Et une chronologie des Papes, des Conciles et des Hérésies : raportée aux règnes des Empereurs et des Rois de France. (Par M° *J.* Doujat.)
: Paris. 1698. Libraires associés. 1 vol. in-12.

1026. — Histoire du droit canonique et du gouvernement de l'Eglise. Par M***. (*J. B.* Brunet.)
: Avignon. 1750. Girard. 1 vol. in-12.

1027. — Prænotionum canonicarum libri quinque : quibus sacri juris, atque universi studii ecclesiastici principia, et adminicula enucleantur. Exarabat *Joannes* Doujat. 2ᵃ edit.
: Parisiis. 1697. Dezallier. 1 vol. in-4°.

B. — *Dictionnaires et Répertoires.*

1028. — Summa summarum quæ Sylvestrina nuncupatur : edita ab reverendo patre *Sylvestro* Prierate.
: Lugduni. 1539. Th. Paganus. 2 en 1 vol. in-4°.

1029. — Summæ Sylvestrinæ quæ Summa summarum merito nuncupatur, partes duo ab. rev. patre *Sylvestro* Prierate edita. Additionibus autem, ex sacro Concilio Triden. et Catechismo Pii V jussu editis, hac in editione in fine appositis. *Petro* Vendramæno authore... locupletata et illustrata.
: Antuerpiæ. 1581. Nutius. 1 vol. in-fol.

1030. — La somme bénéficiale, reduite à l'usage et pratique de France, recueillie par M. *Laurens* Bouchel.
: Paris. 1628. Boutonné. 1 vol. in-fol.

1031.—La Bibliothèque canonique, contenant par ordre alphabétique toutes les matières ecclésiastiques et bénéficiales qui ont été traitées par Me L. Bouchel dans sa Somme bénéficiale, à laquelle ont esté ajoûtés, dans le même ordre, plusieurs traités, arrests, réglemens, déclarations, ordonnances et notes sur les mesmes matières, selon l'usage présent. Par Me *Claude* Blondeau.
  Paris. 1689. Osmont. 2 vol. in-fol.

1032.—Les définitions du droit canon, contenant un recueil fort exact de toutes les matieres bénéficiales suivant les maximes du Palais. Avec les questions décidées selon l'opinion des plus célèbres auteurs, etc., etc. Par Me F. C. D. M., avocat. (*François-Claude* Des Maisons.)
  Paris. 1668-1671. De Sercy. 2 vol. in-4º.

1033.—Même ouvrage.
  Paris. 1668-1671. De Sercy. 3 vol. in-4º.
  **—Cet ouvrage est le même que le précédent ; il en diffère en ce que la 2e partie a été partagée en deux, à partir de la page 495 qui a reçu un entête portant 3e partie, et se trouve ainsi double. On a joint un titre à cette 3e partie, dont la pagination n'a même point été changée.

1034.—Même ouvrage. Avec des remarques très-nécessaires pour l'éclaircissement des mesmes définitions. Par Me *F.* Perard-Castel. 3e édit. rev. corr. et augm. de sept cent nouvelles remarques, par M. *Guillaume* Noyer.
  Paris. 1700. Ch-de Sercy. 1 vol. in-fol.

1035.—Sommaire des décrets du concile de Trente, touchant la réformation de la discipline ecclésiastique, avec des observations tirées de l'usage de France, et rangées par ordre alphabétique.
  Lyon. 1679. Anisson et Posuel. 1 vol. in-16.

1036. — Introduction au droit ecclésiastique et canonique et aux matieres bénéficiales. Par ordre alphabétique. Par M... (*Claude* DE FERRIÈRE.)
Paris. 1687. Cochart. 1 vol. in-12.

1037. — Même ouvrage. N° édit.
Paris. 1697. V° Cochart. 1 vol. in-12.
Le titre seul a été changé.

1038. — Recueil de jurisprudence canonique et bénéficiale, par ordre alphabétique : avec les pragmatiques, concordats, bulles, etc. Par M° *Guy* DU ROUSSEAUD DE LA COMBE ; sur les mémoires de feu M° FUET.
Paris. 1748. Mouchet. 1 vol. in-fol.

1039. — Manuel ecclésiastique de discipline et de droit ; ou sommaire des mémoires du Clergé, rédigé par ordre alphabétique, contenant tout ce qui concerne la discipline et le régime actuel de l'église de France, ses libertés, ses droits et priviléges, et ceux de ses membres. Par MM. les Abbés GARREAU et L. B. D. C.
Paris. 1778. Desprez. 1 vol. in-8°.

1040. — Dictionnaire de droit canonique, et de pratique bénéficiale, conféré avec les maximes et la jurisprudence de France, c'est à dire, avec les usages et libertés de l'Eglise gallicane, etc. Par M. DURAND DE MAILLANE. 2° édit.
Lyon. 1770. Duplain. 4 vol. in-4°.

1041. — Promptuarium divini juris et utriusque humani, Pontificii et Cæsarei celebriores ejusdem divini juris, et historias, et sententias, humanis juribus tum annotatas tum elucidatas, sub alphabetica serie complectens : à *Joanne* MONTHOLONIO elaboratum et duobus tomis absolutum.
Parisiis. 1520. Henr. Stephanus. 2 en 1 vol. in-fol.

1042.—Juris pontificii tomus IV in duas partes divisus. Continens conclusiones et absolutissimum indicem ac summam omnium materiarum, quæ exponuntur in textu et glossis totius juris canonici, et in Concilio Tridentino... Authore *Stephano* Daoyz.
Burdigalæ. 1624. Jac. Millangius. 1 vol. in-fol.

C. — *Cours de droit canonique.*

1043.—Compendium juris canonici noviter compilatum (a magistro *Carolo de* Ranchicourt).
Parisius. 1492. Ant. Cayllaut. 1 vol. in-4º.

A la suite :

—Tituli decretalium totiusque juris civilis secundum ordinem alphabeti diligenter collecti. —Introductio in lectionem juris tam canonici quam civilis.
Basileæ. 1487. Nec. Kesler. in-4º.

—Forma arboris consanguinitatis secundum jus canonicum et civile simul tam ex latere paterno quam materno, et generis masculini et feminini. (Per Ludovicum *Bologninum..*)
Bononie. 1489. Plato de Benedictis. in-4º.

—Arbor consanguinitatis, affinitatis, cognationis, spiritualis et legalis, una cum exemplis et enigmatibus perpulcris.
S. n. n. l. n. d.   in-4º.

1044.—Institutionum ad universum jus pontificium, sive canonicum, libri quatuor, à *Jo. Paulo* Lancelotto conscripti, nunc primùm... illustrati per *Ludovicum* Alferium; quibus Institutionum juris canonici libros IIII M. *Antonio* Cuccho authore... adjecimus.
Basileæ. 1566. 1 vol. in-4º.

1045. — Institutiones juris canonici, quibus jus pontificium singulari methodo libris quatuor comprehenditur. Ab *Jo. Paulo* Lancelotto conscriptæ....

Lugduni. 1577. Car. Pesnot. 1 vol. in-4°.

1046. — Idem opus. Adjectæ sunt hac editione *Joannis* Doujatii novæ atque uberes notæ, ad usum Cleri Gallicani accommodatæ...

Parisiis. 1685. Dezallier. 2 vol. in-12.

1047. — Commentaria *Joannis* Majoreti in libros quatuor Institutionum juris canonici *Jo. Pauli* Lanceloti.

Tolosæ: 1676. A. Colomerius. 1 vol. gr. in-4°.

1048. — Partitiones juris canonici seu pontificii in quinque libros digestæ : quæ instar syntagmatis specialis totius juris ecclesiastici sunt... Authore *Petro* Gregorio.

Lugduni. 1594. Pillehotte. 1 vol. in-fol.

1049. — *Antonii* Augustini juris pontificii veteris epitome, in tres partes divisa, de personis, de rebus, et de judiciis. Accesserunt huic editioni Canones pœnitentiales ejusdem auctoris.

Parisiis. 1641. Gerv. Alliot. 2 vol. in-fol.

1050. — *Augustini* Barbosæ juris ecclesiastici universi libri tres. In quorum 1 De personis. II De locis. III De rebus ecclesiasticis plenissimè agitur.

Lugduni. 1660. Borde, Arnaud... 2 en 1 vol. in-fol.

1051. — Jus ecclesiasticum universum hodiernæ disciplinæ præsertim Belgii, Galliæ et vicinarum provinciarum accommodatum... Authore *Zegero Bernardo* Van Espen.

Lovanii. 1700. Stryckwant et Denique. 3 vol. in-fol.

1052. — Jus ecclesiasticum universum antiquæ et recen-

tiori disciplinæ præsertim Belgii, Galliæ, Germaniæ et vicinarum provinciarum accommodatum. Auctore *Zegero Bernardo* Van Espen.
    Lovanii. 1753. 4 vol. in-fol.

1053.—Corpus juris canonici, per regulas naturali ordine digestas, usuque temperatas, ex eodem jure, et Conciliis, Patribus, atque aliunde desumptas, expositi. Opus... in tres tomos divisum. Authore *Joanne Petro* Gibert.
    Coloniæ Allobrogum. 1735, Bousquet, 3 vol. in-fol.

1054.—Institutiones juris canonici, veteris et novi principia complectentes, ad usum utriusque fori. Quibus aperitur aditus facilis ad ampliorem sacrorum canonum notitiam. Opera rev. P. F. Urbani ab Ascensione (*U.* Lefort), *Carmelitæ*..
    Lemovicis, 1602. Barbou, 1 vol. in-16.

1055.—*Arnoldi* Corvini jus canonicum, per aphorismos strictim explicatum.
    Amstelodami. 1651. Lud. Elzevirius. 1 vol. in-16.

1056.—Idem opus.
    Amstelodami. 1672. Off. Elzeviriana. 1 vol. in-16.

1057.—Sylloge operum isagogicorum ad jus sacrum, in qua continetur *Arnoldi* Corvini jus canonicum per aphorismos strictim explicatum. Eique præfixa *J.* Doujatii isagogica juris pontificii synopsis. Et subjectus *Alex.* Chassanæi juris ejusdem index versibus descriptus...
    Parisiis. 1671. Æg. Alliot, 1 vol. in-12.

1058.—Bipertita juris pontificii synopsis: cujus priore parte continetur *Henrici* Canisii Summa juris canonici cum appendicibus sex: posteriore parte continentur Paratitla in universum juris canonici corpus. Scilicet *Nicolai* Frerotii in Decretum, in Sextum, Clementinas, et Extravagantes: et *Alexandri* Chassanæi in Decretales Gregorii IX. Adjectis in hac editione *Fr.* Florentis scholiis, ac locorum græcorum emendatiori versione.

Parisiis. 1659. V^a G. Alliot. 1 vol. in-8º.

1059.—Canonici juris institutionum libri tres. Operâ et studïo *Francisci* de Roye.

Parisiis. 1681. Dezallier. 1 vol. in-12.

1060.—Examen juridicum in jure canonico, seu methodica manuductio ad jus pontificium, tùm commune, tùm apud Gallos receptum. Operâ et studio *Petri* Biarnoy de Merville.

Parisiis, 1685. L. d'Houry. 1 vol. in-12.

1061.—Juris canonici theoria et praxis, ad forum tam sacramentale quàm contentiosum, tum ecclesiasticum, tum seculare. Authore *Joanne* Cabassutio.

Lugduni. 1691. Borde et Arnaud. 1 vol. in-4º.

1062.—Idem opus. Editio novissima, à *Joanne Petro* Gibert summariis ac notis illustrata,...

Augustoriti Pictonum. 1738. Faulcon. 1 vol. in-fol.

1063.—Nova et methodica institutionum juris canonici tractatio, seu nova et methodica paratitla in quinque libros Decretalium Gregorii IX. Autore *Claudio Josepho* de Ferriere.

Parisiis. 1711. Warin. 1 vol. in-12.

1064.—Institution au droit ecclésiastique. Par M. l'Abbé Fleury. N^e édit.

Paris. 1711. Mariette. 2 vol. in-12.

1065.—Institution au droit ecclésiastique. Par M. l'Abbé Fleury. N^e édition, revue et augmentée de notes considérables, d'une table des loix ecclésiastiques,

et d'un catalogue des principaux livres qui traitent du droit ecclésiastique. Par M. BOUCHER D'ARGIS.
Paris. 1767. Herissant. 2 vol in-12.

1066.—Manuel du droit ecclésiastique de toutes les confessions chrétiennes, par M. *Ferdinand* WALTER ; traduit de l'allemand, avec la coopération de l'auteur, par *A.* DE ROQUEMONT. (1)
Paris. 1840. Poussielgue-Rusand. 1 vol. in-8º.

CHAPITRE II.

SOURCES DU DROIT CANONIQUE.

A. — *Canons.* — *Décrétales.* — *Bulles.*

1067.—D. BURCHARDI decretorum libri xx ex consiliis et orthodoxorum patrum decretis, tum etiam diversarum nationum synodis, ceu loci communes congesti, in quibus totum ecclesiasticum munus, luculenta brevitate, et veteres ecclesiarum observationes, complectitur. Opus denuò excusum.
Parisiis. 1549. Foucherius. 1 vol. in-8º.

1068.—Bibliotheca juris canonici veteris in duos tomos distributa. Quorum unus canonum ecclesiasticorum codices antiquos, tum græcos, tum latinos complectitur; subjunctis vetustissimis eorumdem canonum collectoribus latinis : alter verò insigniores juris canonici veteris collectores græcos exhibet. Ex antiquis codicibus MSS. Bibliothecæ Chris-

---

(1) DE ROQUEMONT (*Aloph-Albert-Clément-Charles* HECQUET), né à Abbeville, le 12 octobre 1813.

tophori Justelli. Operâ et studio *Gulielmi* Voelli et *Henrici* Justelli, Christophori F.

Lutetiæ Paris. 1661. Billaine. 2 vol. in-fol.

1069.— Epistolæ Romanorum Pontificum, et quæ ad eos scriptæ sunt, à S. Clemente I usque ad Innocentium III, quotquot reperiri potuerunt, seu novæ, seu diversis in locis sparsim editæ... Studio et labore D. *Petri* Coustant. Tomus 1.

Parisiis. 1721. Coustelier. 1 vol. in-fol.

1070.— D. Ivonis *Carnotensis Episcopi* opera omnia in duas partes distributa. Prior continet eximium illud decretorum opus quod *Decretum Ivonis* vulgò nuncupatur, ad exemplar ms. Bibl. S. Victoris Paris. revisum... Posterior complectitur Epistolas cum notis.. (*Fr.* Jureti et *J. B.* Soucheti) : Sermones.. et breve Chronicon de Regibus Francorum.

Parisiis. 1647. Cottereau. 2 en 1 vol. in-fol.

1071.— Graciani decretum una cum apparatu Bartholomei *Brixiensis* in suis distinctionibus et causis bene visum et emendatum.

Basileæ. 1486. Michael Wensler. 1 vol. in-fol.

**— Les initiales de ce volume sont peintes et dorées.

1072.— Divinum opus Gratiani S. P. decretum cum suo apparatu : summariis, divisionibus, sacre scripture concordantiis, infinitisque additionibus in margine positis : cum maxima textus castigatione.

S. n. n. l. 1501. 1 vol. in-fol.

1073.— Decretum aureum divi Gratiani in quo est discordantium canonum concordia. — Margarita decreti seu tabula Martiniana edita per fratrem Martinum.

Parisiis. 1501. Ud. Gering et Berth. Rembolt. 1 v. in-f.

1074. — Innocentii III Pontificis maximi epistolarum libri quatuor, Regestorum xiii, xiv, xv, xvi ex ms. Bibliothecæ Collegii Fuxensis Tolosæ. Nunc primùm edunt Sodales ejusdem Collegii, et notis illustrat *Franciscus* Bosquetus.
Tolosæ. 1635. Societas Tolosana. 2 en 1 vol. in-fol.

1075. — Epistolarum Innocentii III Romani Pontificis libri undecim. Accedunt gesta ejusdem Innocentii, et prima collectio Decretalium composita à Rainerio diacono et monaco Pomposiano. *Stephanus* Baluzius in unum collegit, magnam partem nunc primùm edidit, reliqua emendavit.
Parisiis. 1682. F. Muguet. 2 vol. in-fol.

1076. — Antiquæ collectiones Decretalium. Cum *Antonii* Augustini et *Jac.* Cujacii notis et emendationibus.
Parisiis. 1609. Seb. Cramoisy. 1 vol. in-fol.

1077. — Decretalium Gregorii IX opus.
14 . . .   1 vol. in-fol.
Quelques feuillets manquent au commencement et à la fin.

1078. — Decretalium dni Pape Gregorii IX compilatio, accurata diligentia emendata summoque studio elaborata, cum summariis divisionibusque et rubricarum continuationibus, una cum scripturis sacris aptissime ad textum concordata.
Lugduni. 1495. Johannes De Prato. 1 vol. in-fol.

1079. — Solemne opus Gregorianum : una cum casibus notabilibusque dni Bernardi *Compostellani.* — Tabula Ludovici *Bolognini.* — Margarita decretalium.
Parisiis. 1514. B. Rembolt. 1 vol. in-fol.

1080. — Insigne et celebratissimum opus Bonifacii VIII. quod Sextum decretalium appellant.
Basileæ. 1477. M. Wenszler. 1 vol. in-fol.

A la suite :

— Dignum atque celebratissimum opus constitutionum CLEMENTIS V.

Basileæ. 1478. M. Wenszler. 1 vol. in-fol.

En tête de chacun de ces deux ouvrages se trouve une vignette peinte et dorée. Un personnage à genoux, nu tête, offre son livre au Pape assis. A côté de lui se tiennent debout des cardinaux. Le sujet des deux vignettes est le même, mais les personnages sont différents.

1081. — Constitutiones Clementis Pape V, cum apparatu domini *Jo.* ANDREE.

Magunciæ. 1476. P. Schoyffer. 1 vol. in-fol.

1082. — Corpus juris canonicis.

Parisiis. 1504-1510-1511. B. Rembolt. 3 v. in-fol.

Cette collection comprend :

1° — Decretum aureum divi GRATIANI. — Margarita decreti. — Decreti canones.

Parisiis. 1511. B. Rembolt. 1 vol. in-fol.

2° — Decretalium GREGORII Papæ IX compilatio (multis utilibus et ferme necessariis adjunctis) examussim castigata. — Tabula (LUDOVICI) *Bolognini.* — Margarita decretalium.

Parisius. 1504. U. Gering et B. Rembolt. 1 vol. in-fol.

3° — Sexti libri decretalium in concilio Lugdunensi per BONIFACIUM VIII editi compilatio, summariis, divisionibus, casibus longis, ac quibusdam aliis additionibus illustrata. — Sequuntur Regulæ juris Sexti libri Decretalium cum additionibus ex mercurialibus *Johannis* ANDREE depromptis, nunc-nunc primum sine confusione locatis.

— CLEMENTIS Pape V constitutiones una cum profundo

apparatu domini *Joh.* Andreæ. Casus litterales. Notabilia, et glosarum divisiones complexe.

—Extravagantes xx Johannis Pape xxii, cum familiari apparatu domini *Zenzelini* de Cassanis.

—Extravagantes decretales que a diversis Romanis Pontificibus post Sextum emanaverunt. Quarum alique nunc rursus cum glosis *Joannis* Monachi *Picardi Cardinalis*, alique cum commentariis *Guillermi* de Monte Lauduno, et *Joannis Francisci* de Pavinis imprimuntur...
Parrhisiis. 1510. B. Rembolt. 1 vol. in-fol.

1083.—Corpus juris canonici.
Lugduni. 1559-1560. Hugo à Porta. 3 vol. in-fol.

Ces trois volumes contiennent :

1°—Decretum divi Gratiani, totius propemodum Juris canonici compendium, summorumque Pontificum decreta atque præjudicia, unà cum variis scribentium glossis et expositionibus : quæ omnia pristino suo nitori restituta fuerunt ad fidem veterum codicum. — (Margarita Decreti).
Lugduni. 1560. Hugo à Porta. 1 vol. in-fol.

2°—Decretales Gregorii IX. Pontificis fidelius et ornatius quam antea restitutæ, quibus additæ fuerunt doctissimorum virorum non minus necessariæ quàm utiles annotationes et expositiones.
Lugduni. 1559. Hugo à Porta. 1 vol. in-fol.

3°—Sextus Decretalium liber, *Ægidii* Perrini opera suæ genuinæ integritati restitutus, *Jacobi* Fontani cura illustratus, et *Joannis* Andræe, Archidiaconi, Dominici, Ancharani, *Philippi* Franci, Dini, aliorumque non obscuri nominis virorum commentariis explicatior redditus.

—Clementis V constitutiones (quas vulgo Clementinas vocant) ab *Ægidio* Perrino fideliter emendatæ, glossis, argumentis, annotationibus, jurispatronatus arbore, et *Joannis* Imolæ, Ancharani, Żabarellæ, Barbatiæ, Panormitani, aliorumque doctorum commentariis elucidiores redditæ.

—Extravagantes Joannis XXII mendis omnibus purgatæ, ab *Jacobo* Fontano explicatiores redditæ : adscripta insuper vera ejusdem Joannis historia, ex *Sabellico, Nauclero, Platina, Volaterrano, Æmilio Ritio, et Egnatio* nunc primùm fideliter reposita.

—Extravagantes communes argumentis, scholiis, interpretationibus et indice locupletissimo illustratæ, emendatiusque quàm antea excussæ.
Lugduni. 1559. Hugo à Porta. 1 vol. in-fol.

1084.—Corpus juris canonici. Gregorii XIII Pont. Max. jussu editum. Ad exemplar Romanum diligenter recognitum.
Lugduni. 1584. 3 vol. in-fol.

Ces trois volumes portent les titres suivants :

1°—Decretum Gratiani emendatum et notationibus illustratum, unà cum glossis.
Lugduni. 1584 1 vol. in-fol.

2°—Decretales D. Gregorii Papæ IX suæ integritati unà cum glossis restitutæ.
Lugduni. 1584. 1 vol. in-fol.

3°—Liber sextus decretalium D. Bonifacii Pape VIII. — Clementis Papæ V constitutiónes. — Extravagantes tùm vigenti D. Joannis Pape XXII, tum communes. Hec omnia cum suis glossis suæ integritati restituta.
Lugduni. 1584. 1 vol. in-fol.

1085. — Idem opus. Cum privilegio Gregorii XIII Pont. Max. et aliorum Principum.
Parisiis. 1600-1601.   **3 vol. in-fol.**

1086. — Idem opus. Editio ultima.
Taurini. 1620. Bevilaqua. 3 vol. in-fol.

1087. — Corpus juris canonici emendatum et notis illustratum : Gregorii XIII Pont. Max. jussu editum. Nunc indicibus novis, et appendice (et Institutionibus juris canonici) *Pauli* Lanceloti adauctum.
Parisiis. 1618. 1 vol. in-fol.

1088. — Corpus juris canonici notis illustratum : Gregorii XIII jussu editum. Complectens : Decretum Gratiani, Decretales Gregorii Papæ IX, Sextum Decretalium Bonifacii Papæ VIII, Clementinas, Extravagantes Joannis Papæ XXII, Extravagantes communes. Accesserunt constitutiones novæ summorum Pontificum nunquam antea editæ, quæ VII Decretalium loco esse possint : Annotationes *Ant.* Naldi, cum Addit. novis. Et quæ in plerisque editionibus desiderabantur, *Petri* Lancelotti Institutiones juris canonici,... Regulæ cancellariæ,...
Lugduni. 1661. Barbier et Girin. 2 vol. in-4°.

1089. — Corpus juris canonici in tres partes distinctum; glossis diversorum illustratum ; Gregorii Papæ XIII jussu editum, complectens Decretum Gratiani, Decretales Gregorii IX, Sextum Decretalium Bonifacii VIII, Clementinas, Extravagantes Joannis XXII, Extravagantes communes, etc. Accesserunt constitutiones novæ summorum Pontificum hactenus dederatæ, quæ VII Decretalium loco esse possint, necnon annotationes *Antonii* Naldi. Edit. noviss.
Lugduni. 1671. Huguetan. 3 vol. in-fol.

1090.—Corpus juris canonici Gregorii XIII jussu editum : à *Petro* Pithoeo et *Francisco* fratre ad veteres codices manuscriptos restitutum, et notis illustratum.
   Parisiis. 1687. D. Thierry. 2 vol. in-fol. Port.

1091.—Idem opus. Juxta exemplar Parisiis excusum.
   1705. Typis F. Gleditschii. 2 en 1 vol. in-fol.

1092.—Corpus juris canonici academicum, emendatum et notis *P.* Lancellotti illustratum, in duos tomos distributum, usuique moderno ad modum *Christoph. Henr.* Freiesleben, alias *Ferromontani*, ita accommodatum, ut nunc studiosorum quivis, etiam tyro, uno quasi intuitu, omnes canones, causas et capitula invenire possit...
   Coloniæ Munat. 1783. Turneysen. 2 en 1 v. in-4º.

1093.—Supplementum in corpus juris canonici, sive in jus universum ecclesiasticum. Cum brevi commentario ad Decretum Gratiani.
   Parisiis. 1729. Jac. Vincent. 1 vol. in-fol.

1094.—Bulla cœnæ Domini S. D. N. Pape Pauli III Prælatis, aliisque viris ecclesiasticis, magnopere necessaria, ac denique omnibus christicolis casus frequenter in indulgentiis reservatos scire cupientibus. Cum elucidationibus D. P. Rebuffi de Montepessulano.
   Parisiis. 1537. Les Angelliers. 1 vol. in-8º.

1095.—Relectio de censuris bullæ cœnæ... autore *Fr. Antonio* de Sousa.
   Ulyssipone. 1615. Crasbeeck. 1 vol. in-4º.

1096.— Apostolicarum Pii V, Pont. Max. epistolarum libri quinque. Nunc primùm in lucem editi operâ et curâ *Francisci* Goubau.
   Antuerpiæ. 1640. B. Moretus. 1 vol. in-4º.

1097.— S. D. N. D. Gregorii Papæ XV Constitutio de Exemptorum privilegiis circa animarum curam, et sacramentorum administrationem, Sanctimonialium monasteria, et prædicationem verbi Dei.
Parisiis. 1623. S. Cramoisy. 1 vol. in-8º.

1098.— Magnum Bullarium Romanum, à B. Leone magno usque ad S. D. N. Clementem X. Opus absolutissimum *Laertii* Cherubini : et à D. *Angelo* Cherubino, novissimè verò à RR. PP. *Angelo* a Lantusca et *Joanne* Paulo a Roma quinti tomi editione illustratum et auctum. Editio novissima.
Lugduni. 1673. Arnaud et Borde. 5 vol. in-fol.

1099.— Summa Bullarii, seu constitutionum quæ post juris canonici libros à summis Pontificibus, vel, ex eorum authoritate, à sanctis congregationibus, et aliis; ad nostra usque tempora in ecclesiæ communem observantiam emanarunt. A. D. *Stephano* Quaranta nec non à D. *Prosp.* de Augustino illustrata.
Lugduni. 1621. Pillehotte. 1 vol. in-4º.

1100.— *Flavii* Cherubini compendium Bullarii à Laertio Cherubino patre nuper editi, a B. Leone primo usque ad Paulum quintum.
Lugduni. 1624. Durand. 1 vol. in-4º.

**.— Recueil historique des bulles et constitutions, brefs, décrets et autres actes concernans les erreurs de ces deux derniers siècles tant dans les matières de la foy que dans celles des mœurs, depuis le saint concile de Trente jusqu'à notre tems.
Mons. 1697. Migeot. 1 vol. in-8º.

- Voyez : Hist. des religions. Nº 292.

On pourrait ici placer les conciles dont les décisions forment aussi la base du droit canonique; mais comme on y trouve surtout les questions dogmatiques, nous avons cru devoir les laisser dans la théologie, en même temps que les synodes et les mandements.

B. — *Commentateurs.* — *Abbréviateurs.*

1101.—Epistolarum decretalium, quæ vetustissimis Pontificibus Romanis hactenus tribuuntur examen, adversus Isidori Mercatoris figmenta. Per D. B. C.
Genevæ. 1635. Pet. Chouet. 1 vol. in-4º.

1102.—*Antonii* Augustini dialogorum libri duo de emendatione Gratiani. *Stephanus* Baluzius emendavit, notis illustravit, et novas emendationes adjecit ad Gratianum.
Parisiis. 1672. Muguet. 1 vol. in-8º.

1103.—Innocentius III Pontifex Maximus, seu commentarius perpetuus in singulas decretales hujusce Pontificis quæ per libros v Decretalium sparsæ sunt. Auctore *Antonio Dadino* Alteserra.
Lutetiæ. 1666. Billaine. 1 vol. in-fol.

1104.—Casus longi Bernardi super decretales.
Argentine. 1493. 1 vol. in-4º.

1105.—Casus longi super quinque libros decretalium a domino Bernardo utiliter compilati.
S. n. n. l. n. d. 1 vol. in-4º.

1106.—Apparatus Domini Innocentii Papæ IV super quinque libris decretalium, cum additionibus noviter impressis.
Tridini. 1511. J. de Ferrariis et G. de Zeiis. 1 v. in-fol.

A la suite :

— Consilia *Joan.* Calderini et *Gasparis* ejus filii et *Dominici* de Sancto Geminiano.
. . . . 1511. Scinzenzeler. in-fol.

1107.—Sanctissimi in Christo Patris Do. Innocentii Papæ IIII apparatus toto orbe celebrandus, super v libris Decretalium, et super Decretalibus per eum editis, cum summariis Do. *Pauli* Rhoselli, et vita ipsius Innocentii (Do. *Thoma* Diplovatatio authore) fidelissimè, quoad fieri potuit, edita : sub quo Margaritam Baldi novissimè additam, et nuper suo nitori restitutam invenies.

Lugduni. 1543. Steph. Rufinus. 1 vol. in-fol.

1108.—Summa super titulis decretalium a dno archiepiscopo Ebredinensi (*Henrico* de Segusio) compilata, qui et vulgatiori vocabulo Hostiensis dicitur. Additis quoque in quibusdam locis et aliis rubricellis.

S. n. n. l. 1478-79. 4 en 2 vol. in-fol.

1109.—Summa dni *Henrici* cardinalis *Hostiensis* accurata diligentia emendata, cum additionibus rev. patris D. *Nicolai* Superantii... nuper additis.

Lugduni. 1512. J. Sacon. 1 vol. in-fol.

1110.—*Henrici* de Segusio cardinalis Hostiensis summa aurea. Cum antiquis *Nicolai* Superantii, atque eruditis recens ex Summa *F. Martini*, *Azonis* et *Accursii*... adjectis adnotationibus.

Lugduni. 1588. 1 vol. in-fol.

1111.—*Henrici* à Segusio cardinalis Hostiensis, aurea summa, *Nicolai* Superantii novis atque eruditis adnotationibus et quibusdam excerptis ex summa *Fr. Martini*, *Azonis* et *Accursii*, illustrata.

Coloniæ. 1612. Zetznerus. 1 vol. in-fol.

1112.—Abbatis (*Nicolai* de Tudisco) super decretalibus cum suppletionibus *Anto. de* Butrio, cum casibus Bernardi, cum additionibus Corseti, *Andreæ* Barbaciæ, *Bernardini* de Landriano, necnon cum additionibus *Pauli* Saluntii... Postremo habetis in hac nova impressione summaria decisiva cujuslibet c. quorum inventor extitit et autor rev. d. d. *Laurentius* DE FLISCO, cujus imitator *Æneas* DE FALCONIBUS prefecit et addidit.

Lugduni. 1511-1512. Sacon. 5 en 3 vol. in-fol.

1113.— *Nicolai* DE TUDESCHIS, abbatis Monacensis, archiepiscopi Panormitani, commentarii in libros decretalium : unà cum summariis et adnotationibus complurium doctissimorum jureconsultorum. — Repertorium. — Consilia, quæstiones et tractatus.

Lugduni. 1539-40. M. et G. Trechsel. 5 vol. in-fol.

1114.— Abbatis Panormitani in decretalium libros interpretationes. — Repertorium. — Consilia, questiones et tractatus.

Lugduni. 1547. Senetonii fratres. 9 en 5 vol. in-fol.

1115.— Abbatis Panormitani commentaria super libros decretalium. Quam plurium jurisconsultorum,... et nunc demum *Alexandri* DE NEVO, adnotationibus illustrata.

Venetiis. 1617. Juntæ. 9 en 3 vol. in-fol.

1116.— Novella *Joannis* ANDREE super primo libro decretalium.

Venetiis. 1489. J. et G. de Forlivio. 1 vol. in-fol.

1117.— Novella *Joannis* ANDREE super tertio decretalium.

Venetiis. 1489. J. et G. de Forlivio. 1 vol. in-fol.

1118.— Clarissimi j. u. luminis BALDI *Perusini* commentaria elegantissima super decretalibus novissime impressa cum pluribus additamentis diversorum excellentium doctorum. Cum... repertorio.

Lugduni. 1514-15. Jacobus Sachon. 1 vol. in-fol.

1119.— Idem opus.

Lugduni. 1531. Moylin. 1 vol. in-fol.

A la suite :

—Margarita preclarissima d. Baldi de Eubaldis de Perusio nuper per d. *L. Paulum* Rhosellum revisa ... et ad Innocentiana commentaria, indicis loco accommodata...
Lugduni. 1525. J. Moylin alias de Cambray. in-fol.

1120.—Luculentus atque memoria nostra colendus... *Philippi* Decii, sive de Decio, in titulos de consti. de rescrip. de judi. de off. de lega. de proba. de exceptio. de appellatio... apparatus. Cum epithomis et appendicibus magistri *Joannis* de Gradibus.
1540 ? 1 vol. in-fol.

Quelques feuillets de la table manquent.

1121.—Commentaria preclarissima Domini *Felini* Sandei in primum lib. decretal. una cum nonnullis ejusdem additionibus et apostillis...
Lugduni. 1505. S. Sacon. 1 vol. in-fol.

1122.—*Martini* ab Azpilcueta doctoris Navarri consiliorum sive responsorum libri quinque juxta ordinem Decretalium dispositi, nunc tertio typis mandati... ac multis denuo locupletati...
Romæ. 1602. Typogr. Vaticana. 2 vol. in-4º.

1123.—*Martini* ab Azpilcueta consiliorum et responsorum, quæ in quinque libros, juxta numerum et titulos Decretalium, distribuuntur, tomi duo.
Coloniæ Agripp. 1616. Gymnicus. 2 en 1 vol. in-fol.

1124.— *Pauli* Laymanni jus canonicum seu commentaria in libros decretales.
Dilingæ. 1666. Formis Academicis. 1 vol. in-4º.

1125.—F. *Petri Mariæ* Passerini *de Sextula* commentaria super tres libros Sexti Decretalium.
Romæ. 1667-70. A. Tinassius. 3 vol. in-fol.

1126. — Jus canonicum in v libros Decretalium distributum, novâ methodo explicatum... Auctore R. P. *Ernrico* Pirhing.
>Dilingæ. 1674-78. J. Federle. 4 vol. in-fol.

1127. — *Prosperi* Fagnani jus canonicum : sive commentaria absolutissima in v libros decretales.
>Coloniæ Agripp. 1676. J. Widenfelt. 6 en 3 v. in-fol.

1128. — *Prosperi* Fagnani jus canonicum, sive commentaria in quinque libros Decretalium, cum disceptatione de grangiis quæ in aliis editionibus desiderabatur.
>Coloniæ. 1704-1705. W. Metternich. 3 vol. in-fol.

1129. — *Andreæ* Vallensis vulgò DelVaulx paratitla, sive summaria et methodica explicatio Decretalium D. Gregorii Papæ IX. Opus novum, scholæ ac foro, et decretis Concilii Tridentini accommodatum.
>Lovanii. 1682. Nempæus. 1 vol. in-4º.

1130. — Prælectiones canonicæ juxta titulos libri primi Decretalium ex monumentis, authoribus et controversiis melioris notæ à P. *Benedicto* Oberhauser, quas... publica luce donavit *Fr. Carolus* Schlereth.
— Juxta titulos libri secundi,... quas publicæ eruditorum censuræ subjecit P. *Columbanus* Pfeiffer.
— Juxta titulos libri tertii... quas... subjecit P. *Sebastianus* Schaaff.
>Lauterbaci. 1762-63. Hegelund. 3 en 1 vol. in-4º.

A la suite :

— Supplementum id est prælectiones canonicæ juxta titulos librorum quarti et quinti...
>Ultrajecti. 1765. Van der Weyde. 1 vol. in-4º.

1131. — Casus longi Sexti et Clementinarum (expliciti a domino *Helya* Regnier.)
>Lugduni. 1497. 1 vol. in-4º.

1132.— Egregia commentaria et elimata Archidiaconi Bononiensis (*Guidonis* DE BAYSO) super sexto Decretalium cum suis elegantissimis et utilissimis additionibus, novis excellentissimorum plurimorum doctorum additis...
   Lugduni. 1534. J. Moylin. 1 vol. in-fol.

   A la suite :

   —Novella *Joannis* ANDREE super sexto decretalium, cum summariis et additionibus...
   Lugduni. 1527. Moylin. 1 vol. in-fol.

1133.— *Augustini* BARBOSÆ collectanea doctorum, tam veterum quam recentiorum, in jus pontificium universum.
   Lugduni. 1669. Borde, Arnaud... 6 en 4 vol. in-fol.

   A la suite du second volume :

   —*Augustini* BARBOSÆ collectanea doctorum qui in suis operibus Concilii Tridentini loca referentes, illorum materiam incidenter tractarunt, et varias quæstiones, in foro ecclesiastico versantibus maximè utiles, deciderunt.
   Lugduni. 1672. Borde, Arnaud. 1 vol. in-fol.

1134.—Repetitionum juris canonici volumina sex. Nunc primum in Germania post venetas impressiones auctius et emendatius edita.
   Coloniæ Agripp. 1618. Gymnicus. 6 vol. in-fol.

1135.—Paratitla seu synopsis juris canonici. Opus *Nicolai* FREROTII.
   Parisiis. 1603. Douceur. 1 vol. in-8º.

1136.—Paratitla decreti quod est de jure in genere et ecclesiasticorum moribus et officiis, auctore D. *Carolo* A MANSFELT.
   Lovanii. 1616. Dormalius. 1 vol. in-8º.

1137.—*Caroli* Molinæi ad jus pontificium seu canonicum annotationes.
S. n. n. l. 1603. 4 en 1 vol. in-8º.

1138.—Summa constitutionum summorum Pontificum, et rerum in ecclesia Romana gestarum à Gregorio IX usque ad Sixtum v. nunc primùm... annotationibus... ac commentariis elucubrata et illustrata per *Petrum* Matthæum.
Lugduni. 1588. Pet. Landry. 1 vol. in-4º.

1139.—In selectas summorum Pontificum constitutiones epitome, ac theoremata. Auctore *P. Jo. Baptista* Scortia. Editio prima.
Lugduni. 1625. Prost. 1 vol. in-4º.

1140.—Totius juris canonici compendium, auctore *Petro* Alagona. Continens Decretalium, Sexti, Clementinarum, Extravagantium, tum Joannis XXII tum communium et decreti Gratiani epitomen, præcipuamque glossæ doctrinam.
Lugduni. 1623. J. Cardon. 2 en 1 vol. in-4º.

1141.—Synopsis decretalium, seu ad singulos antiquarum decretalium titulos methodica omnium utriusque juris mutationum distinctio. Authore A. L. G. (*Ambrosio* Le Gauffre.) Editio noviss.
Lutetiæ. Paris. 1655. G. Clouzier. 1 vol. in-fol. Port.

C. — *OEuvres de Jurisconsultes.*

1142.—*Francisci* Ansaldii consilia sive responsa.
Lugduni. 1645. L. Anisson. 1 vol. in-fol.

1143.—*Martini* ab Azpilcueta operum tomi tres.
Coloniæ Agripp. 1616. Gymnicus. 3 en 2 v. in-fol.

1144.— Compendium omnium operum D. *Martini* AB AZPILCUETA, alphabetico ordine accommodatum. Collectum per R. D. *Jacobum* CASTELLANUM.
Venetiis. 1696. Meiettus. 1 vol. in-4º.

1145.—*Augustini* BARBOSÆ summa apostolicarum decisionum, extra jus commune vagantium, quæ ex variis approbatiss. doctorum libris hucusque impressis, collectæ, alphabetico ordine disponuntur. Ed. ult.
Lugduni. 1658. Borde, Arnaud... 1 vol. in-fol.

A la suite :

—*Augustini* BARBOSÆ votorum decisivorum et consultivorum canonicorum, tomus secundus.
Lugduni. 1664. Borde, Arnaud... 1 vol. in-fol.

1146.—*Henrici* CANISII opera quæ de jure canonico reliquit. Omnia studio et industriâ *Val.* ANDREÆ edita.
Lovanii. 1649. Bouvetius. 1 vol. in-4º.

1147.—*Joannis* DARTIS opera canonica, in tres partes distributa : quarum I. continentur Commentarii in universum Gratiani decretum. II. Tractatus de beneficiis ecclesiasticis. III. Opuscula varia.
Parisiis. 1656. Sim. Piget. 1 vol. in-fol.

1148.—*Francisci* FLORENTIS opera juridica, studio *J.* DOUJATII collecta, atque in duas partes divisa. Adjecti sunt ad calcem primæ partis duo tractatus, alter de officio Archidiaconi autore *Nic.* JANUARIO; alter de absolutione ad cautelam, auctore *J.* TOURNET.
Parisiis. 1679. De la Caille. 2 vol. in-4º.

1149.—*Petri* GREGORII opera omnia ad jus pontificium spectantia... duobus distincta voluminibus.
Lugduni. 1612. J. Pillehotte. 2 en 1 vol. in-fol.

1150. — Opuscula *P.* de Marca, nunc primùm in lucem edita.
Parisiis. 1681. Muguet. 1 vol. in-8º.

1151. — *Melchioris* Pastoris opera omnia. Tractatus de beneficiis et censuris ecclesiasticis. De bonis temporalibus ecclesiæ acquirendis et conservandis. De jurisdictione ecclesiastica. De jure feudali et emphyteutico. Cum notis *Joannis* Solier.
Tolosæ. 1712. Caranove. 1 vol. in-fol.

1152. — Interpretationes et responsa *Joannis Franc.* Ripen.
Lugduni. 1547. V. à Portonariis. 1 vol. in-fol.

1153. — *Joannis* Wamesii responsorum sive consiliorum de jure pontificio tomi duo. Ordine titulorum, qui in Decretalibus, digesti.
Lovanii. 1643. Zegers. 2 en 1 vol. in-fol.

1154. — Consultationes canonicæ pleræque ex jure novissimo Concilii Tridentini recentiorumque pontificiarum constitutionum depromptæ. Auctore *F.* Zypæo.
Antuerpiæ. 1640. Verdussius. 1 vol. in-fol.

1155. — Juris pontificii novi analytica enarratio, authore *Francisco* Zypæo.
Col. Agrip. 1641. Arn. Hieratus. 1 vol. in-4º.

1156. — Responsa de jure canonico præsertim novissimo. Auctore *Francisco* Zypæo.
Antuerpiæ. 1645. Verdussius. 1 vol. in-fol.

D. — *Traités sur différents points de droit canonique.*

1157. — De summi pontificis auctoritate, de episcoporum residentia, et beneficiorum pluralitate, gravissimorum auctorum complurium opuscula ad Apostolicæ Sedis

dignitatem majestatemque tuendam spectantia. (Frater REMIGIUS *Florentinus* collegit.)
Venetiis. 1562. Ziletus. 2 en 1 vol. in-4º.

1158.—Replicatio pro sac. cæsarea et regia Francorum majestate, illustrissimisque Imperii Ordinibus, adversus Jacobi Gretseri crimina læsæ majestatis, rebellionis et falsi; extemporaliter et populariter instituta à *Melchiore* GOLDASTO. Accesserunt insuper rev. et ill. quorumdam S. Rom. Imperii Principum apologiæ pro D. N. Henrico IV adversus Gregorii VII Papæ... et aliorum Patriæ hostium, impias ac malignas criminationes.
Hanoviæ. 1611. Villerianus. 1 vol. in-4º.

1159.—Tractatus de supplicatione ad Sanctissimum à litteris et bullis apostol. nequam, et importune impetratis in perniciem Reipublicæ, Regni, aut Regis aut juris tertii præjudicium. Et de earum retentione interim in Senatu... Authore D. Don *Francisco* SALGADO *de Somoza*.
Matriti. 1639. Coello. 1 vol. in-fol.

1160.—*Samuelis* PETITI diatriba de jure, Principum edictis, Ecclesiæ quæsito, nec armis adversus temerantes aut antiquantes vindicato.

A la suite :

—De sacrorum dissidiorum causis, effectis et remediis.
Amstelodami. 1649. L. Elzevirius. 1 vol. in-8º.

1161.—Tractatus de promulgatione legum ecclesiasticarum, ac speciatim bullarum et rescriptorum Curiæ Romanæ. Authore *Zeyero Bernardo* VAN ESPEN.
Bruxellis. 1712. T'Serstevens. 1 vol. in-4º.

1162.— Δοκιμαστής sive de librorum circa res theologicas approbatione, disquisitio historica ; ex antiquis

Ecclesiæ, Augustiss. Senatus, et Academiæ Parisiensis monumentis cum curâ et fide expressa. (Autore *Jacobo* Boileau.)
Antuerpiæ. 1708. Salius 1 vol. in-12..

CHAPITRE III.

CONSTITUTION DE L'ÉGLISE.

a. — *De la hiérarchie et de la puissance ecclésiastique.*

1163.—Summa de ecclesiastica potestate catholici doctoris fratris Augustini *de Ancona.*
S. n. n. l. 1479. 1 vol. in-4º.

1164.—Magistri *Guillielmi* de Sancto Amore opera omnia quæ reperiri potuerunt in quibus ad defensionem ecclesiasticæ hierarchiæ, et ad instructionem et præparationem simplicium Christi fidelium de periculis novissimorum temporum agitur... (Edidit *Valerianus* de Flavigny.)
Constantiæ. 1632. Alithophili. 1 vol. in-4º.

**—*Joannis* Gersonii de potestate ecclesiastica et origine juris et legum.

Vide : *Joan.* Gersonii opera. II.

1165.—Apologia pro Joanne Gersonio pro suprema Ecclesiæ et Concilii generalis auctoritate, atque independentia regiæ potestatis ab alio quam à solo Deo. Per E. R. D. T. P. (*Emundum* Richerium).
Lugduni. Batav. 1676. Moriaen. 1 vol. in-4º.

1166.—De republica ecclesiastica libri x. Autore *Marco Antonio* de Dominis.
Londini. 1617-20. Francofurti. 1658. 3 vol. in-fol.

1167.— Idem opus.
>Heidelbergæ. 1618. Francofurti. 1620-58. 3 v. in-f.

1168.— *Marcus-Antonius* DE DOMINIS sui reditus ex Anglia consilium exponit.
>Parisiis. 1623. Sab. Cramoisy. Pièce in-8°.

1169.— Pro sacra monarchia Ecclesiæ Catholicæ Apostolicæ et Romanæ adversus Rempublicam Marci Antonii de Dominis, libri quatuor apologetici, quatuor ejus prioribus libris oppositi. Authore *Nic.* COEFFETEAU.
>Lutetiæ Paris. 1623. Seb. Cramoisy. 2 vol. in-fol.

1170.— Sorex primus oras chartarum primi libri *De Republica ecclesiastica* ill. et rev. archiepisc. Spalatensis corrodens, Leonardus Marius à *Daniele* LOHETO in muscipula captus...
>Londini. 1618. Billius. 1 vol. in-8°.

1171.— De l'estat et gouvernement de l'Eglise, quatre livres. 1° De la monarchie ecclésiastique. 2. De l'infaillibilité. 3. De la discipline ecclésiastique. 5. Des Conciles. Avec la préface contenant une sommaire response au livre de M° Theophraste Bouju, dict Beaulieu, de la Défense et de la hiérarchie de l'Eglise, et de nostre S. Pere le Pape, etc. Ensemble une Epistre sur la pretendue justification des faulsetez de M. C. Durand, en son discours intitulé Advis, etc. Par M° *Simon* VIGOR.
>Troyes. 1621. Sourdet. 1 vol. in-8°.

1172.— Modesta ac brevis discussio aliquarum assertionum D. Doct. Kellisoni quas in suo de *Eccles. hierarchia* tractatu probare conatur. Authore *Nicolao* SMITHÆO. Unà cum appendice R. D. *Georgii* WRIGHT.
>Leodii. 1631. Leon. Streel. 1 vol. in-8°.

1173.—Considerations hierarchiques. Par *Jean Pierre* Camus, Evesque de Belley.
Paris. 1642. G. Aliot. 1 vol. in-8º.

1174.—De hierarchia ecclesiastica libri quatuor. Auctore M. *Francisco* Hallier.
Lutetiæ Paris. 1646. J. Quesnel. 1 vol. in-fol.

1175.—*Lucii* Antistii Constantis (*Benedicti* Spinosæ) de jure ecclesiasticorum, liber singularis. Quo docetur : quodcunque divini humanique juris ecclesiasticis tribuitur, vel ipsi sibi tribuunt, hoc, aut falsò impièque illis tribui, aut non aliundè, quam à suis, hoc est, ejus reipublicæ sive civitatis *prodiis*, in quà sunt constituti, accepisse.
Alethopoli. 1665. Apud C. V. Pennatum. 1 vol. in-8º.

1176.— Epistola ill. ac rev. *Gilberti* de Choyseul du Plessy-Praslain ad. ex. ac rev. D. Martinum Steyaert : de potestate ecclesiastica.
Insulis. 1688. F. Fievet. Pièce in-4º.

---

b.—*De la puissance ecclésiastique et de la puissance royale.*

1177.—De jurisdictione, autoritate, et præeminentia imperiali, ac potestate ecclesiastica, deque juribus regni et imperii, variorum authorum, qui ante hæc tempora vixerunt, scripta : collecta, et redacta in unum (à *Simone* Schardio.)
Basileæ. 1566. Oporinus. 1 vol. in-fol.

1178.—Syntagma tractatuum de imperiali jurisdictione, authoritate et præeminentia, ac potestate ecclesiastica, deque juribus regni et imperii; authorum variorum, qui ante nostram ætatem vixerunt... (Collectum à *Simone* Schardio).
Argentorati. 1609. Zetznerus. 1 vol. in-fol.

1179.—Opus insigne cui titulum fecit autor (Marsilius de Menandrino *Patavinus*) defensorem pacis, quod quæstionem illam jam olim controversam de potestate Papæ et Imperatoris excussissime tractat.
   S. n. n. l. 1522. 1 vol. in-fol.

1180.—De monarchia divina, ecclesiastica, et seculari christiana, deque sancta inter ecclesiasticam et secularem illam conjuratione... Opus quatuor distinctum partibus in triginta libros distributis. Authore *Michaele* Mauclero.
   Lutetiæ Paris. 1622. S. Cramoisy. 2 vol. in-fol.

1181.—Libelli de ecclesiastica et politica potestate. Elenchus pro suprema Romani Pontificis in Ecclesiam authoritate. Authore *Andrea* du Val.
   Parisiis. 1612. Jacquin. 1 vol. in-8°.

1182.—Advis d'un docteur de Paris, sur un livre intitulé, De la Puissance ecclésiastique et politique. (Par *C.* Durand).
   Paris. 1612. 1 vol. in-8°.

1183.—*Emundi* Richerii libellus de ecclesiastica et politica potestate, nec non ejusdem libelli per eundem Richerium demonstratio.
   Parisiis. 1660. 1 vol. in-12.

1184.—Idem opus. Nova editio aucta ejusdem libelli defensione nunc primum typis edita. In duos tomos divisa. Cum aliis quibusdam opusculis.
   Coloniæ. 1701. B. ab Egmond. 2 vol. in-4°. Port.

   A la suite :

—Censura sacræ Facultatis theologiæ Pariensis in quatuor priores libros de republica ecclesiastica. Auctore Marco Antonio de Dominis. Londini. 1617.
   Parisiis, 1618. Rolinus Thierry. in-4°.

1185.—*Emundi* Richerii defensio libelli de ecclesistica et politica potestate, in quinque divisa libros.
Coloniæ. 1701. B. ab Egmond. 2 en 1 vol. in-4º.

C'est le même ouvrage avec un titre différent.

1186.—*Emundi* Richerii demonstratio libelli de ecclesiastica et politica potestate.
Parisiis, sumptibus Authoris. 1622. 1 vol. in-4º.

1187.—De la Potestat secular en los eclesiastichs, per la oeconomica, y polytica. Per lo doctor *N.* Peralta.
Barcelona. 1646. Lacavalleria. 1 vol. in-4º.

Dans ce volume:

—Defensa de la auctoridad real en las personas ecclesiasticas del principado de Cataluna. Discurso theologico, legal y politico... Por *Francisco* Marti y Viladamor.
Barcelona. 1646. Dexendelante. in-4º.

1188.—Maintenue et defense des Princes souverains et Eglises chrestiennes, contre les attentats, usurpations, et excommunications des Papes de Rome. (Par *Denys* Godefroy.)
S. n. n. l. Anno 1592. 1 vol. in-8º.

**—De la puissance royale et sacerdotale par *Fr.* Grimaudet.

Voyez nos 762 et 763.

1189.—*Renati* Choppini de sacra politia forensi libri tres.

A la suite :

—*Renati* Choppini monasticωn, seu, de jure cœnobitarum, libri duo.
Parisiis. 1601. Sonnius. 1 vol. in-fol.

1190.—*Renati* Choppini de sacra politia forensi libri III. 3ª edit.

A la suite :

—*Renati* Choppini monasticωn, seu de jure cœnobitarum libri duo. 2ᵃ edit.
Parisiis. 1609-1610. Sonnius. 2 en 1 vol. in-fol.

1191.—Trois livres de la police ecclésiastique; en laquelle est amplement traicté des droicts royaux selon l'usage des cours de France, sur les personnes et biens des ecclésiastiques. Traduicts du latin de M. *René* Choppin... Ausquels est adjousté un Abrégé de tout l'œuvre, plus une générale Notice des archeveschez et eveschez de tout le monde. Par M. *Jean* Tournet.
Parisiis. 1617. Sonnius. 1 vol. in-4º.

Voyez nº 756.

1192.—Le droit des souverains touchant l'administration de l'Église.
Paris. 1734. 1 vol. in-4º.

1193.—Traité de l'obéissance des Chrétiens aux puissances temporelles. Où l'on montre par l'Ecriture sainte, et par l'Histoire de l'Eglise, en quoi les Chrétiens doivent obéir à leurs souverains. En quoi ils doivent refuser de leur obéir. Et quelle conduite ils doivent tenir dans leur refus. (Par *A.* de Brueys.)
Utrecht. 1735. LeFevre. 1 vol. in-12.

1194.—L'ordre de l'Église, ou la primauté et la subordination ecclésiastique, selon saint Thomas. Par le P. Bernard *d'Arras.*
Paris. 1736. 1 vol. in-12.

1195.—Nouveau traité sur l'autorité de l'Eglise. Par le P. C. J. D. V. R. T. (*Charles-Jules* de Velle, religieux théatin).
Rome. 1736. J. Riccoboni. 1 vol. in-12.

Dans ce volume on trouve aussi :

—Principes sur l'essence, la distinction, et les limites des deux puissances, spirituelle et temporelle. Ouvrage posthume du Père DE LA BORDE.

S. n. n. l. 1753. in-12.

— Les loix ecclésiastiques tirées des seuls livres saints. 2ᵉ édit. (Par *J. B.* FROMAGEOT et *Cl.* MORIN.)

Paris. 1734. Desaint et Saillant. in-12.

1196.—Nouveau traité sur l'autorité de l'Église. Par le R. P. *Charles Jules* DE VELLE.

Rome. 1749. J. Riccoboni. 1 vol. in-12.

1197.— Histoire des entreprises du Clergé sur la souveraineté des Rois, recueillie des ouvrages de MM. Bossuet, Fleury, Baillet et autres auteurs célèbres. (Par *Jacques* TAILHÉ)

S. n. n. l. 1767. 2 en 1 vol. in-12.

1198.—L'accord des loix divines, ecclésiastiques et civiles, relativement à l'état du Clergé; contre l'ouvrage qui a pour titre : *l'esprit ou les principes du droit canonique.* Par le P. *Ch. L.* RICHARD.

Paris. 1775. Moutard. 1 vol. in-12.

1199.—Avis aux Princes catholiques, ou Mémoires de canonistes célèbres, sur les moyens de se pourvoir contre les refus injustes de la Cour de Rome, soit pour les bulles des prélatures, soit pour les dispenses des empêchemens dirimans. Ouvrage composé en partie par ordre du Conseil de Régence, en 1718. (Par *L. Th.* HÉRISSANT).

S. n. n. l. 1778. 2 vol. in-12.

Voyez aussi : Histoire des religions. Nº 393 et suiv.

c. — *Du Pape.*

1200. — Compendium questionis de obligatione papali compositum per magistrum *Hieronimum* Vicecomitem.
Parisiis. 1512. Joh. Barbier. Pièce in-8º.

1201. — *Francisi* Torrensis de summi Pontificis supra Concilia auctoritate libri tres. — Ejusdem de residentia pastorum jure divino scripto sancita liber. — Ejusdem de actis veris sextæ synodi, dequc canonibus, qui ejusdem sextæ synodi falso esse feruntur, et de septima synodo atque multiplici octava liber.
Florentiæ. 1551. Torrentinus. 1 vol. in-4º.

1202. — *Gaspari* Contareni de potestate Pontificis, quod divinitus sit tradita, commentarius. — Ejusdem Conciliorum magis illustrium summa.

A la suite :

— *Reginaldi* Poli liber de concilio. — Ejusdem de baptismo Constantini magni Imperatoris. — Reformatio Angliæ. — Ex decretis ejusdem.
Venetiis. 1562. Ziletus. 1 vol. in-8º.

1203. — *Josephi* Stephani *Valentini* de potestate coactiva quam Romanus Pontifex exercet in negotia sæcularia liber primus.
Romæ. 1586. J. Tornerius. 1 vol. in-4º.

1204. — De potestate Romani Pontificis adversus impios politicos. Libri duo. *Alexandro* Carerio auctore.
Patavii. 1599. Bolzeta. 1 vol. in-4º.

1205. — *Guilielmi* Barclaii de potestate Papæ : An et quatenus in Reges et Principes seculares jus et imperium habeat, liber posthumus. — Ejusdem de regno et regali potestate : adversus Buchananum, Brutum, Boucherium et reliquos monarchomachos, libri vi.
Hanoviæ. 1617. 1 vol. in-8º.

1206.—Traicté de la puissance du Pape. Sçavoir, s'il a quelque droict, empire ou domination sur les Rois et Princes seculiers. Traduit du latin de *Guillaume* Barclay.
Pont à Musson. 1611. Huldric. 1 vol. in-8º.

1207.—Traité de la puissance du Pape sur les Princes seculiers. (Traduit du latin de *G.* Barclay.)
Cologne. 1687. P. Du Marteau. 1 vol. in-12.

**—*Roberti* Bellarmini controversia de summo Pontifice quinque libris exposita.
Vide : *R.* Bellarmini opera. I.

1208.—De primatu divi Petri Apostoli, et summorum Pontificum Romanorum ejus successorum, fasciculus aureus in tres libros divisus. Autore R. admodum P. F. *Thoma* Ramon.
Tolosæ. 1617. Colomerius. 1 vol. in-4º.

1209.—De suprema Romani Pontificis in ecclesiam potestate disputatio quadripartita. Auctore *Andræa* Duvallio.
Parisiis. 1614. Langlæus. 1 vol. in-4º.

1210.—Pontifex Romanus, seu de præstentia, officio, auctoritate, virtutibus, felicitate, rebusque præclarè gestis summorum Pontificum, à D. Petro usque ad Paulum Quintum, commentarius R. P. F. *Abrahami* Bzovii.
Coloniæ Agripp. 1619. Boelzerus. 1 v. in-fol.

1211.—Tractatus de summi Pontificis auctoritate, in quatuor distinctus libros. Adversus apologeticas Simonis Vigorii objectiones. Auctore *J.* Le Jau.
Ebroicis. 1622. A. Le Marié. 1 vol. in-8º.

1212.—Libre discours contre la grandeur et puissance

temporelle du Pape. Pour la deffence de nostre Roy tres chrestien, et des libertez de l'Église Gallicane.
S. n. n. l. n. d. Pièce in-8°.

1213. — Traité du chef de l'Église. Par *Jean Pierre* Camus.
Paris. 1630. Gerv. Alliot. 1 vol. in-8°.

1214. — De la primauté et principauté de Saint Pierre, et de ses successeurs. Traité chronographique. Par *Jean Pierre* Camus.
Paris. 1630. Denys Thierry. 1 vol. in-8°.

1215. — Le Souverain Pontife. Par le Père Yves *de Paris*.
Paris. 1645. Denys Thierry. 1 vol. in-12.

1216. — De cathedra seu primatu singulari S. Petri in Ecclesiâ Catholicâ Apostolicâ et Romanâ libri duo *Isaaci* Haberti.
Parisiis. 1645. Blaise. 1 vol. in-4°.

1217. — Regale sacerdotium Romano Pontifici assertum, et quatuor propositionibus explicatum, auctore *Eugenio* Lombardo (*Cœlestino* Sfondrate).
S. l. 1684. Donati. 1 vol. in-4°.

1218. — Auctoritas Sedis Apostolicæ pro S. Gregorio Papa VII vindicata adversus R. P. F. Natalem Alexandrum. Per *F. Franciscum* d'Enghien.
Coloniæ Agripp. 1684. Kinckius. 1 vol. in-8°.

1219. — Tractatus theologo-canonicus de Sedis Apostolicæ primatu, Conciliorum œcumenicorum authoritate et infallibilitate Regum in temporalibus, ab omni potestate humana libertate. Authore *J.* Gilbert.
Duaci. 1687. N. d'Assignies. 1 vol. in-8°.

1220. — Suprema Romani Pontificis auctoritas, ejusque extra concilium generale definientis infallibilitas :

adversus Epistolam ill..ac rev. D. Gilberti, propugnata per P. F. *Franciscum* Janssens Elinga.

Brugis. 1689. Van Pee. 1 vol. in-8º.

A la suite :

—Lettre de M. Arnauld à Mgr l'évêque de Malaga. Au sujet de sa plainte catholique addressée à N. S. Père le Pape Innocent XI.

S. n. n. l. 1689. in-8º.

1221.—La défence de l'autorité de N. S. P. le Pape, de nosseigneurs les Cardinaux, les Archevesques et Evesques, et de l'employ des Religieux mendians. Contre les erreurs de ce temps. Par *Jacques* de Vernant (*Bonaventure* Hérédie de Sainte-Anne).

Metz. 1668. 1 vol. in-4º.

A la suite :

—Règles très-importantes tirées de deux passages; l'un du Concile de Florence, et l'autre de Glaber, rapportez par Mgr de Marca, et des anciens Papes; pour servir d'esclaircissement à l'examen du livre du père Bagot, intitulé; *Défense du droit épiscopal, etc.* (Par *Guy.* Drapier.) 2º édit.

S. n. n. l. 1658. 1 vol. in-4º.

—Lettre de l'auteur des regles très-importantes,... à Mgr de Marca, pour servir de response à la plainte qu'il a faite de cet escrit, en l'Assemblée du Clergé, le premier février 1657.

S. n. n. l. 1658. in-4º.

1222.—Censura sacræ Facultatis theologiæ Parisiensis in librum cui titulus est : *la Défense de l'authorité de N. S. P. le Pape, de Nosseigneurs les Cardinaux, les Archevesques et Evesques, et de l'employ des Reli-*

gieux mendiants, contre les erreurs de ce temps, par
Jacques *de Vernant, à Mets,* 1658. Operâ ac studio
quorumdam Theologorum Parisiensium. (*A.* Faur.)
Parisiis. 1665. Desprez. 1 vol. in-4°.

A la suite :

—Censura sacræ Facultatis theologiæ Pariensis in
librum cui titulus est : *Amadœi Guimenii opusculum singularia universæ ferè theologiæ moralis complectens...*
Parisiis. 1665. Desprez. in-4°.

—Censura sacræ Facultatis theologiæ Parisiensis lata
in thesim propugnatam Parisiis 14 Aprilis 1666
apud Clericos regulares Theatinos.
Parisiis. 1666. Desprez. in-4°.

—Discours de la hiérarchie et des mœurs de l'Église,
prononcé le mercredy 8 Oct. 1664 en l'église
Saint Louis dans l'Isle. Par M. *Louis* Marais.
Paris. 1665. Desprez. in-4°.

—Discours de la défence de la vérité. Composé et
prononcé par M. *Louis* Marais.,., en l'église de
S. Jacques de la Boucherie, le 8 d'Oct. 1666.
Paris. 1666. Desprez. in-4°.

—Thése de théologie soutenue au séminaire archiépiscopal de la ville de Sens, contre les erreurs des Casuistes modernes, le 13e et 14e jour de Septembre
1666,... et traduite depuis peu en françois.
Sens. 1666. Prussurot, in-4°.

1223.—Des jugemens canoniques des Evesques, pour servir de réponse à la nouvelle doctrine de plusieurs
auteurs. Avec une dissertation qui nous découvre le
sujet pour lequel les auteurs qui ont recherché
jusqu'ici quel estoit le concile plenier dont S. Au-

gustin a parlé, en disputant contre les Donatistes, se sont égarez dans cette recherche. Par le Sr David.
Paris. 1671. Billaine. 1 vol. in-4º.

1224.—De antiquis et majoribus Episcoporum causis, liber; in quo SS. Patrum, Pontificum et Conciliorum Ecclesiæ Catholicæ sententiæ summâ fide proferuntur, ad confutationem errorum Davidii, in libro gallicè scripto, *de judiciis canonicis Episcoporum.* Autore Theol. Paris. (*Jacobo* Boileau.)
Leodii. 1678. M. Hovius. 1 vol. in-4º.

1225.—Dissertatio de causis majoribus ad caput concordatorum de causis. Authore *Joanne* Gerbais.
Lutetiæ Parisiorum. 1679. F. Le Cointe 1 v. in-4º.

1226.—Traité de l'autorité du Pape : dans lequel ses droits sont établis et réduits à leurs justes bornes, et les principes des libertez de l'Eglise Gallicane justifiez. (Par Levesque de Burigny).
La Haye. 1720. A. de Rogissart. 4 vol. in-12.

1227.—Della infallibilità e dell'autorità del Romano Pontefice sopra i Concilj ecumenici. Ristretto di un'opera sopra lo stesso argomento di F. G. *A.* Orsi.
Roma. 1741. Pagliarini. 2 vol. in-12.

1228.—Della origine del dominio e della sovranità de' Romani Pontefici sopra gli stati loro temporalmente soggetti. Dissertazione di *F. G. A.* Orsi.
Roma. 1742. Pagliarini. 1 vol. in-12.

1229.—Dissertation canonique et historique sur l'autorité du Saint-Siége, et les décrets qu'on lui attribue. (Par l'Abbé *J. R. A.* Duhamel.)
Utrecht. 1779. 1 vol. in-12.

1230.—Damnatio, et prohibitio libri germanico idiomate editi cui titulus *Was ist der Pabst ?* græce autem

Τί ἐστιν ὁ Πάπας. latinè verò : *Quid est Papa?* Viennæ apud Josephum Edlen de Kurzbeck 1782.
   Romæ. 1786. Camera Apost. Pièce in-4º.

** —Du Pape, par le comte DE MAISTRE.
   Lyon. 1821. Rusand. 2 vol. in-8º.

   Voyez *Œuvres* du comte DE MAISTRE.

d. — *Des Cardinaux.*

1231.—De Cardinalis dignitate et officio *Hier.* PLATI. (Edidit *Mich. Ang.* CALCAROLUS.)
   Romæ. 1602. Guil. Facciotus. 1 vol. in-4º.

e. — *Des Evêques.*

1232.—Enchiridion seu manuale episcoporum. Pro decretis in visitatione, et synodo, de quacumque re condendis... Authore *Bartholomæo* GAVANTO.
   Parisiis. 1635. Quesnel. 1 vol. in-8º.

1233.—Praxis episcopalis, in qua Episcoporum non tantum, eorumque Vicariorum munus ; sed Parochorum etiam et conscientiarum directorium concernentium casuum ac dubiorum in dies occurrentium resolutiones,.. auctore R. D. *Thoma* ZEROLA. Accedit Formularium episcopale D. *Augustini* BARBOSÆ, quo variæ ad episcopalem jurisdictionem ritè exercendam formulæ maximè utiles et necessariæ traduntur.
   Coloniæ Agripp. 1680. Ketteler. 3 en 1 vol. in-4º.

1234.—Tractatus de potestate Episcoporum, Abbatum, aliorumque Prælatorum præsertim regularium, nec

non Abbatissarum... Auctore Ven. Patre Fratre Stephano D'ALVIN.
> Parisiis. 1607. Fr. Huby. 1 vol. in-8º.

1235.— Ven. P. Fr. *Stephani* D'ALVIN tractatus de potestate Episcoporum, Abbatum, aliorumque Prælatorum. 2ᵃ editio.
> Lutetiæ Paris. 1614. Seb. Cramoisy. 1 vol. in-8º.

A la suite :

—Acta inter Bonifacium VIII, Benedictum XI, Clementem V. PPP. Et Philippum Pulc. Regem Christian. auctiora et emendatiora. — Historia eorumdem, ex variis scriptoribus. — Tractatus sive quæstio de potestate PP. script. circà ann. MCCC.
> S. n. n. l. 1614. in-8º.

1236.—*Dionysii* PETAVII dissertationum ecclesiasticarum libri duo, in quibus de Episcoporum dignitate, ac potestate; deque aliis ecclesiasticis dogmatibus disputatur.
> Parisiis. 1641. Cramoisy. 1 vol. in-8º.

Dans ce volume :

—*Dionysii* PETAVII de potestate consacrandi et sacrificandi sacerdotibus à Deo concessa, deque communione usurpanda, diatriba...
> Parisiis. 1639. S. Cramoisy. in-8º.

1237.—Tractatus de officio et potestate Episcopi, *Bartholomæi* UGOLINI. 2ᵃ edit.
> Romæ. 1617. A. Phæus. 1 vol. in-fol.

1238.—*Augustini* BARBOSÆ pastoralis sollicitudinis, sive de officio et potestate Episcopi, tripartita descriptio.
> Lugduni. 1665. Borde. 1 vol. in-fol.

1239.—Episcopus, opus tripartitum ethico-politico-sacrum.

Alexander SPERELLUS italico sermone scripsit. *Hannibal* ADAMI idiomate latino donabat.
Romæ. 1670. Tinassius. 3 vol. in-fol.

1240.—Instauratio antiqui Episcoporum principatus, et religiosæ erga eosdem Monachorum et Clericorum omnium observantiæ. Cui præmissa est confutatio rationum quas Sorbonicæ censuræ objecit spongia. Per N. LE MAISTRE.
Parisiis. 1633. G. Pelé. 1 vol. in-4º.

1241.—Libellus dni BERTRANDI adversus magistrum Petrum de Cugneriis (de jurisdictione ecclesiastica).
Parisiis. 1503. Joh. Lambertus. 1 vol. in-12.

1242.—Le droict des Evesques.
1 vol. in-8º. Sans titre.

1243.—Lettre de M. LE NOIR à son Altesse royale madame la duchesse de Guise, sur le sujet de l'hérésie de la domination épiscopale, qu'on établit en France.
Cologne. 1679. P. Girard. 1 vol. in-16.

1244.—Examen des libelles contre les evesques.
Cologne. 1681. Schouten. 1 vol. in-16.

1245.—Du gouvernement des diocèses en commun, par les Evesques et par les Curez. (Par *Guy* DRAPIER).
Nancy. 1708. Pe Gallet. 2 en 1 vol. in-12.

1246.—Mémoire dogmatique et historique touchant les juges de la foi. Où on prouve que les Evêques seuls, et indépendamment des Prêtres, sont juges de la foi. (Par *Pierre* CORGNE.)
Paris. 1736. Vº Mazières. 1 vol. in-12.

1247.—Les prêtres, juges de la foi ; ou réfutation du Mémoire dogmatique et historique touchant les juges de la foi, par l'Abbé Corgne. (Par *Gabriel-Nicolas* MAULTROT).

En France. 1780. 2 vol. in-12.

1248.—Les pouvoirs légitimes du premier et du second ordre dans l'administration des sacremens et le gouvernement de l'Église. (Par l'Abbé *Nic.* TRAVERS).

En France. 1744. 1 vol. in-4º.

1249.—Défense des droits des Évêques dans l'Église, contre le livre intitulé : *Des pouvoirs légitimes du premier et du second ordre,...* par M. CORGNE.

Paris. 1762-1763. Desprez. 2 vol. in-4º.

1250.—L'institution divine des Curés, et leur droit au gouvernement général de l'Église ; ou dissertation sur le 28e verset du 20e chapitre des Actes des Apôtres. (Par *G. N.* MAULTROT).

En France. 1778. 2 vol. in-12.

1251.—Les droits du second ordre défendus contre les apologistes de la domination épiscopale, ou réfutation d'une Consultation sur l'autorité législative des Evêques dans leurs diocèses, publiée en 1775 en faveur de M. de Condorcet, Evêque de Lisieux, contre les Curés de son diocèse. (Par MAULTROT).

S. n. n. l. 1779. 1 vol. in-12.

1252.—Le droit des prêtres dans le synode, ou concile diocésain. Avec un recueil de synodes de toutes les Églises du monde, qui prouve que le synode est un véritable concile, où les prêtres délibèrent et jugent avec l'évêque. Suite de la Réfutation de la Consultation publiée par M. de Condorcet, Évêque de Lisieux... (Par *G. N.* MAULTROT).

S. n. n. l. 1779. 2 vol. in-12.

1253.—Les prêtres juges dans les Conciles avec les évêques;

ou réfutation du Traité des Conciles de l'Abbé Ladvocat. (Par *G. N.* MAULTROT.)
S. n. n. l. 1780. 3 vol. in-12.

1254.—La franche acception du deffy faict à frère Martin Le Noir, docteur en théologie en la Faculté de Paris et Prieur des Augustins de Rouen, par certain calomniateur anonyme, où est contredit au sermon pretendu excellent de Gerson, par luy mesme approuvant le pouvoir qu'ont les Religieux mendians de confesser, et monstre comment on est libre touchant la messe paroissiale. Avec approbation des Docteurs. L'autheur promettant plus après la permission de Monseigneur l'Archevesque de Rouen. (Par Fr. *Martin* LE NOIR.)
Paris. 1662. Faucher. 1 vol. in-8°. (Titre gravé.)

1255.—Remarques amiables sur un Traitté du pouvoir qu'ont les Privilegiez d'entendre les confessions. Par I. P. C. P. (*Jean Pierre* CAMUS).
S. n. n. l. 1642. 1 v. in-8°.

1256.—Præludium defensionis FF. mendicantium pro jure deferendi recta ad suas ecclesias corpora fidelium defunctorum, quorum sepultura ibidem electa est. Operâ R. P. F. *Guilielmi* SEGUIER.
Duaci. 1646. Joan. De Fampoux. 1 vol. in-8°.

A la suite :

—Pharetra defensionis FF. mendicantium, continens jus commune : circa sepulturam fidelium apud religiosos eorumdem ordinum sepeliendorum, à præstantissimis quibusdam auctoribus expositum. Operâ R. P. F. *Guilielmi* SEGUIER.
Duaci. 1648. Joan. de Fampoux. 1 vol. in-8°.

1257.—La délégation des religieux, ou l'examen et rapport

de la puissance légitime qu'ont les religieux privilegiés d'entendre les confessions des séculiers en tout temps, et en tout lieu. Avec les déclarations de la sacrée Congrégation du Concile, sur la Constitution du Pape Gregoire XV et plusieurs bulles et arrests concernants les messes des festes et dimanches, les visites, questes et enterrements, N° édit. Par F. D. P. (*Yves* Prinsart. Revu par *Jean* Tardon).

Paris. 1648. Sassier. 1 vol. in-8°.

1258.—Défense du droit épiscopal, et de la liberté des fidèles touchant les messes, et les confessions d'obligation. Contre l'escrit d'un certain docteur anonyme. Par le R. P. *Jean* Bagot.

Paris. 1655. Seb. et Gab. Cramoisy. 1 vol. in-8°.

1259.—Defensio juris episcopalis et libertatis qua fideles gaudent in missis, et confessionibus de præcepto. Adversus scriptum cujusdam doctoris anonymi. Authore P. *Joanne* Bagotio. Gallicè primum edita, nunc latinitate donata in lucem iterum prodit.

Romæ. 1659. Cam. Apost. 1 vol. in-8°.

1260.—Tres humble remontrance faite par les Religieux, à un grand Prélat de France. Touchant certains articles de ses ordonnances, où ils prétendent estre grevez.

Angers. 1654. 1 vol. in-4°.

A la suite :

—Examen sérieux et sincère de l'imprimé portant en tiltre, *Extraict des decrets des Papes et arrests des Cours souveraines touchant les sépultures*. Et d'un autre libelle intitulé, *Reflexions sur le mesme Extraict*.

S. n. n. l. 1652. in-4°

1261. — Très-humble remontrance... 2° édit.
Paris. 1656. 1 vol. in-4°.

A la suite :

—Les véritables sentimens des Religieux d'Angers touchant l'administration du sacrement de Pénitence, et de la parole de Dieu, pour servir d'éclaircissement à la prétendue Censure de leur *Très-humble remontrance* à Mgr. l'Évesque d'Angers.
S. n. n. l. n. d. (Remonté.)

1262. — Deffence des ordonnances de Mgr l'Evesque d'Angers et de l'authorité episcopale : contre deux libelles, dont l'un a pour titre, *Très humble remonstrance...* et l'autre : *Sentimens d'un docteur...* Où l'on monstre comme les Religieux sont sujets à Nosseigneurs les Evesques en ce qui regarde l'administration du sacrement de pénitence et de la parole de Dieu en leurs diocèses
Angers. 1656. Avril. 1 v. in-4°.

1263. — Extrait des principales faussetez commises par l'auteur des réflexions sur le livre de la deffense des ordonnances de Mgr l'Evesque d'Angers.
Angers. 1657. Avril. 1 vol. in-8°.

A la suite :

—Delegatio Regularium ad sacras confessiones, decem authenticis comprobata.
Parisiis. 1648. Sassier. in 8°.

—Lettre écrite par un père Jésuite à un grand Prélat, sur le sujet de la procédure faite par les officiers de Mgr l'Evesque d'Amiens, contre les Pères Jésuites de la même ville.
S. n. n. l. n. d. in-8°.

1264. — L'authorité épiscopale deffendue contre les nouvelles entreprises de quelques réguliers mendians du diocèse d'Angers sur la hiérarchie ecclésiastique. Divisée en quatre parties. Par Fr. Bonichon.

Angers. 1658. P. Avril. 1 vol. in-4º.

1265.—Brièves réflexions en attendant réponse sur le livre intitulé, Défense des ordonnances de Monseigneur l'Evesque d'Angers. Où par la réfutation de la prodigieuse multitude des fausses allégations de l'autheur, et des fausses conséquences qu'il en a tirées, on montre que les privilèges des religieux qu'il a combattus subsistent encore. Par F. E. D. D. religieux d'un ordre des mendians.

S. n. n. l. 1657. 1 vol. in-8º.

1266.—Justification des privilèges des Réguliers. Présentée au Pape et au Roy par les Religieux mendians de la ville d'Angers. Pour servir de réponse au livre intitulé, *Défense des ordonnances de Monseigneur l'Evesque d'Angers.*

La Flèche. Laboe. Paris. 1658. Couterot. 1 vol. in-4º.

1267.—Consultation faite par un avocat du diocèse de Saintes à son curé sur la diminution du nombre des festes ordonnée dans ce diocèse.

Paris. 1670. J. Du Puis. 1 vol. in-12.

1268.—Dissertations ecclésiastiques sur le pouvoir des Evesques pour la diminution ou augmentation des festes. Par Mess. les Evesques de Saintes, de la Rochelle et de Périgueux (*Louis* DE BASSOMPIERRE, *Guill. Henri* DE LAVAL, *Guillaume* LE ROUX).

Paris. 1691. Dezallier. 1 vol. in-12.

Même ouvrage que le précédent, avec un autre titre.

1269.—Dissertation sur l'approbation des prédicateurs. On

examine son fondement, son antiquité, sa révocabilité, les limitations qu'on y appose. (Par MAULTROT.
Utrecht. 1782. 2 vol. in-12.

1270. — Monseigneur Raillon et Monseigneur Dupanloup. De la légitimité des administrations capitulaires des évêques nommés. Par M. *Jacques* MOLROGUIER.
Paris. 1860. Dentu. Pièce in-8º.

1271. — Response aux moyens de nullité publiez par le Chappitre de Rouen, contre les statuts de Monseigneur le Cardinal de Joyeuse, leur Archevesque. (Par *J.* DE MONTEREUL).
Paris. 1610. Seb. Cramoisy. 1 vol. in-8º.

1272. — De episcopali monogamia, et unitate ecclesiastica dissertatio, seu insignis ecclesiæ Lingonensis divortium et scissuram detrectantis, pia ac necessaria defensio. Auctore *Andrea* DU SAUSSAY.
Parisiis. 1632. Chaudière. 1 vol. in-4º.

1273. — Le droict des evesques, pour la nomination de deux chanoines commensaux. Où il est montré que les deux chanoines que les Evesques ont droit de prendre de leur Chapitre pour leur service et celuy de leur église, doivent recevoir les distributions pendant le temps de leur employ. Par M. LE MAIRE.
Paris. 1675. Pepingué. 1 vol. in-8º.

1274. — Lettre d'un ami à M. Lemaire sur son livre du droit des Evesques pour la nomination de deux chanoines commensaux qui doivent recevoir les distributions pendant le temps de leur employ.
S. n. n. l. Pièce in-8º.

1275. — Le polyphème ou apologetic en la cause de la verité. A Messieurs de Laon. (Par *Claude* CHAMBELLAN.)
Paris. 1628. 1 vol. in-8º.

C'est un Factum amphigourique sur un appel comme d'abus, par un chanoine, contre le Chapitre de Laon.

f. — *Des Chanoines.*

1276. — *Augustini* Barbosæ tractatus de canonicis et dignitatibus, aliisque inferioribus beneficiariis cathedralium et collegiatarum ecclesiarum, eorumque officiorum tam in choro, quàm in capitulo. 4ª edit.
Lugduni. 1648. Borde, Arnaud... 1 vol. in-fol.

A la suite :

— *Augustini* Barbosæ pastoralis sollicitudinis sive de officio et potestate parochi tripartita descriptio.
Lugduni. 1665. Borde, Arnaud... 1 vol. in-fol.

— *Augustini* Barbosæ praxis exigendi pensiones, adversus calumniantes et differentes illas solvere, cui accesserunt vota plurima decisiva et consultiva canonica. Ultima editio.
Lugduni. 1663. Borde, Arnaud. in-fol.

1277. — Dissertatio canonica de instituto et officiis canonicorum sigillatim deducta ex obligatione et muniis clericorum. Authore *Zegero Bernardo* Van Espen.
Lovanii. 1685. J. Sassenus. 1 vol. in-8º.

1278. — Réflexions sur les antiquitez des chanoines. (Par *Claude* Du Molinet.)
Paris. 1672. 1 vol. in-4º.

1279. — Le chanoine, ou traité du nom, dignité, office, vie et mœurs d'un chanoine. Par *Vital* Bernard.
Le Puy. Lyon. 1647. De la Garde. 1 vol. in-8º.

1280. — Recueil de décisions importantes sur les obligations des chanoines ; sur l'usage que les bénéficiers doivent faire des revenus de leurs bénéfices ; et sur la pluralité des bénéfices. Par un chanoine de l'église cathédrale de Noyon (*Louis* Ducandas). 2ᵉ édit.
Noyon. 1751. Rocher. 1 vol. in-12.

g. — *Des Chapitres et des Cathédrales.*

1281.—L'estat des Eglises cathédrales et collégiales, où il est amplement traitté, de l'institution des Chapitres et Chanoines : des offices divins qu'ils célèbrent au chœur tous les jours, des conditions et qualitez requises en leurs personnes, etc. Avec les arrests principaux des Parlements et Cours souveraines... touchant telles matières. Par *Jean* DE BORDENAVE.
Paris. 1643. Mat. Du Puis. 1 vol. in-fol.

1282.—De ecclesiis cathedralibus, earumque privilegiis et prærogativis, tractatus ; in quo omnia, quæ ad erectionem earum usque ad divinorum celebrationem..., reperiuntur. Authore *Michaele Ant.* FRANCES DE URRUTIGOYTI J. C.
Lugduni. 1665. Borde. 1 vol. in-fol.

1283.—Traité des droits et des obligations des Chapitres des églises cathédrales, tant pendant que le siége épiscopal est rempli, que durant la vacance du siége. Divisé en deux parties. Par M. DUCASSE.
Toulouse. 1706. Boudé. 1 vol. in-12.

h. — *Des Curés et des Paroisses.*

1284.—Paroecia, sive de paroeciarum et paroecorum origine, nec non de missa paroeciali. Auctore *Joanne* FILESACO.
Parisiis. 1608. Maceus. 1 vol. in 8°.

1285.—Epistola AMULONIS, Lucdunensis Archiepiscopi, qui regnante Carolo Calvo vixit. Ad Theodboldum Lingonensem episcopum. In qua de titulis, seu parœ-

ciis, et gregibus sacræ parœcorum curæ commissis, obiter disseritur.
Parisiis. 1633. Camusat. Pièce in-8°.

1286.—De origine et divisione parochiarum, earum donatione, parochorum gradu, institutione et officiis, *Steph.* De Melles prælectio ad tit. *ext.* de Parochiis et alienis Parochianis.
Parisiis. 1678. Le Cointe. 1 vol. in-12.

1287.—De antiquo jure presbyterorum, in regimine ecclesiastico. Autore *Claudio* Fontejo. (*Jacobo* Boileau.)
Taurini. 1678. Zappata. 1 vol. in-8°.

1288.—Parrochiale curatorum opus sane quam elaboratissimum sacrificis viris imprimis perquam necessarium, utriusque juris tam pontificii quam cesarei documenta continens, presertim ad ecclesiasticos viros pertinentia. Editum à Dno *Michaele* Lochmaier.
Parisiis. 1513. N. de la Barre. 1 vol. in-4°.

A la suite :

—Tractatus sacerdotalis utilissimus Dni *Nicolai* De Plove de sacramentis et divinis officiis, scilicet : De expositione misse. De dicendis horis canonicis. De sententia excommunicationis et suspensionis. De interdicto ecclesiastico. De irregularitate.
Parrhisiis. 1514. J. Petit. in-4°.

1289.—D. D. *Michaelis* Lochmaier parrochiale curatorum.
Lugduni. 1673. Bourlier. 1 vol. in-8°.

1290.—L'antiquité et dignité du sacerdoce évangélique. Avec un traité du droict des Dixmes. OEuvre enrichy d'exemples, recherches et histoires remarquables, etc., par M. M. Millot.
Paris. 1632. Dugast. 1 vol. in-12.

1291. — Dissertation sur le droit des curez, divisée en deux parties. 1° Où l'on prouve que les curez sont d'institution divine, et qu'ils reçoivent leur autorité immédiatement de Jésus-Christ. 2° Où l'on examine quel est le pouvoir que les curez ont reçu de Jésus-Christ, par raport au gouvernement de l'Église.
S. n. n. l. 1717. 1 vol. in-12.

1292. — Code des paroisses, ou recueil des plus importantes questions sur les curés et leurs paroissiens, résolues par l'Écriture, les Conciles, et les Pères. Précédées de quelques dissertations contre le livre intitulé : *Les pouvoirs légitimes du premier et du second ordre...* Par le P. BERNARD *d'Arras*.
Paris. 1746. Hérissant. 2 vol. in-12.

1293. — Droits des curés et des paroisses, considérés sous leur double rapport, spirituel et temporel. (Par *Henry* REYMOND).
Paris. 1776. 2 en 1 vol. in-8°.

A la suite :

— Droit des pauvres. Par l'Auteur du Droit des curez et des paroisses.
Genève. 1781. Pellet. in-8°.

**— Manuel propre à MM. les curés... N° 287.

1294. — (RICARDI, *Archiepiscopi Armachani*,) defensorium curatorum contra eos qui privilegiatos se dicunt.
S. n. n. l. n. d. 1 vol. in-8°.

1295. — Defensiones curatorum contra eos qui se dicunt privilegiatos, composite ab (RICHARDO) *Archiepiscopo Armachano*. Et privilegiatorum seu mendicantium contra Armachanum a magistro *Rogerio* CHONNOE.
S. l. 1496. J. Trechsel. 1 vol. in-4°.

A la suite :

—Summa Domini Armacani (Richardi) in quæstionibus Armenõrum, noviter impressa et correcta a magistro nostro *Johanne* Sudoris. Cum aliquibus sermonibus ejusdem de Christi dominio.
Parisiis. 1511. Jehan Petit. in-4º.

1296.—Droits qu'ont les curés de commettre leurs vicaires et les confesseurs dans leurs paroisses. Par M. l'Abbé G. (*Louis-Gabriel* Guéret).
Avignon. 1759. Vᵉ Girard, 1 vol. in-12.

1297.—Mémoire à consulter; et consultation pour des curés du diocèse de Sées ; sur la question, si les curés peuvent être restraints à leur paroisse. (Par l'Abbé *Claude* Mey.)
Paris. 1761. 1 vol. in-12.

1298.—Tractatus de sacrosanctis et catholicis Christi ecclesiis reparandis ac reficiendis, auctore Dn. *Petro* Peckio J. C.

A la suite :

—Tractatus de amortizatione bonorum a Principe impetrandà. In quo præcipuè de statutis prohibentibus rerum immobilium alienationes in Ecclesia... disseritur. Auctore D. P. Peckio.
Monast. Westphaliæ. 1620. Dalius. 1 vol. in-8º.

1299.—Traité des réparations et reconstructions des églises, et autres bastimens dépendans des bénéfices. Avec un recueil complet des réglemens concernants les économats de France. Par M. Piales.
Paris. 1761. Briassen. 4 vol. in-12. Manque tome 1.

1300.—Traité du gouvernement spirituel et temporel des paroisses, où l'on examine tout ce qui concerne les fonctions, droits et devoirs des marguilliers dans

l'administration des fabriques, des biens des pauvres et des écoles de charité. Par M. J. (D. Jousse).
  Paris. 1769. Debure. 1 vol. in-12.

1301. — Traité de l'administration temporelle des paroisses, suivi d'une table chronologique qui renferme le texte des principales lois et d'un grand nombre de décrets et d'avis du Conseil d'Etat... Par M. l'Abbé Affre.
  Paris. 1827. Le Clere. 1 vol. in-8°.

1302. — La distinction des places en l'église pour les clercs et pour les laïques. Avec un traité des armoiries, comme elles ne doivent être tolérées dans les églises ny sur les ornemens. Tiré de l'éminentiss. cardinal *Gabriel* Paleote, arch. de Bologne.
  Paris. 1682. Josse. 1 vol. in-12.

1303. — Décisions qui regardent les curez; où il est traité des vicaires, des paroisses, des paroissiens, des dixmes, des novales, des portions congrues, de la résidence, des tailles, des droits curiaux, etc. Par M. Borjon. N° édit.
  Paris. 1694. Pepingué. 1 vol. in-12.

1304. — Code des curés, ou nouveau recueil des règlemens concernant les dixmes, les portions congrues; les fonctions, droits, honneurs, exemptions et priviléges des curés, vicaires perpétuels, vicaires amovibles, chanoines et autres bénéficiers, et la juridiction ecclésiastique.
  Paris. 1752. Prault. 3 vol. in-12.

i. — *Des églises suburbicaires.*

1305. — *Hieronymi* Aleandri *Junioris* refutatio conjecturæ

anonymi scriptoris de suburbicariis regionibus et diœcesi Episcopi Romani.
Lutetiæ Paris. 1619, S. Cramoisy. 1 vol. in-4º.

1306.— Adventoria Causidico Divionensi adversus *Amici ad Amicum epistolam*, de suburbicariis regionibus et ecclesiis. Cum censura vindiciarum conjecturæ alterius anonymi. Auctore *Jacobo* SIRMONDO.
Parisiis. 1620. Seb. Cramoisy. 1 vol. in-8º.

1307.— Propempticum Cl. Salmasio adversus ejus Eucharisticon de suburbicariis regionibus et ecclesiis. Autore *Jacobo* SIRMONDO.
Parisiis. 1622. Seb. Cramoisy. 1 vol. in-8º.

k. — *Des Réguliers.*

** — *Renati* CHOPPINI monasticon. Voyez : nos 756, — 1189, — 1190.

1308.— Deux livres des droicts des religieux et monastères. Traduicts du latin de Mº *René* CHOPPIN : par M. J. TOURNET.
Paris. 1619. Sonnius. 1 vol. in-4º.

1309.— Dubia regularia, sive accurata brevisque discussio difficultatum circa religiosam personam atque familiam; ac etiam circa sacerdotem regularem, confessiones sæcularium excipientem. Authore *Laurent.* DE PORTEL.
Lugduni. 1630. L. Durand. 1 vol. in-8º.

1310.— Privilegia omnium religiosorum ordinum mendicantium, et non mendicantium, in quibus ipsi communicant. Allatis fideliter propriis verbis constitutionum summorum Pontificum, usque ad Alexandrum VII inclusivè... Opus ordine alphabetico... digestum. Auctore R. P. AUGUSTINO A VIRGINE MARIA. (*Guillelmo* DE GOAZMOAL).
Lugduni. 1664. Boissat. 1 vol. in-8º.

1311.—Theatrum regularium in quo brevi methodo variæ decisiones, tàm apostolicæ, quàm ordinis Minorum de observantia, necnon decreta noviss. sacrarum congregationum Urbis, jam publicata, ad regularem disciplinam spectantia, exarantur. Per P. F. *Angelum* A LANTUSCA, ordine alphabetico elaboratum. Hac quarta editione recognitum... et supplemento locupletatum. Cura D. A. *Fr. Antonii* JANNONI.
  Romæ. 1679. Camera Apost. 1 vol. in-8°.

1312.—De jure abbatum, et aliorum prælatorum, tam regularium, quam sæcularium episcopis inferiorum tomi tres. Accesserunt vigenti et una supra centum S. Rotæ Romanæ decisiones... Authore D. *Ascanio* TAMBURINIO *de Marradio.* 1ª ed.
  Lugduni. 1640. Boissat. 3 vol. in-fol.

1313.—Manuale prælatorum regularium, in quo religionum omnium origines, progressus, ac dilationes recensentur... Hac postrema editione accessere tractatus duo, unus de potestate prælatorum regularium in foro interno *Georgii* POLACHI; alter de sacris monialibus,... Auctore *F. Ludovico* MIRANDA. Nunc de integro in lucem prolatus... ac locupletatus opera F. *Paulini* BERTI.
  Coloniæ Agripp. 1639. Crithius. 2 en 1 vol. in-fol.

1314.—Prælatus regularis opus in quo cum dignitas prælaturæ, tum conditiones in prælato ad eam dignè exercendam : tum ratio perfecti regiminis regularium et officia prælati regularis erga eosdem proponuntur... Auctore P. F. *Brunone* CHASSAING.
  Burdigalæ. 1655. Millangius. 1 vol. in-fol.

1315.—Privilegia regularium quibus apertè demonstratur regulares ab omni ordinariorum potestate exemptos esse, necnon in utraque hierarchia jurisdictionis et ordinis locum habere. In duas partes divisa. Auctore P. F. *Brunone* Chassaing. 3e edit.

Parisiis. 1654. Couterot. 1 vol. in-fol.

1316.— R. P. F. *Laurentii* De Peyrinis opera omnia in duo distributa volumina; quorum prius subditum, prælatum, ac formularium, posterius verò regularium privilegia complectitur. 3ª edit.

Venetiis. 1648-49. Juntæ et Baba. 2 vol. in-fol.

1317.— R. P. *Francisci* Pellizzarii manuale regularium, constans ex decem tractatibus, et in duos tomos distributum.

Lugduni. 1665. Anisson. 2 vol. in-fol.

1318.— Directorium regularium, in quo practicabiliores casus, tum ex jure, tum ex bullis pontificiis, nec non Em. Cardinalium declarationibus illustrantur, juxta regulam et constitutiones Carmelitarum discalceatorum accommodantur; ubi etiam multa de aliis religionibus. A R. P. F. Antonio a Spiritu sancto. Edit. noviss.

Lugduni. 1670. Huguetan. 1 vol. in-fol.

1319.— Murenulæ sacræ vestis sponsæ Regis æterni vermiculatæ opus, de privilegiis ordinum regularium quadruplici sectione partitum ad Tridentini, et Conciliorum antiquiorum sensum expolitum. Auctore R. P. D. *Virginio* Alviset.

Campidonæ. 1673. Dreher. 1 vol. in-4º.

1320.— Speculum monasticum, in quo totius religiosæ disciplinæ casus, regulæ et difficultates claré videntur, breviter explicantur, et resolvuntur canone, rationibus et Patrum auctoritatibus. Opera R. P. Philippi a Domina nostra septem dolorum.

Lugduni. 1687. Martin. 2 vol. in-12.

1321. — Pastorale regularium. Per D. D. *Didacum Antonium* Frances de Urrutigoiti.
> Lugduni. 1655. Borde, Arnaud... 1 vol. in-fol.

1322. — Ordinationes universi Cleri Gallicani circa regulares, conditæ primum in Comitiis generalibus ann. mdcxxv, renovatæ et promulgatæ in Comitiis anno 1645. Cum commentariis *Francisci* Hallier.
> Parisiis. 1655. Ant. Vitré. 1 vol. in-4°.

1323. — Questiones regulares, et canonicæ, in quibus utriusque juris, et privilegiorum regularium, et apostolicarum constitutionum, novæ et veteres difficultates dispersæ, et confusæ... elucidantur. Autore... P. F. *Emanuele* Roderico.
> Antuerpiæ. 1624-1628. Belleri. 4 en 2 vol. in-fol.

Le 4e volume à pour titre :

—Praxis criminalis regularium sæculariumque omnium absolutissima,... in unum collecta,..: in titulos juxta decretalium ordinem digesta a P. F. *Paulino* Benti, nuncupata Quæstionum regularium tomus quartus.
> Antuerpiæ. 1624. Belleri. in-fol.

A la suite :

—Nova collectio et compilatio privilegiorum apostolicorum regularium mendicantium, et non mendicantium; præsertim in quibus ipsæ religiones communicant, edita à F. *Emmanuele* Roderico.
> Antuerpiæ. 1623. Belleri. in-fol.

1324. — R. P. *Jo. Baptistæ* De Lezana summa quæstionum regularium, quatuor partibus distincta, in qua agitur de casibus conscientiæ ad personas religiosas spectantibus...
> Lugduni. 1655. Borde, Arnaud... 4 vol. in-fol.

1325. — De regularium visitatione liber, in quo clare, ac breviter ea omnia, quæ in visitandis regularibus, tam quoad theoriam, quàm quoad praxim observanda sunt, ex communi theologorum doctrina...

traduntur. Auctore R. P. F. Thoma a Jesu. (*Didaco Sanchez* Davila.)
Romæ. 1625. Corbelletti. 1 vol. in-4º.

1326.—Recueil d'arrests de partition, contenant les droits conservez aux Réguliers, rendus entre eux et les Commandataires du Royaume de France. Ensuite est adjousté un appendix, où sont plusieurs arrests notables, qui ont esté donnez pour la conservation des droicts, prérogatives et estat régulier.
Paris. 1660. N. Bessin. 1 vol. in-4º.

1327.—Essai historique et critique, sur les priviléges et exemptions des réguliers. (Par l'Abbé Riballier).
Venise. — Paris. 1769. Desaint. 1 vol. in-12.

1328.—Response aux demandes d'un grand prélat, touchant la hierarchie de l'Eglise, et la juste defense des privilegiez et des religieux. Tiré des Conciles, des saincts docteurs et des plus sçavants theologiens. Par *François* de Fontaine (le P. *Et.* Binet.)
Pont à Mousson. 1625. S. Cramoisy. 1 vol. in-12.

1329.—Libri de clericorum sanctimonia opusculum primum, de necessaria unius, uni clerico, ecclesiastici beneficii singularitate. Auctore *Cl.* de Paris. (*Claudio* de la Place.)
Parisiis. 1650. Durand. 1 vol. in-8º.

1330.—Idem opus. Auctore *Claudio* de la Place. 2ª édit.
Parisiis. 1670. Pralard. 1 vol. in-8º.

1331.—Pro tuendo sacro cœlibatu axioma catholicum : authore R. P. Roberto, *Arboricensi.*
Parisiis. 1545. J. Roigny. 1 vol. in-8º.

1332.—*Stanislai* Orichovii de lege cœlibatus, contra Syricium in concilio habita oratio. — Ejusdem *Stanislai* ad Julium III P. M. supplicatio de approbando ma-

trimonio à se inito.— Item, de bello adversus Turcas suscipiendo, ad Equites Polonos, Turcica prima. — Ad Sigismundum Poloniæ regem, Turcica secunda.
Basiléé. 1551. Oporinus. 1 vol. in-8°.

1333.—Entretien d'un acolythe avec son directeur sur le célibat ecclésiastique. (Par l'Abbé HERMES).
Paris. 1791. Crapart. 1 vol. in-12.

1334.—Traitez de la closture des religieuses : livre enseignant l'obligation que toutes y ont; pourquoy elles en peuvent sortir; qui y entrer; et avoir accez aux parloirs. Avec un sommaire de tout, pour celles qui la gardent estroictement. Par F. *Florent* BOULENGER.
Paris. 1629. Moreau. 1 vol. in-12.

1335.—Traité de la clôture des religieuses. Où l'on fait voir par la tradition et les sentimens de l'Église, que les religieuses ne peuvent sortir de leur clôture, ni les personnes étrangères y entrer, sans nécessité. Par M. *Jean Baptiste* THIERS.
Paris. 1681. Dezallier. 1 vol. in-12.

1336.—Histoire et pratique de la clôture des religieuses, selon l'esprit de l'Eglise et la jurisprudence de France. (Par *Sébastien* CHERRIER).
Paris. 1764. Desprez. 1 vol. in-12.

1337.—La conduite canonique de l'Église pour la réception des filles dans les monastères. Par M° *Antoine* GODEFROY.
Paris. 1668. Savreux. 1 vol. in-12.

A la suite :

—De la vocation et de l'entrée à l'estat religieux. (Par M. *Ant.* GODEFROY).
Paris. 1668. Savreux. in-12.

1338.—De l'autorité du Roy, touchant l'aage nécessaire à la profession solemnelle des religieux. (Par M. Le Vayer de Boutigny).

Paris. 1669. S. Cottin. 1 vol. in-12.

1339.—Plaidoyé pour Jacques de Baudry prétendu religieux cordelier, qui contient l'histoire de sa vie, et un traité touchant la validité des vœux des religieux. Par M° *Benigne* Lordelot.

Paris. 1681. Bienfait. 1 vol. in-12.

1340.—Dissertation sur les vœux en général, et sur les vœux solemnels des religieux et des religieuses en particulier; avec les lettres de N. S. P. le Pape Clément XIV touchant la prise d'habit de Madame Louise Marie de France; et la réfutation de l'ouvrage intitulé : *Essai historique et critique sur les priviléges et exemptions des Réguliers* (de *Riballier*.) (Par le P. *Ch. Louis* Richard).

Paris. 1771. Butard. 1 vol. in-12.

Voyez aussi : *Histoire des ordres religieux*, p. 213 et suiv.

CHAPITRE IV.

DES BÉNÉFICES.

A. — *Traités généraux.*

1341.—Histoire de l'origine et du progrès des revenus ecclésiastiques, où il est traité selon l'ancien et le nouveau droit de tout ce qui regarde les matières bénéficiales, de la régale, des investitures, des no-

minations et autres droits attribués aux Princes. Par *Jérome* à Costa. (Traduit par *Richard* Simon.)
   Francfort. 1684. Arnaud. 1 vol. in-12.

1342.—Même ouvrage. Par *Jérome* Acosta. N° édit.
   Basle. 1706. Richter. 2 vol. in-12.

1343.—Histoire des biens temporels de l'Eglise : où il est traité des divers moyens dont on s'est servi pour les acquérir et les augmenter, et de la manière dont ils ont esté administrez dans tous les siècles, depuis la naissance de l'Eglise jusques à présent. Par M. l'Abbé Marsollier.
   Lyon. — Paris. 1694. Anisson. 1 vol. in-12.

1344.—Traité des bénéfices, de Frà *Paolo* Sarpi. (Traduit de l'italien. Par Amelot de la Houssaie). 2ᵉ édit.
   Amsterdam. 1687. Wetstein. 1 vol. in-12.

1345.—Même ouvrage. 4ᵉ édit.
   Amsterdam. 1699. Wetstein. 1 vol. in-12.

1346.—Discours dogmatique et politique sur l'origine, la nature, les prétendues immunités, et la véritable destination des biens ecclésiastiques. Ouvrage posthume de Fra-Paolo (Sarpi), traduit de l'italien. (Par l'Abbé Fr. M. de Marsy).
   Avignon. 1750. Girard. 1 vol. in-12.

1347.—Flosculi beneficiales, solertia *Martini* Ravault sedulò collecti.
   Parisiis. 1543. Gaultherot. 1 vol. in-8°.

1348.—Praxis beneficiorum utilissima, acquirendi conservandique illa, ac amittendi modos continens... Autore D. *Petro* Rebuffo.
   Lugduni. 1553. Sennetonii. 1 vol. in-fol.

1349.—Praxis beneficiorum. D. *Petri* Rebuffi. Cui appo-

suimus Bullam cœnæ Domini, Bullam item jejuniorum ac supplicationum S. D. N. P. Pauli III : Additiones præterea ad regulas cancellariæ, cura *Audomari* Rebuffi... excultas : necnon Practicam cancellariæ apost. D. *Hier. Pauli* Barchin cum elucidationibus P. Rebuffi. Hisce adjecimus concordatorum tractatum inter S. D. N. P. Leonem X ac Sedem apostolicam et Franciscum Franc. Regem ac Regnum, cum glossis ejusdem *P.* Rebuffi. Item super concordatis inter sanctam Sedem apostolicam et inclitam Nationem Germaniæ collectanea..., per *Georgium* Branden. Accessit huic editioni Tractatus juris regaliæ *D. A.* Ruzæi, cum supplemento D. *Ph.* Probi, et duobus Tractatibus D. *Petri* Bertrandi ad ejusdem juris regaliæ cognitionem necessariis.
 Parisiis. 1664. Guignard. 1 vol. in-fol.

1350.—Compendiosa beneficiorum tractatio. Authore S. L. R. E. jurisc. Andegavensi.
 Parisiis. 1574. G. Buon. Pièce in-8º.

1351.—De sacris Ecclesiæ ministeriis ac beneficiis libri vIII.
— Item, pro libertate Ecclesiæ Gallicæ adversus Romanam aulam defensio Parisiensis curiæ Ludovico XI Gallorum Regi quondam oblata. Authore *Francisco* Duareno.
 Parisiis. 1585. H. De Marnef. 1 vol. in-8º.

1352.—Tractatus de beneficiis amplissimus, et doctissimus. Declarationibus Cardinalium S. Cong. Concil. Triden. et decisionibus Rotæ, tam MS. quàm impressis, firmatus, etc. Authore *Nicolao* Garcia.
 Colon. Allobrog. 1618. Ph. Albert. 2 et 1 vol. in-fol.

1353.—Illustratio sacri patrimonii seu de bonis et possessionibus ecclesiarum. Auctore *Nicolao* Le Maistre.
 Parisiis. 1636. Buon. 1 vol. in-4º.

1354. — *Andreæ* DEL VAULX alias VALLENSIS de beneficiis libri IV, quibus tum ea quæ ad theoriam concernunt, tum maximè quæ in judiciis practicantur, solidè enucleantur. 1ª ed.
   Mechliniæ. 1646. Jaye. 1 vol. in-4º.

1355. — Pratique du droict canonique au gouvernement de l'Eglise, correction des mœurs, et distribution des bénéfices. Le tout au style et usage de France. Avec la décision des principales questions, etc. Par le R. P. *E.* BAUNY. 6ᵉ édit.
   Paris. 1643. Soly. 1 vol. in-8º.

1356. — Nova beneficiorum praxis, in qua explicantur quæ ad beneficia, eorum naturam, ac speciem pertinent. Auctore R. P. *Stephano* BAUNY.
   Parisi:s. 1648. Soly. 1 vol. in-fol.

1357. — Aula ecclesiastica de beneficiis ecclesiasticis, præsertim regularibus, eorumque extinctione, devolutione, collatione, et spe juridicâ, illa, sicubi destituta fuerint, reparandi. Et Hortus Crusianus Joan. Crusii eclipsi, sive deliquio astri inextincti, speculi loco oppositus. Auctore R. P. F. *Romano* HAY.
   Francofurti. 1648. Pressius. 1 vol. in-4º.

1358. — *Antonii* BENGEI et *Francisci* PINSSONII tractatus de beneficiis ecclesiasticis ex definitione desumptus, ad usum fori Gallici, et libertatum Ecclesiæ Gallicanæ accommodatus.
   Parisiis. 1654. A. de Sommaville. 1 vol. in-fol.

1359. — Liber de bonis temporalibus ecclesiæ acquirendis et conservandis. Ex operibus posthumis D. *Melchioris* PASTORIS. Cum scholiis et additionibus *Joannis* SOLIER.
   Tolosæ. 1675. Colomerius. 1 vol. in-4º.

1360. — Abrégé des matières bénéficiales, selon l'usage de l'Eglise Gallicane. Avec quantité de modèles d'expédition en Cour de Rome, et autres matières ecclésiastiques. Par *Husson* CHARLOTEAU. N^e éd.
Lyon. 1687. Bailly. 1 vol. in-12.

1361. — Ancienne et nouvelle discipline de l'Eglise touchant les bénéfices et les bénéficiers. Divisée en quatre parties, selon les quatre divers âges de l'Église. Par le P. *Louis* THOMASSIN. 2e édit.
Paris. 1679-1681. Muguet. 3 vol. in-fol.

1362. — Vetus et nova Ecclesiæ disciplina circa benficia et beneficiarios. Editio latina prima post duas gallicanas. Authore et interprete *Ludovico* THOMASSINO.
Parisiis. 1688. Muguet. 3 vol. in-fol.

1363. — Ancienne et nouvelle discipline de l'Eglise touchant les bénéfices et les bénéficiers, extraite de la Discipline du R. P. Thomassin. (Par le P. *J.* LORIOT.)
Paris. 1702. Guerin. 1 vol. in-4°.

1364. — *Pyrrhi* CORRADI opera canonica. Tomi duo. Praxis beneficiariæ recentioris libri IV. — Praxis dispensationum apostolicarum pro utroque foro... 5^a ed.
Coloniæ Agripp. 1697. Ketteler. 2 vol. in-fol.

1365. — Institution aux matières bénéficiales et ecclésiastiques, ou nouvelle pratique bénéficiale et ecclésiastique, conforme à l'usage présent; Par Me *Claude* HORRY.
Paris. 1703. Pralard. 1 vol. in-4°.

1366. — *Arnoldi* CORVINI tractatus geminus de personis atque beneficiis ecclesiasticis; sive introductio ad genuinam universi juris canonici seu pontificii explicationem. Opus posthumum.
Francofurti ad M. 1708. Ph. Andreas. 2 vol. in-4°.

1367.—Traité des matières bénéficiales, dans lequel on examine tout ce qui a rapport aux bénéfices et aux bénéficiers, suivant les saints décrets, les ordonnances du Royaume et la jurisprudence du Palais. Par M^e*** (*Louis* FUET). Av. en Parl.
    Paris. 1723. Guerin. 1 vol. in-4°.

1368.—Traité des bénéfices ecclésiastiques, dans lequel on concilie la discipline de l'Eglise avec les usages du Royaume de France. Et le recueil des édits, ordonnances, déclarations... qui y ont rapport. Par M. P. G.... (*Pierre* GOHARD).
    Paris. 1734. Langlois. 3 vol. in-4°.

1369.—Même ouvrage. N^e édit.
    Paris. 1765. Ve Garnier. 7 vol. in-4°.

1370.—Traité de la disposition forcée des bénéfices. Par M. l'Abbé RATHIER.
    Paris. 1780. Cellot. 3 vol. in-12.

1371.—Deffense de l'édit du Roi concernant les bénéfices possédés par les religieux de plusieurs communautés, donné à Paris au mois de novembre 1719. Ou dissertation sur la manière dont les bénéfices simples sont acquis et possédés par quelques congrégations religieuses. Par M. LE GRAND.
    Paris. 1725. L'Hermite. 1 vol. in-12.

1372.—Lettres à Monsieur *** pour servir de réponse au P. Le Grand, et à la dissertation sur la manière dont les bénéfices simples sont acquis et possédez par quelques congrégations religieuses.
    Paris. 1725. Vincent. 1 vol. in-12.

1373.—Traité historique des écoles épiscopales et ecclésiastiques. Pour les droits des chantres, chanceliers et écolastres des églises cathédrales de France,

et particulierement du chantre de l'église de Paris... Par M⁹ *Claude* Joly.
Paris. 1678. Muguet. 1 vol. in-12.

B. — *Traités spéciaux.*

a. — *Titres aux Offices.*

1374.—Tractatus de officiis, electionibus, dignitatibus et beneficiis ecclesiasticis, Authore D. *Joanne* Corasio. In quo pleraque de postulationibus, nominationibus, jure patronatus, etc. attinguntur.
Coloniæ Agripp. 1596. Gymnicus 1 vol. in-8º.

1375.—De l'estat et de la capacité des ecclésiastiques, pour les ordres et bénéfices, où on rapporte les empêchemens, peines, censures et irrégularités prononcées par le Droit et par les Conciles contre les ecclésiastiques... Par Mᵉ *Michel* Du Perray.
Paris. 1703. Emery. 1 vol. in-4º.

1376.—Traité des graduez, de leur établissement, et de leurs droits. Où sont expliquez mot à mot les douze paragraphes du titre des collations des bénéfices au concordat fait à Boulogne entre N. S. P. le Pape Léon X et le Roi François 1 en 1516, etc.
Paris. 1710. Grangé. 1 vol. in-12.

b. — *Elections. — Consécrations.*

1377.—Tractatus utilis et perquam necessarius de electione, R. P. D. *Guillelmi* Mandagoti, una cum additionibus..., *Nicolai* Boerii.
Lyon. 1509. Simon Vincent. 1 vol. in-8º.

1378.—De electione et potestate prælatorum, et aliorum officialium regularium. Tractatus in quo omnia sunt vel ex theologica doctrina, vel ex uno, seu altero jure desumpta... Auctore Fratre *Sigismundo* à Bononia, aliàs *Jacobo* Federico.
Bononiæ. 1626. J. Rossius. 1 vol. in-fol.

1379.—De sacris electionibus et ordinationibus ex antiquo, et novo ecclesiæ usu. Authore M. *Fr.* Hallier.
Lutetiæ Paris. 1636. Seb. Cramoisy. 1 vol. in-fol.

1380.—Quæstiones canonicæ de prælatorum ecclesiasticorum electione, institutione et potestate, ex libro 1 Decretalium disputatæ à *Paulo* Laymann.
Dilingæ. 1627. Sermodi. 1 vol. in-8º.

c. — *Provisions.* — *Collations.*

1381.—Traités des collations et provisions des bénéfices. Par M. Piales.
Paris. 1754-1756. Briasson. 8 vol. in-12.

1382.—Traité des provisions de Cour de Rome à titre de prévention; du concours des provisions; des fonctions des banquiers-expéditionaires... Par M. Piales.
Paris. 1756. Briasson. 2 vol. in-12.

1383.—Traité de la dévolution, du dévolut, et des vacances de plein droit. Par M. Piales.
Paris. 1757-58. Briasson. 3 vol. in-12.

1384.—Dissertatio canonica de pristinis altarium et ecclesiarum incorporationibus et donationibus necnon varia earum specie et effectu notanter circa acquisitionem decimarum novalium, item de jure ad temporalia... Authore *Zegero Bernardo* Van Espen.
Lovanii. 1711. Zangrius. 1 vol. in-4º.

1385.—Traité des annates, où l'on examine aussi si les secrétaires des Évêques et des autres collateurs de bénéfices, peuvent sans simonie exiger pour leurs expéditions, au delà de ce que les loix canoniques leur permettent de recevoir pour leur travail. (Par l'Abbé BERAUD et L. DUFOUR DE LONGUERUE).
   Amsterdam. 1718. La compagnie. 1 vol. in-12.

d. — *Patronage.*

1386.—*Franciscus* DE ROYE ad titulum de jure patronatus libro tertio Decretalium. Ejusdem de juribus honorificis in ecclesiâ libri duo.
   Andegavi. 1667. Pet. Avril. 1 vol. in-4º.

1387.—Traité du droit de patronage, de la présentation aux bénéfices, et des droits honorifiques des seigneurs dans les églises. Avec un traité des maximes du droit canonique. Par Mᵉ *Denys* SIMON.
   Paris. 1686. Guignard. 1 vol. in-12.

1388.—Des droits de patronage, de présentation aux bénéfices, de préséances des patrons, des seigneurs, et autres... Par Mᵉ *Claude* DE FERRIÈRE.
   Paris. 1686. Cochart. 1 vol. in-4º.

1389.—De l'œconomie de l'Eglise. Remarquée particulièrement pour le patronnage ecclésiastique. Par *G.* LE DUC.
   Rouen. 1644. Osmont. 1 vol. in-4º.

1390.—Traicté des droicts honorifiques des seigneurs es églises. (Par *Mathias* MARESCHAL.) Nouv. édit.
   Paris. 1665. L'Angelier. 1 vol. in-4º.

1391.—Traité des droits honorifiques, par M. MARÉCHAL.

Enrichi des Traitez du droit de patronage, de la présentation aux bénéfices, et des dixmes, par M. Simon, et des Observations de M. Danty, avec les arrêtez et les nouveaux arrêts de règlement intervenus sur cette matière. N^e edit. rev. cor. aug. d'un Traité des droits honorifiques, par M. ***

Paris. 1740. Le Gras. 2 vol. in-12.

1392.—Traité des droits honorifiques et utiles des patrons et curez primitifs, de leurs charges, et de celles des décimateurs. Par Me *Michel* Du Perray.

Paris. 1733. Paulus Du Mesnil. 1 vol. in-12.

e. — *Indult.*

1393.—Notes sommaires sur les indults accordés au Roy, ou à d'autres à sa recommandation, par les derniers Papes Alexandre VII et Clément IX. Avec une préface historique, et plusieurs autres pièces... Par les soins de Me *François* Pinsson.

Paris. 1680. Ch. De Sercy. 2 vol. in-12.

1394.—Dissertation sur l'indult du Parlement, contenant les expédiens sûrs d'en rendre la jouissance prompte et utile. Avec les moyens de réformer les abus du dévolut. Par M. l'Abbé (*Réné*) Richard.

Paris. 1723. V^e Le Febvre. 1 vol. in-8º.

f. — *Commendes.*

1395.—L'Abbé titulaire, ou le juste pouvoir des abbez titulaires et réguliers. Par P. D. G. M. D. S. B. (Par l'Abbé P. D. Gaudel).

S. n. n. l. 1678. 1 vol. in-12.

1396.—L'Abbé commendataire, où l'injustice des commendes est condamnée par la loy de Dieu, par les décrets des Papes, et par les ordonnances, pragmatiques et concordats des Roys de France. Par le Sieur Des Bois Franc (Dom *Fr.* Delfau).
    Cologne. 1673. Schouten. 1 vol. in-12.

1397.—L'Abbé commendataire. Seconde partie. Par le s^r de Froimont (Dom *Gab.* Gerberon). 2e édit.
    Cologne. 1674. Schouten. 1 vol. in-12.

1398.—L'Abbé commendataire. Troisième partie. Contenant la réfutation de tout ce qu'on a écrit en faveur des commendes.

On trouve dans ce volume :

1.—Réfutation de la Réponse de l'Abbé commendataire. (Par M. Schouten.)

2.—Réflexions du S^r De Bonne-foy (Barbier d'Aucourt), sur un livre intitulé : *Entretien d'un Abbé commendataire, et d'un religieux, sur les commendes.*

3.—Les sentimens de Criton sur l'entretien d'un abbé et d'un religieux, touchant les commendes. (Par Dom *Gab.* Gerberon).
    Cologne. 1674. Schouten. 1 vol. in-12.

1399.—Défense des abés commendataires et des curés primitifs contre les plaintes des moines et des curés. Pour servir de réponse à l'Abé commendataire. (Par *Guy* Drapier).
    La Haye. 1685. Moetjens. 1 vol. in-12.

g. — *Pluralité des bénéfices.*

1400.—Exegesis concilii cujusdam generalis in uno bene-

ficiorum multitudinem vetantis, tertio libro Decretalium Gregorianarum, cap. xxviii tit. quinti : ex commentariis rerum quotidianarum *Jo.* QUINTINI.
Parisiis. 1539. Wechelus. 1 vol. in-4°.

1401. — De re beneficiaria liber singularis, sive quæstionis celebris et difficilis, an et quibus in casibus liceat homini christiano absque culpâ et peccato plura beneficia ecclesiastica possidere, ἀνάκρισις. Cura et studio Theologi Parisiensis Abbatis Sidichembechensis. (*Jacobi* BOILEAU).
S. n. n. l. 1710. 1 vol. in-12.

1402. — De re beneficiaria, sive de non possidendis simul pluribus beneficiis, libri tres, adversus librum singularem Abbatis personati Sidichembechensis. (Authore *Francisco* VIVANT).

A la suite :

— Lettre d'un docteur de Sorbonne (M. LAMBERT) à un de ses amis, sur le livre intitulé : *De re beneficiaria sub nomine Abbatis Sidichembechensis.*
Parisiis. 1710. Osmont. 1 vol. in-12.

h. — *Résignations.*

1403. — FLAMINII tractatus duo. Primus, de resignatione beneficiorum, tomos duos continens : cum animadversionibus *P.* DUCLOS. Alter de confidentia beneficiali, complectentes totam fere praxim beneficiariam, decisionibus Rotæ Romanæ.. comprobatam...
Tolosæ. 1616. Bosc. 2 en 1 vol. in-fol.

1404. — Idem opus. Luculentis observationibus *Joan.* SOLIER illustratum.
Tolosæ. 1668. Bosc. 2 en 1 vol. in-fol.

i. — *Régale.*

1405. — Traité de la régale, imprimé par ordre de M. l'Evêque de Pamiers, pour la défence des droits de son église. (Par M. l'Abbé Du Buisson). 3ᵉ édit.
Cologne. 1681. Schouten. 1 vol. in-12.

1406. — Relation de ce qui s'est passé touchant l'affaire de la régale, dans les diocèses d'Alet et de Pamiers, jusqu'à la mort de M. l'Evêque d'Alet. (Par l'Abbé Louis-Paul Du Vaucel).
S. n. n. l. 1681. 1 vol. in-12.

1407. — Recueil de diverses pièces et lettres concernant la régale, et le diocèse de Pamies.
Cologne. 1681. Nic. Schouten. 1 vol. in-12.

1408. — Causa regaliæ penitus explicata, seu responsio ad dissertationen R. P. F. Natalis Alexandri de jure regaliæ, quæ habetur inter ejus selecta Historiæ ecclesiasticæ capita, ad sæculum xiii et xiv parte 3. Autore M. C. S. Theol. doct. (*Ant.* Charras).
Leodii. 1685. Foppin. 1 vol. in-4°.

k. — *Pensions.*

1409. — Tractatus de pensionibus ecclesiasticis. Continens in se quæstiones centum. Elucubratum per D. *Hieronymum* Gigantem.
Venetiis. 1542. 1 vol. in-4°. Incomplet.

A la suite :

— Brevis ceterum utilissima. c. postulastis de clerico exco. ministran. repetitio, in qua et excommunicantis prohibita et permissa, collationis, electionis, ac cujusvis alterius provisionis materia traditur. In-

super illa tam frequens tamque opulenta nominationum materia hoc in regno maxime necessaria : simul ad concordata nuperrime edita declaratio, simul alia multa in forensi judicio incidentia. D. *Petri* REBUFFI.
Biturigibus. 1531. Garnierus. in-4°.

1410.— Dissertation sur les pensions, selon les libertez de l'Eglise Gallicane. (Par M. l'Abbé LE METAYER.)
Rouen. 1671. Eust. Viret. 1 vol. in-12.

1411.— Traité des pensions royales, où il est prouvé que le Roi a droit de donner des pensions sur les bénéfices de sa nomination et de sa collation, même à des laïques. Par M. l'Abbé (*René*) RICHARD. N° édit.
Paris 1719. Cailleau. 1 vol. in-12. Port.

1. — *Dîmes et oblations.*

1412.— Histoire de l'origine des dixmes, des bénéfices, et des autres biens temporels de l'église. (Par l'Abbé *Jacques* MARSOLLIER.)
Lyon. Paris. 1692. Anisson. 1 vol. in-12.

1413.— Traité historique et chronologique des dixmes, suivant les Conciles, constitutions canoniques, ordonnances, et coûtumes du Royaume conformément aux arrêts. Par M. *Michel* DU PERRAY.
Paris. 1724. Beugnié. 2 vol. in-12.

1414.— Des personnes, choses ecclésiastiques et décimales. Avec un Traicté des droits de régale, et pensions bénéficiales. Par *Germain* FORGET.
Rouen. 1625. Osmont. 1 vol. in-8°.

1415.— Duo tractatus : alter de optione canonica, in quo de

jure optandi, quod partim ex consuetudine, partim ex statuto in omnibus jam ferè ecclesiis tam cathedralibus, quàm collegiatis, et nonnullis quoque aliis collegiis viget,... agitur. Alter de decimis : tam spiritualibus, quæ ecclesiis, ecclesiasticisque personis ut plurimùm debentur, quàm papalibus... Authore *Alexandro* Moneta. 2ª edit.

Marpurgi. 1628. Hampelius. 1 vol. in-12.

1416.—Traité des dismes, pour scavoir de quel droit elles sont deuës, et à qui, et en quoy elles doyvent estre employées. Par *G.* Houbraque.

S. l. 1667. Jean de Laon. Pièce in-12.

1417.—Principes et usages concernant les dimes. Par feu M. *L. Fr.* De Jouy. Nᵉ édit.

Paris. 1775. Durand. 1 vol. in-12.

1418.—Le privilége pour les dixmes novalles, concédé, maintenu et conservé ; où, premièrement, seront rapportées plusieurs bulles de nos SS. PP. les Papes pour en faire voir la concession, et ensuite : un bon nombre d'arrests, sentences et jugemens, qui en conservent et maintiennent la possession.

Paris. 1669. N. Bessin. 1 vol. in-4°.

1419.—Resolutionum moralium libri sex bipartiti, de congrua sustentatione ecclesiasticorum omnium, tam secularium, quam regularium utriusque sexus. Auctore R. P. *Thoma* Hurtado.

Hispali. 1659. Jean de Ribera. 2 en 1 vol. in-fol.

A la suite :

—Resolutiones orthodoxo-morales scholasticæ, historicæ, de vero, unico, proprio et catholico martyrio fidei, sanguine Sanctorum violenter effuso, rubricato : adversus quorumdam καινολογίαν de proprio martyrio charitatis et misericordiæ... Auctore P. *Thoma* Hurtado.

Coloniæ Agripp. 1655. Corn. ab Egmont. in-fol.

1420.—Traité des portions congrues des curez et vicaires perpétuels. Avec plusieurs questions sur les offrandes, pensions, incompatibilité des bénéfices et autres. Par *Michel* Du Perray. N° édit.

Paris. 1720. Beugnié. 2 vol. in-12.

1421.—Recueil des principales décisions sur les dimes, les portions congrues, les droits et charges des curez primitifs. (Par M. *Roch* Drapier.)

Paris. 1730. Armand. 1 vol. in-12.

1422.—Même ouvrage. N° édit. corr. et augm. d'un Traité du champart. Par M° Brunet.

Paris. 1741. Armand. 2 vol. in-12.

1423.—Lettre à un magistrat sur les dimes, en réponse au Mémoire pour les curés à portion congrue, par M. Le Clerc.

Amsterdam. Paris. 1766. Le Prieur. 1 vol. in-4°.

1424.—Traité des oblations, ou défences du droit imprescriptible des curez, sur les oblations des fidèles. Dans quel esprit ils les doivent faire, le fruit qu'ils en doivent attendre, etc. Par M. *Guy* Drappier.

Paris. 1685. Desprez. 1 vol. in-12.

1425.—*Ildephonsi* Perez de Lara de anniversariis et capellaniis libri duo.

Lugduni. 1672. Chevalier. 1 vol. in-4°.

1426.—Jus pastorum titularium et ecclesiarum parochialium ad oblationes, primitias, decimas, et maximè novales : sive dissertatio historico-canonica. Adversus dissertationem canonicam de pristinis altarium

incorporationibus D. Z. B. Van Espen. Cui accessit deductio pro irrevocabilitate DD. Pastorum Praemonstratensium, concinnante. E. D. Barone de Karg. Authore R. D. *Nicolao* Richart. Cooperante D. *Thoma* Jamez.
  Leodii, 1716, T'Serstevens. 2 vol. in-8°.

1427.—Dissertation sur l'honoraire des messes, où l'on traite de son origine, des illusions et autres abus qui s'en sont suivis, tant parmi les ministres de l'autel, que parmi le commun du peuple... (Par Dom *Ant.* Guiard).
  S. n. n. l. 1748. 1 vol. in-8°.

1428.—Même ouvrage. N° édit. rev. corr. et augm. pour servir de réponse à la critique qu'en ont fait les Journalistes de Trévoux, dans leurs Mémoires des mois de janvier et février 1749.
  S. n. n. l. 1757. 1 vol. in-12.

1429.—Traité de la dépouille des curez. Dans lequel on fait voir, que selon les canons des Conciles, les libertez de l'Eglise Gallicane, les ordonnances des Rois de France, les arrests de Parlement, les loix et les coûtumes du Royaume, les archidiacres n'ont nul droit sur les meubles des curez décédez. Par un Docteur en droit (*J. B.* Thiers).
  Paris. 1683. Desprez. 1 vol. in-12.

m. — *Des biens des églises.*

1430.—Traicté de l'aliénation du bien d'église et baux emphytéotiques. Contenant les solemnitez requises par les ordonnances, et constitutions canoniques

pour la validité desdites aliénations. Ensemble plusieurs arrests sur cette matière. Par *Jean* CHENU.
Paris. 1644. P. Le Mur. 1 vol. in-8°.

1431.—Lettre d'un Imprimeur de Londres au défenseur du Clergé de France, au sujet de la réponse aux lettres contre *l'immunité* des biens ecclésiastiques.
Londres. 1780. Pièce in-8°.

1432.—La voix du prêtre. (Par l'Abbé CONSTANTIN).
Utrecht. 1750. Chrys, Misanmitre. Pièce in-12.

1433.—Observations sur la nature des biens ecclésiastiques. (Par DAMIENS DE GOMICOURT). (1)
Londres. 1751. Pièce in-12.

1434.—Lettres d'un Archevêque à l'auteur de la brochure intitulée : *Du droit du souverain sur les biensfonds du Clergé et des Moines, et de l'usage qu'il faut faire de ces biens pour le bonheur des citoyens* (*par de Cerfvol*), (Par le P. *Ch. L.* RICHARD).
Cologne. 1770. Pièce in-8°.

n. — *Des biens des Réguliers.*

1435.—1re, 2e et 3e lettre de M. GERBAIS à un Bénédictin de la Congrégation de S. Maur. Touchant le pécule des religieux faits curez ou évesques.
Paris. 1698. Villery. 1 vol. in-12.

A la suite :

—Réflexions sur les ouvrages de M. Gerbais touchant l'état des curez chanoines réguliers. (Par L. *Fr.* DU VAU.)
Paris. 1699. Couterot. 1 vol. in-12.

---

(1) DAMIENS DE GOMICOURT (*Auguste-Pierre*) naquit à Amiens le 27 mars 1723.

1436.—Dissertation sur le pécule des religieux curez : sur leur dépendance du supérieur régulier, sur l'antiquité de leurs cures régulières. (Par Du Vau). 2e éd.
  Rotterdam. 1704. Leers. 2 vol. in-12.

1437.—Reponse à la troisième lettre de M. Gerbais sur le pécule des religieux faits curez ou evêques. Par le Père Du Vau.
  Paris. 1699. Couterot. 1 vol. in-12.

1438.—Dissertation canonique sur le vice de la propriété des religieux et des religieuses. Composée en latin par M. *Bernard* Van Espen.
  Lyon. 1693. Boudet. 1 vol. in-12.

1439.—Dissertation sur la pauvreté religieuse. Où l'on fait voir que les petites rentes ou pensions, et l'argent mis en dépôt, ne peuvent s'accorder avec le vœu solennel que l'on fait en s'engageant dans la religion. Par le P. Thorrentier.
  Paris. 1726. Babuty. 1 vol. in-12.

1440.—Contre la nouvelle apparition de Luther et de Calvin, sous les réflexions faites sur l'édit touchant la réformation des monastères. Avec un échantillon des faussetés et des erreurs contenues dans le Traité de la puissance politique touchant l'âge nécessaire à la profession solennelle des religieux. (Par le Père *Bernard* Guyard.)
  S. n. n. l. 1669. 1 vol in-12.

1441.—Mémoire sur l'état religieux et sur la commission établie pour les réguliers. (Par l'Abbé *Cl.* Mey.)
  S. n. n. l. n. d. 1 vol. in-12.

1442.—Opes sacerdotii num reipublicæ noxiæ ? ex rerum natura, sana politica, et communi sensu generis humani examinatum à P. A. Desing, B. E.
  Ratisbonæ. 1753. Gastl. 1 vol. in-4º.

1443.—Traité des droits de l'Etat et du Prince, sur les biens possédés par le Clergé. (Par *Et.* Mignot).
 Amsterdam. 1755. Arkstée et Merkus. 6 vol. in-12.

1444.—Mémoires pour le Clergé de France, dans l'affaire des foi et hommages, et réponses de l'Inspecteur du domaine. (Par M. *R.* de Boisgelin de Cucé.)
 Amsterdam. 1785. 1 vol. in-8º.

1445.—Observations sur la répartition des biens ecclésiastiques; et particulièrement des dixmes : avec un plan d'administration et de répartition plus justes, pour le bien de la religion et le soulagement des peuples.
 Bruxelles. 1781. Pièce in-8.

o. — *Immunités et priviléges.*

1446.—Privilegiorum quæ exemptiones ecclesiasticæ dicuntur, tractatus *Joannis* Lomede.
 Parisiis. 1589. J. Le Blanc. 1 vol. in-8º.

1447.—Tractatus privilegiorum, quæ exemptiones ecclesiasticæ dicuntur. Authore *Joanne* Lomedé.
 Parisiis. 1621. Julliot. 1 vol. in-8º.

1448.—*Petri* Gambacurtæ commentariorum de immunitate ecclesiarum in constitutionem Gregorii XIV. Pont. Max. libri octo.
 Lugduni. 1622. Cardon. 1 vol. in-4º.

1449.—Traité du droit et des prérogatives des ecclésiastiques dans l'administration de la justice seculière. Par M. *Nicolas* Petit-Pied.
 Paris. 1705. Muguet. 1 vol. in-4º.

1450.—Traité historique et dogmatique des priviléges et exemptions ecclésiastiques. (Par *Louis* Pisant).
 S. n. n. l. 1715. 1 vol. in-4º.

1451.—De jure asylorum, liber singularis *Petri* SAMPT.
Lugd. Bat. 1622. Off. Elzeviriana. 1 vol. in-4°.

Prosperi FARINACII de immunitate ecclesiarum et confugientibus ad eas liber.

Vide: n° 215.

1452.—Lettres, *Ne repugnate vestro bono, et hanc spem, dum ad verum pervenitis, alite in animis; libenterque meliora excipite et opinione ac voto juvate.* (Par *Daniel* BARGETON). Dernière édition.
Londres. 1750. 1 vol. in-12.

A la suite :

—Les commentaires des lettres *Ne repugnate*, etc. Où l'on trouvera la deffense desdites lettres contre les différentes critiques qu'on en a fait, et le résultat de tout ce qui a été écrit pour et contre les immunités de l'Eglise. Par M. ÆRITRÆUS.
Pekin. 1750. Chez un imprimeur catholique. 2 vol.

—Remontrances du Clergé, présentées au Roi, le 24 août 1749, au sujet de la levée du *vingtième*.

1453.—Réponse aux lettres contre l'immunité des biens ecclésiastiques. (Par *Antoine* DURANTHON). N° éd. corrigée. — Suite de la Réponse.
S. n. n. l. 1750. 1 vol. in-12.

A la suite :

—Défense de l'immunité des biens ecclésiastiques.
Londres. 1750. 1 vol. in-12.

—Reflexions sur un écrit intitulé, *Lettre d'un imprimeur de Londres.*
S. n. n. l. n. d.

1454.—Examen impartial des immunités ecclésiastiques, contenant les maximes du droit public, et les faits historiques qui y ont rapport. (Par *P.* CHAUVELIN.)
Londres. 1751. 1 vol. in-12.

CHAPITRE V.

PROCÉDURE CANONIQUE.

A. — *Pratique canonique et juridiction ecclésiastique.*

1455.—Historia pontificiæ jurisdictionis, ex antiquo, medio ex novo usu. (Autore *Michaele* ROUSSEL.)
Parisiis. 1625. Richer. 1 vol. in-4º.

1456.—In hoc volumine continentur. DURANDUS *episcopus Meldensis* de origine jurisdictionum. — Ejusdem tractatus de legibus. — *Petrus* DE PALUDE de causa immediate ecclesiasticæ potestatis. — Ejusdem articulus de audientia confessionum. — JOANNES *Pariensis* de utraque potestate papali scilicet et regali. — *Herveus* NATALIS de eodem tractatu. — Quidam tractatus de eodem qui incipit Rex pacificus, cujus auctor ignoratur.
Parisiis. 1506. Jean Barbier. 1 vol. in-4º.

1457.—Traiclé du délict commun, et cas privilégié : ou de la puissance légitime des juges séculiers sur les personnes ecclésiastiques. Par B. M. C. (*Bénigne* MILLETOT). 2ᵉ édit.
Paris. 1612. Nicaud. 1 vol. in-8º.

1458.—Tractatus de jurisdictione per et inter judicem ecclesiasticum, et sæcularem exercenda, in omni foro, et principum consistoriis versantibus, maximè necessarius, doctoris MARTÆ.
Coloniæ Allob. 1620. Ph. Albertus. 1 vol. in-fol.

1459.—De jurisdictione ecclesiastica et civili libri IV. Auctore *Francisco* ZYPÆO.
Leodii. 1649. Hovii. 1 vol. in-fol.

1460.—Regulare tribunal seu praxis formandi processus

nedum in foro regularium sed etiam secularium. Auctore Fr. *Petro Maria* Passerino *de Sextula.*
   Romæ. 1677. Tinassius. 1 vol. in-fol.

1461.—*Antonii* Furnu can. Ambianensis, ordinariæ episcopalis jurisdictionis contentiosæ fasciculus, è pontificum decretis, canonicis sanctionibus, regiis edictis et senatusconsultis depromptus.
   Parisiis. 1619. Huré. 1 vol. in-8°.

1462.—*Jo. Francisci* Leonis thesaurus fori ecclesiastici, continens divitias totius juris canonici.
   Coloniæ Agripp. 1682. Metternich. 1 vol. in-4°.

1463.—La véritable théorie-pratique, civile et criminelle des cours ecclésiastiques et officialitez. Composée par N. M. *Jean* Auboux, sieur *des Vergnes.*
   Paris. 1648. Pelican. 1 vol. in-4°.

1464.—Même ouvrage. Dernière édition.
   Paris. 1688. N. Le Gras. 1 vol. in-4°.

1465.—La pratique de la juridiction ecclésiastique, volontaire, gratieuse et contentieuse, fondée sur le droit commun et sur le droit particulier du Royaume. (Par M. Ducasse.)
   Condom. Agen. 1695. Gayau. 2 vol. in-8°.

1466.—Même ouvrage. N° édit.
   Toulouse. 1702. Boude. 2 vol. in-8°.

1467.—Même ouvrage. 6° édit.
   Toulouse. 1762. Birosse. 1 vol. in-4°.

1468.—Traité de la juridiction ecclésiastique contentieuse, ou théorie et pratique des officialités, et autres cours ecclésiastiques pour les procédures civiles, suivant les nouvelles loix du Royaume. Par un Docteur en Sorbonne. (L'Abbé I. Moly de Brezolles).
   Paris. 1769. Desprez. 2 vol. in-4°.

1469. — Traité de la juridiction volontaire et contentieuse des officiaux et autres juges d'église, tant en matière civile que criminelle; où l'on traite de leur compétence, fonctions et devoirs. Par M. *** (*Daniel* Jousse).
Paris. 1769. Debure. 1 vol. in-12.

B. — *Des Appels et des Abus.*

1470. — Divinum ac immobile S. Petri, apostolorum principis, circà omnium sub cœlo fidelium ad Romanam ejus cathedram appellationes, adversùm profanas hodie vocum novitates assertum privilegium, per *Christianum* Lupum.
Moguntiæ. 1681. L. Bourgeat. 1 vol. in-4°.

1471. — Traité de l'abus et du vray sujet des appellations qualifiées de ce nom d'abus. Par *Ch.* Fevret. 2ᵉ éd.
Lyon. 1667. J. Girin. 2 vol. in-fol. Port.

1472. — Même ouvrage. 3ᵉ édit.
Lyon. 1677. J. Girin. 2 en 1 vol. in-fol. Port.

1473. — Même ouvrage. 4ᵉ édit.
Lyon. 1689. De Ville. 2 en 1 vol. in-fol. Port.

1474. — Ecclesiasticæ jurisdictionis vindiciæ adversus Caroli Fevreti, et aliorum tractatus de abusu, susceptæ ab *Antonio Dadino* Alteserra.
Parisiis. 1702. R. Mazières. 1 vol. in-4°.

1475. — Tractatus de recursu ad Principem in quo ostenditus authoritas et obligatio Principis ejusque Consiliorum protegendi subditos, signanter verò ecclesiasticos : necnon conservandi jura et priviligia Principum ac populorum, adversus illegiti-

mas censuras, aliasque similes judicum ecclesiasticorum violentias. Item de hujus recursus effectu. Authore *Zegero Bernardo* VAN ESPEN.
Lovanii. 1725. Denique. 1 vol. in-4º.
2 exemplaires dans le même volume.
A la suite :

—Illustriss. ac rev. Archiepiscopi Ultrajectensis et Capituli ejusdem ecclesiæ Romano-Catholici publica declaratio ad ill. ac rev. ecclesiæ catholicæ Archiepiscopos, Episcopos, Prælatos, etc. Item instrumentum appellationis ad concilium generale futurum a quodam brevi præferente nomen SS. Dn. P. Benedicti XIII scripto ad universos in Fœderato Belgio catholicos die VI decembri 1725 et Bruxellis vulgato ab ill. Nuntio Spinelli die 28 januarii 1726.
Ultrajecti. 1726. Van den Eynden. in-4º.

—Second mémoire pour l'Eglise et le Clergé d'Utrecht, où l'on fait voir que cette Église n'a rien fait de contraire à l'esprit et à la discipline des canons, en se donnant un archevêque titulaire.
Leyde. 1725. in-8º.

—Seconde apologie de Mgr l'évêque de Babilone contenant son appel au Concile général et sa seconde plainte au sujet de trois brefs répandus dans le public sous le nom de N. S. P. le Pape Benoist XIII, le 21 fév. le 23 aoust et le 6 déc. 1625. Avec plusieurs pièces qui y ont rapport.
Amsterdam. 1727. Potgieter. in-4º.

1476.—Traité des appellations comme d'abus; que c'est un remède conforme à la loy de Dieu, lequel a donné aux Roys et Princes chrétiens l'Eglise en protection. Composé par *Edmond* RICHER.
S. n. n. l. 1763. 2 en 1 vol. in-12.

1477. — Praxis civilis universa canonica, fori ecclesiastici Gallici, actionum et judiciorum ecclesiasticorum formas continens. Auctore *Joanne* CHENU.
Parisiis. 1621. Buon. 1 vol. in-8º.

1478. — Statuta generalia, judiciorum ecclesiasticorum formas et actiones continentia, in conventu Gallicanæ Ecclesiæ coacto Lutetiæ compacta, anno MDCVI. Cum pluribus aliis statutis Curiarum metropolitanarum, in conciliis provincialibus editis ab anno MDLXXXI. Notis *Joannis* CHENU, illustrata.
Parisiis. 1621. Buon. 1 vol. in-8º.

**— Même ouvrage où les pièces sont rangées dans un ordre différent.

C. — Des Offices ecclésiastiques.

1479. — *Joannis Baptistæ* DE LUCA relatio Curiæ Romanæ, in qua omnium congregationum, tribunalium aliarumque jurisdictionum urbis status ac praxis dilucidè describitur.
Coloniæ Agrip. 1683. Metternich. 1 vol. in-4º.

1480. — Des offices ecclésiastiques, où il est traité des légats, des délégués et subdélégués, de l'official, ou du juge ecclésiastique, de l'official du métropolitain et du primatial, des promoteurs aux officialités, des prédicateurs, des inquisiteurs de la foy, des fabriciens et marguilliers, des syndics ou agens généraux du Clergé.
Paris. 1677. Guignard. 1 vol. in-12.

1481. — Le caractère des officiers de l'évêque. Avec deux traitez latins, l'un de la juridiction, et l'autre de l'usure. Par M. *Louis* BASTIDE.
Paris. 1692. Jean Guignard. 1 vol. in-12.

1482.—Officialis curiæ ecclesiasticæ ad praxim pro foro ecclesiastico, tum sæculari, tum regulari, utiliter aptatus, ac summorum Pontificum litteris, oecumenicorum conciliorum decretis...instructus. Auctore *Augustino* MATTHÆUCCI.
Venetiis. 1728. Typ. Balleoniana. 1 vol. in-4°.

1483.—Estat des cours ecclésiastiques, ou de l'authorité et jurisdiction des grands vicaires et des officiaux, et juges d'église : ensemble de l'institution et puissance des Chapitres. Par *Jean* DE BORDENAVE. 2ᵉ éd.
Paris. 1655. Du Puis. 1 vol. in-4°.

1484.—Directorium inquisitorum F. *Nicolai* EYMERICI. Cum commentariis *Fr.* PEGNE.
Venetiis. 1607. Zalterius. 1 vol. in-fol.

1485.—Speculum inquisitionis Bisuntinæ, ejus vicariis et officiariis exhibitum à R. P. F. *Joanne* DES LOIX.
Dolæ. 1628. A. Binart. 1 vol. in-8°.

1486.—*Sebastiani* GUAZZINI tractatus ad defensam inquisitorum, carceratorum, reorum, et condemnatorum super quocumque crimine, tomi duo.
Lugduni. 1672. Valançol. 2 en 1 vol. in-fol.

**— *Philippi* à LIMBORCH historia inquisitionis. Cui subjungitur liber sententiarum Inquisitionis Tholosanæ.

Voyez : Histoire des religions, N° 849.

1487.—De sacri Consistorii consultationibus *Gabrielis* Card. PALÆOTI.
Venetiis. 1594. Minima societas. 1 vol. in-4°.

1488.—*Paris* DE PUTEO de syndicatu. Una cum apostillis *Benedicti* VADI.
Lugduni. 1548. Giunta. 1 vol. in-4°.

1489.—Stile général des notaires apostoliques, avec la forme de procéder en l'officialité sur toute sorte

de matières, tant civiles que criminelles. Auquel sont adjoustez le reiglement des officialitez fait en l'Assemblée générale du Clergé de France... N° édit.
Lyon. 1652. Sim. Rigaud. 1 vol. in-8°.

1490.—Le nouveau stile général des notaires apostoliques, contenant les actes tant en latin qu'en françois, dressez selon la forme d'instrumenter d'à present; pour l'usage des banquiers, notaires apostoliques et royaux, secrétaires des Evesques et Abbez...
Paris. 1672. Bobin et Le Gras. 1 vol. in-4°.

1491.—Le parfait notaire apostolique, et procureur des officialitez et cours ecclésiastiques. Contenant la maniere d'obtenir les bénéfices, de les conserver, et d'en éviter la perte... Par M° *Claude* Horry.
Paris. 1688. Guignard. 1 vol. in-4°.

1492.—Les compétances, matières, causes et connoissances pour le civil, attribuées à la jurisdiction ecclésiastique par l'édit du mois d'avril 1695. Suite du parfait notaire apostolique... Par M. Horry.
Paris. 1706. Pralard. 1 vol. in-4°.

D. — *Règles de la Chancellerie romaine.*

1493.—Regulæ cancellariæ apostolicæ, Innocentii octavi, Julii secundi, ac Clementis septimi, cum commentariis et scholiis longè quam olim castigatiores. His accessere regulæ, ordinationes et constitutiones S. D. N. D. Pauli divina providentia Papæ tertii.
Lugduni. 1545. Frellon. 1 vol. in-16.

1494.—Commentaria R. P. D. *Ludovici* Gomes in regulas cancellariæ judiciales, quæ usu quotidiano in curia et foro sæpe versantur.
Parisiis. 1543. Poncet Le Preux. 1 vol. in-fol.

1495. — *Caroli* Molinæi in regulas cancellariæ Romanæ nactenus in regno Franciæ usu receptas commentarius analyticus.
Parisiis. 1599. Perier. 1 vol. in-8º.

1496. — *Georgii* Lovetii notæ ad commentaria Caroli Molinæi in regulas cancellariæ apostolicæ.
Lutetiæ Paris. 1656. S. et G. Cramoisy. 1 v. in-4º.

1497. — Paraphrase du commentaire de Mᵉ *Charles* Du Moulin, sur les règles de la chancellerie romaine receues dans le Royaume de France. Composée par Mᵉ Perard Castel.
Paris. 1700. Osmont. 1 vol. in-fol.

1498. — Dilucidum ac perutile glossema, seu commentatio ad regulam octavam cancellariæ, de reservatione mensium, et alternativa episcoporum : elaborata per *Hieronymum* Gonzalez.
Genevæ. 1615. Ph. Albertus. 1 vol. in-fol.

E. — *Style de la cour de Rome.*

1499. — Manuductio ad praxim executionis litterarum S. Pœnitentiariæ. Operâ R. P. *Tiburtii* Navar.
Parisiis. 1702. Delespine. 1 vol. in-12.

1500. — Instruction très facile et nécessaire pour obtenir en cour de Rome toutes sortes d'expéditions de bénéfices, dispenses de mariage et autres, avec leur prix, les sçavoir lire, les mettre à exécution, de qui l'on doit se servir pour les obtenir; et plusieurs models d'actes. Par *Jacques* Le Pelletier. 4ᵉ édit.
Paris. 1682. Journel. 1 vol. in-12.

1501. — Même ouvrage. 7ᵉ édit.
Paris. 1693. L'Auteur. 1 vol. in-12.

1502. — Instruction très facile et nécessaire pour obtenir de Cour de Rome toutes sortes d'expéditions, et les mettre à exécution, etc. 2ᵉ partie. Le tout par ordre alphabétique. Par *Jacques* LE PELLETIER. 2ᵉ éd.
Paris. 1694. l'Auteur. 1 vol. in-12.

1503. — Traité de l'usage et pratique de la Cour de Rome, pour l'expédition des signatures et provisions des bénéfices de France. Par M. PÉRARD CASTEL, Nᵉ édit. augmentée d'un très grand nombre de remarques, d'un traité pour la facilité de ceux qui veulent obtenir des provisions des bénéfices et autres expéditions, et d'une dissertation sur les vœux de religion. Par M. *Guillaume* NOYER.
Paris. 1717. Osmont. 2 vol. in-12.

F. — *Décisions de la Rote.*

1504. — Decisiones Rote nove et antique cum additionibus, casibus dubiis et regulis cancellarie apostolice, diligentissime emendate.
Lugduni. 1509. Steph. Gueynard. 1 vol. in-4º.

1505. — Decisionum novissimarum diversorum sacri palatii apostolici auditorum volumina III.
Lugduni. 1604. Landry. 3 en 1 vol. in-fol.

1506. — Sacræ Rotæ Romanæ decisiones coram Alexandro Ludovisio nunc sanctiss. D. N. Gregorio XV ex originalibus... depromtæ... Opera *Oliverii* BELTRAMINI.
Romæ. 1622. Camera Apost. 1 vol. in-fol.

1507. — Idem opus.
Lugduni. 1622. Landry. 1 vol. in-fol.

1508. — Illustr. et rev. decisiones Rotæ Romanæ auditorum

et Sacræ Pœnitentiariæ regentium *Ludovici* Gomes, *Joannis Baptistæ* Coccini decisiones.
   Lugduni. 1623. Laur. Durand. 1 vol. in-4°.

1509.—Decisiones sacræ Rotæ Romanæ coram reverendissimo domino Paulo Duran, episcopo Urgellensi, novissimè ex originalibus authoris summo studio, ac diligentia depromptæ; adjectis argumentis, summariis... *Ferdinandi* Sciamannæ.
   Lugduni. 1639. Caffin. 2 en 1 vol. in-fol.

1510.—Dn. *Prosperi* Farinacii decisiones sacræ Romanæ Rotæ cum canonicæ tum civiles in duas partes distributæ nec unquam hactenus editæ.
   Antuerpiæ. 1620. Jo. Keerbergius. 2 en 1 vol. in-fol.

1511.—D. *Prosperi* Farinacii sacræ Rotæ Romanæ decisionum ab ipso recentissimè selectarum, et hactenus nondum editarum, partes duæ.
   Lugduni. 1633. Prost. 2 vol. in-fol.

1512.—D. *Prosperi* Farinacii sacræ Romanæ Rotæ decisionum ab ipso selectarum nec unquam aliàs impressarum tomi quatuor, in duas partes divisi. Editio repetita prioribus multo correctior.
   Coloniæ. 1649-1651. Ph. Gamonet. 4 vol. in-fol.

Voyez aussi : Nos 214-215-255.

CHAPITRE VI.

DISCIPLINE.

1513.—De antiqua ecclesiæ disciplina dissertationes historicæ. Autore *Ludovico Ellies* Du Pin.
   Parisiis. 1686. Am. Seneuse. 1 vol. in-4°.

1514.—Notes sur le concile de Trente, touchant les points les plus importans de la discipline ecclésiastique et le pouvoir des Evêques, les décisions des SS. Pères, des Conciles et des Papes, et les résolutions des plus habiles avocats sur ces matières. Avec une dissertation sur la réception, et l'autorité de ce concile en France. (Par *Et.* Rassicod.)
   Cologne. 1706. R. d'Eymont. 1 vol. in-8º.

1515.—R. P. M. *Thomæ* Hurtado resolutionum moralium de residentia sacra, libri XII, in duos tomos divisi.
   Lugduni. 1661. Huguetan. 2 vol. in-fol.

1516.—Tractatus de intrusione. Auctore D. D.*Didaco Antonio* Frances de Vrrutigoiti.
   Lugduni. 1660. Borde, Arnaud... 1 vol. in-fol.

---

a. — *De l'Ordre.*

1517.—*Joannis* Corasii in universam sacerdotiorum materiam, erudita sanè, ac luculenta paraphrasis.
   Parisiis. 1549. l'Angelier. 1 vol. in-8º.

1518.—*Josephi* Gibalini de irregularitatibus, et impedimentis canonicis, sacrorum ordinum susceptionem et usum prohibentibus, liber singularis.
   Lugduni. 1652. Ph. Borde. 1 vol. in-4º.

1519.—*Gasparis* Ziegleri de diaconis et diaconissis veteris ecclesiæ liber commentarius.
   Wittebergæ. 1678. Fingelius. 1 vol. in-4º.

---

b. — *Du Mariage.*

1520.—Tractatus de matrimonio, et censuris. Authore R. P. *Gaspare* Hurtado.
   Lugduni. 1629. Durand. 1 vol. in-8º.

1521.—*Joannis* Launoii regia in matrimonium potestas : vel tractatus de jure sæcularium Principum Christianorum in sanciendis impedimentis matrimonium dirimentibus.
Parisiis. 1674. Ed. Martinus. 1 vol. in-4º.

1522.—In librum magistri Joannis Launoii, qui inscribitur, *Regia in matrimonium potestas*, observationes.
S. n. n. l. 1678. 1 vol. in-4º.

1523.—Traité pacifique du pouvoir de l'Eglise et des Princes sur les empeschemens du mariage : avec la pratique des empeschemens qui subsistent aujourd'hui. Par M. Gerbais.
Paris. 1690. Mazuel. 1 vol. in-4º.

1524.—Consultations canoniques sur le sacrement du mariage, fondées sur l'Ecriture, les conciles, les statuts synodaux, les ordonnances royaulx, et sur l'usage, etc. Par M. Gibert.
Paris. 1727. Mariette. 2 vol. in-12.

1525.—De doctrina canonum corpore juris inclusorum, circa requisitum ad filiorum matrimonia parentum consensum, historica disquisitio. Authore *Joanne Petro* Gibert.
Parisiis. 1709. Emery. 1 vol. in-12.

c. — *De la Simonie.*

1526.—*Johannis* Launoii veneranda Romanæ Ecclesiæ circa simoniam traditio.
Parisiis. 1675. Martinus. 1 vol. in-8º.

1527.—De simonia circa beneficia, administrationem sacramentorum, et celebrationem missarum, item de pensionibus ecclesiasticis. Auctore Z. B. VAN ESPEN.

Lovanii. 1686. Denique. 1 vol. in-8°.

A la suite :

—Discussio juridica duarum propositionum 1. Quocumque titulo quis beneficium ecclesiasticum *mediante temporali* assequatur, simoniam jure naturali prohibitam incurrit... 2. Exemptiones pontificiæ sunt perturbativæ. Auctore Z. B. VAN ESPEN.

Lovanii. 1688. Denique. 1 vol. in-8°.

1528.—Traitté du mal qui par simonie advient en la chrestienté. Par M. *Pierre* VIEL.

Paris. 1576. Chesneau. 1 vol. in-8°.

Pour les questions relatives à l'usure : voir *la Théologie*.

d. — *Des Dispenses.*

1529.—Traité des dispenses, divisé en deux parties. Dont la première comprend : les règles et les principes généraux des dispenses. Et l'autre : est une application de ces règles et de ces principes aux dispenses de mariage. Composé en latin... par M. LOYENS.

Cologne. 1687. Schouten. 1 vol. in-16.

1530.—Même ouvrage. Sans nom d'auteur.

Rouen. 1693. Behourt. 1 vol. in-16.

1531.—Traité des dispenses, suivant l'Ecriture sainte, les décrets des Conciles et des Papes, le sentiment des Saints Pères, et les résolutions des théologiens et des canonistes.

Paris. 1713. F. Rochard. 1 vol. in-12.

1532.—Traité des dispenses en général et en particulier,

dans lequel on résout les principales difficultés qui regardent cette matière. Par M. Collet. 3e édit.
Paris. 1752-1753. Garnier. 3 vol. in-12.

e. — *Des Censures et des Excommunications.*

1533.—De censuris ecclesiasticis tractatus. Per *Stephanum* de Avila.
Lugduni. 1608. Gardon. 1 vol. in-4º.

1534.—*Petri* Hallæi dissertationes de censuris ecclesiasticis, et breves aliquot animadversiones in excerpta quædam ex tractatibus J. Davezani de excommunicatione, depositione, degradatione et suspensione.
Parisiis. 1659. Jacquin. 1 vol. in-4º.

1535.—Usages de l'Eglise Gallicane, concernant les censures et l'irrégularité, considérées en général et en particulier, expliquez par des règles tirées du droit reçu. Par *Jean-Pierre* Gibert.
Paris. 1724. Mariette. 1 vol. in-4º.

1536.—De pœnis ecclesiasticis, seu canonicis, latæ sententiæ à jure communi, et constitutionibus apostolicis, decretisque sacrarum congregationum, praxis bipartita. Auctore R. P. *Carolo Antonio* Thesauro.
Romæ. 1640. Grignani. 1 vol. in-4º.

1537.—De multiplici anathemate juris æquivalente ad nominatim, liber: in quo exactissimè sacrorum canonum atque summulariorum doctorum sententiæ circa tractatus de excommunicatione aperiuntur... Authore *Jacobo* Severtio.
Parisiis. 1602. Buon. 1 vol. in-8º.

1538.— Traité des excommunications, et monitoires. Avec la manière de publier, exécuter et fulminer toutes

sortes de monitoires et excommunications. Par M. *Jacques* Eveillon. 2° éd.
> Paris. 1672. Couterot. 1 vol. in-4°. Port.

1539.—Même ouvrage. 3e édit.
> Rouen. 1712. Le Boucher. 2 vol. in-12.

1540.—Traité historique des excommunications, dans lequel on expose l'ancienne et la nouvelle discipline de l'Église, au sujet des excommunications et des autres censures. (Par *Louis Ellies* Du Pin).
> Paris. 1751. Estienne. 2 vol. in-12.

1541.—De monitoriis ecclesiasticis, ad extorquendam restitutionem, aut revelationem; quid sint; quando ligent; quomodo solvantur;... tractatio bipartita. Authore *R. P. Theophilo* Raynaudo.
> Lugduni. 1636. Boissat. 1 vol. in-8°.

1542.—Traité des monitoires; dans lequel on rapporte leur origine, leurs effets, les formalités qui doivent y être observées; et les cas dans lesquels on est obligé ou exemt de venir à révélation. Par M. (l'Abbé *Louis* Rouault.)
> Paris. 1740. Gyssey. 1 vol. in-12.

1543.—Dissertation sur les interdits arbitraires de la célébration de la messe, aux prêtres qui ne sont pas du diocèse. On en démontre l'abus. On traite par occasion du propre Évêque pour l'ordination, et de la promesse d'obéissance à l'Évêque, que les prêtres font, quand ils sont ordonnés. (Par Maultrot.)
> S. n. n. l. 1781. 1 vol. in-12.

1544.—Deffense de la discipline qui s'observe dans le diocèse de Sens, touchant l'imposition de la pénitence publique, pour les péchez publics. Imprimé par l'ordre de Mg. l'Ill. et Rev. Archev. (Par *A.* Varet.)
> Sens. 1673. Prussurot. 1 vol. in-8°.

CHAPITRE VII.

DROIT CANONIQUE DE FRANCE.

A. — *Introduction. — Institutions. — Lois ecclésiastiques.*

1545.—Histoire du droit public ecclésiastique françois, où l'on traite de la nature de son établissement, de ses variations et des causes de sa décadence. (Par le Mis D'ARGENSON et le P. DE LAMOTTE; avec les vies des Papes Alexandre VI et Léon X, par DU BOULAY.)
Londres. (La Haye.) 1737. Harding. 2 vol. in-12.

1546.—Même ouvrage.
Londres. (Paris.) 1740. Harding. 2 vol. in-12.

1547.—Specimen juris ecclesiastici apud Gallos usu recepti, quo continetur *Joannis* CORASII in universam sacerdotiorum materiam erudita paraphrasis. — Adjunguntur Flosculi beneficiales à D. M. RAVAUT collecti. Quibus accessit compendium de alienatione rerum ecclesiasticarum; cum tractatu de exemptionibus ecclesiasticis, authore *Joanne* LOMEDÉ. Opera J. D. A. P. (*Joannis* DOUJAT).
Parisiis. 1672. Alliot. 1 vol. in-16.

1548.—Specimen juris ecclesiastici Gallorum proprii in tres partes distinctum : quarum I. continentur pragmaticæ sanctiones, et concordata Francica et Germanica; itemque summa juris regaliæ cæterorumque jurium regiorum. II. Indultorum varia genera. III. Legatorum pontificiorum mandata, eorumque modus. Opera *Joannis* DOUJAT. 3e edit.
Parisiis. 1678. Langlois. 2 en 1 vol. in-12.

1549.—Institutionum canonicarum libri quatuor. Opus ad præsentem Ecclesiæ Gallicanæ usum accommodatum. Studio ac curâ *Petri* Hallæi.
  Parisiis. 1685. Jombert. 1 vol. in-12.

1550.—Institution du droit ecclésiastique de France. Composé par feu M° *Charles* Bonel. Et reveu avec soin par M. De Massac.
  Paris. 1677. Clousier. 1 vol. in-12.

1551.—Même ouvrage. 2° édit.
  Paris. 1679. Clouzier. 1 vol. in-12.

1552.—Maximes du droit canonique de France. (Par *Louis* Du Bois). Enrichies de plusieurs authoritez et observations... Par le s^r Simon.)
  Paris. 1673. Guignard. 1 vol. in-12.

1553.—Même ouvrage. 5° édit.
  Paris. 1703. Guignard. 2 vol. in-12.

1554.—Les loix ecclésiastiques de France dans leur ordre naturel, et une analyse des livres du droit canonique, conférez avec les usages de l'Eglise Gallicane. Par M° *Louis* De Héricourt.
  Paris. 1719. Mariette. 1 vol. in-fol.

1555.—Même ouvrage. N° édit.
  Paris. 1771. Libraires associés. 1 vol. in-fol.

1556.—Institutions ecclésiastiques et bénéficiales, suivant les principes du droit commun, et les usages de France. Par *Jean Pierre* Gibert.
  Paris. 1720. Mariette. 1 vol. in-4°.

1557.—Institutions aux loix ecclésiastiques de France, ou Analyse des actes et titres qui composent les Mémoires du Clergé ; avec des extraits des questions les plus importantes recueillies dans les Rapports

d'Agence, depuis 1715 jusqu'à présent. Par l'Abbé de V*** (Verdelin), vic. gén. de Cahors.
Paris. 1783. Demonville. 3 vol. in-12.

1558.—La jurisprudence du Grand Conseil, examinée dans les maximes du Royaume. (Par *L. V.* de Goezmann.)
Avignon. 1775. 2 vol. in-8º.

A la suite :

—Considérations sur l'étude de la jurisprudence, par M. Perrenot. Nº édit.
Berlin. 1776. Decker. in-8º.

B. — *Libertés gallicanes.*

1559.—*Petri* de Marca dissertationum de concordia sacerdotii et imperii, seu de libertatibus Ecclesiæ Gallicanæ, libri octo : quorum quatuor ultimi nunc primùm eduntur operâ et studio *Steph.* Baluzii.
Parisiis. 1663. Muguet. 2 en 1 vol. in-fol.

1560.—Idem opus. *Stephanus* Baluzius hanc secundam editionem recognovit...
Parisiis. 1669. Muguet. 2 en 1 vol. in-fol.

1561.—Idem opus. 3ª editio.
Parisiis. 1704. Muguet. 1 vol. in-fol. Port.

Voyez : *Histoire de l'Eglise de France.* Nos 393 et suiv.

Voyez aussi : *Actes et mémoires de l'Eglise de France.* Nos 316 et suivants.

1562.—Ad ill. et rev. Galliæ episcopos disquisitio theologico-juridica, super declaratione Cleri Gallicani facta Parisiis 19 martii 1682. Per quemdam S. Th. Professorem.
Leodii. 1682. Houyoux. 1 vol. in-4º.

C. — *Pragmatiques.* — *Concordats.*

1563.—Sancti Ludovici Francorum regis christianissimi pragmatica sanctio, et in eam historica præfatio et commentarius;... faciebat *Franciscus* Pinssonius.
Parisiis. 1663. F. Muguet. 1 vol. in-4º.

1564.—Decreta Basiliensia et Bituricensia quam pragmaticam vocant, glosata per *Cosmam* Guymier.
Lugduni. 1488. 1 vol. in-4º.

1565.—Pragmatica sanctio decretis sanctorum Patrum non parum conformis, immensique thesauri jurisprudentie ac canonice discipline legitima conservatrix, in synodo Basiliensi solemniter edita. Cum plurimis item ecclesiæ gallicane modificationibus, prout regni ac Delphinatus commoditati congruere videbatur, inibi salubriter repositis. Una cum felici... glosemate... *Cosme* Guymier.— Adduntur insuper... Concordata inter sanctissimum papam Leonem decimum et christianissimum Francie regem Franciscum primum inita.
Lugduni. 1530. Crespin. 1 vol. in-8º.

A la suite :

—*Guillelmi* de Monserrat perutile commentum super pragmatica sanctione quinque partes continens.
Parisiis. 1501. Joh. de Prato. in-8º.

1566.—Sanctio pragmatica cum glossis D. *Cosme* Guimier. Quibus accesserunt ad cujuslibet decreti paragraphos summaria...: necnon glossæ ac additiones introclusæ. Opera D. *Philippi* Probi Offic. Ambian.
Parisiis. 1621. Seb. Cramoisy. 1 vol. in-4º.

1567.—Caroli VII Francorum regis pragmatica sanctio cum glossis D. *Cosmæ* Guymier et additionibus *Philippi*

Probi ad pragmaticæ sanctionis et concordatorum dissidia componenda. Accedunt historia pragmaticæ sanctionis et concordatorum annotationes... opera ac studio *Francisci* Pinssonii.

Parisiis, 1666. Clousier. 2 en 1 vol. in-fol.

1568.—Concordata inter sanctiss. dominum nostrum Papam Leonem X et Sedem apost., ac christianiss. Dom. nostrum Regem Franciscum I, et Regnum inita. Cum interpretationibus D. *Petri* Rebuffi. — Ejusdem D. Rebuffi Tractatus nominationum... Accessit insuper... ab eodem auctore Tractatus de pacificis possessoribus... 2ª edit.

Parisiis. 1538. Jo. Parvus. 1 vol. in-4º.

A la suite :

—Ejusdem operis pars prima.

Parisiis. 1539. J. Petit. 1 vol. in-4º.

1569.—Tractatus concordatorum, quæ inter sanctiss. D. nostrum Papam Leonem X et Sedem Apostolicam, ac christianiss. D. nostrum regem Franciscum, et Regnum sunt edita : in duos tomos divisi... Auctore et glossatore D. *Petro* Rebuffo.

Lugduni. 1576. Rovillius. 2 vol. in-8º.

1570.—La véritable explication du concordat, qui fait voir que le Roy a droit de nommer à un très grand nombre de prieurez ou sa Majesté ne nommoit pas. Par *Jean* Chastain.

Paris. 1678. G. Méturas. 1 vol. in-12.

1571.—Sanctissimi Domini nostri Pii divina providentia Papæ septimi allocutio habita in consistorio secreto die 28 julii MDCCCXVII. Item conventio inter Sanctitatem suam, et Regem christianissimum inita, necnon litteræ apostolicæ, quibus eadem conventio confirmatur aliaque monumenta ecclesiastica Galliarum negotia respicientia. (Avec la traduction française en regard).

Romæ. 1817. Typ. Cameræ Apostolicæ. 1 vol. in-8°.

*—Les quatre concordats, par M. DE PRADT.

Paris. 1823. Cordier. 4 vol. in-8°.

Voyez : *Sciences et arts*. Œuvres de M. DE PRADT, N° 1143.

D. — *Edits et arrêts.*

1572.—Le second livre du recueil des édicts, reglements, contracts, et autres choses concernant le Clergé de France. (1564-1615.)

S. n. n. l. n. d. 1615. 1 vol. in-8°.

A la suite on trouve :

*—Contract faict et passé le 10 jour d'aoust 1615, entre les Prélats et Deputez du Clergé de France, et Maistre François de Castille, Receveur général dudit Clergé.

—Bulle en faveur des Quinze-Vingts de Paris. Du 24 juillet 1615.

—Estat de ce que les Diocèses imposeront et leveront en l'an 1624 aux termes ordinaires, pour les taxes des Deputez de l'Assemblée générale qui se tiendra l'année suivante 1625.

—Estat et departement des taxes des Deputez qui assisteront aux Assemblées générales du Clergé de France, qui ne doivent durer qu'un mois.

—Estat et despartement de la somme de 32823 livres quinze sols quatre deniers, qu'il est nécessaire de lever sur les bénéficiers de ce Royaume, pour satisfaire à la despence des pensions des Ministres convertis et frais communs des Assemblées générales du Clergé.

—Lettres de prolongations octroyées aux ecclésiastiques, de pouvoir rachepter les biens de leurs bénéfices qui ont esté vendus et allienez : et ce pour cinq ans. Données au mois de juillet 1616.

Paris. 1616. J. Richer.

—Lettres pour la continuation et confirmation des Bureaux et Chambres ecclesiastiques ez villes de Paris, Thoulouze, Lyon,

Bordeaux, Rouen, Tours, Aix et Bourges, pour juger souverainement des différents concernants le faict des décimes. 1616.

Paris. 1616. J. Richer.

1573.— Arrêts et déclarations concernant les matières ecclésiastiques. Recueil factice. 1608-1677.
Paris. 1622-1677. 1 vol. in-8°, contenant :

1.— Recueil général de tous les arrests de la Cour de Parlement, et du Conseil d'Estat et privé du Roy, pour le faict des dixmes, à raison de douze gerbes l'une, et de lever la dicte dixme par préférence, avant le terrage ou champart. Avec deffences aux laboureurs de lever leurs gerbes, avant que d'en advertir le dixmeur. (1608-1621.)

Paris. 1622. in-8°.

2.— Arrest de la Cour de Parlement portant règlement pour les prevosts, chanoines et chapitres des églises cathédrales et collégiales de France. 30 avril 1622.

Paris. 1622. A. Alazert. in-8°.

3.— Arrest du Conseil d'Etat par lequel généralement tous les ecclésiastiques sont deschargés de la recherche des francs-fiefs et nouveaux acquests, ensemble les maladeries, hospitaux et fabriques, avec main-levée des saisies faites sur leurs revenus, en conséquence des assignations à eux données. 14 décembre 1634.

Paris. 1635. A. Vitray. in-8°.

4.— Arrest du Conseil d'Estat du Roy, portant surséance de poursuites contre aucuns ecclésiastiques et monastères, pour le payement des 56000 livres de nouvelle imposition sur le Clergé.... 7 mars 1637.

Paris. 1637. P. Rocolet.

5.— Arrest du Conseil d'Estat portant plaine et entière main-levée des saisies faites sur les biens des ecclésiastiques de ce Royaume, en vertu de l'arrest du Conseil du 6 octobre dernier, et déclaration de Sa Majesté du 24 dudit mois... 12 déc. 1640.

Paris. 1640. A. Vitray. in-8°.

6.— Arrest du Conseil d'Estat pour la descharge du sel en faveur des ecclésiastiques et de la représentation des billets des gabelles. 10 août 1641.

Paris. 1641. A. Vitray. in-8°.

7.— Jugements et arrests notables de la Cour de Parlement touchant les processions, droits, honneurs, prérogatives et fonctions de curez primitifs. 3 mars 1644.

Paris. 1644. Targa. in-8°.

8. — Arrest du Conseil privé du Roy donné en faveur de M. l'Evesque de Lymoges et des Archevesques et Evesques, pour estre executé dans l'étendue de tous les diocèses du Royaume. Contre les chanoines ayant cures, vicairies perpétuelles ou autres bénéficiers ayant charges d'âmes, pour obter dans trois mois de la résignation de l'un desdits bénéfices, et contre les curez non residants à leurs cures. 18 mars 1644.

Paris. 1644. P. Rocolet. in-8°.

9. — Arrest du Conseil privé du Roy, donné à la requeste des Agents généraux du Clergé, par lequel le P. Deidon, supérieur des Frères prescheurs de Bourdeaux, les PP. Babon et Rousseau jesuites et le P. Damase recollect sont renvoyés par devers Sa Sainteté pour leur estre, suivant les concordats et loix du Royaume, pourveu de juges sur les appellations par eux interjettées des interdictions contre eux données, et le refus d'approbations, tant par le feu seigneur Archevesque de Bourdeaux, que par ses vicaires généraux. 16 mars 1646.

10. — Arrest donné au Conseil privé du Roy sur la requeste des Agents généraux du Clergé de France, contre le scindic des PP. Jésuites de la ville de Bourdeaux, sur le sujet des ordonnances décernées par le feu seigneur Archevesque dudit lieu, à l'encontre desdits PP. Jésuites, touchant l'interdict fait par luy au P. Maria, de prescher et confesser au prieuré de S. Macaire, uny au collége desdits PP. Jesuites... 16 mars 1646.

11. — Arrest du privé Conseil du Roy qui casse celuy rendu au Parlement de Bourdeaux portant defenses au defunct seigneur Evesque de Bazas, d'informer de la doctrine concernant le fait de la religion preschée dans son diocèse par le sieur de Labadie. Avec defenses audit Parlement de Bourdeaux et autres Cours et juges d'empescher les prelats de ce Royaume d'informer de la doctrine qui aura esté preschée dans leurs diocèses par quelques ecclésiastiques que ce soit, tant séculiers que réguliers. 16 mars 1646.

12. — Déclaration du Roy portant révocation de celle du huictiesme denier, moyennant laquelle tous les possesseurs des biens d'église aliénez pour cause de subvention ou autrement, mesmes pour les nécessitez particulières des bénéficiers ou communautez ecclésiastiques, soient et demeurent deschargez de toutes les taxes qui pourroient estre à recouvrer sur eux... 9 juillet 1646.

13. — Arrest du Conseil privé du Roy par lequel les chanoines et digni-

tez des églises cathédrales sont maintenues en la presséance en toutes assemblées publiques ou particulières sur tous les officiers des présidiaux et séneschaux, de corps à corps, de députez à députez, et de particulier à particulier. 27 juillet 1646.

14. — Déclaration du Roy portant admortissement général pour tous les ecclésiastiques, payans et non payans décimés, communautez séculières et régulières, monastères, offices claustraux, chappelles, prestimonies, obits, trésors, fabriques, et toutes autres fondations pieuses généralement quelconques, sans que lesdits ecclésiastiques puissent estre recherchés en l'advénir, à cause des biens qu'ils possédoient lors du contract de Mantes. Juillet 1646.

15. — Déclaration du Roy portant continuation aux ecclésiastiques de rachepter pendant dix années les biens de leurs bénéfices qui ont esté cy-devant vendus et aliénez pour cause de subvention. 9 juillet 1646.

Paris. 1646. A. Vitré. In-8°.

16. — Arrest du Conseil d'Estat par lequel le Roy fait défenses aux maire, eschevins et habitans de la ville d'Angers de se faire payer le droit d'octroy par les ecclésiastiques pour la taxe du mariage de Sa Majesté, à peine de trois mil livres d'amande, et de tous despens, dommages et intérests. 8 oct. 1660.

Paris. 1660. A. Vitré. In-8°.

17. — Déclaration du Roy pour la réparation des églises et des presbytères. Du 18 février 1661.

Paris. 1665. A. Vitré. In-8°.

18. — Arrest du Conseil d'Estat portant défenses aux fermiers des aydes d'exiger des ecclésiastiques aucuns droits, tant anciens que d'augmentation, pour les vins, cidres et autres boissons provenant du creu de leurs bénéfices : avec main-levée des saisies faites pour raison de ce. Du 18 mars 1663.

19. — Arrest du Conseil d'Estat qui descharge tous les ecclésiastiques des droits d'aydes, passages, entrées, anciens et nouveaux cinq sols, maubouge, saclet, et autres droits, à cause des boissons par eux vendues, tant en gros qu'en détail. Du 8 avril 1666.

Paris. 1666. A. Vitré. In-8°.

20. — Arrest du Conseil d'Estat du Roy par lequel Sa Majesté decharge les archevesques, evesques et autres bénéficiers de son Royaume, des droits d'entrée, de traite-foraine, augmentation d'icelle, domaniale, nouveaux cinq sols, gros et augmentation d'iceluy, parisis et nouveaux subsides. Du 30 octobre 1670.

Paris. 1670. A. Vitré In-8°.

21. — Arrest notable de la Cour de Parlement portant règlement que les dixmes des foins sont déclarées grosses dixmes. 11 déc. 1670.
   Paris. 1671. A. Bessin. in-8°.

22. — Arrest du Conseil d'Estat du Roy par lequel Sa Majesté a renvoyé et renvoye au grand Conseil les curez pour les portions congrues, avec défense à eux de poursuivre les abbez et religieux, pour raison de ce ailleurs qu'audit grand Conseil. Du 26 fév. 1672.
   Paris. 1672. A. Vitré. in-8°.

23. — Arrest de la Cour de Parlement portant règlement pour les ornemens et réparations des églises, et pour le logement des curez. 14 mars 1673.
   Paris. 1673. A. Vitré. in-8°.

24. — Arret du Conseil d'Estat du Roy par lequel tous les ecclésiastiques du Clergé de France sont déchargés de la convocation et contribution du ban et arrière-ban; avec deffences à tous baillifs, seneschaux et autres officiers de plus les inquiéter pour raison de ce. Du 1er sept. 1674.
   Paris. 1674. F. Léonard. in-8°.

25. — Arrest du Conseil d'Estat qui ordonne que les ecclésiastiques rapporteront par devant les grands Maistres des eaux et forests les pièces justificatives de leurs droits de chauffages et de bois à bastir. Du 9 sept. 1675.

26. — Arrest du Conseil d'Estat pour l'exemption des tailles des curez et fermiers des ecclésiastiques. 9 sept. 1675.

27. — Arrest du Conseil d'Estat qui décharge les bénéficiers des taxes faites sur eux par les maires et échevins des villes, pour raison des francs-fiefs. 9 sept. 1675.

28. — Arrest du Conseil d'Estat qui décharge les ecclésiastiques des droits de jauge et courtage, et les maintient en l'exemption des droits d'aydes. 9 sept. 1675.

29. — Arrest du Conseil d'Estat qui décharge les receveurs des décimes des taxes faites sur eux. 9 septembre 1675.

30. — Déclaration du Roy du mois de novembre 1675, donnée pour le recouvrement du huitième denier du prix des biens aliénez par les ecclésiastiques, depuis l'année 1556, pour jouir par les possesseurs desdits biens pendant 30 années, sans qu'ils puissent estre retirez par lesdits bénéficiers pendant ledit temps, et des sommes à recouvrer sur les payeurs de rentes du Clergé.

31. — Arrest du Conseil d'Estat qui décharge les ecclésiastiques des droits de nouveaux acquests pour les biens échangés. 9 sept. 1675

32. — Arrest du Conseil d'Estat qui décharge les ecclésiastiques de contribuer à l'aquittement des debtes des villes. 9 septembre 1675.

33. — Arrest du Conseil d'Estat qui décharge les bénéficiers de la contribution du ban et arrière-ban. 9 sept. 1675.

34. — Arrest du Conseil d'Estat qui décharge les fabriques des taxes faites pour les droits de nouveaux acquests. 9 sept. 1675.

35. — Arrest du Conseil d'Estat qui décharge les ecclésiastiques des nouveaux acquests pour les rentes racheptables. 9 sept. 1675.

36. — Arrest du Conseil d'Estat qui accorde surcéance de deux ans aux bénéficiers, pour rendre leur foy et hommage. 9 septembre 1675.

37. — Arrest du Conseil d'Estat qui maintient les greffiers des insinuations ecclésiastiques dans la fonction de leurs charges. 9 sept. 1675.

38. — Arrest du Conseil d'Estat qui casse celui du Parlement de Provence du 12 octobre 1674 rendu contre les Archevesques et Evesques de ladite province. Du 9 sept. 1675.

39. — Arrest du Conseil d'Estat qui décharge les ecclésiastiques, et officiers des décimes, du logement des gens de guerre. 9 sept. 1675.

Paris. 1675. F. Leonard. in-8°

40. — Arrest du grand Conseil portant réglement pour les réparations du chœur et cancelle des églises, contre les décimateurs. 17 novembre 1676.

Paris. 1677. N. Bessin. in-8°.

1574. — Collection d'édits, arrêts et déclarations concernant les matières ecclésiastiques, rangés chronologiquement, de 1625 à 1778.

Recueil factice. 4 vol. in-4°.

1575. — Recueil des édits et déclarations du Roy, arrests de son Conseil, et autres jugemens rendus en faveur du Clergé pendant l'agence de M. l'Abbé de la Hoguette et de M. l'Abbé de Grammont. (1670-74).

Paris. 1676. Léonard. 1 vol. in-8°.

1576. — Notes et observations sur l'édit de MDCLXXXXV concernant la juridiction ecclésiastique. Autorisées par les Conciles, constitutions canoniques, ordonnances et arrêts. Par M. *Michel* Du Perray. N° éd.

Paris. 1741. Paulus Du Mesnil. 2 vol. in-12.

1577.—Commentaire sur l'édit du mois d'avril 1695, concernant la juridiction ecclésiastique. Par M. (*Daniel* Jousse.) Nouvelle édition.

Paris. 1774. Debure. 2 vol. in-12.

1578.—Code ecclésiastique, ou questions et observations sur l'édit d'avril 1695, concernant la juridiction ecclésiastique ; sur l'arrêt du Parlement du 26 févr. 1768 concernant les bulles et autres expéditions de Cour de Rome; sur l'édit de mars 1768 concernant les ordres religieux; sur l'édit de mai 1768 concernant les portions congrues ; et sur plusieurs articles de l'ordonnance du mois d'avril 1667 concernant les procédures. Par M. Coudert de Closol.

Paris. 1780. Saugrain. 2 en 1 vol. in-8º.

Voyez : *Hist. des Religions.* Actes et Mémoires de l'Église de France. Nos 326 et suivants.

1579.—Recueil des édits, déclarations, lettres patentes de sa Majesté, et arrests du Conseil rendus sur les biens d'église aliénez depuis l'année 1556.

Paris. 1678. Léonard. 1 vol. in-12.

1580.—Recueil des édits, déclarations et arrests, rendus en faveur des curez, vicaires perpétuels, vicaires amovibles, chanoines et autres bénéficiers, concernant les dixmes grosses, vertes,... les portions congrues des curez, vicaires, etc.

Paris. 1708. Saugrain. 1 vol. in-8º.

1581.—Arrests notables donnez dans les Conseils du Roy, et par les Cours souveraines de France, sur toutes sortes de questions en matières bénéficiales et causes ecclésiastiques. Recueillis et mis en ordre alphabétique par Mᵉ *Jean* Tournet.

Paris. 1631. Billaine et Soly. 2 vol. in-fol.

1582.—Nouveau recueil de plusieurs questions notables sur les matières bénéficiales. Dernier ouvrage posthume de M° *F.* PERARD CASTEL.
   Paris. 1689. Ch. De Sercy. 2 vol. in-fol.

1583.—Recueil des principales décisions sur les matières bénéficiales, extraites des Canons, des Conciles, et des plus célèbres auteurs, conformes aux édits et déclarations du Roi, etc. (Par M. *Roch* DRAPIER.)
   Paris. 1729. Armand. 1 vol. in-12.

1584.—Même ouvrage. N° édit.
   Paris. 1732. Armand. 2 vol. in 12.

1585.—Decisiones capelle sedis archiepiscopalis Tholose una cum additionibus additis per egregium virum D. *Stephanum* AUFFRERII,... postremoque iterum diligenter limate ac novis additionibus decoratæ noviter additis (per *Joannem* DE GRADIBUS).
   Lugduni. 1508. Joh. de Vingle. 1 vol. in-4°.

1586.—Idem opus.
   Lugduni. 1512. Jacobus Myt. 1 vol. in-4°.

1587.—Recueil tiré des procédures civiles faites en l'officialité de Paris, et autres officialitez du Royaume, contenant les actes et procédures qui peuvent estre faits dans la juridiction civile contentieuse, et dans la juridiction volontaire et gratuite des Archevêques et Evêques... Par *Pierre* DE COMBES.
   Paris. 1705. Le Gras. 2 en 1 vol. in-fol.

1588.—Recueil tiré des procédures criminelles faites par plusieurs officiaux, et autres juges du Royaume; contenant la manière d'instruire les procès par les officiaux seuls sur le délit commun, par les officiaux conjointement avec les juges royaux sur les délit

commun et cas privilégié, après les renvois desdits juges royaux... Par *Pierre* DE COMBES. 2⁰ édit.
Paris. 1726. Montalant. 1 vol. in-4º.

1589.—Abrégé de l'histoire mémorable du S. Coulon, prestre de la Communauté de S. Sulpice, curé de la paroisse de Vatierville au diocèse de Rouen, prisonnier depuis huit ans dans un noir et horrible cachot de l'officialité de Rouen, privé de tout son bien et du pain mesme que les loix adjugent aux plus scélérats, par la calomnie du Promoteur de Rouen excommunié, et par l'autorité de Monseigneur l'Archevesque.
S. l. n. d. (1656). 1 vol. in-fol.

1590.—Factum pour M. Jean Baptiste Thiers, curé de Champrond, deffendeur, contre le Chapitre de Chartres, demandeur. Où il est traité de l'obligation où sont quelques fois les personnes publiques de repousser les injures qu'on leur fait; de la vénération des porches des églises; des vains juremens; de la censure des livres; de la juridiction des Chapitres; des fondations qu'on fait dans les églises et des conditions qu'elles doivent avoir; des curez qui ne peuvent être officiaux ny promoteurs; de l'action d'injures; de l'autorité des Conciles provinciaux et particuliers; de l'origine du chappelet et des prières qui le composent; de l'usage légitime de l'Ecriture-Sainte; de la profanation des églises et des abus des Chapitres. (Par *J.-B.* THIERS.)
S. n. n. l. n. d. 1 vol. in-12.

**—Consultez les Recueils de Pièces relatifs à l'histoire des différents ordres religieux. *Histoire des Religions,* passim.

CHAPITRE VIII.

DROIT ECCLÉSIASTIQUE DES PAYS ÉTRANGERS.

A. — Allemagne.

1591.—Super concordatis inter sanctam sedem apostolicam et inclitam nationem Germaniæ collectanea omnibus Germanis cognitu necessaria. Per *Georgium* BRANDEN.

Coloniæ Agripp. 1600. Cholinus. 1 vol. in-8º.

Voyez aussi : Nos 972-973.

B. — *Belgique et Hollande.*

1592.—Jus Belgarum circa bullarum Pontificiarum receptionem. Editio altera.

Leodii. 1645. Seb. Creel. 1 vol. in-16.

A la suite :

—Defensio Belgarum contra evocationes et peregrina judicia.

Leodii. 1665. Seb. Creel. in-16.

1593.—Decretum illustrium ac potentum ordinum Hollandiæ et Westfrisiæ pro pace ecclesiarum, munitum Sacræ Scripturæ auctoritate, et Conciliorum, antiquorum Patrum, Confessionum publicarum, et recentiorum Doctorum testimoniis.

Lugduni Batav. 1614. Joannes Patius. 1 vol. in-4º.

Voyez aussi : *Histoire des Religions*. Nº 507 et suiv.

C. — *Angleterre.*

1594.—Antiquæ constitutiones Regni Angliæ, sub regibus

Joanne, Henrico tertio, et Edoardo primo, circa jurisdictionem et potestatem ecclesiasticam. Ex archivis regiis... fideliter collectæ. Per *Gul.* Prynne.
Londini. 1672. 1 vol. in-fol.

CHAPITRE IX.

LOIS ET DISCIPLINE DU PROTESTANTISME.

1595.—Décisions catholiques ou recueil général des arrests rendus en toutes les cours souveraines de France, en exécution, ou interprétation des édits qui concernent l'exercice de la Religion Prét. Réformée... Par Messire *Jean* Filleau.
Poictiers. 1668. Fleuriau. 1 vol. in-fol.

1596.— Edict du Roy sur la pacification des troubles de ce Royaume. Donné à Nantes au mois d'avril 1598. Vérifié en Parlement le 25 février 1599. Avec les articles particuliers. Ensemble autres édicts et déclarations des Roys Henri IV, Louys XIII et Louys XIV à présent regnant, donnés en consequence d'iceluy.
Paris. 1744. A. Estienne. 1 vol. in-8º.

1597.—Recueil d'édits et déclarations concernant la religion pretendue reformée, de 1640 à 1778.
Recueil factice. 1 vol. in-4º.

Voyez aussi : *Histoire des Religions.* Nos 689 et suiv.

TABLE ALPHABÉTIQUE

DES NOMS D'AUTEURS

(Les chiffres indiquent les numéros d'ordre du Catalogue.)

A.

Abbas Sidichembechensis, 1401.
Abot de Bazinghem, 623.
Abraham, 830.
Accursius, 88-90-92-108.
Acosta, Jér., 1341-1342.
Adami, H., 1239.
Adelsward, 933.
Æneas de Falconibus, 1112.
Æritræus, 1452.
Ærodius, P., 201-202.
Afflictis, Matthias de, 957.
Affre, 1301.
Aggenus Urbicus, 82-258.
Aguesseau, le chancel. d', 751-752-753.
Agylæus, H., 97.
Alagona, Pet., 1140.
Albert de Luynes, Ch. d', 591.
Alciat, And., 177-178-179.
Alexander, H., 1305.
Alexander de Imola, 154.
Alexandre, C., 8.
Alexis, Cl., 309.

Alexis de Marseille, 630.
Alferius, Lud., 1044.
Alteserra, A. D., 1103-1474.
Altimarus, Bl., 225.
Alvarotus, J., 581.
Alvin, Et. d', 1234-1235.
Alviset, V., 1319.
Amato, Ant. de, 963.
Amaya, Fr. de, 163.
Amelot de la Houssaye, 1344-1345.
Amerpach, 302.
Amalon, 1285.
Ancharanus, 1083.
Andræas, J., 1081-1082-1083-1116-1117-1132.
Andræas ab Isernia, 956.
Anianus, 83.
Ansaldius, Fr., 1142.
Ansegise, 306-307.
Anselme, Ant., 95-987.
Antistius Constans, 1175.
Antonellus, J. C., 260.

Antonius à Spiritu sancto, 1318.
Antonius de Butrio, 1112.
Antonius de Gamma, 262.
Antonius Nebrissensis, 88.
Aramon, Sauvan d', 488.
Archidiaconus, 1083.
Aretinus, Ang. 122.
Aretio, Fr. de, 122.
Argenson, le Voyer d', 1545-1546.
Argentré, B. d', 460-461-462.
Argentré, Ch. d', 462.
Argis, Boucher d', 5-285-291-833-1065.
Argou, G., 284-285.
Armachanus, 1294-1295.
Arnauld, Ant., 1220.
Arnould, 1015.
Arrerac, J. d', 9.
Arsandeaux, 840.
Asse, P. 617.
Athon, J. de, 1006.
Aubert, P., 781.

Auboux, J., 1463-1464.
Aubry, av., 833-840.
Aubry, C., 864.
Aufray de Lescovet, 749.
Auffrerius et Aufrerius, St., 684-685-1585-1586.
Augeard, M., 727.
Augier, 841.
Augustino, Pr. de, 1099.
Augustinus, Ant., 95-1049-1076-1102.
Augustinus à Virgine Maria, 1310.
Augustinus de Ancona, 1163.
Aurelius, Osius, 562.
Automne, B., 263-472-669.
Auzanet, 486-767.
Avila, Steph. de, 1533.
Ayrault, P., 47.
Azevedo, Alph. de, 964.
Azon, 180.
Azpilcueta, Martinus ab, 1122-1123-1143-1144.

B.

Babille, 820-840.
Bacquet, J., 599-600-601.
Badin, 839.
Bagot, J., 1258-1259.
Baiard, J.-B., 207.
Baillet, 841.
Bailleux, 841.
Baldus de Perusio, 120-134-154-203-1107-1118-1119.
Baluze, Et., 303-1075-1102-1559-1560-1561.
Barbacia, And., 154-1083-1112.

Barbeyrac, 28-29-30-31-32.
Barbier d'Aucourt, 1398.
Barbosa, Aug., 157-181-239-1050 1133-1145-1233-1238-1276.
Barchin, P., 1349.
Barclay, G., 1205-1206-1207.
Bardet, P., 735-736.
Bardin, 840.
Bargeton, D., 1452.
Baro, Eg., 109.
Baron, G., 747.
Bartholomæus Brixiensis, 1071.

Bartholomæus de Capua, 956.
Bartholomæus de Saliceto, 120.
Bartholus de Saxo Ferrato, 75-182.
Basmaison Pougnet, J. de, 452-585.
Basnage, H., 504-505.
Bassompierre, L. de, 1267-1268.
Bastide, L. 1481.
Baulayne, 833.
Bauny, Et., 1355-1356.
Bayard, 841.
Bayso, Guido de, 1132.
Bazinghem, Abot de, 623.
Beaumarchais, Caron de, 805-806.
Beaumanoir, Ph. de, 532-533.
Beaumont, Elie de, 840.
Beaune, Ch. de, 633-706.
Béchard, F., 280.
Béchefer, J., 714.
Bécot, Jh., 48.
Bellami, 594.
Bellart, 946.
Bellet Verrière, 292-293-294.
Bellonius, 95.
Belot, 840.
Beltramini, 1506-1507.
Belut, N., 600.
Benedictus, G., 563.
Benedictus, Levita, 306-307.
Bengeus, Ant. 1358.
Benincasius, C., 545.
Béraud, l'Abbé, 1385.
Bérault, Jos., 501-502-503.
Berckmann, N., 148.
Bérenger, Cam., 933.
Bérenger, Max., 97.

Berlaymont, L. de, 471.
Bernard, 841.
Bernard, Cl., 670-770.
Bernard, M., 754.
Bernard, Vital, 1279.
Bernard d'Arras, le P., 1194-1292.
Bernardus de Compostella, 1079-1104-1105.
Bernault, 841-952.
Béroalde, Ph., 88.
Berroyer, Ch., 268-309-440-487-735-736.
Berryer, 952.
Bertachinus de Firmo, 75.
Berthelot, J. Fr., 97.
Berthelot du Ferrier, 602.
Berti, P. 1313.
Bertolio, 640.
Bertrand, J., 19.
Bertrandi, P., 1241-1349.
Berville, Alb., 945.
Bessian, J., 450.
Beugnot, le Cte, 533.
Bevière, 833.
Bèze, Th. de, 555.
Biarnoy de Merville, 5-1060.
Bigot, 840.
Bignon, H., 301.
Billecart, 541.
Billecocq, 587.
Binet, Et., 1328.
Blackstone, G., 1007.
Blanchard, G., 310.
Blégny, le Sr de, 656.
Blissy, Hennequin de, 840.
Block, Maur., 902.
Blondeau, Cl., 726-1031.
Blondeau, H., 81.

24

Bobé, J., 491.
Bochellus, L., 10.
Boerius, Nic., 453-454-740-1377.
Boiceau, J. 653-654.
Boileau, J., 1162-1224-1287-1401.
Boileau, L. J., 391.
Boisgelin de Cucé, R. de, 1444.
Boisjermain, Luneau de, 952.
Boismartin, 364.
Boissy, Clement de, 596.
Boistel, 840-841.
Boné, J., 782.
Bonel, Ch., 1550-1551.
Bonet, Ph., 690.
Boneton, N., 746-747.
Bonichon, Fr. 1264.
Boniface VIII, 1080-1082 à 1092.
Boniface, H. de, 738.
Bonnefoy, le Sr de, 1398.
Bonnet, 946.
Bonnières, ... de, 840-953.
Bononia, Sigismundus à, 1378.
Bontoux, 840.
Borcholten, J., 113.
Bordenave, J. de, 1281-1483.
Borderius, J. Boss., 652.
Boreus, V., 254.
Borjon, 264-1303.
Bornier, Ph., 419-420-423.
Borrellus, Cam., 204.
Boscagerius, J., 11-130.
Bosquet, 598.
Bosquet, Fr. 1074.
Bossellus Borderius, 652.
Bouché d'Urmont, 840.
Bouchel, L., 399-412-535-537-647-714-725-1030-1031.
Boucher, P. B., 888.
Boucher d'Argis, 5-285-291-833-1065.
Bouchevret, ... de, 267-268.
Bougeant, P. G. H., 819.
Bouguier, J., 711.
Boulard, A. M. H., 56.
Boulenger, Fr., 1334.
Boullenger de Rivery, 15.
Boullet de Varennes, 840-841.
Bouques, Ch. de, 565.
Bouquet, 276.
Bourdot de Richebourg, 420-439.
Bourgeois, 841.
Bourguignon, 895.
Bouteiller, Jehan, 432-433-434.
Bouthors, J. L. A., 523-921.
Boutigny, Le Vayer de, 653-654-660-1338.
Boutin, 840.
Boyer de Sainte-Suzanne, V. de, 916.
Brancas, L. de, 287.
Branden, G., 1349-1591.
Brayer, 915.
Bréquigny, F. de, 313.
Brésillion, L., 940.
Breton, 950.
Bretonnier, B. J., 717-764.
Bretus, C., 668.
Brézolles, Moly de, 1468.
Brillon, P. J., 716.
Briquet, M. de, 376-377-378.
Brisson, B., 69-70-183-232-318-319-413.
Brixiensis, Barth., 1071.
Broæus, Fr., 112.
Brodeau, J., 439-485-486-498-737.

Broidæus, Ph., 60.
Brosseus, P., 90-93.
Brueys, A. de., 1193.
Brunel, T., 449.
Brunet, J.-B., 1026-1422.
Brunet, 933.
Brunet de Granmaison, 614.
Bruslé, 833.
Brussel, N., 589.

Budé, G., 142-143.
Bulgarus, 92.
Burchardus, 1067.
Burgundus, N., 467.
Buridan, J.-B. de, 463-538-541.
Burigny, Levesque de, 1226.
Burlamaqui, 33-34-35.
Butrio, Ant. de, 1112.
Bzovius, Ab., 1210.

C.

Caballinus, G., 624-625.
Cabanel, M. de, 593.
Cabassut, J., 1061.
Caffieri, 841.
Caillard, 806-820-840.
Caius, 80-81-82-97-100-101.
Calcarolus, 1231.
Calderini, J., 1106.
Calderini, Gasp., 1106.
Calmels, Ed., 893-894.
Calonne, C. A. de, 522.
Calvin, J., 74.
Campagne, A. A., de, 979.
Camus, A. G., 348-844-845.
Camus, J. P., 1173-1213-1214-1255.
Cancerius, Jac., 968.
Canciani, 172.
Canisius, H., 1058-1146.
Cantiuncula, Cl., 2.
Caponus, J., 206.
Capua, Barth. de, 956.
Caramanico, Mar. de, 956.
Carerius, Alex., 1204.
Carlevalius, Th., 969.
Carolus IV, 977.

Caron de Beaumarchais, 805-806.
Carpzow, Ben., 981-982.
Carrard, B., 19.
Carré, G. L. J., 882.
Carrouge, 840.
Carsillier, 840.
Cassan, J., 707.
Cassanis, Zenzelinus de, 1082.
Castellanus, Jacob., 1144.
Castrensis, Paulus, 138-139-140-155.
Castritius, M., 664.
Cavalcanus, B., 549.
Cellier, 820.
Chabrol-Chaméane, F. de, 938.
Challine, P., 283-428.
Chambellan, Cl., 1275.
Chamberet, G. de, 930.
Champagnac, J.-B., 1012-1013.
Champeaux, 829.
Championnère, 923.
Chappelow, L., 51.
Chappuis, J., 107.
Chapt de Rastignac l'Abbé de, 558.
Chardon, 952.

Charon de Saint-Charles, 841.
Charondas le Caron, 77-95-282-319-365-412-434-478-486-755.
Charlemagne, 298-302-306-307.
Charles-le-Chauve, 308.
Charloteau, H., 1360.
Charpentier, 608.
Charras, Ant., 1408.
Chassaing, B., 1314-1315.
Chassanæus, Al., 151-205-1057-1058.
Chasseneus, Barth., 457-458.
Chastain, J., 1570.
Chauffourt, J. de, 607.
Chaumette des Fossés, 840.
Chaussepierre, Coqueley de, 840.
Chauveau-Adolphe, 882-898.
Chauvelin, P., 1454.
Chauvelin, Touss., 439.
Chegaray, 933.
Chenu, J., 723-724-833-1430-1477-1478.
Cherrier, Séb., 1336.
Cherubini, Ang., 1098.
Cherubini, Fl., 1100.
Cherubini, Laert., 1098.
Chevalier, 268.
Childebert, 305.
Chonnoé, Rog., 1295.
Choppin, René, 442-443-476-486-545-546-756-1189-1190-1191-1308.
Choyseul du Plessis-Praslain, G. de, 1176.
Chrestien de Poly, 952.
Chuchalon, H., 173.
Clair, 944.
Clapier, 941-944.

Clarus, J., 207.
Claude de Paris, 1329-1330.
Cleirac, Et., 636.
Clément de Boissy, 596.
Clément V., 1080-1081-1082-1083-1092.
Closol, Coudert de, 1578.
Clotaire, 305.
Clovis, 305.
Cocceji, Sam. de, 979.
Coccini, J.-B., 1508.
Cochin, 783-784-839.
Cochu, 813.
Coeffeteau, Nic., 1169.
Coin-Delisle, 1023.
Collet, Pierre, 1532.
Colmet de Santerre, 841.
Colombet, Cl., 127-149-150-265.
Combes, P. de, 1587-1588.
Compostella, Bernardus de, 1079-1104-1105.
Comte, Ch., 22.
Connanus, Fr., 184.
Constans, Antistius, 1175.
Constantin, l'Abbé, 1432.
Consul, G., 452.
Contarenus, Gasp., 1202.
Contius, Ant., 90-92-93-95-185.
Copus, J., 258.
Coquart, 952.
Coqueley de Chaussepierre, 840.
Coquille, Guy, 499-757.
Coras, J. de, 45-186-1374-1517-1547.
Corberon, N. de, 785.
Corbin, J., 322-387-722.
Corgne, P., 1246-1249.
Cormenin, L. M. de, 906.

Cormier, Th., 320.
Cormis, Fr. de, 758.
Corradus, P., 1364.
Correvon, Seigneux de, 19.
Corsetus, 1112.
Corvinus, Arn., 129-135-584-1055-1056-1057-1366.
Costa, Jér. à, 1341-1342.
Cotelle, 908.
Cotinet, 841.
Cotta, Cat., 88.
Couchot, 634-679.
Coudert de Closol, 1578.
Coupigny, A. F. de, 901.
Courbeville, ... de, 841.
Courtin ..., de, 40.
679-728-1038.
Courtin de Torsay, 832-840-841.
Cousin, G., 129.
Coustant, P., 1069.

Couture, 951.
Covarruvias, D., 208-209.
Coyer, l'Abbé, 1007.
Crémieux, 933.
Cresne, Polle de, 840.
Crispin, J., 80-100.
Cruce, Jo. à, 747.
Cucchus, Ant., 1044.
Cucé, Boisgelin de, 1444.
Cujas, J., 83-90-93-95-105-151-158-187-188-189-190-191-192-1076.
Cumberland, R., 28.
Curasson, 874.
Curicke, R., 242.
Curte, Fr., de, 662.
Curtius, Fr., 155.
Curtius, J., 104-105.
Cynus, Pist., 156.

D.

Dalloz aîné, 936-939.
Dalloz, Armand, 937-939-940.
Dalloz, Ed., 939.
Damhoudère, J. de, 646.
Damiens de Gomicourt, 1433.
Damiron, Ph., 36.
Dantoine, J.-B., 176-941.
Danty, 653-654-1391.
Daoyz, St., 92-93-1042.
Dareste, R., 1020.
Dartis, J., 1147.
Daubanton, A. G., 97.
Daudiguier, A., 786.
David, 1223.
Daviel, A., 911.

Davila, D. S., 1325.
Deboileau, 952.
Decaieu, 841.
Decius, Ph., 173-210-1120.
Decourbeville, 841.
Decousu, C. H., 154.
Decrusy, 296.
Dedrain, R., 416.
Delaborie ou De la Borie, 841.
Delabourey, 806.
Delacroix ou Lacroix de Frainville, 841-952.
Delacroix ou De la Croix, 820-821-832-840.
Delagoutte, 840.

Delalande, 509.
Delalleau, Ch., 917.
Delamalle, 952.
Delamarche, 952.
Delamare, 639.
Delapierre, 841-952
Delareberteria, J., 232.
Delattre, 840.
Delaunay, Fr., 4.
Delaurière, Eus., 440.
Delegorgue, 526-527.
Delfau, Fr., 1396.
Deloy, M., 125.
Deluc, 721.
Del Vaulx, And., 1129-1354.
Delvincourt, 863.
Demarsy, Fr. M., 1346.
Dematigny, 952.
Demolombe, C., 868.
Denisart, J.-B., 489-718-719.
Desbans, L., 16.
Desbois, 841.
Des Bois Franc., 1396.
Des Boissières, Prunget, 840.
Desèze, 952.
Des Fossés, Chaumette, 840.
Desgodets, 642.
Des Grés, Jean, 432-433-1120-1585-1586.
Desing, A., 1442.
Des Jaunaux, P. 470.
Des Loix, J., 1485.
Des Maisons, F. Cl., 733-1032-1033-1034.
Desmarquets, Ch., 688.
Desmery et d'Esmery, 840-841.
Des Paulx, 840.
Despeisses, Ant., 565-761.

Despréaux, C. A., 891.
Desroches, 806.
Deverncilh, 919.
Deville, 952.
Diaz de Mena, 262.
Didier, 832.
Dinouart, l'Abbé, 6.
Dinus, 1083.
Diplovatatius, Th., 1107.
Dissutus, C. H., 154.
Doillot, 840.
Domat, J., 266-267-268.
Dominicus, 1083.
Dominicy, Ant., 492.
Dominis, Marcus-Antonius de, 1166-1167-1168.
Dondey Desmarquets, 840.
Dongois, 841.
Donjon, J., 961.
Donnadieu de Noprat, 806.
Dorothée, 114.
Doujat, J., 53-105-1024-1025-1027-1057-1046-1148-1547-1548.
Doulcet, 841.
Drapier et Drappier, Guy, 1221-1245-1399-1424.
Drapier, Roch, 1421-1422-1583-1584.
Dreue, 840.
Dreux du Radier, 16.
Duarenus, Fr., 95-167-193-194-1351.
Du Bois, Louis, 1552-1553.
Du Boulay, 1545-1546.
Dubours, 514.
Dubruel, 933.
Du Buisson, 1405.
Ducancel, 952.

— 375 —

Ducandas, L., 1280.
Ducasse, 1283-1465-4466-1467.
Ducauroy, 81.
Duchesne, 275-526-527-640-641.
Duclos, P., 1403-1404.
Ducos, Th., 933.
Du Ferrier, Berthelot, 602.
Dufour, G., 907.
Dufour de Longuerue, 1385.
Du Fresne, J., 514-519-731.
Duhamel, J. R. A., 1229.
Duliége, 839.
Du Lorens, 512.
Dumas, Alex., 1015.
Du Molinet, Cl., 1278.
Dumont, Ch., 650-862.
Du Moulin, Ch., 233-234-428-437-438-439-440-452-473-474-475-479-480-483-484-486-508-512-513-520-521-624-625-626-774-1137-1495-1497.
Du Mur, 559.
Dunoyer de Segonzac, 97.
Du Perier, Scip., 759.
Du Perray, M., 1392-1375-1413-1420-1576.
Du Pin, L. E., 1513-1540.
Duplessis, 487.
Du Plessis-Praslain, 1176.
Du Prat, Pard., 72-117.
Du Puis, Paris, 1488.
Durand, C., 1182.
Durand, G., 211-1456.
Durand e Maillane, 1010.
Duranthon, A., 1453.
Duranton, 865.
Duret, J., 507-691.
Du Rousseaud de la Combe, 648-679-728-1038.
Du Sault, 700.
Du Saussay, And., 1272.
Du Teil, 118.
Du Vair, G., 760.
Du Val, And., 1181-1209.
Duval, P. N., 701.
Duval, 840.
Du Vau, L. Fr., 1435-1436-1437.
Du Vaucel, L. P., 1406.
Duvergier, J.-B., 866-1019.
Dynus, M., 173.

E.

Egnatius, Bapt., 88.
Elie de Beaumont, 840.
Elinga, J. 1220.
Enenkelius, G. A., 243.
Enghien, Fr. d', 1218.
Englebermeus, P., 454.
Erard, 831.
Escobar, F. M. de, 552.
Esmery ... d', 840-841.
Esnault, J., 890.
Espeisses, A. d', 565-761.
Estienne, 840.
Eveillon, J., 1538-1539.
Everardus, N., 212.
Expilly, Cl., 787.
Eymeric, N., 1484.
Eynard, 806-840.

F.

Faber, Ant., 87-185.
Faber, J., 121.
Faber, P., 175.
Fabrotus, C. A., 104-105.
Fabry, P. de, 788.
Fachineus, And., 196.
Fagnanus, Pr., 1127-1128.
Faiius, B., 184.
Faissole, 829.
Falconibus, Æn. de, 1112.
Falconnet, 821-832-838.
Faré, 841.
Faria, Ybanez de, 213.
Farinaceus, P., 214-215-1510-1511-1512.
Faucher, Léon, 933.
Faur, A., 1222.
Federicis, H. de, 214-215.
Federicus, Jac., 1378.
Felden, Ja., 41.
Fericocq de la Dourie, 823.
Ferrandat, H., 745.
Ferrariis de Papia, P. de, 661-662.
Ferrerius, J., 746-747.
Ferrière, Cl. de, 486-488-601-708-709-1036-1037-1388.
Ferrière, Cl. J. de, 54-119-290-291-429-709-1063.
Ferromontanus, 1092.
Fevret, Ch., 1471-1472-1473.
Fiéffé-Lacroix, 97.
Filangieri, Gaet., 20.
Filesacus, J., 1284.
Filleau, J., 1595.
Fiorentino, 1015.

Firmo, Bertachinus de, 75.
Flaccus Siculus, 258.
Flaminius, 1403-1404.
Flavigny, V. de, 1164.
Flavigny, le C^{to} de, 933.
Fleurigeon, 903-904.
Fleury, Cl., 284-285-1064-1065.
Flisco, L. de, 1112.
Florens, Fr, 1058-1148.
Fœlix, 1019.
Fontaine, Fr., de, 1328.
Fontanon, Ant., 312-665.
Fontanus, J., 1083.
Fontejus, Cl., 1287.
Forget, G., 1414.
Formey, 978.
Fornier, H., 508.
Forster, G., 186.
Fortin, G., 479-480.
Fortius, 995.
Foucault, J., 418.
Foucher, V., 431.
Fouquet, 840.
Fourcroy, B. de, 65.
Fournel, 7., 875-876-918.
Fournier, Ach., 910.
Fournier, Ed., 1015.
Frainville, Lacroix de, 841-952.
Frances de Urrutigoiti, 1282-1321-1516.
Franchus, Ph., 1083.
Franque, 899.
François, F., 270.
Fra Paolo, 1344-1345-1346.
Freigius, J. T., 1.
Freiesleben, H., 1092.

Fremin, 644.
Fréminville, E. de la Poix de, 595-638.
Frérot, Nic., 411-412-413-1058-1135.
Fritot, Alb., 21.
Froimont, le s^r de, 1397.

Fromageot, J.-B., 1195.
Frontinus, Julius, 82-258.
Fuet, 1038-1367.
Furgole, J.-B., 567-568-569.
Furnius, Ant., 1461.
Fusarius, V., 564.

G.

Gagneraux, L., 926.
Gaius, 80-81-82-97-100-101.
Galland, A., 789.
Gallandius, P., 258.
Gallois, J. A. G., 20.
Gallon, M. de, 354.
Gallus, J., 684.
Gamar, 611.
Gambacurta, P., 1448.
Gamma, Ant. de, 262.
Garcia, F., 210.
Garcia, Nic., 1352.
Garreau, 1039.
Garsia, J., 246.
Gastier, René, 671-672-673-674.
Gaudel, P. D., 1395.
Gaullière, 427.
Gaultier, 790.
Gauret, 677-678.
Gavanti, B., 1232.
Gayot de Pitaval, 803.
Gelée, Vincent, 621.
Gennaro, 6.
Gentilis, Alb., 37.
Gerbais, J., 1225-1435-1523.
Gerberon, G., 1397-1398.
Gerbier, 821-840.
Gervaise, 841.
Giacharius, H., 207.

Gibalini, Jos., 628-629-1518.
Gibert, J. P., 1053-1062-1524-1525-1535-1556.
Gigas, Al., 180.
Gigas, H., 1409.
Gilbert, J., 1219.
Gillet, J., 550.
Gillet, F. P., 791.
Gillet, M., 820-833-840.
Gin, 839.
Ginoulhiac, C., 1020.
Glusianus, J. C., 226.
Goazmoal, G., 1310.
Godefroy, Ant., 1337.
Godefroy, D., 74-90-91-92-94-95-103-475-1188.
Godefroy, J., 84-197.
Goden, H., 974.
Godet, 541.
Goezmann, L. V. de, 1558.
Gohard, P., 1368-1369.
Goldast, M., 971-972-973-983-984-1258.
Gomes, Lud., 1494-1508.
Gomez, Ant., 216-217-965-966.
Gomez, Diego, 965-966.
Gomicourt, Damiens de, 1433.
Gonzales, H., 1498.
Goris, Lamb., 997.

Gossart, 841.
Gosset, J., 525.
Gosson, Nic., 447.
Gothófredus, Dion., 74-90-91-92-94-95-103-475-1188.
Gothofredus, Jac., 84-197.
Goubau, Fr., 1096.
Gouget, N., 693.
Goujon, 952.
Goulleau, 841.
Goupy, 642.
Gousset, J., 493.
Goveanus, M., 95-207.
Gradibus, J. de, 121-122-134-1585-1586.
Granetius, P., 960.
Granmaison, Brunet de, 614.
Gratien, 1071-1072-1073-1082-1083-1084 à 1092.
Grattier, Ad. de, 928.
Gravina, J. V., 61.
Grégoire IX, 1077-1078-1079-1082-1083 à 1092.
Grégoire XV, 1097.
Gregorianus, 82-97.
Gregorius, Pet., 218-1048-1149.
Grès, Jean des, 121-122-134-1585-1586.
Grimaudet, Fr., 631-762-763.
Grivellus, J., 743.
Gromaticus Hygenus, 258.

Grosley, P. J., 274.
Grotius, G., 27-95.
Grotius, Hugo, 38-39-40-42.
Grun, 842.
Gryphiander, J., 247.
Guazzini, Seb., 1486.
Gudelın, P., 171.
Guenois ou Guenoys, P., 410-411-412-665-669.
Guenoux, Ch., 57-58.
Guéret, Gab., 726-734-1296.
Guérin, Cl., 477-486.
Guérin, L., 619.
Guiard, Ant., 1427-1428.
Guiard jeune, 840.
Guichard, A. Ch., 922-1017.
Guido de Bayso, 1132.
Guido Pape, 227-744-745-746-747.
Guiet, 840.
Guillet de Blaru, 839.
Guimier et Guymier, Cosme, 1564-1565-1566-1567.
Guiot, J., 207.
Gutierrez, J., 549.
Guyard, B., 1440.
Guyné, Fr., 570.
Guyot, G. A., 588.
Guyot, J. J. G., 295.
Guyot de Chesne, 839.
Gyves, M. de, 509.

H.

Habert, Isaac, 1216.
Hallæus, P., 1534-1549.
Hallier, Fr., 1174-1321-1379.
Haloander, G., 109-167.
Hardoin, 841.

Hardy, Séb., 621.
Harmenopulus, C., 170.
Hartmann, H., 236.
Haussy de Robecourt, M. de, 839.

Hay. Rom., 1357.
Hecquet, 841.
Hecquet de Roquemont, 1066.
Heeser, J., 548.
Hegendorphinus, Ch., 3-165.
Hélie, Faustin, 898.
Hennequin, J., 90.
Hennequin de Blissy, 840.
Henricus de Segusio, 1108-1109-1110-1111.
Henriquez, J., 610-613.
Henrys, Cl., 764.
Heraclius, 94.
Hérédie de Sainte Anne, 1221.
Héricourt, L. de, 267-268-541-695-765-1554-1555.
Hérissant, L. Th., 1199.
Hermès, 1333.
Hermogenianus, 82-97.
Hervet, G., 347.
Heu, Ad. de, 514-518.

Hilaire, 834.
Homodeis, Segnoroli de, 231.
Hopingks, Th., 219.
Hopylius, W., 1006.
Horry, Cl., 553-1365-1491-1492.
Hostiensis, 1108-1109-1110-1111.
Hotman, H., 554.
Hotomanus, Fr., 71-111-220-582.
Hottomannus, 95.
Houbraque, G., 1416.
Huart-Duparc, 841.
Huart, 952.
Hucherard, 840.
Huerne de la Mothe, 766.
Hugolinus, 92.
Hulot, 97.
Hurtado, Gasp., 1520.
Hurtado, Th., 1419-1515.
Husson, Arm., 909.
Hygenus Gromaticus, 258.

I.

Ibelin, J. d', 532.
Imbert, J., 669.
Imola, Alex. de, 154.
Imola, J., 1083.
Innocent III, 1074-1075-1103.
Innocent IV, 1106-1107.
Irnerius, 92.

Isambert, 296.
Isernas, And., 956.
Isernia, Andreas ab, 956.
Issali, J., 794.
Ivo, Carnotensis, 1070.
Ivo, Parisinus, 26.

J.

Jacobus, P., 666.
Jacquet, 592.
Jamet de la Guessière, 731.
Jamez, Th., 1426.
Janet, J., 940.

Jannonus, Ant., 1311.
Janssens, Elinga, 1220.
Janua, N. de Passeribus à, 657.
Januarius, Nic., 1148.
Jarry, 604.

Jaso de Mayno, 135-136-137-153.
Jean XXII, 1082-1083 à 1092.
Joannes, 92.
Joannes, Parisiensis, 1456.
Jobert, 834.
Joly, Cl., 773-1373.
Joly, Jac., 412-483-484-486-725.
Jouaust, M., 866.
Jouffroy, Th., 36.
Jourdain, 81-296.
Jousse, Dan., 421-422-609-622-1300-1469-1577.
Jouy, L. Fr., de, 269-1417.

Jovet, Laurent, 713.
Jovet, N., 712.
Julius Frontinus, 82-258.
Juret, Fr., 1070.
Jussieu de Montluel, 680-681.
Justellus, H., 1068.
Justin, 166.
Justinien, 88-89-90-91-92-93-94-95-96-97-98-99-100-101-102-103-104-105-106-107-108-109-114-115-116-117-118-119-133-166-167.

K.

Kant, Emm., 23.
Kaufferus, J., 174.
Klimrath, 277.

Kling, M., 123-974.
Koppen, J., 260.
Kuricke, R., 219.

L.

Labbé, Ch., 169-483-484.
La Beaumelle, L. A., de, 15.
La Bellande, Lefebvre de, 618.
La Bonnetrie, Saboureux de, 840.
La Borde, 1195.
La Borie, A. de, 841.
Laboulaye, Ed., 1020.
La Combe, Du Rousseaud de, 648-679-728-1038.
Lacroix de Frainville, 841-952.
La Croix, J. de, 747.
Lacrosse, 933.
La Diriays, Legeard de, 933.
La Dourie, Féricocq de, 823.
La Faye, M. de, 411-412.
Laferrière, F., 279-1023.

La Fons, Cl. de, 539-540-541.
La Fruglaye, M. de, 825.
Laget-Bardelin, 841.
La Grange ..., de, 933.
Lagrené, Fr., 152.
La Guessière, Jamet de, 731.
La Houssaye, Amelot de, 1344-1345.
Laignel, G., 1008.
Laisné, 353.
Lalaure, C. N., 736.
La Martinière, Pinson de, 389.
Lambert, Jos., 1402.
Lambon, 840.
Lamoignon, le Prés., 767.
La Morandière, M. de, 837.
La Mothe, Huerne de, 766.

La Mothe, Mallebay de, 490.
Lamotte, le P. de, 1545-1546.
Lampon, 952.
Lancelot, J. P., 1044-1045-1046-1047-1087-1088-1092.
Landriano, Bern. de, 1112.
Lange, ou l'Ange, Fr., 671-672-673-674.
Langlier, 841.
Langlois, 834.
Lantusca, Ang. à, 1098-1311.
La Place, Cl. de, 1329-1330.
La Poix de Fréminville, E. de, 595-638.
Lara, Perez de, 1425.
La Roche-Maillet, Michel, 411-412-437-438-439.
La Rochette, E., de, 933.
Lasteyrie, F. de, 933.
Latour du Moulin, 843.
Launay, F. de, 4-611.
Launoy, J. de, 1521-1526.
Lauraguais, le comte de, 287.
Laurendeau, 841-952.
Laurière, Eus. de, 289-309-313-487-603.
Lauthier, 810.
Laval, le sr de, 591.
Laval, G. H. de, 1267-1268.
La Ville, Cl. de, 715.
La Villette, J. de, 514.
Laymann, 1124-1380.
Le Bas, 840.
Le Bidart de Thumaide, 1002-1003.
Le Blan, 840.
Le Blanc, 841.
Le Bret, C., 768-769-792-793.

Le Brethon, 839.
Lebrisca, Ant. de, 88.
Lebrun, C., 707.
Le Caron, Cl., 514-529.
Le Caron, Charondas, 77-95-282-319-365-412-434-478-486-755.
Lecat, 952.
Leconte, Ant. 90-92-93-95.
Le Coq de Villeray, 970.
Le Duc, G., 249-1389.
Lefebvre, av., 952.
Lefebvre, J., 696.
Lefebvre de la Bellande, 618.
Lefebvre de Dampierre, 840-841.
Lefebvre-Duruflé, 933.
Lefort, Ur., 1054.
Le Franc de Pompignan, 597.
Le Gauffre, Amb., 1141.
Lege, Leon. à, 583.
Legeard de la Diriays, 933.
Léger, 620.
L'Eglise, R. de, 710.
Legouvé, 840-841.
Legrand, L., 466.
Le Grand, 1371.
Le Gras, 828.
Leibnitz, 30.
Le Jau, J., 1211.
Leleu, 952.
Le Maire, 1273.
Le Maistre, Gilles, 770-794.
Le Maistre, Nic., 1240-1353.
Le Merre, P., 556.
Le Metayer, 1410.
Le Moine, J., 1082.
Le Moine d'Orgival, 47.

Le Noir, M., 1243-1254.
Leo, Fr., 1462.
Léon, Emp., 91-94-95-97-166.
Léon, av., 833.
Le Pelletier, J., 1500-1501-1502.
Le Prestre, Cl., 734-840.
Le Proust, P., 544.
Le Ridant, 828.
Le Rouille, G., 497.
Le Roux, G., 1267-1268.
Le Roy, 833-839.
Leroy de Lozembrune, 514.
Le Sache, J. C., 11-130.
Leschassier, J., 771.
Lescovet, Aufray de, 749.
L'Escuyer, J., 699.
Le Sellyer, A. Fr., 896.
Lesrat, G. de, 750.
Lesueur, 840.
Leunclavius, J., 168.
Le Vayer de Boutigny, 653-654-660-1338.
Levesque de Burigny, 1226.
Levrier, J. A., 952.
Lezana, J.-B. de, 1324.
L'Hommeau, P. de, 283.
Lhoste, Ant., 513.
L'Hoste, 659.
Liénart, 952.
Lignier, 933.
Lignoux, M. de, 840.
Lindenbrog, F., 298.
Linglois, P. F., 164.
Linguet, S. N. H., 17-287-772-795-820-825-832-840-841.
Liset, P., 670.

Livonière, Pocquet de, 590.
Lochard, 840.
Lochmaier, M., 1288-1289.
Locré, J. G., 860-884.
Loger, 309.
Lohetus, Dan., 1170.
Loisel, Ant., 428.
Lombardus, Eug., 1217.
Lomedé, J., 1446-1447-1547.
Lonchampt, L., 852-853-854-855-856.
Longuerue, Dufour de, 1385.
Lordelot, B., 1339.
Loriot, J., 1363.
Lorry, Fr., 107.
Lothaire, 92.
Loüet, G., 737-1496.
Louis le Pieux, 298-306-307.
Louis IX, 431.
Louis, Ant., 829.
Louvet, P., 534.
Lovetius, G., 737-1496.
Loyens, 1529-1530.
Loyseau, Ch., 773.
Loyseau de Mauléon, 796-827-840.
Luca, J.-B. de, 1479.
Lucas de Penna, 162-956.
Lucius, J., 729.
Ludovicus Bologninus, 1043-1079-1082.
Luneau de Boisjemain, 952.
Lupus, Chr., 1470.
Lutius, Hor., 545.
Luynes, Ch. de, 591.
Lyndewode, W., 1006.

M.

Mably, l'Abbé B. de, 18-43.
Machart, 952.
Maillane, Durand de, 1040.
Maillart, Ad., 448.
Maillart, 841.
Maisnel, 840-841.
Majoretus, J., 1047.
Majorianus, 82-83.
Malbeste, 806.
Mallebay de la Mothe, 490.
Mallefille, 1015.
Mallet, 806.
Malot, 841.
Mandagot, G., 1377.
Mannory, 797.
Mansfeldt, Car. à, 1136.
Marais, L., 1222.
Maranus, G., 144.
Marca, P. de, 1150-1559-1560-1561.
Marcel, L., 281.
Marcilius, Th., 78.
Marculfe, 301-303.
Maréchal et Mareschal, Michel 1390-1391.
Mareschal, 632.
Margalet, C., 687.
Margalet, J., 687.
Marion, S., 798.
Marrast, Arm., 933.
Marsilius de Menandrino, 1179.
Marsollier, J., 1343-1412.
Marsy, Fr. de, 1346.
Marta, 1458.
Marti y Viladamor, Fr., 1187.
Martin, 92.

Martianus, 82-83.
Martinus, 1073-1082-1083.
Marville, Ant., 84.
Massabiau, Fr., 697.
Massac..., de, 1550-1551.
Massilia, Al. à, 630.
Masuer, 663-664-665.
Matter, 24.
Matthæucci, A., 1482.
Matthæus, Pet., 1138.
Matthæus de Afflictis, 957.
Matthieu, P., 746-747.
Mauclerc, Mich., 1180.
Mauléon, Loyseau de, 796-827-840.
Maultrot, G. N., 1247-1250-1251-1252-1253-1269-1543.
Maupertuis, 978.
Maynard, G. de, 748.
Mayno et Maino, Jaso de, 135-136-137-153.
Mazerat, A., 879.
Mejan, Maurice, 1011-1018.
Melles, Et. de, 1286.
Mellier, G., 643.
Mena, Diaz de, 262.
Menandrino, Marsilius de, 1179.
Menochius, J., 221-222-223-257.
Mercerus, J., 170.
Mercier, Jér., 271-676.
Merillius, E., 185-198-199.
Merlin, 934-935.
Merula, P., 42.
Merville, P. de, 372-511.
Merville, Biarnoy de, 5-1060.
Meslé ou Mesley, J., 551-649-698.

Meusy, 297.
Mey, Cl., 1297.1441.
Michel, G., 411-412-437-438-439.
Michelet, 277.
Mignot, Et., 1443.
Millæus, J., 667.
Mille, 840.
Milletot, B., 1457.
Millon, Ch., 1023.
Millot, M., 1290.
Miranda, L., 1313.
Moditius, Al., 224.
Molendineus et Molinæus, Car.,
 233-234-428-437-438-439-440-
 452-473-474-475-479-480-483-
 484-486-508-512-513-520-521-
 624-625-774-1137-1495-1497.
Molinæus, H., 194.
Molroguier, Jacques, 1270.
Moly de Brézolles, 1468.
Monachus, J., 1082.
Monet, 933.
Moneta, Al., 1415.
Mongin, Cl., 12-62.
Monserrat, G. de, 1565.
Montanus, Bal., 548.

Montanus, H., 958.
Montanus, P., 548-549.
Montauban, Roussel de, 800.
Monte Albano, Nepos de, 663-664.
Monte Lauduno, Gul. de, 1082.
Montereul, J. de, 1271.
Montesquieu, Ch. de, 13-14.
Montholon, J. de, 732-1041.
Montigny, ...de, 933.
Montluel, Jussieu de, 680-681.
Moreau, 827-828.
Morgan, 842-952.
Morin, Cl., 1195.
Mornacius, Ant., 146-147-159-160.
Moronus, Ill., 225.
Mortimer-Ternaux, 933.
Mosar, Simon de, 840.
Moulin, 933.
Moynat et Moynats, 806-841.
Munnoz de Escobar, 552.
Murena, M., 658.
Muyart de Vouglans, 840.
Mylerus, N., 259.
Mynsinger, J., 110-976.

N.

Naldus, 1088-1089.
Nannius, P., 102.
Natalis, Herveus, 1456.
Nau, J., 414.
Navar, Tib., 1499.
Navarrus, Mart., 1122-1123-1143-1144.
Neapodanus, Seb., 956.
Nebrissensis, Ant., 88.

Nepos de Monte Albano, 663-664.
Nesmond, A. de, 741.
Nevo, Alex. de, 1115.
Nivelle, 809.
Noel, Mich., 606.
Nolleau, 822-833.
Noprat, Don... de, 806.
Novarius, M., 226.

Noyer, Guil., 1503.
Nublé, 247.

Nupied, N., 731.
Nyvard, G., 114.

O.

Oberhauser, B., 1130.
Oddus, Sf., 248.
Odilon Barrot, 871.
Oldenburgus, P. A., 202.
Oldendorpius, J., 67.
Olive, Simon d', 775-776.
Orgival, Le Moine d', 47.

Orichovius, Stan., 1332.
Orléans, L. d', 273.
Orsi, F. G. A., 1227-1228.
Ortolan, 132.
Othobonus, 1006.
Outremont, M. d', 833.

P.

Pacius, J., 89-100.
Pagan, Abr., 19.
Paignon, 839.
Palæotus, Gab., 241-1302-1497.
Palude, P. de, 1456.
Panormitanus, 1083-1112-1113-1114-1115.
Paolo, Fra, 1344-1345-1346.
Pape, Guido, 227-744-745-746-747.
Papia, P. de Ferrariis de, 661-662.
Papianus, 82.
Papon, J., 720-721.
Pappus van Tratsberg, 1004.
Parant, 927.
Pardessus, J. M., 299-313-877-886.
Paschale, Ph., 240.
Pasquier, 841.
Passeribus à Janua, N. de, 657.
Passerinus, P. M., 1125-1460.
Pastor, Melc., 1151-1359.
Pastoret, le marquis de, 44-313.

Patru, 799.
Paulus, Jul., 81-82-95-97.
Paulus à Roma, 1098.
Paulus Castrensis, 138-139-140-155.
Pavinis, Fr. de, 1082.
Peckius, P., 253-1298.
Pegas, Alv., 226.
Pegne, Fr., 1484.
Peleus, J., 777.
Pélisson, J., 131.
Pellissier, A., 8.
Pellizzarius, Fr., 1317.
Penon, J., 464.
Penna, Lucas de, 162-956.
Peralta, N., 1187.
Perard-Castel, F., 1034-1497-1498-1582.
Perez de Lara, 1425.
Perezius, Ant., 126-161.
Pérignon, 946.
Perionius, J., 45.
Perreaux, P. A., 509.
Perrenot, 1558.

Perrinus, Æg., 108-1083.
Perrin, 841.
Perrinelle, 839.
Perusio, Baldus de, 120-134-154-203-1107-1118-1119.
Petau, D., 1236.
Petit, Sam., 52-1160.
Petitpied, Fr., 714.
Petitpied, N., 1449.
Petyst, 841.
Peyrinis, L. de, 1316.
Pfeiffer, Col., 1130.
Philippus à Dominà nostrà septem dolorum, 1320.
Piales, 1299-1381-1382-1383.
Picard, 806-832-840.
Piet-Duplessis, 840.
Pigeau, 689.
Pileus, 92.
Pimont, 674.
Pinault, 470.
Pinelus, A., 244.
Pingeron, 658.
Pinson de la Martinière, 389.
Pinsson, Fr., 146-147-159-160-1358-1393-1563-1567.
Pirhing, 1126.
Pisant, L., 1450.
Pisard, Fr., 746-747.
Pitaval, Gayot de, 803.
Pithou, Fr., 130-1090-1091.
Pithou, P., 465-1090-1091.
Pius, Barth., 88.
Placentinus, 92.
Plati, H., 1231.
Platon, 7.

Plessis-Praslain, G. de Choiseul du, 1176.
Plethon, 8.
Pocquet de Livonière, 590.
Polachi, G., 1313.
Poli, Reg., 1202.
Politien, Ang., 88.
Polle de Cresne, 840.
Pollet, Fr., 60.
Poly, Chrestien de, 952.
Pompignan, Le Franc de, 597.
Pomponius, 81.
Pont, P., 870.
Pontanus, D., 510.
Pontus Heuterus, 241.
Poriquet, 841.
Portel, L. de, 1309.
Postius, L., 255-580.
Pothier, R. J., 133-778.
Pothouin d'Huillet, 828.
Pougnet de Basmaison, 452-585.
Pousset de Montauban, 800.
Pradié, 933.
Prateus, Pard., 72-417.
Pressac, J.-B. de, 450.
Prieras, Syl., 1028-1029.
Prinsart, Y., 1257.
Probus, Ph., 1349-1566-1567.
Proudhon, 869-872-873-874.
Prunget des Boissières, 840.
Prynne, G., 1594.
Publitius, Aym., 451.
Pufendorf, le baron de, 29-30-31-32.
Puteo, Paris de, 1488.

Q.

Quaranta, St., 1099.
Quentin, 841.

Quintinus, J., 1400.

R.

Rabot, L., 746-747.
Ragueau, F., 10-288-289-439-455.
Raisson, H., 901.
Rambaud, A., 746-747.
Ramon, Th., 1208.
Rampont, 933.
Ranchicourt, Car. de, 1043.
Rathier, 1370.
Ranchin, E., 746-747.
Rapportbled, 840.
Rassicod, Et., 1514.
Rastignac, Chapt de, 558.
Rat, 541-841.
Rau, C., 864.
Raudot, 931.
Ravault, M., 1347.
Ravaut, 1547.
Raveneau, J., 655.
Raynaud, Th., 1541.
Rebacinis, Dom. de, 121.
Rebhàn, J., 228.
Rebuffi, And., 1349.
Rebuffi, P., 311-409-1094-1348-1349-1409-1568-1569.
Regnault de Saint-Jean-d'Angely, 883.
Regnier, Hel., 1131.
Reland, H., 1010.
Remigius, Fl., 1157.
Renault, 952.
Renusson, Ph. de, 560-561-571-572-574-575-576-578-579.

Requier, 61.
Rescius, R., 102.
Reusner, J., 980.
Reusner, N., 229.
Rewardus, 95.
Reyger, Arn. de, 976.
Reymond, H., 1293.
Rhosellus, P., 118-1107.
Riballier, 1327.
Ribeira, Soarez à, 216-217.
Ricard, J. M., 439-479-480-486-514-520-521-536-537-566.
Ricardus, Armac., 1294-1295.
Richard, Ch. L., 1198-1340-1434.
Richard, Em., 321.
Richard, Réné, 1394-1411.
Richart, Nic., 1426.
Richebourg, Bourdot de, 420-439.
Richer, Edm., 1476.
Richer, Em., 1165-1183-1184-1185-1186.
Richer, Fr., 547.
Rigaud, 923.
Rigault, 841.
Rimbert, 841.
Ripen, J. Fr., 1152.
Ripoll, Ant. de, 230.
Riva, Ch. Th., 59.
Robecourt, A. de Haussy de, 839.

Robert d'Arbriselle, 1331.
Robertus, An., 95-730.
Roche Maillet, Michel de la, 411-412-437-438-439.
Rochette, J., 694.
Rodericus, Em., 1323.
Rodière, A., 870.
Roger, 92.
Roma, Paulus à, 1098.
Rondonneau, L., 849-850-851-861-881-905.
Roquemont, le sr de, 616.
Roquemont, Hecquet de, 1066.
Rouault, L., 1542.
Rouher, 933.
Rouillius, G., 497.
Rousseau, G., 675.
Roussel, M., 1455.
Roye, Fr. de, 1059-1386.
Rozière, E. de, 1020.
Rubeus, P., 262.
Rudler, 933.
Russandus, 95.
Ruzæus, A., 1349.

S.

Saboureux de la Bonnetrie, 840.
Sacase, 900.
Sachot, 831.
Sacy, 801.
Sainson, J., 454.
Saint-Amour, G. de, 1164.
Saint-Aubin, 839.
Saint Charles, Charon de, 841.
Saint-Germain, Chr., 1005.
Saint Jean d'Angély, Regnault de, 883.
Saint-Leu, M. de, 537.
Saint-Loup, Al. de, 630.
Saint-Martin l'Abbé de, 430.
Sainte Anne, Hérédie de, 1221.
Sainte-Marthe, Abel, 785.
Sainte-Suzanne, V. de Boyer de, 916.
Saladin, 841.
Salgado de Samoza, Fr., 1159.
Saliceto, B. à, 120.
Sallé, J. A., 424-425-426.
Salmasius, 95.
Saluntius, P., 1112.
Salvaing, D. de, 586.
Samoza, Salgado de, Fr. 1159.
Sancto Geminiano, D. de, 1106.
Sandæus, F., 1121.
Sande, J. à, 250.
Sanfourche-Laporte, 888.
Santerre, Colmet de, 841.
Sarpi, Paolo, 1344-1345-1346.
Sarpi, Pet., 1451.
Saugrain, G., 390-612.
Sauvan d'Aramon, 488.
Sauvigny, l'Abbé de, 287.
Savigny, F. C. de, 57-58.
Saxo Ferrato, Bartholus de, 75-182.
Say, Horace, 889.
Scaccia, S., 261.
Scaglioni, Fr., 957.
Schaaff, Séb., 1130.
Schardius, Sim., 73-1177-1178.
Schenck, F., 2.
Schickardus, W., 49.

Schlereth, Car., 1130.
Schneidewinus, 124.
Schomberg, 56.
Schouten, 1398.
Schwartzenthaler, J. B., 251.
Sciamanna, F., 1509.
Scortia, J. B., 1139.
Scot, Alex., 187.
Sébastien, Mich., 627.
Secousse, 313.
Segla, G. de, 807.
Segnoroli de Homodeis, 231.
Segonzac, Dunoyer de, 97.
Seguier, G., 1256.
Seguin, 806-840.
Segusio, Henricus de, 1108-1109-1110-1111.
Seigneux de Correvon, 19.
Seldenus, 25.
Senard, 933.
Sérieux, 828.
Servan, A. J. M., 645-807.
Servin, L., 321-302.
Severinus, Fr., 226.
Severt, J., 1537.
Severus, 82-83.
Sextinus, R., 975.
Sfondras, Cælest., 1217.
Sichardus, J., 304.
Siculus Flaccus, 258.

Sidichembechensis, Abbas, 1401.
Sigismundus à Bononia, 1378.
Sigonius, Car., 63-64.
Simon, Denis, 1387-1391-1552-1553.
Simon, J. G., 27.
Simon de Mosar, 840.
Sirmond, J., 86-308-1306-1307.
Smithæus, Nic., 1172.
Soarez à Ribeira, 216-217.
Socarratis, J. de, 967.
Solier, J., 1151-1359-1404.
Solvet, Ch., 1010.
Souchet, J. B., 1070.
Soult de Dalmatie, 933.
Soulès, 1009.
Sousa, Ant. de, 1095.
Sparre, le ch. de, 375.
Spencer, J., 50-51.
Sperellus, Al., 1239.
Spiegel, J., 68-69.
Spinosa, Ben., 1175.
Stephanus, Jos., 1203.
Stockmans, P., 998-999.
Stornat, 841.
Sudor, J., 1295.
Sudorius, N., 232.
Superantius, Nic., 956-1109-1110-1111.
Sylvius, A. Cl., 79.

T.

Tailhé, J., 1197.
Taillandier, 296.
Talon, D., 559-779-800.
Talon, O., 779.
Tamburinius, Asc., 1312.

Tardif, 876.
Tardon, J., 1257.
Target, 841.
Tartagnus, Al., 233-234.
Tassillon, 298.

Terrasson, Ant., 55.
Terra Rubea, J. de, 220.
Terrien, G., 500.
Thaumas, J., 412.
Thaumas de la Thaumassière, G., 456-532.
Theodericus, 298-304-305.
Théodose, 82-83-84-85.
Théophile, 102-103-104-105-106-114.
Thesaurus, Ant., 959-1536.
Theveneau, A., 415.
Thieriot, 494.
Thierri, J., 210.
Thiers, J. B., 1267-1268-1335-1429-1590.
Thilorier, 840.
Thomas à Jesu, 1325.
Thomassin, L., 1361-1362-1363.
Thomazon, 840.
Thoro, J. B. de, 957-958.
Thorrentier, 1439.
Thuet, 287.
Tibère, 94.
Tilius, J., 85.
Tiraqueau et Tiraquellus, A., 543-545-573-651-780.
Tissot, Jos., 23.

Tissot, P. A., 97.
Torrensis, Fr., 1201.
Torsay, Courtin de, 841.
Toubel, A., 272.
Toullier, C. B. M., 866.
Toulotte, 59.
Toupet des Vignes, 933.
Tournemine, 939.
Tournet, J., 483-484-486-1148-1191-1581.
Trannoy, J. B., 952.
Tratsberg, Pappus van, 1004.
Travers, N., 828-1248.
Trehetius, M., 109.
Treilhard, 840.
Trespagne, 839.
Tribunianus, 114.
Tripier, 841.
Tripier, L., 859.
Tronchet, 840.
Tronçon, J., 481-482-486.
Tronsson, 840.
Troplong, 867.
Trousseau, 840.
Truchon, 841.
Tudisco, Nic. de, 1083-1112-1113-1114-1115.
Turquet, 840.

U.

Uffelius, J., 209.
Ugolini, B., 1237.
Ulpianus, 80-81-97-100-101.
Urbanus ab Ascensione, 1054.

Urbicus Aggenus, 258.
Urmont, Bouché d', 840.
Urrutigoiti, Frances de, 1282-1321-1516.

V.

Vadis, B. de, 134.

Vadus, Ben., 1488.

Vaillant, Cl., 585.
Valentinien, 82-83.
Valette, 869-933-1019.
Valla, Nic., 45.
Valle, Rol. à, 245.
Vallensis, And., 1129-1354.
Valserres, Jac. de, 920.
Van Espen, Z. B., 1051-1052-1161-1277-1384-1438-1475-1527.
Van Leeuwen, S., 95.
Varenbergh, J. A., 988.
Varet, A., 1544.
Varlet, 952.
Vatimesnil, Lef. de, 933.
Vaufrouard, 840.
Vedel de Montel, 840.
Velle, Ch. Jules de, 1195-1196.
Vendramænus, Pet., 1029.
Verdelin, l'Abbé, 1557.
Vergé, Ch., 939-1023.
Vermeil, C., 832-840-878-880.
Vernant, Jacques de, 1221.
Verneils, P. de, 919.
Verninac, 933.

Verrier, 841.
Verstegen, J., 256.
Vestelunga, G. B., 300.
Vicecomes, H., 1200.
Viel, P., 841-1528.
Vieulle, P., 615.
Vigier, Jean, 441.
Vigor, Sim., 1171.
Viladamor, Fr. Marti y, 1187.
Ville, J. de, 953.
Villeneuve de Vance, 840.
Villeray, Lecoq de, 970.
Villevault, L. G. de, 313.
Vincens, Em., 887.
Vinnius, Ar., 115-116.
Vivant, Fr., 1402.
Vivien, 933.
Voellus, G., 1068.
Voet, J., 637.
Volaterranus, Raph., 88.
Voltaire, 15.
Volusius Metianus, 82.
Voyer d'Argenson, 1545-1546.
Vrevin, L., 531-541-692.
Vulteius, H., 74-238.

W.

Waldeck Rousseau, 933.
Walter, F., 1066.
Wamesius, J., 235-1152.
Warnkœnig, 278.
Wattier, 841.
Wittebort, M., 171.

Wolowski, 1021.
Wouters, J. M., 987-992.
Wright, G., 1172.
Wulf, Ph. de, 991.
Wurmser, B., 236.

X.

Xainctonge, P. de, 742.

Y.

Ybanes de Faria, 213.

Yves de Paris, 1215.

Z.

Zachariæ, C. S., 864.
Zarabella, 1083.
Zasius et Zazius, U., 67-77-88-178-200.
Zeno, 94.
Zenzelinus de Cassanis, 1082.

Zerola, Th., 1233.
Ziegler, G., 1519.
Zuichemus, V., 102-252.
Zypæus, Fr., 985-1154-1155-1156-1459.

TABLE DES MATIÈRES.

JURISPRUDENCE.

— Introduction a l'étude du droit. 1-6.
— Traités généraux sur les lois. 7-24.

PREMIÈRE DIVISION.

DROIT PUBLIC.

a. — *Droit de la nature et des gens.* 25-36.
b. — *Droit public proprement dit.* 37-43.

SECONDE DIVISION.

DROIT CIVIL ET CRIMINEL.

CHAPITRE I.

DROIT DES ANCIENS PEUPLES
AUTRES QUE LE PEUPLE ROMAIN. 44-48.

a. — *Droit des Hébreux.* 49-51.
b. — *Droit des Grecs.* 52.

CHAPITRE II.

DROIT DES ROMAINS.

a. — *Introduction et histoire.* 53-62.
b. — *Constitution des Romains.* 63-65.

c. — *Dictionnaires et répertoires.* 66-76.
d. — *Droit romain avant Justinien.* 77-87.
e. — *Droit de Justinien.*
   1° Corps de droit. 88-97.
   2° Institutes et commentaires. 98-132.
   3° Pandectes et commentaires. 133-152.
   4° Code et commentaires. 153-165.
f. — *Droit romain après Justinien.* — *Droit des peuples barbares.* 166-172.
g. — *Règles du droit.* 173-176.
h. — *Œuvres de jurisconsultes qui ont écrit pour l'intelligence du droit romain.* 177-200.
i. — *Œuvres de jurisconsultes qui ont écrit sur différentes parties du droit, sans s'arrêter au droit romain seulement.* 201-238.
k. — *Traités spéciaux sur certains points de droit.* 239-262.
l. — *Droit romain conféré avec le droit moderne.* 263-272.

CHAPITRE III.

DROIT FRANÇAIS.

a. — *Histoire du droit français.* 273-281.
b. — *Institutions du droit français.* 282-287.
c. — *Dictionnaires et répertoires.* 288-295.
d. — *Droit privé des Français.*

    1re section. — **Droit ancien.**

A. — LOIS ET ORDONNANCES.

   1° Ordonnances générales. — Depuis le commencement de la monarchie jusqu'en 1789. 296-297.
   2° Sous la première et la deuxième race. 298-308.
   3° Sous la troisième race. Ordonnances générales. 309-330.
   4°   —   Ordonnances spéciales. 331-408.
   5° Commentaires sur les ordonnances. 409-427.

B. — Coutumes et statuts locaux.
    1° Introduction. — Anciens monuments et usages du droit coutumier. — Coutumiers généraux. 428-440.
    2° Coutumes particulières.
        Angoumois. — Aunis et Saintonge. 441.
        Anjou. 442-443.
        Artois. 444-449.
        Auvergne. 450-452.
        Berry. 453-456.
        Bourgogne. 457-458.
        Bretagne. 459-462.
        Champagne. 463-466.
        Flandre. 467-471.
        Guyenne et Gascogne. 472.
        Ile de France. 473-491.
        Languedoc. 492.
        Lorraine. 493-496.
        Maine. 497-498.
        Nivernais. 499.
        Normandie. 500-506.
        Orléanais. 507-513.
        Picardie. 514-541.
        Poitou. 542-544.

C. — Traités spéciaux.
    1° Droit civil. 545-580.
    2° Droit féodal. 581-597.
    3° Matières domaniales. 598-605.
    4° Eaux et forêts. 606-613.
    5° Impositions. — Aides. — Tailles. — Gabelles. — Offices de finances. 614-623.
    6° Commerce. — Usure. 624-635.
    7° Droit maritime. 636.
    8° Droit militaire. 637.
    9° Police. 638-644.
    10° Droit criminel. 645-660.

D. — Procédure et pratique judiciaire. 661-704.
    Notariat. 705-709.

E. — Arrêts et décisions.
    1° Recueils généraux. 710-728.
    2° Arrêts de Cours et de Parlements particuliers. 729-750.

F. — Œuvres de jurisconsultes. 751-780.
G. — Plaidoyers et mémoires. 781-802.
H. — Causes célèbres. — Mémoires pour procès. 803-841.

2e section. — **Droit nouveau.**

Introduction. 842-843.
I. — Recueils de lois depuis 1789. 844-856.
II. — Codes et Commentaires.
    a. — *Codes réunis.* 857-860.
    b. — *Code civil, textes et commentaires.* 861-880.
    c. — *Code de procédure civile.* 881-882.
    d. — *Code de commerce.* 883-894.
    e. — *Code d'instruction criminelle.* 895-896.
    f. — *Code pénal.* 897-900.
    g. — *Code forestier.* 901.
    h. — *Droit administratif.* 902-915.
    i. — *Droit militaire.* 916-917.
    k. — *Droit rural.* 918-922.
    l. — *Enregistrement.* 923.
    m.— *Notariat.* 924-926.
    n. — *Presse.* 927-928.
    o. — *Garde nationale.* 929.
    p. — *Légion d'Honneur.* 930.
    q. — *Mélanges.* 931-933.
III. — Dictionnaires et répertoires. 934-938.
IV. — Arrêts et décisions. 939-943.
V. — Plaidoyers et mémoires. 944-953.
VI. — Statistique. 954-955.

CHAPITRE IV.

DROIT ÉTRANGER.

A. — *Droit d'Italie.* 956-963.
B. — *Droit d'Espagne.* 964-969.
C. — *Droit du Portugal.*
D. — *Droit d'Allemagne.* 970-984.

E. — *Droit de Belgique et de Hollande.* 985-1004.
F. — *Droit d'Angleterre.* 1005-1009.
G. — *Droit mahométan.* 1010.
H. — *Droit des peuples d'Orient.*

CHAPITRE V.

MÉLANGES.

I. — Causes célèbres. 1011-1018.
II. — Recueils périodiques. 1019-1023.

TROISIÈME DIVISION.

DROIT CANONIQUE.

CHAPITRE I.

INTRODUCTION. — DICTIONNAIRES. — TRAITÉS GÉNÉRAUX.

A. — *Introduction et histoire.* 1024-1027.
B. — *Dictionnaires et répertoires.* 1028-1042.
C. — *Cours de droit canonique.* 1043-1066.

CHAPITRE II.

SOURCES DU DROIT CANONIQUE.

A. — *Canons. — Décrétales. — Bulles.* 1067-1100.
B. — *Commentateurs. — Abbréviateurs.* 1101-1141.
C. — *Œuvres de jurisconsultes.* 1142-1156.
D. — *Traités sur différents points de droit canonique.* 1157-1162.

CHAPITRE VIII.

DROIT ECCLÉSIASTIQUE DES PAYS ÉTRANGERS.

A. — *Allemagne.* 1591.
B. — *Belgique et Hollande.* 1592-1593.
C. — *Angleterre.* 1594.

CHAPITRE IX.

LOIS ET DISCIPLINE DU PROTESTANTISME. 1595-1597.

Table par ordre alphabétique des noms d'auteurs. Page 367.
Table des matières. Page 393.

FIN.

Amiens. Typographie LAMBERT-CARON, place du Grand-Marché, 1.